조선시대 소설의
생산과 유통

조선시대 소설의 생산과 유통

초판 1쇄 발행 2016년 8월 15일
초판 3쇄 발행 2018년 10월 30일

지은이 정병설
펴낸이 성낙인
펴낸곳 서울대학교출판문화원

출판등록 제15-3호

주소 08826 서울 관악구 관악로 1
대표전화 02-880-5252 | 팩스 02-888-4148
홍보마케팅팀(주문 상담) 02-889-4424, 02-880-7995
이메일 snubook@snu.ac.kr
홈페이지 www.snupress.com

ISBN 978-89-521-1773-1 93810

이 저서는 2010년 정부(교육부)의 재원으로 한국연구재단의 지원을 받아 수행된 연구임(NRF-2010-812-A00129).
This work was supported by the National Research Foundation of Korea Grant funded by the Korean Government(NRF-2010-812-A00129).

조선시대 소설의 생산과 유통

정병설 지음

서울대학교출판문화원

머리말

매체가 세계를 지배한다. 정보 전달의 수단에 불과한 소통 매체가 세계를 지배한다는 사실은 얼른 받아들이기 어렵다. 20세기까지만 해도 그랬다. 1960년대에 마셜 매클루언(Marshall McLuhan)이 『구텐베르크 은하계』 등의 저작을 통해 매체에 최상의 의미를 부여했을 때도 매체의 중요성에는 공감했으나 절감하지는 못했다. 그런데 이로부터 반백 년도 지나지 않은 21세기 초에 이르러 매체의 중요성은 모르는 사람이 없고 느끼지 않는 사람이 없게 되었다. 단적으로 2007년 아이폰을 선보인 애플사는 세계 주가 총액 1위의 거대 기업이 되었다. 정유회사가 세계 최고 부자 기업인 시대가 있었고, 전기전자 회사가 그런 시절이 있었지만, 작은 전신기기 하나로 세계 최고의 부를 차지하긴 처음이다. 정보와 정보, 사람과 사람을 연결하는 것이 얼마나 중요한지 누구나 아는 시대가 된 것이다.

매체의 중요성은 사람들이 매체 사용에 엄청난 돈을 소비한다는 데 그치지 않는다. 지식과 정보의 전달 방식 또는 사람과 사람 사이의 소통 방식의 변화는 인간관계에 있어서도 근본적인 변화를 만들어냈다. 사람들은 사이버 공간 속에 새로운 공동체를 만들었고 실시간으로 지역과 국경을 넘는 전 지구적인 공동체가 형성되었다.

새 공동체는 정치·경제 체제에도 근본적 변화를 가져왔는데, 이 변화는 현재도 활발히 진행 중이다. 구텐베르크의 인쇄혁명이 이후의 산업혁명보다 더 중요한 의미를 가질 수 있듯이, 20세기에 들어와 라디오, 텔레비전 등 전파 매체가 일으킨 제2의 매체혁명 이후 다시 21세기 인터넷이 불러온 제3의 매체혁명은 아직 그 막심막대한 변화의 깊이와 넓이를 가늠조차 하기 어렵다.

세계사적으로 볼 때 한국은 제1의 매체혁명기를 선도할 수 있는 핵심 기술인 금속활자를 가지고 있었다. 그러나 그것은 더 개발되지 못했고, 그것을 가지고 세계사적 변화를 선도하기는커녕 참여하지도 못했다. 그리고 제2 매체혁명기의 한국은 완전히 수동적이었다. 그러나 현재 제3 매체혁명기의 한국은 다르다. 스마트폰 시장에서 아이폰과 맞서는 제품을 내놓는 나라일 뿐만 아니라 인터넷 보급률 또한 세계 최고 수준이다. 새로운 매체가 세상을 어떻게 바꿀 것인지, 변화를 어떻게 이끌어 갈지, 앞서 답을 내놓을 자격과 책임이 있는 것이다.

이 책은 세계사적인 매체혁명의 시대를 맞아 전근대 한국 매체의 역사를 살펴본 작업이다. 구체적인 대상은 조선시대 소설이다. 소설은 조선시대에 들어와서 비로소 널리 퍼진 문학 장르이다. 소설은 등장부터 주목을 받았다. 다른 어떤 글보다 재미있으며, 재미를 기반으로 삼아 높은 전파력을 지녔다. 책이 이렇게 대중의 인기를 끈 일은 일찍이 없었다. 한글이 만들어지기 전에 소설은 한문으로 된 것밖에 없었고, 따라서 독자도 한문 해독층에 한정되었다. 한글이 창제되자 소설은 급속히 성장했다. 정부가 깜짝 놀랄 속도였다. 초기에는 작가를 벌주어 단속하고자도 했지만, 곧 단속이 가능하지 않다는 사실을 깨달았다.

조선시대 소설은 그 내용으로 보면 지배이념을 충실히 구현한 것이어서 혁명과 거리가 멀다. 그러나 내용은 혁명적이지 않았지만 파급력은 혁명적이었다. 소설을 통해 지식과 사상이 상층은 물론 맨 아래 하층까지, 서울은 물론 시골 구석까지 미쳤다. 일반적으로는 조선의 유교이념은 유교 경전이나 교양 교훈서를 통해 뿌리를 내린 것으로 보지만, 그것은 씨를 뿌린 것이고 사실상 뿌리를 내린 것은 소설이라고 볼 수 있다. 소설을 통해 전국이 하나의 지식망, 하나의 정보망으로 엮이면서 이념과 사상이 뿌리내렸던 것이다.

그런데 소설혁명이라고 부를 수 있는 이 소설유통의 혁명은 지금까지 크게 주목받지 못했다. 개별적이고 구체적인 연구 성과가 적지 않으나, 개별적인 것을 넘어서서 전체상을 그리려는 시도는 보이지 않았다. 더욱이 그 배경까지 짚어보는 작업은 없었다. 물론 이렇게 된 데는 사정이 있다. 소설유통의 전체상을 그릴 수 있는 자료나 기록이 희소한 것이다. 그렇다면 증거가 없는데 소설혁명을 어떻게 알 수 있을까? 최근 도서유통, 소설유통 분야에 관심이 높아지면서 중요한 자료들이 상당수 새로 발견되었고, 그들을 통해 대강의 그림을 그릴 수 있게 되었다. 물론 알려진 증거만으로는 밑그림을 그리기에 턱없이 부족하다. 부족한 증거는 방법론을 통해 어느 정도는 극복할 수 있다. 무엇보다 앞으로 획기적인 증거가 더 발견되는 것을 기대하기 어려운 상황에서 증거가 부족하다고 마냥 손을 놓고 지낼 수 없다.

나는 한국 고전소설에 대한 연구를 시작한 이래, 소설유통의 역사를 보여주는 자료들을 찾아다녔다. 틈날 때마다 국내외 자료 소장기관을 방문했고, 자료의 특성을 기록하고 사진을 찍었다. 한글소설의 경우에는 국내보다 해외에 더 오래된 선본들이 있다. 국내에서는 한글로 되어 있다고 해서, 또 소설이라고 해서 천덕꾸러기 취급을 받아 잘 보존하지 않았던 것을, 일본, 프랑스, 영국, 독일 등의 외국인이 한국어를 공부하고 한국을 잘 알기 위해 일찍부터 소설을 수집했다.

이십 년이 넘는 기간 동안 조사한 곳을 대강 들어보면 다음과 같다. 먼저 서울대학교 규장각한국학연구원이다. 규장각은 대학원 재학 시절부터 많은 도움을 받았다. 사서 권재철, 김창섭, 박숙희 선생이 늘 편안히 책을 보도록 배려해주셨다. 영남대학교 도서관은 옥영정 선생이 근무할 때 방문했는데, 도남문고의 세책본 『춘향전』과 문파문고의 『구운기』 등 귀중한 자료를 직접 볼 수 있었다. 순천의 뿌리깊은나무박물관은 현전하는 유일한 방각소설 책판 소장처로 『월왕기』의 책판이 있다. 지하 전시실에서 책판과 귀중서를 모두 꺼내놓고 보았는데, 꿈속에서라도 보고 싶던 것을 볼 수 있게 된 감격을 잊지 못한다.

국내 개인 소장자들의 도움도 많이 받았는데, 원광대학교 명예교수이신 박순호 선생은 자택에서 확증할 수 있는 최초의 방각소설인 『별월봉기』 등을 볼 수 있게 해주셨다. 열람을 마치고 나오는 길에 학생들과 먹으라며 오렌지 한 봉을 싸주신 친절도 오래 기억하고 있다. 서예가이신 원광대학교 교수 여태명 선생은 유일본 소설 자료들을 포함하여 소장 자료들을 자유롭게 볼 수 있게 해주셨고, 아울러 귀한 글씨까지 주셨다. 또 화봉문고의 여승구 회장은 문헌 연구자들의 모임인 '문헌과 해석'에 오셔서 특강을 하고 귀중 자료들을 보여주셨다. 유일본인 『곽장양문록』을 볼 수 있게 해주신 홍태한, 장효현, 이복규 선생의 친절도 잊을 수 없다.

해외의 기관으로는 교토대학 도서관을 먼저 들 수 있다. 2004년 당시 유학생이었던 노경희 선생의 도움을 받았는데, 담당 사서의 배려로 서고에서 정리도 되지 않고 방치되어 있던 한 상자의 한국 고서를 찾을 수 있었다. 덴리대학 도서관에서는 한국 고전소설 연구의 원로로 작년에 작고하신 오타니 모리시게 선생과 동 대학의 오카야마 센이치로 선생의 안내로 귀중 자료들을 볼 수 있었다. 또 도야마대학의 한국대중소설컬렉션은 와다 도모미 교수의 초청으로 편안하게 열람할 수 있었다. 그리고 프랑스 기메박물관의 자료들은 불문학 전공으로 파리에 유학하고 있던 기영인 선생의 도움을 받아 열람했고, 국립영국도서관의 경판방각소설은 한국담당 사서 토드 씨의 후의로 필요한 자료 전부를 한자리에 쌓아놓고 비교하면서 볼 수 있었다. 이날 국립영국도서관에서 초기 경판방각소설에 대한 안목이 한 자는 높아지는 느낌을 받았다. 또 러시아 상트페테르부르크의 동방학연구소 자료는 상트페테르부르크대학 구리예바 교수의 도움으로 열람을 할 수 있었다. 마지막으로 이 책의 초고를 완성하면서 하버드대학 옌칭연구소의 초청을 받아 1년을 그곳에 머물렀는데 옌칭도서관의 도움을 받아 부족한 자료들을 거의 보충할 수 있었다. 도움을 주신 분들과 기관에 거듭 감사의 인사를 올린다.

이 책의 제1부에서는 조선시대 소설유통의 전체상을 배경과 역사로 나누어 살폈다. 소설유통의 배경을 파악하기 위해 경제적인 측면은 물론 정치적·제도적 측면까지 고려했는데, 소설시장의 규모를 파악하기 위해 인구와 문해율 등을 살폈고, 소설의 유통망을 알기 위해 그 근간이 되는 시장을 조사했다. 소설유통을 통제하는 정치적·제도적 요소는 구체적인 사건을 통해 살폈다. 소설유통의 정치·경제적 배경에 대한 연구는 이전의 연구에서는 찾아볼 수 없었던 것으로, 배경적 이해를 토대로 소설유통의 역사적 흐름을 읽고자 했다.

제1부에서 논의한 결과를 정리하면 다음과 같다. 조선시대 소설유통의 수준을 그 정점이라고 볼 수 있는 1800년을 기준으로 말하면, 당시 조선의 인구는 대략 천오백만 명 정도였는데, 그중에서 한글소설을 읽을 수 있는 사람은 삼백만 명에서 사백만 명 정도였고,

오십만 명 정도는 한문도 읽을 수 있었다. 수십만 책 이상의 소설이 전국에 유통되고 있었고, 단형의 한글소설은 전국 천여 개의 시장과 그 연결망을 통해 유통되었다. 이런 소설유통의 활기는 사상의 자유는커녕 사상을 통제하는 초보적인 검열 체제조차 없이 자의적인 기준에 의해 혹독한 처벌을 받을 수 있는 정치적 상황에서 이루어졌다. 엄혹한 표현 제약 속에서 지배이념의 테두리를 조금도 벗어나지 못하는 이야기들이 활발히 생산·향유되었던 것이다.

제2부에서는 제1부에서 다룬 자료들을 구체적으로 제시하며 설명을 보충했다. 소설 자료는 필사소설, 세책소설, 출판소설로 나누어 제시했는데, 결과적으로 제2부는 소설서지학 또는 소설문헌학이 되었다. 외국의 경우에 문헌의 역사를 다룰 때, 근대 직전 단계에서는 소설이 가장 중요하게 취급되는 일이 많다. 근대로 전환하는 시기에 소설은 다른 어떤 책보다 큰 파급력을 지녔고 그만큼 중요했다. 그러나 한국의 경우에는 오래된 금속활자와 아름다운 궁중본 그리고 명가의 필사본에 갇혀, 사회적 의미로 보면 그것들보다 훨씬 중요한 소설이 소홀히 취급되었다. 소설 연구자들도 필사본이나 세책본 그리고 경판소설, 완판소설, 활자본 소설 등을 하나하나 따로따로 연구한 것은 적지 않지만, 그 전체를 종합하여 의미를 부여한 연구 성과는 제출하지 않았다. 이런 점에서 제2부 역시 중요한 의의를 지닌다고 생각한다.

필자는 희귀한 자료들은 가능한 한 사진을 찍어 정리하려고 했다. 그러나 소장처에 따라서는 촬영을 허용하지 않는 곳이 적지 않았다. 또 촬영을 허용한 곳 중에도 얼마간 제한을 가한 경우가 적지 않아서 대체로 촬영 여건이 좋지 않았다. 책에 소개한 사진의 질이 좋지 않은 것은 내 사진 솜씨 때문이기도 하지만 이런 배경도 작용했다. 사진의 질로 보면 아쉬움이 작지 않지만, 이나마도 대부분은 쉬 접하기 어려운 것들이다. 초학자들이 이런 것들을 다 보려면 수십 년이 걸려도 불가능할 수도 있다. 이런 현실을 감안하여 질 낮은 사진이라도 과감히 공개했다. 이 작은 책으로 전근대 한국 매체의 역사는 물론 한국 고전소설의 역사까지 두루 알 수 있기를 기대한다.

2016년 7월

정병설 쓰다

차례

제1부 소설유통의 역사

주요 자료 컬러 사진

차례

01 구활자본『조웅전』표지 정병설 소장. 1925년 간행. 표지 그림은 20세기 이후 구활자본에 이르러서야 등장했다. 그전에는 표지에 능화문을 두었을 뿐이다. 표지 그림은 소설 판매에 큰 영향을 주었다고 한다.

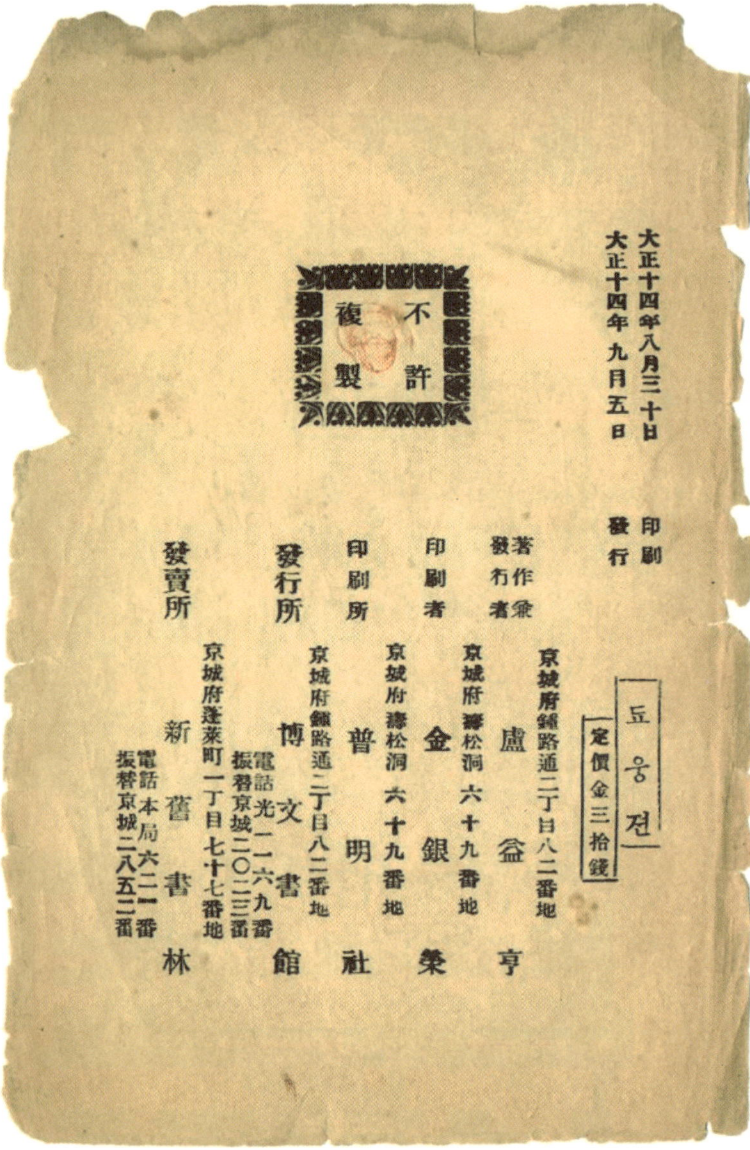
大正十四年八月三十日 印刷
大正十四年九月五日 發行

됴웅젼
定價金三拾錢

不許複製

著作兼發行者 京城府鍾路通二丁目八二番地 盧益亨
印刷者 京城府壽松洞六十九番地 金銀榮
印刷所 京城府壽松洞六十九番地 普明社
發行所 京城府鍾路通二丁目八二番地 博文書館 電話光一一六九番 振替京城二〇二三番
發賣所 京城府蓬萊町一丁目七十七番地 新舊書林 電話本局六二一番 振替京城二八五二番

02 구활자본 『조웅전』 판권지 정병설 소장. 판권지는 1909년 출판법이 시행되면서 붙었다. 출판법은 출판을 정부의 체계적 통제 속에 편입시켰는데, 방각본 소설처럼 새로 출판된 것이 아니라도 예외가 아니었다.

03 경판 『장경전』 표지 국립영국도서관 소장. 시중에 판매된 경판소설의 전형적 모습이다. 얇은 표지와 본문 종이에다, 분량은 시기에 따라 다르지만 1900년 전후에는 20장 안쪽으로까지 줄어 마치 얇은 유인물로 보일 정도이다. 이 책은 25장본이다. 제본은 붉은색 실로 묶은 것이 많다.

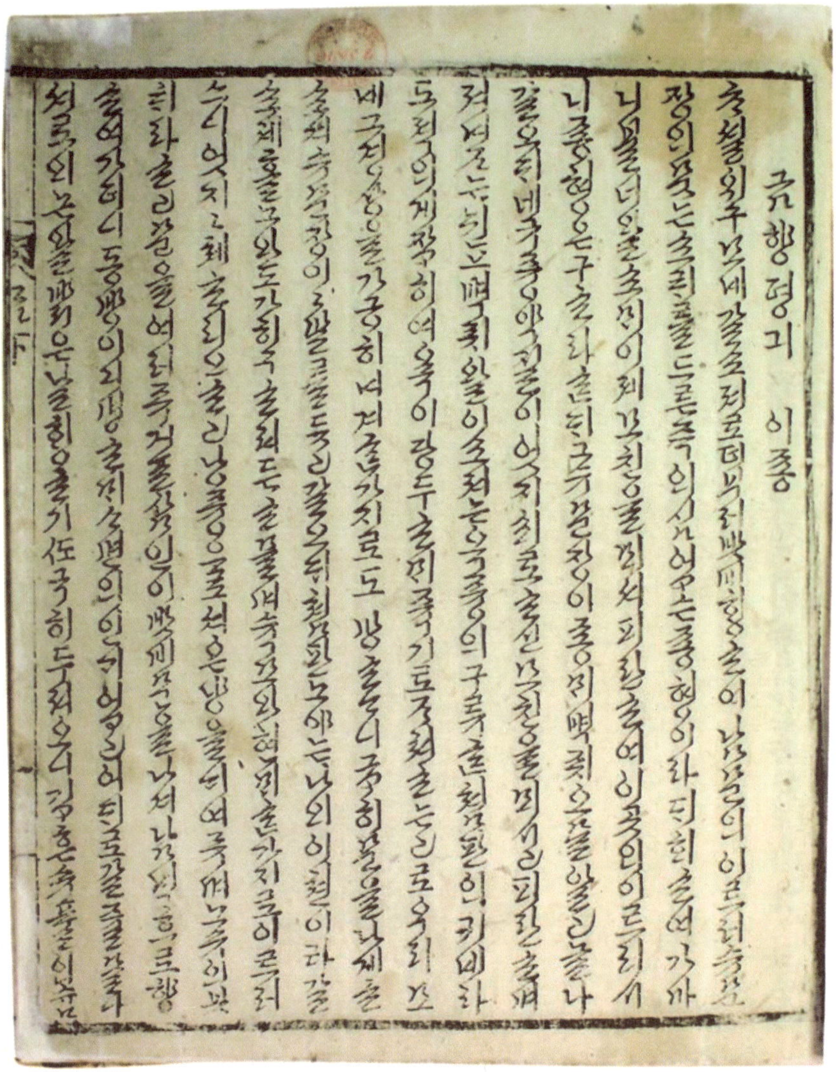

04 경판 『금향정기』 첫 면 국립영국도서관 소장. 책에 1876년 1월 7일 도서관에 들어왔다는 스탬프가 찍혀 있는데, 이는 인출 시기의 하한선을 보여준다. 확인된 방각소설 중에 인출 시기가 가장 앞선 책이다.

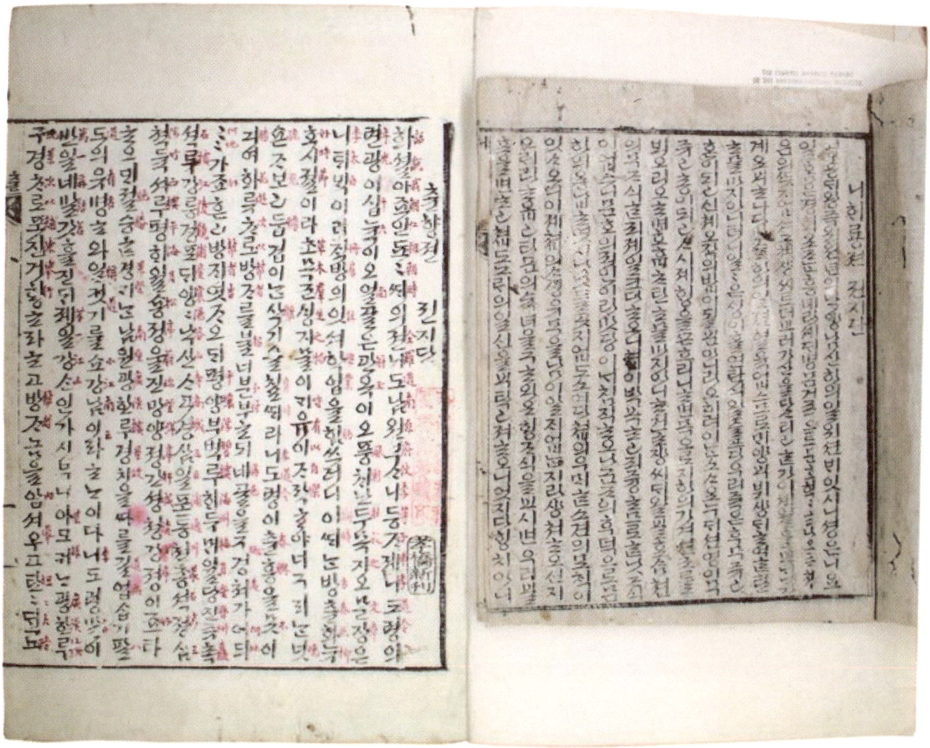

05 경판 『춘향전』과 『이해룡전』의 비교 하버드대학 옌칭도서관 소장. 『이해룡전』은 시중에서 팔리던 전형적인 경판소설이고, 『춘향전』은 외국인에게 판매하기 위해 특별히 찍은 책으로 보인다. 『춘향전』은 『이해룡전』보다 종이가 크고 좋다. 또 『춘향전』에는 본문 한자어 옆에 붉은 붓글씨로 한자가 병기되어 있는데, 일본인이 본 소설 자료 중에 이런 형태를 띤 것이 많다.

06 경판『월왕전』책판 순천 뿌리깊은나무박물관 소장. 현재 전하는 유일한 소설 책판이다. 판심에 "월하"와 "十"이 적혀 있는데,『월왕전』하권 제10장을 뜻한다. 책판은 나무의 앞면과 뒷면을 모두 이용했으니 한 판에 두 장이 새겨져 있는 셈이다.

07 완판 『화용도』 표지 하버드대학 옌칭도서관 소장. 완판본은 표지가 온전한 것이 드문데, 이 책은 표지가 깨끗이 남아 있으며, 또 1911년 서계서포에서 발행했다는 판권지를 가지고 있다. 완판은 대체로 경판보다 종이가 두껍고 분량도 많아 조선시대의 일반적인 책 형태에 가깝다.

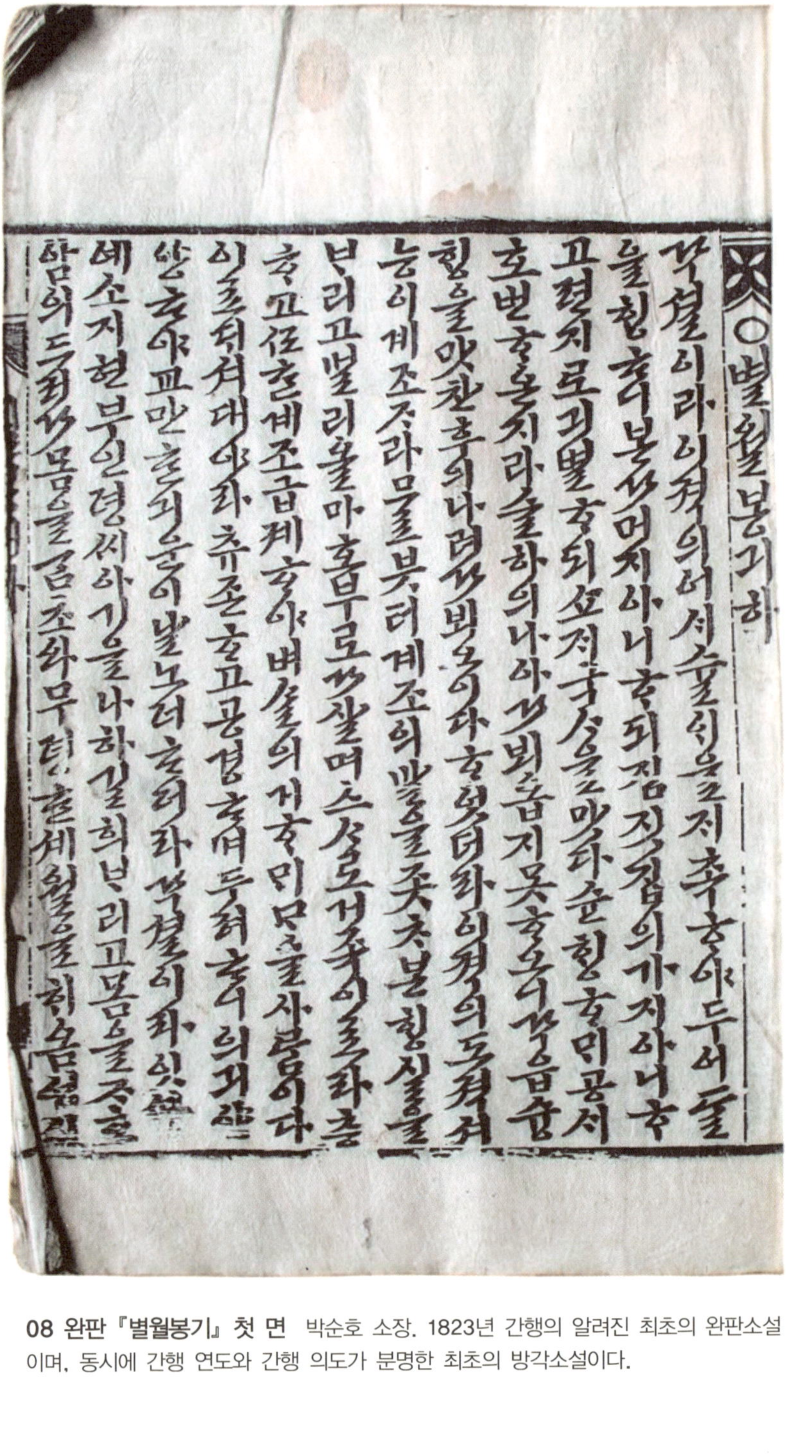

08 완판『별월봉기』첫 면 박순호 소장. 1823년 간행의 알려진 최초의 완판소설이며, 동시에 간행 연도와 간행 의도가 분명한 최초의 방각소설이다.

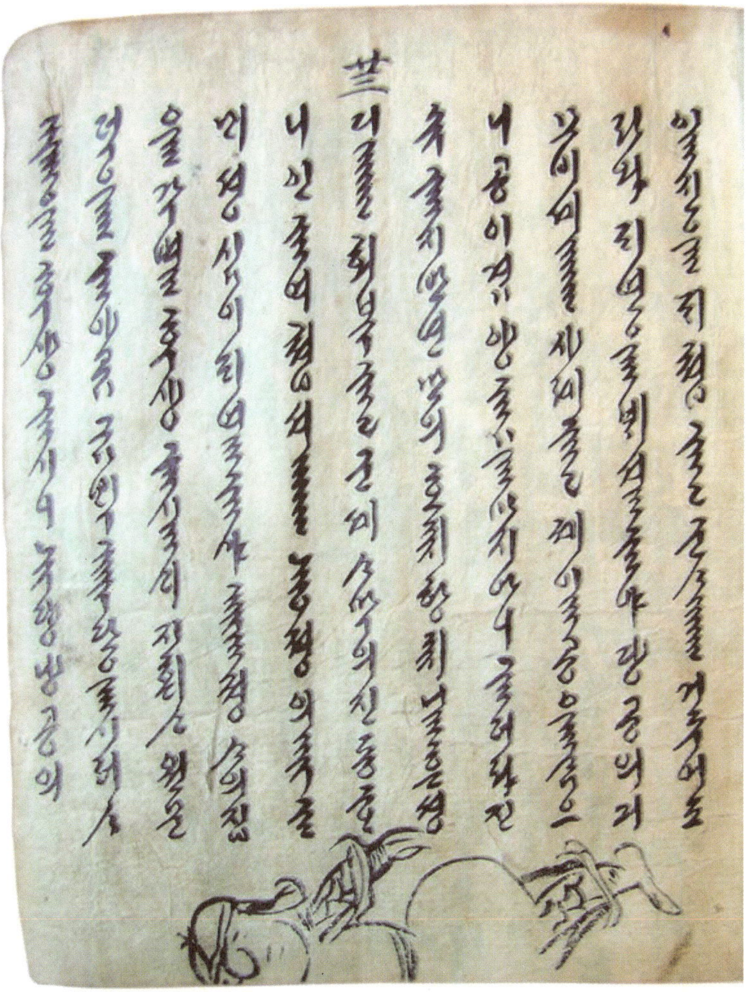

09 세책본『옥인기연』권5 제23장 프랑스 기메박물관 소장. 1879년 4월 필사된 것으로 유통이 확인된 최초의 세책소설이다. 본문 하단의 낙서 역시 유통의 한 흔적이다.

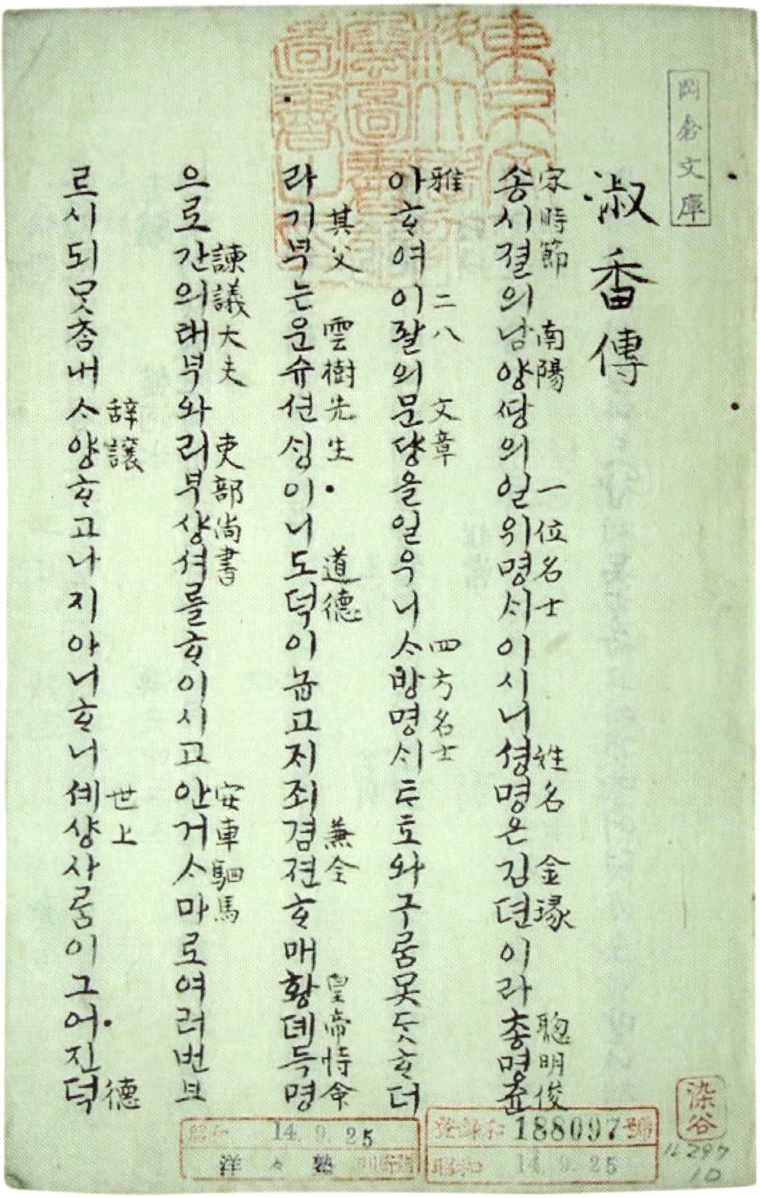

淑香傳

송(宋)시졀(時節)의 남양(南陽)ᄯᅡᆼ의 일위명ᄉᆞ(一位名士) 이시니 셩명(姓名)은 김뎐(金瑑)이라 총명쥰(聰明俊)

아(雅)ᄒᆞ여 이팔(二八)의 문댱(文章)을 일우니 ᄉᆞ방명ᄉᆞ(四方名士) ᄃᆞ토와 구름못듯ᄒᆞ더

라 기부(其父)ᄂᆞᆫ 운슈션ᄉᆡᆼ(雲樹先生)이니 도덕(道德)이 놉고 지죄겸젼(兼全)ᄒᆞ매 황뎨특명(皇帝特命)

으로 간의대부(諫議大夫)와 리부샹셔(吏部尙書)를 ᄒᆞ이시고 안거ᄉᆞ마(安車駟馬)로 여러번 ᄇᆞ

르시되 못ᄎᆞᆷ내 ᄉᆞ양(辭讓)ᄒᆞ고 나지아니ᄒᆞ니 셰샹(世上)사ᄅᆞᆷ이 그 어진덕(德)

10 일본인 필사본 『숙향전』 첫 면 일본 쓰쿠바대학 도서관 소장. 오카구라 요시사부로(岡倉由三郎, 1868~1936)가 1939년 기증한 것이다. 똑똑한 필체와 한자 병기 등 일본인 필사소설의 전형을 보여주고 있다.

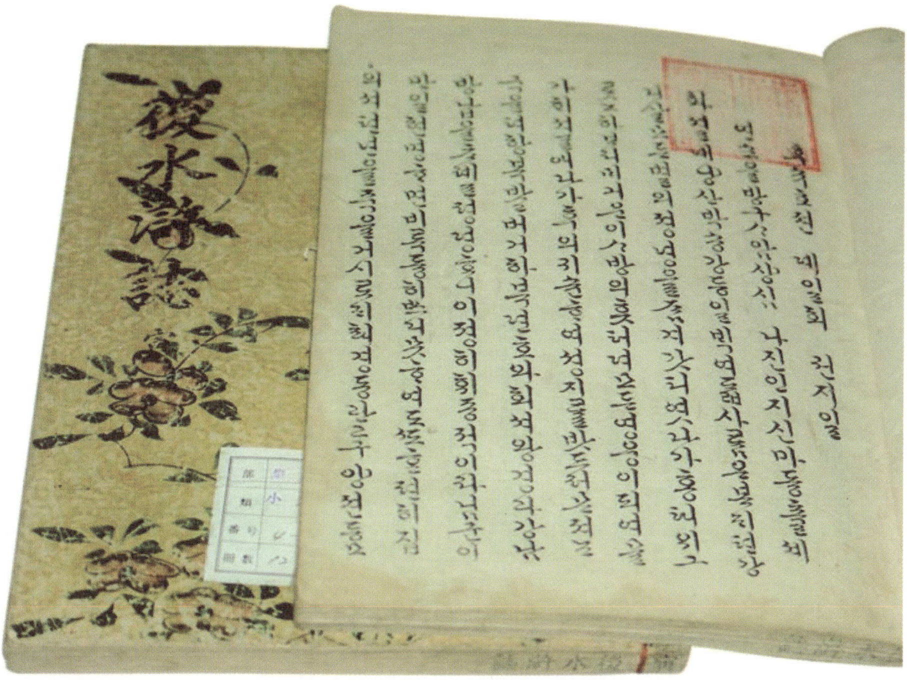

11 궁중본 『후수호전』 한국학중앙연구원 장서각 소장. 표지에 꽃그림까지 그려 넣어 고급스러운 느낌을 주는, 궁중에서 특별히 만든 책이다. 표지 그림은 궁중본 소설로서도 드문 일이다. 왕이나 세자, 또는 왕비나 세자빈 등의 지존이 보았을 법한 책이다.

12 궁중본 『홍루몽』 한국학중앙연구원 장서각 소장. 고급스런 비단 표지와 잘 만들어 붙인 제첨은 물론 번역과 필사에서도 정성을 엿볼 수 있다. 상단에 붉은 글씨로 중국어 원문을 적고 그 옆에 검은 글씨로 원문의 중국 음을 달았으며 하단에 한글 번역을 두었다. 19세기 말 명성황후가 중국어를 배우려고 했다는 말이 있는데 그때 만들어진 것으로 추정된다. 총 120책으로 세계 최초의 완역이라는 의의도 있다.

13 양반가 필사본 『옥원재합기연』과 『옥원전해』의 일부 서울대학교 규장각한국학연구원 소장. 총 21책의 『옥원재합기연』 가운데 14책과 『옥원전해』 5책 전부를 사진에 담았다. 최근 수리 개장한 한 책을 제외하면 모두 옛 형태 그대로인데, 책 크기나 두께가 모두 조금씩 다르다. 양반가라고 해도 종이 사정이 넉넉하지 않아서 편지 이면 등에 필사한 것이 많다.

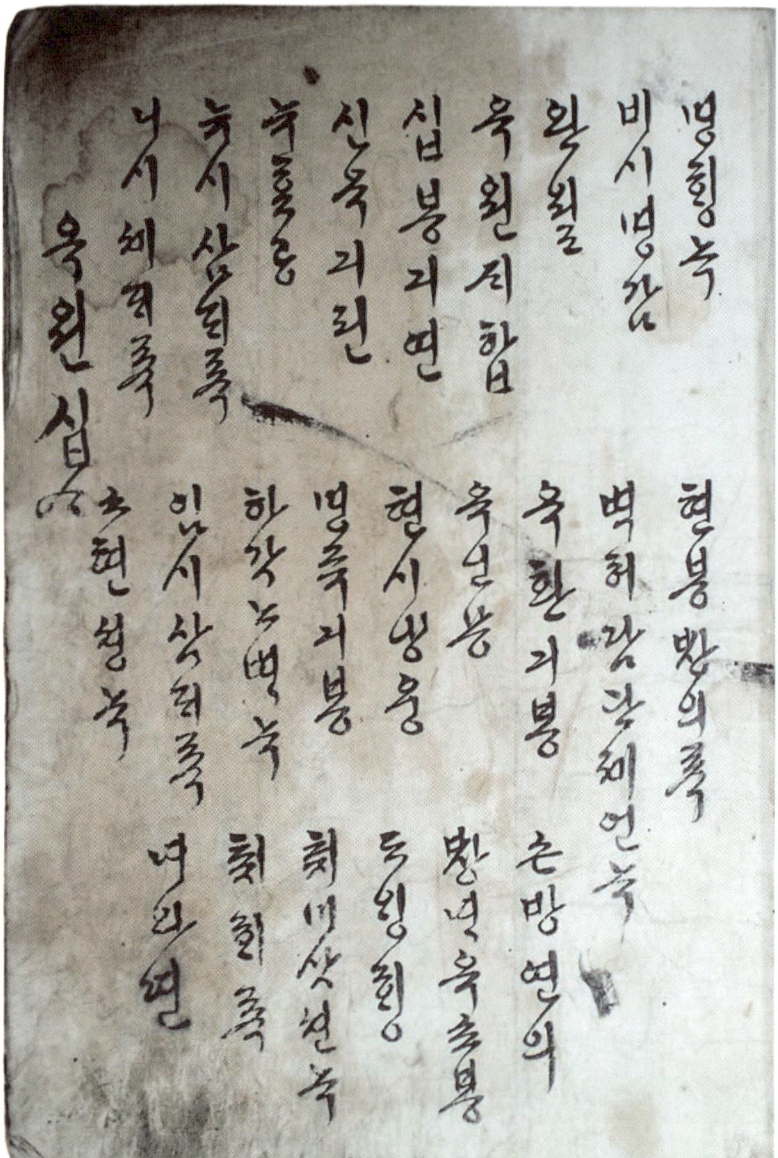

14 양반가 필사본 『옥원재합기연』 권14의 목록 첫 면 서울대학교 규장각한국학연구원 소장. 이 자료는 1786년부터 1790년까지, 필사 연도가 정확히 밝혀진 최초의 필사소설이다. 권14와 권15에는 특이하게 본문 앞에 소설 목록이 있는데, 당시 유통된 소설들의 제목으로 추정하고 있다.

15 『곽장양문록』 권6 표지 서울역사박물관 소장. 1773년 궁중에서 필사된 것이 유력해 보이는 책이다. 추정을 받아들이면 현전하는 한글 필사소설 중 최초의 것이 된다. 옥색 표지에 화려한 능화문을 넣었다.

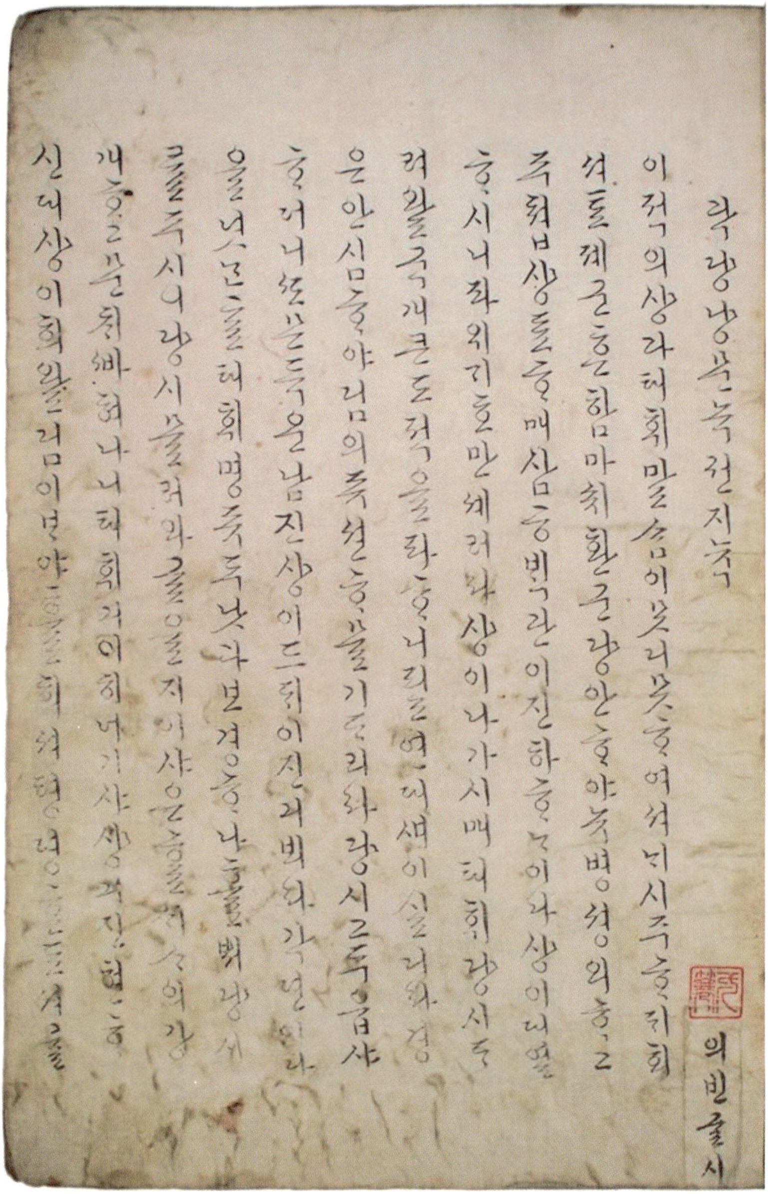

16 『곽장양문록』 권6 첫 면 서울역사박물관 소장. 달필의 궁체 글씨를 보여주고 있으며, 아래에는 필사자를 표시한 듯한 "의빈글시"라는 첨지가 있다. 의빈은 정조의 후궁인 의빈 성씨(1753~1786)로 추정된다.

제1부

소설유통의 역사

제1장

연구의 목적과 방법

연구목적

"미디어는 메시지다."라는 말이 있다. 매체 연구의 길을 연 캐나다의 영문학자 매클루언(Marshall McLuhan)이 『미디어의 이해』(1964)에서 제시한 명제다. 이 명제에 따르면, 소설연구에서 소설을 제대로 알려면 작품 내용만 보는 것으로는 부족하고 그 매체도 함께 알아야 한다. 소설이 어떤 매체로 어떤 경로로 유통되는지 알아야 그 소설을 제대로 알 수 있다. 왜 조선시대 필사본 소설에는 무려 180권에 이르는 대장편이 있는데, 목판본 소설에는 그런 장편은커녕 대개 한두 권에 불과한 단편들밖에 없는지, 또 왜 서울에서 찍은 목판본 소설은 전주에서 찍은 목판본 소설에 비해 줄거리 중심의 짧은 소설이 되었는지, 왜 조선시대 소설들은 한결같이 유교이념을 강화하는 결말을 가지고 있는지, 이런 소설의 내외적 요소들이 모두 매체 또는 소설유통과 긴밀히 연결되어 있다.

시나 수필 등 다른 문학 장르도 크게 다르지 않지만, 소설의 경우에는 매체와 유통이 특히 중요하기에, 일찍부터 이 분야에 적지 않은 연구가 진행되었다. 출발은 소설을 대표하는 특징적 출판 매체인 방각본(坊刻本)에서 나왔다. 소설은 그 외형을 볼 때 크게 필사본과 출판본으로 나눌 수 있는데, 조선시대 출판소설은 몇몇 예외를 빼면 거의 목판본이며, 목판본 소설의 대부분 특히 한글로 된 것은 거의 방각본이다. 방각본은 시장에 내다팔 목적으로 만든 판본으로 문학 또는 문화의 상업화를 촉진한 대표적인 매체다.

방각본 연구의 선도자는 김동욱이다. 1970년 발표된 「방각본에 대하여」 등 일련의 논문을 통해 방각본의 개념을 정립하고 자료 정리 등을 통해 연구의 초석을 놓았다.[1] 특히 국내외에 흩어져 있는 자료들을 모아 전 5책의 『(영인)고소설판각본전집』(1973~1975)을 간행하여 후속 연구의 발판을 마련했다. 방각소설은 크게 서울 권역과 전주 권역 두 지역에서 간행되었는데, 김동욱의 연구에서 중점적으로 다루어지지 않은 전주 권역의 이른바 완판소설에 대해서는 유탁일의 연구가 이어졌다. 1981년 간행된 『완판방각소설의 문헌학적 연구』가 그것이다.[2] 이 연구를 통해 경판소설(京板小說)과 완판소설(完板小說)의 연구가 균형을 잡을 수 있게 되었다. 또 경판소설 연구의 수준을 한 차원 끌어올린 업적으로 이창헌의 『경판방각소설 판본 연구』(2000)를 소개할 수 있다.[3] 이 연구는 꼼꼼한 이본 대조를 통해서 이본 간의 계열을 설정했고, 이들의 역사적 진행을 면밀히 추적하여 후속 연구의 모범이 되었다. 방각본 연구의 뒤를 이어 최근에는 조선 후기 소설의 특징적인 유통 방식인 세책에 대해서도 본격적인 연구가 진행되었는데, 이윤석과 정명기가 중심이 된 세책고소설연구회에서 2003년 펴낸 『세책고소설연구』가 대표적 성과이다.[4]

이렇게 소설의 특징적인 매체 또는 유통 방식에 대한 연구가 얼개를 잡아가는 동안 그 역사 및 특징과 관련된 새로운 자료의 발견은 하나하나 소개하기 힘들 정도로 많이 축적되었다. 소설유통의 기본적 얼개인 작가－소설－독자의 각 부분에서 많은 새로운 발견이 있었던 것이다. 허균이니 김만중이니 하는 이름이 알려진 작가만이 아니라 종전에는 있으리라고 생각조차 하지 못했던 여성 작가를 찾아내기도 했고, 『조선왕조실록』에 제목만 보인 화제작 『설공찬전』이 개인 일기의 뒷면에서 발견되기도 했다. 유통 문제와 가장 긴밀히 연결되어 있는 독자 연구 역시 오타니 모리시게(大谷森繁)의 본격적인 연구 이후 많은 새로운 자료의 발견이 있었다.

이처럼 소설유통에 대한 연구가 많이 축적되었음에도 불구하고, 아직 그것을 전체적인 틀 속에서 본격적으로 논의한 성과는 찾아볼 수 없다. 조선시대 소설이 언제부터 어떻게 발전하였고, 그 과정에서 유통 방식은 어떻게 바뀌었는지, 그리고 개개의 유통 방식이 전체적인 유통의 틀에서 어느 정도의 비중과 의의를 지니고 있었는지 한 번도 제대로 논의된 일이 없었다. 물론 그런 논의를 하기에 충분한 증거가 없으니 아직은 기다려보자고 말하는 편이 조심스러운 접근 태도로 보일지 모르겠지만, 이 문제는 기다린다고 해서 해결될 것이 아니다. 유통의 실상을 선명히 보여줄 자료가 나타날 가능성은 거의 없다. 몇 년 혹은 몇십 년 앞선 자료가 나타나고 몇 군데 새로운 책과 인물이 찾아진다고 해서, 그것이 소설유통의 전체상을 새로 그리게 하지는 못할 것이라는 말이다.

소설연구 쪽에서 소설유통의 전체상과 의미에 대해 나름의 해답을 내놓지 않은 상황에서 사회과학 쪽에서 먼저 이 부분에 적극적인 의미를 부여했다. 소설유통의 사회사적 의미에 주목하여, 소설유통이 지식과 정보의 유통에 새 길을 열었다고 본 것이다. 사회학자 송호근의 『인민의 탄생－공론장의 구조 변동』(2011)과 『시민의 탄생－조선의 근대와 공론장의 지각 변동』(2013)이 그 대표 저작이다.[5]

송호근은 조선시대에 이미 그전 시기와 구별되는 '문해인민(literate people)'이 탄생했고, 19세기 후반의 동학에 이르러서 '자각인민'이 생겨나서 시민으로 바뀌어 나갔다고 했다. 문해인민은 "언문을 터득하고 읽을 능력을 가진 인민"인데, "이들 문해인민이야말로 유교적 질서 내부에서 그것의 모순을 인식하고, 때로는 저항하고, 급기야는 유교적 통치이념의 벽을 부수고 걸어나온 사회변혁의 주체였다"는 것을 "연구의 기본 가정"으로 삼았다.[6] 문해인민이 '국문 담론장'을 만들었는데, 그것이 한문을 기반으로 삼은 '양반 공론장(public sphere)'과 구별되는 한글에 의지한 '평민 공론장'을 열었다고 보았다.

공론장의 개념을 만든 하버마스(Jürgen Habermas)의 견해에 따르면, 유럽에서는 커피하우스나 살롱이 공론장이 되었고 그로부터 혁명의 싹이 텄다. 송호근은 조선에서는 유럽식의 공론장은 없었지만 나름대로 상당히 활발한 담론장이 형성되어 있어서, 그것이 19세기 말에 이르러 공론장으로 바뀔 수 있었다고 보았다. 그는 담론장을 '종교 담론장', '문예 담론장', '정치 담론장'의 세 영역으로 나누어 보았는데, 종교 담론장에서는 천주교의 수용 과정을 주로 다루었고, 문예 담론장에서는 소설의 확산에 중심을 두었으며, 정치 담론장에서는 향회와 민란 등에 주목했다.

나는 선행 논문에서 소설유통의 비약적 성장이 정보유통의 고속도로를 만들었고, 근대에 들어와 이 길을 통해 새로운 사상이 급속도로 번질 수 있었다고 말한 바 있는데, 이는 송호근과 유사한 견해이다.[7] 조선 후기 사회변화에 있어서 소설유통이 가진 의미와 중요성에 대해서는 송호근의 의견에 동의한다. 그러나 세부에 있어서는 이견이 있다. 송호근은 소설유통에 대해 내 논저를 포함하여 국문학계의 견해를 받아들였으나, 내 책을 인용하면서도 내 의견과 다르게 서술한 부분도 있다. 그는 서울이나 전주 등 지역에서 생산된 소설이 해당 지역에 한정되어 유통되었다고 말했는데, 나는 이미 18세기 후반 또는 19세기 초반에 소설이 전국적인 유통망 속에 놓였다고 보았다. 소설의 전국적인 유통 가능성에 대해서도 의견이 다른

데, 나는 18세기 중반 조선 전역에 있었던 천여 개의 장시가 전국을 하나의 시장망으로 하여 연결되어 있었고 이 활기찬 시장과 연결된 유통망을 통해 소설이 유통되었다고 본 반면, 송호근은 조선의 시장은 소규모의 국지적 시장으로 "이런 조건에서 문학과 예능이 전국적으로 유통되는 시장이 형성되기란 불가능했다(『인민의 탄생』, 327쪽)." 고 말했다.

나아가 저서의 핵심 개념인 문해인민의 비중에 대해서도 의견이 다른데, 문해인민의 수준을 결정하는 가장 중요한 지표가 될 문해력의 경우에, 『인민의 탄생』에서는 일본보다는 낮고 베트남보다는 높은 정도로만 파악했고, 『시민의 탄생』(382쪽)에서 "갑오개혁 이전에 일반 인민의 문해력은 5%, 1910년대에는 약 10%, 그리고 1930년대에 20%로 증가한 배경에는 학회가 적극적으로 설립하고 확산했던 사립학교와 그와 연관된 야학이 있다."고 했는데, 이 추정치는 내 추산과 차이가 크다. 갑오개혁 이전의 문해력을 5%로 본 것은 근거를 밝히지 않아서 따질 수 없지만, 이로써 그가 파악한 조선 후기 문해인민의 비중은 대략 짐작할 수 있다. 뒤에서 상술하겠지만 나는 조선 후기의 문해력을 20% 이상으로 추정하였다. 이 밖에 종교 부분에 있어서도 송호근은 18세기 후반 초기 천주교회의 사상과 19세기 중반 자각인민의 탄생을 보여준 동학의 그것은 차원이 다른 것으로 보고 있지만, 나는 둘 사이에 근본적인 차이는 없다고 판단한다. 근본적으로 동일한 사상이지만, 상황에 따라 전자는 순응으로 후자는 봉기로 나타났을 뿐이라고 보고 있다.

동일한 착목점을 가지고도 현실 인식이 달라지면 전혀 다른 질문과 해답이 나올 수밖에 없다. 송호근은 조선 후기에 나름대로 활발한 담론장이 있었으나 공론장에 이를 수준에는 미치지 못했다고 본 반면, 나는 매우 활발한 담론장이 있었음에도 불구하고 공론장에 이르지는 못했다고 본다. 송호근은 담론장의 양적 수준이 낮아서 공론장이 형성되지 못했다고 보았지만, 나는 담론장의 양적 수준은 낮지 않았음에도 불구하고 공론장은 형성되지 못했다고 본다. 그는 양이 축적되면 자연스럽게 질적 변화가 일어나는 양질전화(量質轉化)를 염두에 두고 있는 듯하나, 나는 양질전화에도 계기가 필요하다고 본다. 송호근은 정보가 소통하는 길은 뚫렸지만 그 길이 열악해서 정보가 제대로 달리지 못했다는 것이고, 나는 도로는 고속도로였지만 달리는 차들이 여전히 옛날 차였다는 것이다.

이 책은 조선시대, 주로 조선 후기에 초점을 맞추어 소설유통의 상황을 정리하고 그것이 가진 의미를 가능한 한 구체적으로 파악하고자 하는 것이다. 조선 후기 소설유통이 뚫어놓은 지식과 정보유통의 고속도로가 어느 정도 수준이었는지 알게 되면 어떤 질문이 가능한지 알 수 있을 것이다. 정보유통의 수준이 미약하였기에 사회변혁을 추동하는 담론들이 만들어지지 않았던 것인지, 정보유통의 수준은 높았지만 새로운 담론들이 만들어지지 않았던 것인지, 만약 상황을 후자로 파악할 수 있다면 어떤 다른 변수가 작용했기에 그런 결과에 이르렀는지 물을 수 있을 것이다.

연구방법

조선시대 소설유통에 대한 연구가 본격적으로 그 밑그림을 그리지 못한 이유는 관련 자료가 풍부하지 않기 때문이다. 자료가 별로 없으니 실상을 알기 어려웠던 것이다. 그렇다고 연구를 포기하고 말 것인가? 무시하고 지나가도 될 만큼 중요치 않은 부분이라면 그럴 수도 있겠지만, 선행 연구에서 보여준 것처럼 소설유통은 결코 그냥 버려둘 수 있는 하찮은 영역이 아니다.

소설유통사의 의미와 의의는 여성사와 비교하면 쉽게 이해할 수 있다. 전근대 사회에서 여성은 소외된 존재였다. 특히 기록의 영역, 역사의 영역에서는 부수적이고 부차적인 존재였다. 극단적으로 말하면 여성은 기록할 것이 없었고, 기록되지도 않았다. 사정이 이러니 여성이 남긴 기록이나 여성 관련 기록은 많을 수가 없다. 남성이 남긴 기록 또는 남성 관련 기록과 비교하면 터무니없이 적다. 그래서 종전의 역사는 당연히 남성의 역사였고 여성은 역사에서 소외되었다. 그러나 아무리 남성 중심 사회라고 해도 여성의 비중과 역할이 기록이 전하는 것만큼 작지는 않다. 그러니 남아 전하는 얼마 되지 않는 여성 기록을 가지고 남성의 역사가 아닌 양성의 역사를 복원할 필요가 있다.

소설유통사도 여성사처럼 남아 전하는 얼마 되지 않는 기록을 가지고 당대의 실상을 복원해야 한다. 그런데 부족한 자료로 어떻게 복원할 수 있을까? 자료는 당대의 모든 것을 전하지 않는다. 전해야 하는 것, 전해야 한다고 여기는 것만 전할 뿐이다. 그런데 실제로는 시간이 경과할수록 전해야 하는 것조차도 소멸된다. 『조선왕조실록』과 같은 정사는 물론이고, 임금의 비서실 일지라고 할 수 있는 『승정원일기』 같은 특급 문서들도 온전히 전해지지 못했으니, 다른 것은 말할 것도 없다. 명사의 개인 문집이나 조선 사람들이 금쪽같이 여긴 족보도 사라지는 마당에, 당대에 보잘것없는 것으로 여겨진 소설이야 두말할 나위가 없다.

소설은 예나 지금이나 보존해야 한다는 생각이 크지 않은 자료다. 조선시대에 소설은 거의 읽고 나면 버려지는 운명이었다. 버려져서 소설보다는 종이로 더 대접받는 대상이었다. 근대 이후에 소설가가 사상계의 중심인물로 부상하고 소설이 연구의 대상으로까지 바뀌었지만, 지금도 소설은 대개 읽고 나면 버려지는 책이다. 사정이 이러니 조선시대 소설이 많이 전한다면 그것이 오히려 이상한 일이다. 조선시대 소설이 대접받지 못한 사실은 책의 외양에서부터 확인된다. 소설책은 대개 조잡하다. 궁중이나 명가에서 필사된 것이 아니면 필사본은 저질 종이에 조악한 필체로 필사되었고, 출판본의 경우에도 국가나 사찰에서 인쇄된 것과 비교할 때 날림으로 판각되고 인출되었다.

『숙향전』은 17세기에 존재했음이 분명하지만 17세기에 필사된 것은 찾아볼 수 없고, 출판본의 경우도 18세기에 출판된 것이 적지 않으리라 추정되지만 당시 인쇄된 것은 한 점도 확인할 수 없다. 목판을 새긴 간행 시기가 18세기라 해도 남아 있는 책은 거의 19세기 이후에 인쇄한 것들이다. 소설은 자료의 성격상 이삼십 년 이상 보존되기 어렵다. 가치가 낮은 자료였던 만큼 사람들이 다루는 태도도 거칠어서, 만들어진 지 불과 수년이 지나 도서관에 들어온 책이 경전류 서적으로 보면 수십 년 또는 백여 년 이상 지난 책과 비슷한 상태를 보인다. 소설의 외양이 이런 상황이니 소설 관련 기록도 희소할 수밖에 없다. 가치 없는 것에 대해 많은 기록을 남길 리 없는 것이다. 기록에 나타난 것이 실물로 존재하는 일이 거의 없고, 실물로 존재하는 것은 관련 기록이 거의 없다. 자료와 기록의 사정이 이러하니 소설유통사는 기록과 자료를 시간적 순서에 따라 단선적으로 나열하며 재조직하는 통상적인 역사기술법을 사용하기 어렵다. 이런 경우에 어떻게 역사를 구성할 수 있을까?

프랑스의 역사가 마르크 블로크(Marc Bloch)는 『프랑스 농촌사의 기본 성격』을 저술하면서 유사한 문제에 봉착했다. 자료가 실상을 설명하기에 턱없이 부족했던 것이다. 그는 이런 난점을 타개하기 위해 '역진적(逆進的) 접근법'을 제안했다.

> 실제로 역사가가 조사 과정에서 반드시 사건의 순서에 입각해 연구를 진행시켜야 한다고 생각하는 것은 중대한 오류이다. 역사가가 나중에 그 방향을 다시 복원하는 한이 있더라도, 메이틀랜드가 말한

> 바와 같이 "거꾸로" 역사를 읽어가는 것이 오히려 유익한 경우가 많다. 왜냐하면 모든 연구는 가장 잘 알려진(또는 적어도 조금 알려진) 사실에서 가장 알려지지 않은 사실로 진행하는 것이 자연스럽기 때문이다. …… 필요한 경우 역진적인 순서를 조심스럽게 실행해야 하는데도 그 방법을 소홀히 하기 때문에 가장 저명한 역사가조차도 간혹 어처구니없는 실수를 저지르는 일이 있다.[8]

어떤 역사도 사태를 충분히 해명할 수 있는 자료에 바탕을 둘 수 없다. 프랑스 농촌사 자료는 조선시대 소설사 자료보다 훨씬 풍부할 것임에도 불구하고, 역사 기술의 오류를 피하기 위해 역진적 접근법을 사용했다. 비교적 자료가 많은 분야가 이럴진대, 소설유통사처럼 자료가 희소한 곳은 두말이 필요 없다.

소설 관련 기록은 남아 있는 것도 거의 없지만, 있는 것도 한두 줄의 단편적인 것에 불과하다. 소설 목록 하나 제대로 작성된 것이 없고, 세책집이나 출판사에서 영업 장부나 홍보 책자 하나 전하는 것이 없다. 그나마 남은 소설들도 필사나 출판 연대를 거의 밝히지 않았고, 간혹 연도가 적혀 있는 것도 '기미년', '임오년' 등 육십갑자로 되어 있어서 절대 연도를 확정하기 어렵다.

소설유통에 대한 직접적인 자료는 물론이고 그 배경에 대한 연구부터 역진적 접근법이 필요한데, 일례를 들어보면 인구 문제가 그렇다. 송호근은 인민을 주제로 한 연구에서 조선의 인구에 대해 역사학자 한영우의 책을 인용하며 "세종조에 약 300만 명을 헤아리던 인구는 숙종조에 들어 약 680만 명(1720년) 정도로 늘어났"다고 말했다.[9] 이처럼 조선 후기 인구를 말할 때 칠백만 내외를 말하는 일이 드물지 않은데, 1789년 무렵의 공식적인 인구통계라고 할 수 있는 『호구총수(戶口總數)』(9책, 사본, 서울대학교 규장각한국학연구원 소장)를 보면 인구를 총 740만 3,606명으로 집계했다. 당시 조선인들도 인구를 그 정도로 파악하고 있었고, 이를 전해들은 19세기 중반의 프랑스 선교사도 조선 인구를 팔백만 정도로 파악했다.[10] 그러나 조선 인구사의 장기 변동을 고려하면 이 정보에 의문을 갖지 않을 수 없다. 20세기 이후의 근대적 인구통계에서 이천만이 넘는 인구가 보고되었는데, 그로부터 오십 년, 백 년 전에 그 절반에도 미치지 않는 수치로 알려졌다면 의심이 가지 않을 수 없다. 백 년 사이에 두 배 혹은 세 배에 가까운 인구 증가를 설명할 수 있어야 하는 것이다. 최근의 인구사 연구는 『호구총수』가 작성되던 시기의 실제 인구를 기록된 것의 두 배 정도로 보고 있다. 대체로 천오백만 정도로 추정하고 있다. 역진적 접근법을 염두에 두었다면 실상에서 크게 벗어난 기록을 무턱대고 믿는 일은 없었을 것이다. 블로크의 말처럼 역진적 접근법을 의식하지 않으면 대가도 어처구니없는 실수를 범할 수 있다.

소설유통의 경우에도 역진적 접근법이 필요한데, 소설유통의 지역성 문제를 예로 들 수 있다. 소설출판은 서울과 전주 두 권역에서만 이루어졌는데, 종전에는 이런 사실을 토대로 방각본은 거의 이들 지역에서만 유통된 것으로 이해했다. 관련된 기록이 거의 없기 때문에, 소설출판이 왜 이 두 지역에 국한되었는지, 혹은 출판된 소설이 이들 지역을 넘어서서 전국적으로 유통되지는 않았는지 하는 기본적인 물음조차 던지지 못했다.

소설유통을 역진적 접근법에 따라 먼저 현대 한국의 경우부터 살펴보자. 지금 한국에서는 대부분의 소설이 서울, 정확히 말해서 파주 출판단지를 포함한 서울에서 간행되고 있다. 물론 이들 소설은 유통망을 통해 전국은 물론 전 세계에 배포된다. 출판지와 유통 범위가 일치할 것이라는 선입견은 일단 접어둘 필요가 있는 것이다. 그렇다면 소설의 전국적 유통망은 언제 형성되었을까? 시간을 거슬러 올라가면, 출판법이 시행되어(1909년) 기록이 남아 있는 20세기 초에 이미 전국적 유통이 확인된다. 그 이전 시기에 대해서는 확언하기 어렵지만, 기록이 확인되는 출발점부터 전국적 유통이 확인되었다면 그 이전 어느 시기에 이미 전국적 유통망이 갖추어졌음을 알 수 있다. 기록이 없다고 해서 지레 소설이 출판 지역에서만 유통되었을 것으로 믿는 것은 선입견에 의한 오류가 될 수 있다. 이처럼 역진적 접근법은 당대의 실상을 온전히 복원시키지는 못한다고 해도 실상에 가까이 접근하는 통로가 될 수는 있다.

역진적 접근법과 함께 고려해야 할 것이 비교사적 연구이다. 블로크 역시 유럽 다른 지역의 농촌사를 살펴서 프랑스에 적용했다. 한국 소설유통사 연구에서도 일찍부터 비교사적 방법이 적용되었는데, 특히 소설을 빌려주고 돈을 받는 세책집의 경우가 대표적이다. 세책집에 대한 관련 기록은 18세기 중반에 처음 보이고, 관련 자료는 19세기 중반 이후에야 보인다. 세책집이 어떻게 운영되었는지는 단편적인 정보만 남아 있을 뿐이다. 다행히 이웃 일본의 경우에는 가시혼야(貸本屋)라는 세책집이 성업했을 뿐만 아니라 관련 기록도 많아서 세책집의 운영 방식에 대해 여러 가지 가능성을 설정할 수 있게 한다. 일찍이 소설 독자 연구를 한 오타니 모리시게가 일본의 세책집에 대해 소개한 바 있고, 이윤석과 이민희 역시 일본 세책집과 비교한 바 있다. 이를 통해 세책집의 영업 방식, 세책집과 작가 및 독자의 관계, 세책집과 서점의 관계, 세책집과 책장수의 관계 등 세책의 역사를 기술하는 데 있어서 여러 가지 가능한 조건들에 대해 다각도로 문제를 설정할 수 있었다. 비교사적 방법은 세책 외에 출판, 유통, 검열, 통제 등 다른 분야에도 적용될 필요가 있다.

제2장

소설유통의 배경

소설유통의 실상을 알기 전에 먼저 그 정치경제적 기반부터 살펴볼 필요가 있다. 그래야 어떤 상황에서 어떤 식의 유통이 나왔는지, 어떤 조건 때문에 어떤 방식의 유통이 발달했는지 가늠할 수 있다. 경제적 기반을 파악하기 위해 먼저 인구와 경제 규모부터 살펴볼 것인데, 소설의 경우에는 인구 중에서도 문자 해독자가 향유의 바탕이 되므로 문해인구의 수를 중점적으로 살필 것이다. 또한 경제적 측면은 전근대에 책값을 구성하는 가장 중요한 요소인 종잇값에 초점을 맞추어 살피기로 한다. 이것을 통해 소설이 어느 계층에 얼마나 들어갈 수 있었는지 짐작할 수 있을 것이다. 한편 실질적인 유통에 대해서는 시장의 유통망이 어떤 상황이었는지 살필 것이다. 시장 외의 다른 유통 방식이 없지 않겠지만, 시장은 유통의 수준을 가장 잘 보여줄 것으로 생각한다. 이를 통해 소설의 전국적 유통망이 어느 정도 형성되었는지 짐작할 수 있을 것이다. 마지막은 유통을 통제하는 정치적·제도적 요인에 대한 것인데, 조선시대에 서적유통을 제한한 몇 가지 사례를 통해 통제가 어떤 식으로 작동했는지

알아본다.

인구

1789년에 작성된 『호구총수』는 조선 인구를 7,403,606명으로 기록하였다. 이를 지역별로 나누어 보면, 서울이 189,153명이고, 두 번째 도시인 개성은 27,769명, 그다음으로 평양, 상주, 전주, 대구 순으로 이어지는데, 서울과 함께 방각소설이 간행된 지역인 전주는 16,694명이다.

그런데 1925년 처음 실시된 전국적 규모의 인구조사에서는 이천만에 육박하는 인구가 보고되었고, 선행 연구들은 『호구총수』는 물론 호적과 족보 등의 자료를 통해 18세기 말의 인구를 대략 천오백만 정도로 추정했다.[11] 구체적으로 이영구와 이호철은 1801년의 인구를 14,832,000명으로 추산한 바 있다.[12] 또 지역 인구도 서울의 경우 1760년 삼십만 명, 1860년 삼십사만 명으로 추산했는데,[13] 이런 경향성을 따라서 보면 전주의 인구는 대략 삼만 명 내외였을 것으로 추정된다.

문해율

문해율은 글을 읽고 이해할 수 있는 능력을 갖춘 사람의 비율을 뜻한다. 종전에는 거꾸로 그런 능력이 없는 사람의 비율인 문맹률을 파악하는 일이 많았다. 그런데 문해율이든 문맹률이든 파악이 간단하지 않은데, 이는 초기 연구부터 지적된 것으로, 조사 기관에 따라 차이가 큰 결과를 내놓는 데서도 확인된다. 1958년 문교부에서는 12세 이상의 문맹 인구를 4%로 파악했는데, 1962년 재건국민운동본부에서는 9.5%, 1959년 중앙교육연구소에서는 22.1%, 1960년 경제기획원 통계국의 인구조사에서는 27.9%로 파악했다.[14] 근대적 조사 기법을 사용했음에도 불구하고 이렇게 편차가 큰 것이 문해율 조사임을 먼저 유의할 필요가 있다.

문해율에 대한 최초의 전국적 조사는 일제강점기인 1930년에 이루어졌다. 조선총독부에서 행한 국세조사(國勢調査)라고 부른 인구조사에서이다. 한반도에 거주하는 일본인과 한국인을 나누어 각각 일본글 가나와 한글을 읽고 쓸 수 있는지 물었는데, 한국인의 경우에는 총 이천사십여만 명의 인구 중에 천오백팔십여만 명이 일본글 가나와 한글 중에 어떤 것도 읽고 쓸 줄 모르는 문맹으로 조사되었다. 거꾸로 말하면 각각 천만 명 남짓의 남성과 여성 중에 남성 삼백칠십여만 명, 여성은 팔십여만 명 정도가 문자를 읽고 쓸 수 있었다는 것이다. 조선 사람 네 명 중 한 명은 한글을 읽고 쓸 수 있었던 것이다.

이 통계는 근대적 교육제도가 도입된 이후에 조사된 것이고, 더욱이 1920년 이후에는 문맹퇴치운동이니 민중교육운동이니 사회교육이 활발히 일어났으니, 이것을 가지고 조선 후기의 상황을 짐작하기는 어렵다. 그런데 다행히 이때의 전국적인 조사는 연령별로도 이루어져서 표본 연령을 높이면 시대적 변화의 영향을 적게 받은 세대의 문해율을 어느 정도 살필 수 있을 것으로 보인다.

1930년의 인구조사에서는 나이별 인구수를 조사·보고했을 뿐만 아니라, 문해자 수를 [표 1]에서 보는 바와 같이 9단계의 연령으로 나누어 보고했다. 이것을 정리하면 세대별 문해율을 알 수 있는데, 한 가지 문제는 나이별 인구수에 조선인과 일본인을 구분하지 않고 총수만 표시한 점이다. 다만 이천백여만의 총인구 중에 일본인

[표 1] 1930년 조선의 세대별 문해율

만 나이 (세)	세대별 인구수 (명)	조선인 문해자 수 (명)	세대별 문해자 비율 (%)
0 - 9	6,079,690	241,178	3.96
10-19	4,362,967	1,299,036	29.77
20-29	3,233,481	1,067,193	33.00
30-39	2,688,891	812,463	30.21
40-49	2,017,062	546,735	27.10
50-59	1,379,965	327,085	23.70
60-69	862,749	178,964	20.74
70-79	372,015	68,831	18.50
80 이상	38,814	8,476	21.83
	총 21,035,634[15]		

은 오십만 남짓에 불과하므로 세대별 문해율 통계에 별 영향을 끼칠 정도는 아니라고 볼 수 있다. 세대별 문해율 계산에 일본인은 5% 정도의 영향력을 가질 뿐이니, 사십대를 예로 들면 사십대 총인구가 2,017,062명이라고 했으니 5% 남짓의 일본인 오만 명을 뺀 숫자를 분모로 해서 문해율을 계산하면 될 것이다. 그렇게 하면 사십대의 문해율이 27.79%가 되는데, 이는 일본인을 감안하지 않고 계산한 수치인 27.10%보다 0.69%가 높을 뿐이다. 다른 세대도 한국인만의 문해율은 [표 1]에 제시된 수치보다 대체로 1% 가까이 높게 잡으면 될 것이다.

이렇게 보면 세대별 문해율이 대략 30% 내외임을 알 수 있는데, 노년으로 갈수록 문해율이 떨어지는 것은 근대교육의 영향을 덜 받은 세대라서 그렇게 볼 수도 있겠지만, 노년으로 갈수록 문해율이 낮은 여성의 비율이 높아져서 그렇게 되었을 가능성도 있다. 어쩌면 고령으로 인해 일제의 인구조사에 제대로 대답하지 않았을 수도 있다. 이런 점을 고려하면 조선 후기 문해율을 알기 위한 표본 세대로 육칠십대 이상은 다소 부적절하며, 사오십대가 가장 적합한 표본이 될 수 있을 것이다. 이들은 1870년대 또는 1880년대 출생자로 근대교육의 영향이 상대적으로 적었고, 평균 수명이 짧은 남성들도 이 연령에서는 아직 사망자가 적어서 남녀 성비의 불균형이 크지 않기에 표본으로 적합하다고 할 수 있다. 그런데 놀랍게도 이들 세대 역시 네 명 가운데 한 명은 한글을 읽고 쓸 수 있는 사람으로 나와 있다.

이는 문맹률 추이에 대한 선행 연구의 결과와는 크게 다른 것이다. 일제강점기 문맹률 추이를 연구한 노영택은 [표 1]의 1930년 인구조사를 핵심 자료로 삼으면서 신문이나 각종 자료집을 토대로 1920년대 초에 90%에서 95%에 이르던 문맹률이 1920년대 말에는 80%에서 90% 사이에 이르렀고, 1930년의 조사에서 77.73%로 떨어졌다고 했다.[16] 십 년도 채 지나지 않아서 문해율이 두어 배 가까이 증가했다고 본 것이다. 이는 이 시기에 문맹퇴치운동이 활발했다는 점을 감안해도 그대로 받아들이기 쉽지 않은 급격한 증가세이다.

노영택은 1922년 1월 5일의 『동아일보』 사설 「교육에 철저하라」 등을 인용하며 그 내용 중에 “이 중에서 서신 한 장은 고사하고 언문 일자(一字)에 능통하는 자가 얼마인고. 백인에 일인이라고 하면 혹 과장이 아닐까 하며, 기타 반수인 남자 중에서라도 대부분을 점령하는 농민의 지식을 들어 논할 것 같으면, 신문 한 장은 고사하고 일상 의사소통에 필요한 서신 한 장을 닦을 수 있는 자가 역시 백인에 일인이면 다행이라 하겠도다.” 등의 기록을 특별한 자료 비판 없이 받아들여 문맹률이 95%에 육박하는 것으로 보았다. 그런데 이 사설이 교육운동을 독려하기 위해 다소 극단적인 표현을 사용한 글임을 염두에 두면, 사설이 말하는 1%를 약간 상회하는 문해율은 액면 그대로 받아들이기 어렵다. 1930년 인구조사에 나타난

세대별 문해율을 보면, 교육운동의 영향을 거의 받지 못했을 칠십대 이상의 고령자들도 이미 20% 내외의 문해율을 보여주고 있다. 이로써 보아도 1920년대 초에 문해율이 5～10% 정도라는 것은 실상을 적절히 반영한 추정으로 볼 수 없음을 알 수 있다.

노영택이 제시한 수치는 자신이 인용한 자료와도 잘 맞지 않는다. 노영택은 1926년 간행된 후지이 주지로(藤井忠治郎)의 『조선무산계급의 연구』에서 빈민 가운데 남성은 5%, 여성은 1%가 한글을 해독할 수 있다고 한 것을 인용했다. 이 문해율은 조사 시기나 대상이 구체적으로 밝혀져 있지는 않지만, 책 전체의 내용을 보면 후지이가 연구 대상으로 삼은 1920년대 전반 이전 경상북도의 작은 빈민 집단인 듯하다. 1930년 통계에서도 문맹률이 높은 지역으로 나오는 경상북도의 빈민이 대략 3%의 문해율을 갖추었다면, 조선 전체의 문해율은 훨씬 높은 수준임을 짐작할 수 있다.

1930년의 인구조사에서 특기할 것은 한국 사람들 중 무려 육천여 명이 가나만 할 수 있다고 답한 것이다. 일본글은 할 수 있으면서 한글을 할 수 없다고 말한 사람은, 일본글은 배웠지만 한글은 따로 배운 적이 없어서 글을 쓸 자신이 없었기에 그렇게 대답하지 않았나 한다. 설문이 '읽고 쓸 수 있느냐'는 것이었으니, 적지 않은 사람이 쓸 자신이 없어서 한글을 못한다고 답하지 않았을까 생각하게 하는 대목이다. 문해율은 어떻게 따지느냐에 따라서 비율이 크게 달라질 수 있는데, 한자가 섞여 있는 신문을 잘 읽을 수 있는 사람 또는 그런 글을 쓸 수 있는 사람과 순한글로만 된 한글 편지나 소설을 읽을 수 있는 사람의 비율은 크게 달라질 수밖에 없다. 1930년 조사에서 네 명 중 한 명이 한글을 읽고 쓸 수 있다고 대답했다면, 실제로 한글을 읽을 수 있는 사람은 훨씬 높게 잡아야 하지 않나 한다. 세 명 중 한 명 이상이 한글을 읽을 수 있지 않았을까 하는 것이다. 이런저런 요소를 고려하고 1930년 조사에서 노인층의 문해율을 감안하면, 조선 후기 한글소설을 읽을 수 있는 정도의 문해율은 적어도 네 명 중 한 명, 즉 25% 이상이 될 것으로 보아도 무방하지 않을까 한다.

참고로 조선 후기 문해율과 연관지을 수 있는 흥미로운 통계 하나를 소개한다. 1800년 3월에 있었던 과거시험 통계인데, 이달 서울에 있었던 과거시험에 무려 십일만여 명이 응시했다. 이는 『정조실록』에도 개략이 실려 있으나, 1800년 3월 24일 정조가 외삼촌 홍낙임에게 보낸 편지에 더욱 자세하다. 정조는 3월 21일의 정시(庭試) 초시(初試)와 22일의 인일제(人日製)의 상황을 적으면서,[17] "과거시험 일로 연일 응대하느라 지쳐 쓰러질 뻔했습니다. 이번처럼 과거시험 보는 유생의 수가 많은 것은 처음 볼 뿐만 아니라 들어본 적도 없습니다. 시험장에 입장하여 답안지를 바친 사람의 수를 적어 보내드리니, 보면 크게 웃음이 나올 것입니다."라고 했다. 21일의 초시에는 서울 시내 세 군데에 시험장을 열었는데, 응시자가 111,838명이고 답안지를 제출한 사람은 38,614명으로, 시험장마다 사람들이 성을 이루었다고 한다. 또 22일 인일제에는 창경궁 춘당대 관덕정에서 관풍각 사이에 시험장을 설치했는데, 응시자가 103,579명이고 답안지를 제출한 사람은 32,884명이었다. 이 삼만이천여 명에 대해서는 지역별 통계까지 적고 있는데, 서울 2,211명, 경기 3,586명, 해서 3,111명, 관서 3,174명, 호서 6,096명, 관동 1,025명, 호남 4,700명, 영남 5,231명, 관북 1,025명, 화성 368명, 광주(廣州) 356명, 송도 210명, 강화도 90명, 제주 3명, 거주지를 쓰지 않는 사람 766명이다. 전국 각처에서 수천 명부터 이만 명에 육박하는 사람들 십여만 명이 서울로 몰려온 것이다.

천오백만의 조선 인구 가운데 십일만여 명이 과거를 보는 상황은 지금의 대학입학시험 열기보다 높은 것이다. 또 십만 명 이상이 지방에서 올라왔으니, 삼십만 명 정도의 인구를 가진 서울 시내가 얼마나 붐볐을지 짐작할 수 있으며, 더욱이 좁은 시험장은 그 혼잡이 어떠했을지 상상조차 하기 어렵다. 정조는 4월 1일자 편지에서 과거시험의 "무질서함 또한 처음 듣는 일입니다."라고 적었다. 『기이재상담』이라는 19세기의 한 소화집(笑話集)에 실린 이야기를 보면, 과거시험장에 간 시골 선비가 답안지를 제출할 곳을 찾지 못해 시험장 배나무 위에 답안지를 던지고 왔다는 이야기가 있는데 그것이 과장이 아님을 알 수 있다. 그런데 시험 결과를 보면, 십만 이상이 몰린 인일제에서 고작 서울 유생 한 명과 충청도 유생 한 명을 선발하여 최종 시험인 전시(殿試)를 치를 자격을 주었을 뿐이다. 십만 명이 멀리서부터 큰 비용을 치르며 올라온 것을 생각하면 실망스러운 보상이다.

이 해의 과거 응시자 수는 전에 볼 수 없는 규모였지만, 조선 전체를 통틀어 가장 많은 수치는 아니다. 과거 응시자는 후대로 갈수록 더욱 늘어나서, 고종 16년인 1879년 2월 27일에 치러진 정시(庭試)는 역대 최고의 응시자 수를 기록했다. 무려 213,500명이다.[18] 제출된 답안지는 153,520장이었다.

과거 응시자의 수는 두 가지 면에서 의미가 있는데, 문해율과 인구이동이다. 인구이동과 관련된 부분은 후술하기로 하고 여기서는 우선 문해율과 관련해서 보면, 과거에 응시하기 위해 멀리 지방에서 많은 비용을 써서 상경할 사람이라면, 고시 과목인 유교 경전이나 한문 문장에 대해 어느 정도 식견이 있을 것으로 짐작할 수 있다. 물론 실력의 고하야 있겠지만 초보적인 한문 능력은 갖추었다고 볼 수 있을 것이다. 그런데 그런 사람이 이십만 명 이상 서울의 시험장으로 왔다면, 그보다 훨씬 많은 사람이 한문을 어느 정도 해독할 수 있었을 것으로 추정할 수 있다. 지방 유생들이 서울에서 열리는 과거에 응시하는 것은 쉬운 일이 아니었다. 과거 응시에 대해 비교적 자세한 기록을 남긴 상대적으로 부유한 지방 유생이라고 볼 수 있는 김영, 권상일, 황윤석, 박득녕 등의 일기를 통해 보아도 서울로 과거를 보러 가는 것은 간단치 않은 일이었다.[19] 과거에 이십만 명 이상이 응시하는 상황이라면, 적어도 오십만 명 이상의 한문 해독층이 존재했다고 보아도 무방하지 않나 한다.

요컨대 1930년의 인구조사와 1800년의 과거시험 통계 등을 가지고 1800년을 기준으로 삼아 아주 거칠지만 문해율을 추정해보면, 천오백만 명의 조선 인구 가운데 오십만 명 내외의 한문 해독자와 삼사백만 정도의 한글 해독자가 있었던 것으로 짐작할 수 있다. 그리고 1930년 인구조사의 문해율 성비를 적용하면 한글 해독자 가운데 칠팔십만 명은 여성이었을 것으로 추정된다. 달리 말하면 한문을 읽을 수 있는 사람이 오십만 명 내외, 한글을 읽을 수 있는 사람이 삼사백만 명 정도로 볼 수 있는데, 이들 중 일부가 소설 독자가 되었을 것이다.

종잇값과 책값

서적유통에 있어서 중요한 변수 가운데 하나로 책값을 들 수 있다. 책값이 싸면 쉽게 많은 사람에게 유통될 수 있을 것이고, 반대라면 부유층에 제한될 것이다. 강명관은 『조선시대 책과 지식의 역사』(천년의상상, 2014)에서 '책값은 얼마였을까?'라는 항목을 두어 조선 전기의 책이 엄청난 고가였음을 말한 바 있다. 『대학』과 『중용』의 값이 상면포(常綿布) 서너 필이라는 『중종실록』(중종 24년 1529년 5월 25일)의 기록을 이용하여, 널리 통용되는 판본을 기준으로 할 때 분량이 불과 89장과 147장밖에 되지 않는 『대학』과 『중용』처럼 작은 책조차도 쌀 21말에서 28말 정도는 가져야 살 수 있다고 했다. 이는 성종 대에 완성된 법전인 『대전속록』에 면포 1필을 쌀 7말로 바꾼다는 규례에 의거하여 계산한 것이다. 이덕무의 『앙엽기』 「일인조석식(一人朝夕食)」 등에 한 사람이 보통 하루에 한 되를 먹는다고 했으니, 『대학』 한 권이 21말이라면 한 사람이 210일 곧 7개월 먹는 양식인 셈이다. 생활비 중에 식비의 비중이 절대적이었던 조선시대에, 7개월치 양식이라면 가난한 사람에게는 한두 달치 생활비일 수 있다. 『대학』 한 권이 지금으로 치면 백만 원 이상의 고가일 수 있는 것이다.

그런데 이는 후대의 책값과 비교할 때 지나친 고가이다. 『중종실록』을 보면 면포는 풍년에 1필에 4~5섬에 이르고 흉년에는 5되에 불과하다. 책값을 언급한 1529년 가을에는 흉년이 들어 면포 1필이 쌀 5~7되밖에 되지 않았다고 하였는데, 이렇게 보면 『대학』의 값은 쌀 15섬과 같은 해도 있을 수 있지만 이 해에는 15되 정도일 가능성이 높다. 『대학』과 『중용』의 책값이 언급된 당일 기사에는 도련지(擣錬紙) 한 권 값이 상면포 18필에 해당된다고 했는데, 그렇다면 『대학』은 대략 도련지 한 권 값의 6분의 1에 해당한다. 『중종실록』이 무렵 기사에 도련지 한 권이 품질에 따라 2섬 10말에서 4섬까지 나간다고 했으니, 『대학』 한 권의 값은 6말에서 10말 사이로 강명관의 계산과 두어 배 이상의 차이가 있다.

조선 후기의 책값에 대해서는 김영진의 「조선 후기 서적 출판과 유통에 관한 일고찰」(『동방한문학연구』 30, 2010)이 주목된다. 그는 18세기 후반 학자인 유만주와 황윤석의 일기에서 서적 구입 기록을 뽑았는데, 유만주의 『흠영』에는 1784년 『패문운부(佩文韻府)』 200책에 8,000문, 『합강(合綱)』 48책에 6,000문, 『왕남명집(汪南溟集)』 4책과 『한화(閑話, 豆棚閑話)』 6책에 100문이라고 했다. 『패문운부』는 책당 40문, 『합강』은 책당 125문, 나머지 문집과 소설류는 책당 10문에 불과하다. 『합강』은 잘 판각 인쇄된 것이어서 특별한 값을 받은 것으로 볼 수 있고, 마지막 것은 그에 비해 상태가 떨어지는 것이기에 값이 쌌던 모양이다. 또 황윤석의 『이재난고』에는 1770년 『운부군옥』 10책을 3.5냥에, 1771년 『이학종전(理學宗傳)』 16책을 3냥에, 그리고 1787년 『주자대전』 76권을 16냥에 샀다고 했다. 또 1790년에는 『퇴계집』에 대해 구입 문의를 했더니 책당 2전이라는 답을 받았다고도 했다. 10문이 1전이고 10전이 1냥이니,[20] 책은 싼 것은 1전부터 비싼 것은 12.5전까지 나갔으며 평균은 3전 내외임을 알 수 있다. 이 정도 가격을 당대의 다른 물가와 비교하면, 1770년대와 1780년대에 쌀 1섬(15말)에 평균 4냥 정도였으니[21] 쌀 한 말에는 2.6전인 셈이다. 책 한 권이 보통 쌀 한 말 정도의 값이었던 것이다. 1789년 작성된 『문희묘영건청등록(文禧廟營建廳謄錄)』을 보면 장인 역부들의 임금이 기록되어 있는데, 목수 등 장인은 매일 4전 2푼을 받지만 잡역부인 모군은 2전 5푼을 받는다고 했다.[22] 책 한 권의 값이 노동자의 하루 임금 정도였던 것이다. 책에 따라 가격 차이가 작지 않겠지만, 조선 후기는 조선 전기보다 작게는 반 값, 크게는 반의 반 값 이상으로 싸진 것을 확인할 수 있다. 위의 책값은 거의 경전류 간행본에 해당되는 것이므로, 필사본이나 조악한 방각본으로 유통되는 소설책과는 역시 작지 않은 차이가 있을 것이다.

필사소설은 종잇값이 책값의 대부분을 차지한다고 볼 수 있을 것인데, 조선 후기의 종잇값에 대해서는 우선 『비변사등록』 1692년 5월 3일조의 기사가 눈길을 끈다. 정부에 종이를 납부하는 지전(紙廛)과 지계(紙契)의 분쟁을 조정하는 데 대한 기록이다. 충청도에 대동법이 시행되면서 종전에 바로 종이를 진상하던 것을 납세자들이 쌀을 납부하면 그것을 받은 공인들이 지전에서 종이를 사서 납부하게 되었다. 이때 정부에서 백면지(白綿紙) 1권(卷)에 미곡 4두를 받도록 값을 정했는데, 지전에서 값이 헐하다고 하여 불만을 표시하여 정부에서는 5두에 종이를 제조해서 바치겠다는 사람에게 납부권을 주었다. 이렇게 새로 납부권을 받은 곳이 지계인데, 순식간에 상황이 역전되어 충청, 전라, 경상의 삼남에서 바치는 종잇값이 총 1만 3천 석인데, 지전에서 1천여 석을 받고 지계에서 1만 2천 석을 받는 형국이 되었다. 새로 등장한 지계가 종전에 공납을 맡아온 지전을 눌러버린 것이다. 그런데 지전은 역을 부담하는데 지계는 그렇지 않았다. 지계는 국가에 해야 할 책임은 지지 않으면서 이익만 독차지하니 이로 인해 문제가 제기되었고, 지전은 자신들이 더 많은 몫을 맡아야 한다고 주장했다. 이 사건을 통해 종이 가운데 주종이라 할 수 있는 백면지의 시장 규모와 가격을 짐작할 수 있다. 백면지 1권에 다섯 말의 쌀과 바꾸었다고 하니, 삼남에서 바치는 종이는 총 26,000권이고 그중에 지계에서 24,000권을 맡은 것이다.

종잇값에 대한 기록은 『비변사등록』 외에도 『조선왕조실록』, 『승정원일기』, 『만기요람』 등 정부 기록 외에 개인 일기 등에도 보이는데, 이것을 시간 순으로 제시하면 [표 2]와 같다.

[표 2] 조선시대의 종잇값

종이 이름	『비변사등록』 1683. 1. 10. 및 1. 13.	『숙종실록』 1701. 3. 20. 『승정원일기』 1728. 8. 11.	『비변사등록』 1737. 3. 24. 1753. 7. 3.	『승정원일기』 1785. 1. 2. 및 7. 17. 1786. 7. 23.	『남천일록』 1801. 8. 20. 1802. 3. 29.	『만기요람』 1808
公紙						一斗五升
白紙	二斗五升		三錢(1753)		二戔五分 (1801)	
常白紙						三斗
厚白紙			三錢(1753)	五錢(1785.7.)		六斗
方物白綿紙						七斗
白綿紙		五斗 → 六斗 (1701)	一兩二錢 (1753)			
楮常紙						二斗五升
楮常注紙	二斗五升					二斗五升
草常注紙						二斗五升

楮注紙	七斗五升					七斗五升 十二斗
草注紙	一石			五斗(1785.1.)		一石
冊紙次草注紙						每貼 七斗五升
卷冊紙次楮注紙						七斗五升
搗鍊楮注紙	二石十斗	二石五斗 (1728)				二石五斗
下品搗鍊紙						二石十斗
下品搗鍊草注紙						二石十斗
上品搗鍊紙						四石
狀紙	五斗				百文(1802)	五斗 八斗
簡壯紙				二斗(1786)		
日課紙						七斗 七斗五升
時政記紙						每貼 八斗
啓目紙						一石
啓辭紙				一兩三錢 (1785.7.)		
衣紙			一石十斗 (1737)			一石十斗
中紙						八斗 十斗
上紙	一石五斗					一石三斗 一石五斗
小藥線紙						七斗
大藥線紙						十二斗
小好紙		七斗 → 八斗 (1701)				八斗五升
大好紙		一石(1701)				一石
儀紙	二石十斗					二石十斗
中幅紙	四石五斗					
上品表紙	四石五斗					
供上紙						五石

* 별도 표시가 없으면 한 권의 가격이다.
* 『만기요람』에는 기관이나 산지에 따라 가격이 다르다. 대체로 강원도산의 가격이 낮게 적혀 있다.

1808년 편찬된 『만기요람』에는 종잇값에 대한 기록이 적지 않은데, [표 2]에서 제시한 것은 선혜청에서 받는 57곳 공물 내역(宣惠廳五十七貢)에 실린 종잇값이다. 표의 가격은 다른 것들도 대체로 공납 가격이라고 말할 수 있는데, 종잇값 추이를 보면 백 수십 년의 시간적 간극에도 불구하고 거의 변함이 없다. 다만 품질에 따른 가격 폭은 매우 큰 것을 알 수 있는데, 상소문을 올리거나 공문서를 작성하는 데 쓰는 특별한 용도의 종이, 특히 임금이 쓰는 것은 보통의 것보다 수십 배 비싸다. 그런데 민가에서 책을 필사하거나 인쇄하는 데 쓰는 종이는 그만큼 좋을 이유가 없다. 많이 쓰는 것이 백지인데, 한 권에 두 말 닷 되 혹은 3전을 받았다. 백지는 흔한 것이어서 실제로 시장에서 거래되는 값이 개인 일기들에서 확인된다. 주목할 자료는 심노숭이 경상도 기장의 유배지에서 쓴 일기인 『남천일록』이다. 심노숭은 1801년 8월 20일 일기를 쓰기 위해 장에 가서 백지 1권을 2전 5푼을 주고 샀다. 오십 년 전에 3전이었고, 백여 년 전에는 두 말 닷 되였던 백지를 2전 5푼에 산 것이다. 그런데 같은 해 5월 10일에는 3전 6푼으로 백지 2권을 샀다고 했다. 그리고 1805년에는 양산 신불암(神佛菴)의 승려에게서 백지 십 속(束)을 샀는데 두 냥을 주었다고 했다. 1속, 즉 한 꾸러미에 2전인 셈이다.

이렇게 보면 민간 시장에서 판매되는 백지 한 권 값은 대략 2전 내외였다고 할 수 있는데, 당시 이 돈은 어느 정도의 교환 가치를 지녔을까? 같은 일기를 통해 보면, 심노숭은 2전으로 무(菁) 약간 큰 것 60개를 살 수 있었고(『남천일록』 1801년 10월 3일), 5전 5푼으로 대구 다섯 마리를 샀다(『남천일록』 1802년 11월 19일). 쌀 한 되를 6문(文) 곧 6푼에 샀으니(『남천일록』 1803년 5월 28일), 2전짜리 백지 한 권을 살 돈으로 쌀 서너 되를 살 수 있었던 것이다. 백지 가격은 19세기 후반까지도 큰 변동이 없었던 것으로 보이나, 실제로 쌀값과 비교해보면 상당히 싸졌음을 알 수 있다. 19세기 말 20세기 초에

울산 지역에서 살았던 심원권의 일기(『심원권일기(沈遠權日記)』)를 보면 1870년과 1872년에 백지를 1속에 2전 5푼 내외로 샀음을 볼 수 있는데, 이때 쌀값 역시 한 되에 2전 5푼 정도였다.[23] 이후 쌀값은 계속 올라서 1870년대 중반에는 한 되에 6전을 넘었고, 1890년대까지 4~5전을 오르내렸다. 한편 이만도의 『향산일기(響山日記)』 1890년 2월 5일조에는 책지(冊紙)가 매권(每卷) 3전이라고 했는데, 1891년 4월 25일조를 보면 쌀 8되에 3냥 2전이라고 했다. 쌀 한 되에 4전을 받은 것이다. 19세기 초에는 백지 한 권을 사려면 쌀이 3되 이상이 필요했는데, 세기의 말에는 쌀 한 되를 다 주지 않아도 백지 한 권을 살 수 있을 정도로 종잇값이 싸졌다. 소설은 좋은 종이를 사용하는 일이 드무니, 필사본 소설 한 책에 굳이 가격을 매기라면 대략 쌀 한 되 값 정도로 볼 수 있을 것이다.

그렇다면 방각본 소설은 어느 정도의 값을 받았을까? 1890년대 초의 기록인 오카쿠라 요시사부로(岡倉由三郞)의 「조선의 문학」이라는 글에서는 방각소설의 가격이 3~4전이라고 했다. 오카쿠라가 본 방각본 소설은 대략 종이 한 권 값에 불과했던 것이다. 찍어 파는 책이 빈 종이 한 권 값과 별반 차이가 없었다는 말은 그만큼 소설책의 종이가 조악했음을 짐작케 한다. 아펜젤러에 대한 그리피스(William Elliot Griffis)의 글에 방각본 소설의 외양이 잘 묘사되어 있다.

> 백성들이 무엇을 읽는지 알고 싶으면 쓰레기로 좁아진 시내 중심 도로변에 있는 작은 노점이나 행상들이 잡동사니를 파는 가게로 가야 한다. 거기에는 갓, 갓 덮개, 도자기, 질그릇, 유지(油紙), 먹, 붓 등 만물상에서 쉽게 볼 수 있는 일상용품이 있는데, 이들 가운데 노래 가사집, 소설, 책력 등 대중문학의 증거물을 볼 수 있다. 소설책은 대개 노란 종이로 표지를 했고, 크기는 세로 9인치, 가로 7.5인치이다. 조선의 문자인 언문으로만 적혀 있으며, 24장 또는 48면의 종이가 붉

은 실로 꿰매어져 있다. 내 서재에 있는 두 권을 가지고 봐도 장수를 표기한 것 외에는 한자를 전혀 찾아볼 수 없다. 이 볼품없는 책자에는 저자명, 출판자명, 출판지가 표시되어 있지 않은데, 본문을 찍은 잿빛 종이는 가장 거칠고 싸고 형편없으며, 종이 곳곳에 있는 구멍, 얼룩, 지푸라기 등으로 인해 더욱 보잘것없다.[24]

아펜젤러가 본 것은 1890년대 서울에서 인쇄한 방각본 소설이다.[25] 소설이 강명관이 예로 든 조선 전기의 경전들처럼 비싼 값에 팔렸다면 널리 읽힐 가능성은 거의 없다. 소설은 독자를 늘리기 위해서나 늘어난 독자의 수요를 감당하기 위해서라도 값을 낮출 수밖에 없었고, 값을 낮추려면 저급의 종이를 쓸 수밖에 없었다. 이 무렵에는 백지 한 권이나 방각본 소설 한 권이나 모두 쌀 한 되 정도, 즉 성인 하루 식비가 못 되는 값을 받았으니, 이로써 소설 대중화에 한 발 가까이 다가갈 수 있었다.

유통과 시장

유통은 물건과 사람의 교류를 통해 이루어진다. 샤를 달레(C. Charles Dallet)의 『한국천주교회사』(1874)에서 "조선 사람들은 천성이 돌아다니기와 이야기하기를 좋아한다."고 말한 바 있는데,[26] 조선인들의 활발한 인적·물적 유통의 전체상을 보여주는 기록은 찾아볼 수 없다. 한국은 고려 이전부터 중앙집권적 정치체제를 갖추었고, 행정제도를 정비하면서 과거제를 도입하여 관료의 선발부터 파견까지 모두 중앙에서 관장했으니, 중앙과 지방의 행정망, 과거시험 등의 국가적 행사, 전국적인 수세 체계와 기반 물자의 유통 체계를 보면 물류의 전국적 유통망이 일찍이 형성되었을 것을 짐작할 수 있다. 앞에서 언급한 1800년의 과거시험 통계는 조선 후기의 중앙 집중도와 인구 이동의 실상을 단적으로 보여준다. 불과 2명을 뽑는 과거시험에 십만 명 이상의 사람들이 서울로 몰렸던 것이다.

국가적 행사는 상시적인 것이 아니니, 상시적 유통망을 가장 잘 보여주는 것으로 장시(場市)를 들 수 있을 것이다. 시(市)는 서울에서 항시 운영되는 점포의 군락이며, 장(場)은 지방의 마을 마당에서 임시적·주기적으로 개설되는 시장이다. 장은 조선의 특징적인 시장 형태로, 『조선왕조실록』에 의하면 15세기 말 전라도에서 시작되어 16세기 초 경상도, 충청도 쪽으로 확대되었고, 곧 전국에 장이 열렸다.[27] 18세기 중후반과 19세기 초 문헌인 『동국문헌비고』(1770년 간행)와 『임원경제지』(1830년대 편찬)에서는 전국의 장시를 1,062개소와 1,052개소로 기록하고 있는데, 1911년의 『조선총독부통계연보』에도 1,084개소로 나와 있으니, 이미 18세기 중반에 조선의 장시는 절정에 이르렀던 것으로 보인다.

전국 천여 군데의 장 가운데 90% 내외가 5일장이었는데, 5일장은 매 5일마다 장을 여는 것으로 곧 한 군데 장에서는 한 달에 여섯 번 장이 선다. 5일장들은 주변 지역과 날짜를 달리하여 열리는데, 한 곳이 매월 1일, 6일, 11일, 16일, 21일, 26일에 장을 연다면 인접한 다른 곳은 2일, 7일, 12일, 17일, 22일, 27일에 장을 여는 식이다. 이미 17세기 초에 "열읍(列邑)에 장시가 서는 것이 적어도 서너 곳 이상이니 오늘은 이곳에 서고 내일은 이웃 고을에 서며 또 그다음 날에는 다른 고을에 서서 한 달 삼십 일 동안 장이 서지 않는 날이 없습니다."라고 말할 정도였다(『선조실록』 1607년 6월 24일). 이렇게 좁은 지역에 돌아가며 장이 서는 이유는 해당 지역이 상설시장을 운영할 수 있을 정도로 경제적으로 성장하지 못했기 때문일 것이다. 즉 낮은 구매력을 효율적으로 활용하는 상업적 방법이 장인 셈이다.

1913~1917년에 걸쳐 이루어진 조선총독부 토지조사국의 조사에 따르면, 한 번 장이 열리면 장에 오는 사람이 평균 2,171명으로, 그중에 1,869명이 그 마을 사람이었다. 이는 조선 전체 84개의 장을 대상으로 파악한 것인데, 1923년 조선총독부 문서과 조사계에서 64개소의 장을 대상으로 조사한 결과는 총 방문 인원이 3,551명이었고 그 마을 사람으로 장에 온 사람은 2,991명이었다.[28] 장을 방문한 인원에 대한 앞선 시기의 통계는 찾지 못했으나, 1722년 12월 12일 이하곤은 전주 회경루(會慶樓)에 올라 시장을 바라보고 "수만 명이 빽빽이 선 것이 서울 종로의 오시 같았다(登累萬人簇立, 略似鍾樓街午市)."라고 말했고, 1759년 윤기는 인천 부근 시장에서 일어난 사건을 그리면서 "그날 장시에 모여든 사람을 대략 천 명으로 셈할 수 있다."고 했다.[29] 이렇게 보면 장시 출입 인원도 장시의 수처럼 후대와 크게 달라지지 않았음을 짐작할 수 있다. 이런 사실을 감안하여 1800년을 기준으로 삼아 역산하면 천오백만 인구를 가진 조선에 천 개 정도의 장시가 있었으니 만 명당 한 개의 장시가 있는 셈이고, 그 장시가 거의 한 달에 여섯 번은 열리니 장시의 평균 출입 인원을 이천 명으로 보면 누구나 한 달에 한 번 이상은 장에 나왔다고 볼 수 있다. 더욱이 멀리 갈 수 없는 아이들과 노인들을 빼고, 또 시장 출입에 제약이 있는 여성들을 빼면, 성인 남성들은 한 달에도 몇 번씩 장에 나갔던 것으로 추정된다.[30] 장은 조선 사람들의 생활에 빼놓을 수 없이 중요한 곳이었던 것이다.

그렇다면 이들 장시 간에는 어떤 유통망이 형성되어 있었을까? 17세기 말부터 조선에 도시와 상업이 본격적으로 성장했다는 것은 경제사 연구에서 두루 동의하는 바인데, 이 시기 전국 천 개 이상의 장시에 15% 내외의 외지인이 출입했으니, 이들이 곧 장터를 누비며 전국을 돌아다닌 장꾼들이다. 고동환이 정리한 다음의 사례는 장꾼들의 활발한 전국적 활동을 보여준다.

> 개성부 남면 예성강에 사는 사공 김중재는 격군 12명과 함께 개성부의 물주 김진철의 돈 2,200냥을 가지고 1752년 2월 13일 예성강을 출발하여 충청도 은진 강경포에서 쌀 540석을 구매한 뒤에, 경상도 영일 포항에서 명태어 50동과 미역 340동을 구매하고, 강원도 삼척에서 잡어를 구매했다. 자본 규모 2,200냥에 달했던 이 개성의 선상(船商)은 개성, 충청도 강경포, 경상도 포항, 강원도 삼척 지역을 한 번의 항해에서 포괄하고 있는 것이다. 이 선상의 사례는 전국적 시장이 18세기 중엽 이미 형성되었음을 알려준다.[31]

개성 상인이 2,200냥이라는 거금을 들고 충청도, 경상도, 강원도로 물건을 사러 다니는 행태에서 전국적 유통망이 형성되어 있음을 볼 수 있다. 18세기 중반 서울의 기와집 한 채가 50냥 정도였으니,[32] 서울 도성 안의 기와집 수십 채 값을 가지고 미곡 집하지에서 쌀을 사서 바닷가 마을에 팔고, 거기서 해산물을 사서 다시 내륙으로 넘기며 이익을 취하는 거래를 했던 것이다. 전국적 유통망 형성의 바탕에는 물류의 발달이 있었으니, 영남의 육로로 운반되던 남해산 어물들이 18세기 이후에는 뱃길을 통해 운송되었는데,[33] 이런 고효율의 해상운송은 물류의 비약적인 성장을 가져왔다. 18세기 이후 강경 등 포구를 중심으로 대장(大場)이 형성되었는데, 여기서 축적된 자본이 대형 선박을 운영하였고, 대형 선박은 유통의 효율을 획기적으로 높일 수 있었다.[34]

송호근은 『인민의 탄생』에서 "조선에서 향시, 장시, 장문, 시사로 불렸던 시장은 지역에 제한된 국지적 시장이었으며, 그 기능도 자급자족과 물자교환에 그칠 정도로 소규모였다. 전국적 규모의 시장은 거의 형성되지 않았으며, 유일하고도 가장 중요한 유통 상품인 곡물을 사고파는 시장이 여러 지역을 아울러 조금씩 발달하던 때가 18세기 이후일 만큼 뒤늦은 것이었다."라고 말했는데,[35] 이러한 인식은 조선의 장시가 가지고 있었던 역동성을 과소평가한 것 아닌가 한다. 조선의 시장이 국지적이었는지 전국적이었는지가 쟁점인 셈인데, 송호근이 국지적이라고 말할 때 근거로 삼은 경제사 쪽의 논문도 조선 시장이 국지적이었다고 말하지 않았고, 앞에서 인용한 것과 같이 전국적이었다고 말한 논문도 그 수준이 근대의 미곡시장이나 현대 주식시장처럼 고도로 통합된 시장을 의미한 것은 아니었다. 조선의 시장을 국지적인 시장으로 보는 근거로 이용된 이영훈과 박이택의 논문 「농촌 미곡시장과 전국적 시장 통합, 1713-1937」의 결론은 이렇게 말하고 있다.

> 높은 수준의 가격 공동성으로 말할 수 있는 18세기 중반의 시장 통합도 이 지배적인 전통적 경제체제가 건재한 가운데 소규모 행상과 선상이 주체가 된 자유롭고 활발한 상업활동이 부차적이나마 통합의 순기능을 담당했던 결과였다고 할 수 있다.
>
> 다른 한편 배가 다니지 못하는 내륙부는 연안부와 무관한 고립적 시장으로 존재하였다. 가장 넓은 고립적 시장은 전라도에서 관찰되었다.[36]

이 결론을 보면 알 수 있듯이, 이영훈과 박이택은 조선 시장이 국지적이었다고 말한 것이 아니다. 행상과 선상의 활발한 활동으로 시장 가격이 어느 정도 형성되어 있었지만, 물류 여건이 좋은 연안부와 달리 내륙부는 고립적 시장으로 남아 있었다는 것이다. 그리고 이 논문에서 유념해야 할 점은 이것은 미곡시장의 경우라는 것이다. 미곡시장은 도로나 운송수단 등 물류 여건의 제약을 많이 받는다. 종이처럼 상대적으로 물류비용이 적게 들 품목과는 달리 볼 필요가 있다.

조선 시장이 근대적인 수준의 전국적 시장 통합을 이루지는 못했지만, '소규모 행상과 선상이 주체가 된 자유롭고 활발한 상업활동'으로 인해 앞의 개성 상인의 예가 보여주는 것처럼 전국적 시장망 속에 들어 있었다고 할 수 있다. 이영훈과 박이택의 논문은 또한 전라도의 미곡을 싣고 남동해안으로 가서 어물과 바꾸어오는 상선이 적지 않았음을 일본에 표착한 조선 상선에 대한 기록을 통해 살폈다. 상인들은 열악한 운송 환경에서도 이익을 추구하기 위해 어려움을 마다하지 않았고, 그 결과 조선의 장시가 국지적 고립성을 넘을 수 있었다.

일제강점기 이후의 보고이긴 하지만 무라야마는 시장이 얼마나 활발히 작동하는지 유행의 급속한 전국적 확산을 통해 보여주었다.

> 유행도 마찬가지로 동일하게 번져나간다. 한 시장에 유행 상품, 유행 양식이 나타나면 그것은 즉시 시장을 통해 전 조선에 퍼져나갔다. 합병 이후 성냥이 상품으로 시장에 출품되자마자 즉시 전국으로 퍼져나가 아무리 깊은 산간지방의 농민이라도 주머니에 성냥을 넣고 다니지 않는 사람이 없을 정도로 널리 퍼져나갔다. 손거울과 고무신도 같은 예로 퍼져나갔다. 고무신은 일본에서 유입되어 수년 내로 전국에 보급되어, 지금까지 짚신으로 자급자족을 하거나 부업으로 수입을 얻고 있던 짚신 제조가 시장에서도 농촌에서도 자취를 감춰버렸다.[37]

상인들이 이 지방에서 저 지방으로 이 장에서 저 장으로 옮겨 다니는 것은 조선 후기 야담에서도 어렵지 않게 찾아볼 수 있다. 곡물류보다 물류비용이 훨씬 적게 드는 의류, 장신구, 화장품, 문방구 등의 일용품은 시장 통합이 훨씬 긴밀히 일어났으리라고 추정할 수 있으며, 근대적인 전국적 유통망이 갖추어졌다고 말할 수는 없다고 해도 송호근의 주장처럼 "이런 조건에서 문학과 예능이 전국적으로 유통되는 시장이 형성되기란 불가능했다."[38]라는 말의 전제 조건보다는 훨씬 높은 수준의 전국적 시장의 통합성을 추정할 수 있다.

전국적인 시장망이 있었다고 해서 장에서 책을 팔았고 그것이 전국적으로 유통되었다고 단정할 수는 없다. 장에서 팔릴 수 있는 물건이 있고, 다른 방식으로 유통될 것이 있다. 고가의 사치품이나 특수한 물건들이 여항인들이 넘쳐나는 장에서 유통되지 않았을 것처럼, 일부 독자만 구입할 책이라면 그런 것은 장에서 유통될 수 있는 성격의 물건이 아니다. 『임원경제지』 등 장시에서 유통되는 물목(物目)을 적은 기록 가운데 지필묵 등의 문방구는 보이지만 서적이 보이지 않는 이유가 여기에 있지 않나 한다. 조선시대에 책은 아직 장에서 유통되기에는 고가였고 일부 특정한 사람만이 구입하는 특별한 물건이었으니, 책은 그것을 취급하는 특별한 상인에 의해 유통되었다. 책장수에 의해 거래되었던 것이다. 다만 책장수 역시 상업적 유통망 속에서 활동했을 것을 감안해야 한다. 장꾼들이 개척한 물류망 또는 유통망을 통해 긴밀한 연관을 가지며 활동했을 것이라는 말이다.

조선 후기 서적상의 활동을 엿볼 수 있게 하는 한 사건이 뒤에 자세히 서술할 1771년 『명기집략(明紀輯略)』 사건이다. 영조는 조선 선왕의 사적을 왜곡하여 기술한 『명기집략』과 같은 중국 역사책을 수입하거나 소지하거나 거래한 사람들을 처벌했는데, 중국에서 책을 사온 역관은 물론 사온 책을 거래한 책쾌(冊儈) 곧 책장수도 유배 혹은 사형에 처했다. 책장수 8명이 흑산도로 귀양을 갔고, 그 밖에 백 명 가까운 역관과 책장수가 심문 도중에 거의 죽음에 이르렀다. 이 사건을 통해 당시 서울에 책장수가 수십 명 이상 있었음을 알 수 있다.

이런 책장수의 활동은 이미 조선 전기부터 있었고,[39] 1980년대까지도 볼 수 있었다. 이들은 조선시대 서적유통의 주역이었는데,

이들의 왕성한 활동을 단적으로 보여주는 사례가 19세기 말과 20세기 초의 성경 보급이다. 조선 최초의 기독교 서적 행상인 서상윤은 만주에서 존 로스(John Ross)의 『성경』 번역을 돕다가 조선으로 건너와 1883년부터 기독교 서적을 팔기 시작했는데, 첫 해에 무려 천 권을 팔았다. 이후 기독교 서적 행상은 급격히 늘어났는데, 1913년에는 176명이 311,278권을 판매하는 수준이 되었고, 그 수가 기하급수적으로 늘어서 1916년에는 총 773,360권이 배포되었다.

조선기독교서회는 1929년 그간의 활동을 정리한 기록에서, 지난 39년 동안 4억 2천만 장을 인쇄했으며, 한 해 평균 삼천만 장을 인쇄했다고 밝혔다. 연간 발행 부수가 이백만 권이다. 1939년의 통계에 의하면 한국어는 성경 출판량에 있어서 세계 5위로 중국어, 영어, 독일어, 프랑스어 다음으로 많이 찍은 언어였다. 특히 간략본 성경의 배포는 천칠백만 권을 넘어서서 중국어, 영어 다음의 세계 3위라고 했다. 유럽이야 성경이 이미 많이 보급된 상황이니 출간이 많을 이유가 없겠지만, 기타 국가만 보아도 인구수 대비로 보면 한국은 압도적 세계 1위였다. 한 해에 수백만 권 이상의 기독교 서적이 팔려나가는 한국인들의 서적 구입열에 서양 선교사들은 놀라움을 금치 못했다.

이들 서적 행상들의 주활동 무대는 장이었는데, 장이 열리는 곳에서는 책을 많이 팔 수 있었지만 외진 곳으로 들어가면 책을 팔기 어려웠다고 한다.[40] 수입된 거질(巨帙)의 중국 책이나 개인 문집 등이야 시장에서 팔리기 어려웠겠지만, 일반 독자를 대상으로 한 성경 등의 종교서나 기초적인 수험서, 그리고 소설 등은 시장에서 팔릴 수 있는 품목이다. 소설이 언제부터 시장에서 팔렸는지 알 수 없지만, 송명흠(1705~1768)의 아버지가 "시중에서 『삼국지연의』를 사와서(爲市三國演義)" 책 읽는 재미를 알게 했다는 기록이 있는데, 여기 '시(市)'를 『맹자』 등의 용례(古之爲市者)로 볼 때 '시장'으로 볼 수 있는 가능성이 높으니, 이렇게 보면 18세기 초반에 소설이 시장에서 팔렸음을 알 수 있다.[41] 기독교 서적을 보급한 서적 행상들이 시장을 돌며 책을 팔 때에는 이미 소설도 시장에서 팔리고 있었을 것이다. 모리스 쿠랑은 "서울이나 시골의 꼬불꼬불하고 더러운 골목길과 먼지 나는 장터"에서 소설을 파는 좌판을 볼 수 있었다고 했다.[42]

근대에 들어와서는 경향 각지에서 책장수와 서포(書鋪)들이 전국을 대상으로 영업활동을 벌였다. 후대의 기록이긴 하지만 『삼천리』 1935년 6월호에 실린 「옥편(玉篇)과 춘향전 제일(第一)」이라는 기사를 보면, "지금 조선에서 제일 많이 팔리는 책이 무엇이냐 하면 역시 옥편과 『춘향전』이다. 서울에 도매상들로 조직된 도매상 조합이 있는데, 이 방면의 조사에 의하면 옥편이 1년간 2만 권, 『춘향전』 1년간 7만 권, 『심청전』 1년간 6만 권, 『홍길동전』 1년간 4만 5천 권, 잡가책 1년간 1만 5천 권 등등이라 한다."라고 보고했다. 그리고 『삼천리』 1939년 4월호 좌담(「문예대진흥시대전망(文藝大振興時代展望)」)에서 소설가 김동인은 전에는 『춘향전』이 1년에 40만 부쯤 팔렸는데 지금은 그 절반도 팔리지 않게 되었다고 말했다. 이 놀라운 수치들의 근본에 조선의 서적유통과 소설유통이 닿아 있다.

정치적 · 제도적 배경

정치적 · 제도적 · 법적인 요소는 유통을 규제하는 가장 중요한 힘이다. 반체제적 또는 반정부적인 요소 외에 지배이념이나 사회통념 또는 풍속과 어긋나는 것도 규제를 받을 수 있다. 정보나 서적의 유통을 규제하는 것으로 어떤 제도가 있었으며 어떤 법이 있었는지, 그것은 현실 속에서 어떻게 작동했는지, 16세기 초 중종 때의 『설공찬전』 사건, 18세기 후반 영조 때의 『명기집략』 사건, 그리고 조선 후기 천주교 박해 사건을 통해 구체적으로 살펴보기로 한다. 이런 사건들을 통해 서적유통의 꽃이라고 할 수 있는 서점이 조선에 등장하지 못한 이유를 짐작할 수 있을 것이며, 아울러 조선에서 서적의 출판과 유통이 다채롭지 못하고 활발하지 못했던 이유도 어느 정도 짐작할 수 있을 것이다.

『설공찬전』과 저자 처벌

조선 최초의 필화 사건은 소설로 인해 생겼다. 채수(蔡壽, 1449~1515)가 지은 『설공찬전(薛公瓚傳)』이 한글로 번역되어 널리 읽히자 사헌부에서 "채수가 『설공찬전』을 지었는데 내용이 모두 화복(禍福)이 윤회한다는 이야기로 매우 요망합니다. 나라 곳곳에서 현혹되어 믿고서 한문으로 베끼거나 한글로 번역하여 전파함으로써 민중을 미혹시킵니다. 사헌부에서 명령을 내려 거두어들여야 하겠지만, 혹 나중에 발견되면 죄로 다스림이 마땅합니다."라고 중종에게 고했다(『중종실록』 1511년 9월 2일).

조선의 사법 당국인 사헌부에서 이미 유통되고 있는 책의 내용을 문제 삼았다. 물론 사전 검열은 없었다. 문제가 된 내용은 화복이 윤회한다는 것이었다. 윤회를 말하고 있기에 요망하다고 했으며, 그런 내용으로 사람들을 현혹시킨다고 했다. 책은 모두 수거하는 것이 좋겠고, 나중에 발견되면 관련자를 처벌해야 한다고 했다. 이에 대해 중종은 "내용이 요망하고 허황하니 금지함이 옳다. 그러나 법을 세울 필요는 없다."고 판결을 내렸다. 책만 수거하고 관련자 처벌은 하지 말라는 말이다. 사흘 후에 수거한 책을 불살랐고 숨기고 내놓지 않은 자는 요서은장지율(妖書隱藏之律), 즉 요망한 책을 숨긴 데 대한 법률에 따라 처벌했다.

조선은 형법을 명나라의 형법전에 의지했는데, 『대명률(大明律)』에 "사사로이 요서를 숨겨 관청에 바치지 않은 죄는 장 일백 도와 도

형 삼년(私有妖書隱藏不送官律, 杖一百徒三年)"이라고 했다. 『설공찬전』을 바치지 않은 것을 요서은장지율에 따라 처벌했다면 『설공찬전』은 당연히 '요서'가 되며, 『설공찬전』이 요서가 되면 그것을 만든 자와 유통시킨 자는 다른 조항에 걸릴 수밖에 없다. 『대명률』에는 "무릇 참위, 요서, 요언을 만들어 돌려서 사람들을 미혹시키면 모두 목을 벤다(凡造讖緯妖書妖言及傳用惑衆者, 皆斬)."는 조항이 있다. 그런데 사헌부에서는 채수에게 이 조항을 걸지 않고 엉뚱하게 "그릇된 사상으로 올바른 것을 흔들고 민심을 미혹시키는 것을 금지하는 조항(左道亂正扇惑人民律)"을 적용했다. 이 조항은 『대명률』의 사무사술금지(師巫邪術禁止) 조항에 있다. 이 조항은 "무릇 바른 도를 어그러뜨리는 술법으로 몰래 도상을 보관하고, 향을 피워 무리를 모아 밤에 모였다가 새벽에 흩어지며, 좋은 일을 하는 것처럼 하면서 사람들 마음을 혹하게 하는 것이니, 수괴는 교수형에 처한다(凡一應左道亂正之術, 或隱藏圖像, 燒香集衆, 夜聚曉散, 佯修善事, 煽惑人心, 爲首者絞)."고 했다. 사헌부는 채수에게 사무사술금지 조항을 적용하여 법률에 따라 교수형을 주문했고, 중종은 이 조항의 적용은 받아들이면서도 채수의 죄를 감하여 파직을 명했다.

충청도 관찰사, 호조 참판에 이어 중종반정의 공신으로 인천군(仁川君)이라는 작위까지 받았던 최고위층 인사 채수가 '요망'한 『설공찬전』을 창작하였다는 이유로 한순간에 작위를 잃어버린 것이다. 채수는 젊을 때부터 강직한 언행으로 유명했다. 중종반정에 적극 가담하지는 않았지만 공신의 작위도 받았고, 필화 사건이 문제가 될 때는 이미 현직에서 물러나 고향에 내려가 있는 퇴직한 노대신이었다. 그런 노대신의 소설책 한 권이 사법부가 교수형을 주문할 정도로 심각한 것일까? 채수는 교수형을 면하고 파직을 당하긴 했지만 여전히 사무사술금지 조항에 걸려 있었다.

채수의 파직이 정해진 지 이틀 후 영의정 김수동이 조강(朝講)

에서 문제를 제기했다. 그냥 심심파적으로 지은 책을 가지고 사무사술금지 조항을 적용한 것이 과했다는 것이다.

> 신이 들으니 채수의 죄를 교수형으로 단죄했다 하는데, 정도(正道)를 붙들고 사설(邪說)을 막아야 한다는 대간의 뜻을 생각하면 이와 같이 함이 마땅합니다. 그러나 채수가 요언을 만들어 인심을 선동시켰다면 사형으로 단죄해야 하지만, 글솜씨를 발휘하고 싶어서 보고 들은 것을 가지고 함부로 지은 것이니, 이는 해서는 안 될 일을 한 것입니다. 그러나 벌과 상은 득중(得中)에 힘써야 합니다. 만약 이 사람을 죽여야 한다면 『태평광기(太平廣記)』, 『전등신화(剪燈新話)』 같은 책을 지은 자도 모조리 베어야 합니까?

김수동은 『설공찬전』이 요언을 담은 요서라거나 유교에서 마땅히 배척해야 할 사상을 담고 있다면 법률에 따라 참형을 하든 교수형을 하든 상관이 없지만, 『설공찬전』은 그 정도로 심각하지는 않다는 것이다. 채수가 그저 글솜씨를 보이기 위해서 하지 않아도 될 말까지 한 실수를 범했을 뿐이라는 것이다. 『설공찬전』이 요서라서 채수가 극형을 당해야 한다면 시중에서 많이 읽히는 『태평광기』나 『전등신화』도 그렇게 취급되어야 하고, 그 저자들도 모두 사형을 받았어야 하는 것 아니냐며 반론을 제기했다. 상이든 벌이든 형편에 맞추어 정해야지 한쪽으로 치우쳐서는 안 된다고도 했다.

사실 윤회니 귀신이니 하는 것들이 나오는 '요망하고 허황한' 이야기는 『설공찬전』 외에도 많다. 김수동이 말한 중국 작품이 아니라도, 뒤의 논의에서는 『태평한화골계전』 같은 한국 소화집은 물론 역대의 역사책에도 그런 내용이 있다고 했다. 설사 작가가 생존하지 않아서 처벌할 수 없다 하더라도, 같은 논리라면 그런 책의 유통은 막아야 한다. 그런 책들에 대해서는 조치하지 않으면서 채수와 『설공찬전』만 그렇게 하는 것은 맞지 않다고 했다.

김수동의 주장에 대해 남곤과 황여헌 등 몇몇 신하들은 사법부의 판단이 그릇되지 않았다고 반박했다. 황여헌은 설공찬이 채수의 일족이니 채수가 죽은 설공찬이 살아 돌아왔다는 이야기에 혹하여 믿고 책을 지었을 것이라며, 『설공찬전』은 세교와 연관된 치도에 방해가 되는 일이라고 했다. 김수동이 말한 것처럼 단순히 심심파적으로 글솜씨를 보이려고 지은 것이 아니라는 말이다. 이런 논쟁에 대해 중종은 채수에게 죄가 없다고 할 수는 없지만 사무사술금지 조항을 적용한 것은 과하다고 판정했다.

채수에 대한 법 적용의 재심은 석 달 후 채수의 아들 채소권의 상소에 따라 이루어졌다. 이번에는 사헌부도 김수동의 논리와 마찬가지로 『설공찬전』을 장난삼아 한 것(戱玩之爲) 정도로 보았다. 그렇지만 기왕 판결이 난 것을 어찌 다시 고칠 수 있겠느냐고 했다. 중종은 이는 처음부터 잘못된 결정이니 그대로 두면 후에도 이것을 원용할 수 있다면서 고치는 것이 옳다고 했고, 새로 판결하여 채수가 인천군의 작위를 회복하게 했다.

현대 연구자들은 이 필화 사건의 원인을 다각도로 탐색했다. 조정의 노대신이 소설 한 편을 지었다고 사법부에서 교수형을 구형할 정도였다면, 소설에 뭔가 중대한 문제가 있을 것이라고 생각하여 작품에서 원인을 찾기도 했다. 당시 『설공찬전』을 수거하여 불태웠음에도 불구하고 기적적으로 작품 일부가 이문건(1494~1567)의 『묵재일기』 제3책(1545~1546년까지의 부분, 국사편찬위원회 소장) 뒷장에 남아 있는데, 거기서 혐의점을 찾으려고 한 것이다. 예컨대 설공찬이 지옥에서 만난 사람 중에 당나라를 멸망시키고 후량을 세운 주전충이 있는데, 설공찬은 주전충에 대해 "반역으로 왕위에 오른 자는 결국 지옥에 와서 고생한다."고 평했다. 이 부분을 반정을 한 중종에 대한 비판으로 읽어서 필화의 원인으로 보기도 했다.[43] 그러나

만약 당시 이 부분에서 중종 집권의 정통성에 대한 비판을 읽었다면, 채수를 공격하는 사람들이 먼저 문제 삼았을 것이고 중종의 처벌도 결코 파직에 머무르지 않았을 것이다. 따라서 『설공찬전』에 반정부적 비판과 풍자가 있었다고 보는 의견은 설득력이 거의 없다고 본다.

또 이 사건을 "당대 이단에 대한 비판과 함께 성리학적 이념체계를 보다 공고히 하면서 자신들의 정계 진출의 정당성을 확보하려는 사림파를 중심으로 한 이념 무장의 과정에서 불거져 나온, 고도의 정치적 메커니즘 속에서 발생한 사건"으로 읽기도 했는데,[44] 중종 초년에 집권의 정당성을 높이기 위해 사림파를 중용했고, 이들이 성리학적 이념을 강화하려는 정책을 취하는 상황에서 『설공찬전』 사건이 벌어졌다는 점에서 이 해석은 설득력이 있다. 새로운 정책 방향, 곧 성리학 이념의 강화라는 정책 기조와 어긋나는 것을 강하게 공격하여 정책의 방향을 확고하게 잡아두자는 뜻을 보인 사건이라는 해석이다. 다만 여기서 사림파와 훈구파의 대결이라는 종전의 역사 도식을 대입하는 데는 신중할 필요가 있다. 사실 채수를 엄히 처벌하자는 쪽에 있는 남곤과 황여헌 등은 훈구파에 가깝다. 이 사건으로부터 십 년 후인 1519년에 사림파에 대한 정치적 공격인 기묘사화가 일어났는데, 이때 반사림파의 대표적인 인물 중에 남곤이 있다. 『설공찬전』 사건은 정치적 파벌보다 우선 중종 초년의 정책 방향과 연결지어 이해할 필요가 있다는 말이다.

나는 이 필화 사건의 직접적인 계기를 한글 번역으로 인해 급격히 커진 소설의 파급력에서 찾은 바 있다. 소설의 엄청난 영향력에 집권층이 놀라 벌인 일로 파악한 것이다. 필화 사건이 일어날 당시 『삼강행실도』의 대대적 배포가 있었다. 한편에서 유교이념의 강화를 위해 서적을 대량 배포하고 또 영향력 증대를 위해 한글 번역까지 삽입한 판에, 민간에서는 별반 노력도 없이 유교이념과 어긋나는 귀신 이야기가 놀라운 속도로 퍼져나간 것이다. 유교이념을 강화하려고 할 차에 그것과 다른 쪽의 움직임이 급격한 성장세를 보이자 제동을 건 사건이라고 말할 수 있는 것이다.

사실 필화의 원인을 찾는 것도 중요하지만, 서적유통을 규제하는 배경을 이해하는 데 있어서 더욱 중요한 것은 사건의 진행 과정이다. 처벌이 어떤 식으로 어느 정도 수준에서 어떻게 이루어졌느냐를 아는 것이 중요할 수 있다는 말이다. 이 사건은 후대의 다른 사건에 비해 규모는 작지만 찬반 논란을 거치며 정연하게 진행되었다. 충분하지는 않지만 어느 정도의 토론이 사태를 극단으로 몰고 가는 것을 막았다. 사건이 어떻게 시작되었고, 어떤 식으로 토론이 이루어졌으며, 어떤 법률의 적용을 받았는지, 그리고 그 법률들 사이에는 어떤 관계가 있는지 어느 정도 알 수 있는 것이다. 이 사건을 통해 조선시대 정보 또는 사상 통제의 구체적 과정을 어느 정도 파악할 수 있다.

이 사건은 최초의 필화이면서 동시에 후대 유사 사건의 전형이다. 문제 서적에 대해 사전 검열은 없었으며, 유통된 다음에 문제가 제기되었고, 일단 문제가 제기되고 사건이 진행되는 동안 누구도 쉽게 이의를 제기하지 못했다. 이념 또는 관습에 어긋난 부분이 없지 않으므로 그 부분에 대한 비판에 대해 제대로 반박할 수 없었다. 임금조차 처벌이 부당하다고 하면서도 채수에게 잘못이 없다고 말하지 못했다. 결국 극단적인 형벌의 주문이 나오면서 과도하다는 논의가 일어나 판결을 바꾸었지만, 이미 피의자는 논의 과정에서 생사의 갈림길에 서서 큰 상처를 입을 수밖에 없었다. 더욱 큰 문제는 사람을 죽이고 살리는 문제가 제기되었는데도, 정작 대상 텍스트에 대한 본격적인 검증은 보이지 않는다는 것이다. 무엇이 문제인지, 얼마나 문제인지, 다른 것들과 견주어서는 어떤지, 하나하나 따지고 토론을 한 끝에 처벌이 정해진 것이 아니라, 한 부분 또는 한 측면에서 문제가 제기되면 그것이 계속 부각되어 처벌로 이어졌다. 김수동의 정당한 문제 제기처럼 『설공찬전』이 문제라면 왜 다른 작품은 문제 삼지 않는지, 그리고 『설공찬전』이 요서로 불태워졌다면 왜 채수는 같은 법률에 따라 참형을 받지 않는지, 이런 것들을 제대로 따지지 않았던 것이다.

책 내용과 관련한 구체적인 지적은 설공찬이 채수의 족인(族人)으로 채수가 설공찬이 저승을 다녀온 일을 믿고 현혹되어 썼다는 것뿐이다. 이 점은 『설공찬전』이 다른 책과 구별되는 부분이라고 말할 수 있을 것이다. 설공찬의 아버지 설충란은 채수의 생질서라고 한다. 채수 누이의 사위가 설공찬의 아버지라는 것이다.[45] 친척이 죽어 돌아왔다는 허황한 사건을 믿고 썼느냐가 문제라면, 친척이라서 문제인지 허황한 사건을 믿고 썼는지가 문제인지 따져야 하지만 그런 논란은 보이지 않는다.

이 사건으로부터 4년 후 채수가 죽었다. 환갑을 넘긴 고령이니 『조선왕조실록』에 실린 그의 졸기에서 말한 것처럼 지병으로 죽었을 수 있다. 그러나 노령에 사법부에서 죽이니 살리니 하는 위기를 겪었으니 그 불안이 수명을 얼마나 단축시켰을지 알 수 없다. 채수 사건을 통해 조선에서 어떤 사람이 책을 써서 세상에 돌릴 때 어떤 마음을 가질지 짐작할 수 있다. 유교의 교과서적인 내용이 아니라면, 유교에서 약간이라도 금기시하는 내용이라면, 책을 써서 돌리기 주저할 수밖에 없는 상황이었다고 말할 수 있다. 안타깝게도 『설공찬전』이 온전히 전하지 않을 뿐만 아니라, 채수가 당시 시중에서 떠도는 이야기를 모아 편찬한 『촌중비어(村中鄙語)』라는 책도 전하지 않는다. 이런 책이 전하지 않는 이유를 모두 서적유통의 규제 때문으로 단정할 수는 없지만, 억압적 통제가 부전(不傳)의 중요한 원인으로 작용했음은 분명하다.

『명기집략』과 서적유통 처벌

영조 때의 『명기집략(明紀輯略)』 사건은 『설공찬전』 사건 이후 260년이 지난 조선 후기의 서적유통 상황을 말해준다. 이 사건은 『명기집략』 또는 그와 연관된 책을 소지하였거나 유통시킨 사람들을 사형이나 유배 등 대량 처벌한 일을 가리킨다. 사건의 발단은 전 사헌부 지평 박필순이 1771년 5월 20일에 올린 상소에서 시작되었다. 박필순은 전날 우연히 북경에서 들여온 『강감회찬(綱鑑會纂)』을 보았는데, 이 책에 부록된 명나라의 역사 부분에 선왕들에 대해 망극한 말들이 있더라고 했다. 『강감회찬』은 왕세정이 편찬한 중국 역사서인데, 이 책에 청나라 강희 연간인 1696년에 주린(朱璘)이 편찬한 『명기집략』이 부록된 이본이 있었다. 『명기집략』은 주린이라는 개인이 편찬한 것이긴 하지만, 그가 초야의 한미한 선비가 아니라 태학사(太學士)이고 또 서문을 예부상서이자 한림원 첨사인 장영(張英)이 붙였으니, 단순한 사찬 역사서는 아니었다. 다음에 정사가 편찬될 때 영향을 끼칠 수도 있는 책이었다.

이에 조정에서는 『명기집략』의 수정을 요구하는 사절을 청나라에 보냈다. 같은 해 5월 27일 채제공이 임금의 명령을 받아 지은 청나라 황제에게 올리는 주문(奏文)을 보면 어느 부분이 문제였는지 알 수 있다. 채제공은 먼저 태조 이성계의 선조가 잘못 기재되어 있고, 다음으로 인조의 사적에 잘못이 있다고 했다. 이성계의 선조가 어떻게 잘못 기재되어 있는지 구체적으로 밝히지는 않았지만, 태종 때부터 문제를 제기하여 선조 대에 이르러서 명나라로부터 수정을 허락받고 새로 찍은 책까지 받았다고 했으니 어떤 일인지 분명하다. 일찍이 명나라에서 간행한 『황명조훈(皇明祖訓)』과 『대명회전(大明會典)』 등에 이성계를 고려의 권신 이인임의 아들로 기록한 부분이 있었는데, 조선 태종 때부터 줄기차게 수정을 요청하여 마침내 선조 21년(1588)에 수정된 『대명회전』을 받아온 일이 있었다. 그리고 인조의 사적은 『십육조기(十六朝紀)』에도 잘못 기록되어 있다고 하면서, 영조가 1726년에 이미 이 문제 해결을 위해 사신을 보내어 허락을 받았고, 건륭제 때 이르러 그것을 고쳐 기록한 『명사(明史)』를 볼 수 있었다고 했다.

영조는 즉위 초부터 청나라에서 편찬되고 있는 명나라의 역사에 관심이 많았다. 특히 조선의 역사를 잘못 기록하지 않을까 염려했는데, 태조의 종계에 대해서는 이미 공식 역사에서 수정을 했는데도 사찬 역사서들이 오류를 답습해서 안타까워했고, 이런 책들로 인해 새로 만들어질 정사가 다시 오류를 되풀이할까 걱정했다. 더욱이 아직 한 번도 공식 역사에서 기술되지 않은 가까운 역사인 인조의 사적은 사찬 역사서들이 조선 임금으로서는 결코 받아들일 수 없는 내용을 적고 있어서 근심했다.

1726년 2월 8일 영조의 명을 받든 사신들이 『명사』에 오류가 생기지 않도록 인조의 사적을 바로잡은 주문을 가지고 사행길에 올랐다. 구체적인 내용을 보면 『십육조기』에서 인조반정을 '찬역(簒逆)'이라고 한 것과 인조가 반정을 일으키기 전에 광해군 옆에서 전횡을 하다가 뒤에 광해군을 폐출시키고는 광해군을 불에 던져 죽였다고 한 것, 그리고 인조를 일본 왕의 사위[倭壻]라고 한 것 등을 바로잡으려고 했다. 인조가 찬역을 했다면 영조도 역신의 후손이 되니 그냥 보고 있기 어려웠을 것이다. 영조는 정사인 『명사』에 이런 내용이 실리지 않도록 최선을 다했다. 심지어 뇌물을 요구하는 청나라 관리들의 요구에도 조상을 위해서라면 권도를 취하는 수밖에 없다며 응했다. 이런 노력의 결과로 마침내 1738년 만족스럽지는 않지만 자신의 뜻이 어느 정도 반영된 『명사』를 얻을 수 있었다.

채제공의 주문에 나와 있는 것처럼 『명기집략』 사건은 영조가 등극 초기부터 보여준 대청(對淸) 변무(辨誣) 노력의 연장선상에서 이해해야 한다.[46] 영조 생각에는 자신은 갖은 수모를 마다하지 않고 바로잡으려고 했는데, 오히려 국내의 신하와 백성들이 그것을 대수롭지 않게 여기고 오류가 실린 책을 사서 읽었다는 데 격분했던 것이다. 이 사건을 국내 정치와 관련지어 탕평책 추진을 위한 영조의 노론 견제책으로 보거나 중국 책의 수입과 이를 통해 새로운 사상이 유포되며 흔들리는 성리학 이념을 재정비하려고 영조가 내린 결정으로 해석하는 것은 영조의 이러한 고심을 이해하지 못한 결과로 여겨진다.[47]

종전 연구에서는 『명기집략』을 영조가 박필순의 상소로 인해 처음 알게 된 것으로 보았지만, 사실 이 책은 영조의 대청 변무 노력 초기부터 문제가 된 것이다.

> 임금이 말했다. "『명기집략』은 또 한 구절이 있으니, 태조대왕의 일에 대한 역사가의 판단이다. "조선에 내란이 일어나 토벌할 수 없었다."는 말이다. 그 말 중에 내란이라는 말이 극히 괴이하니, 고려 말에 공양왕이 덕을 잃어 천명과 인심이 모두 우리 태조에게 돌아갔는데 이처럼 적었으니 어떤 다른 뜻이 있지 않겠느냐? 태조의 성함 한 글자 또한 잘못 적었으니 이 부분도 보았는가?" (『승정원일기』 1726년 1월 17일)

이런 배경을 보면 영조의 격분을 이해하지 못할 일이 아니다. 그러나 그의 대응은 과도했다. 청나라 쪽으로 수정을 요구하는 한편, 국내 소장자들에게 스스로 책을 갖다 바치게 했다. 사대부, 중서인의 집에서 바친 책이 상서성(尙書省) 곧 승정원에 쌓였다. 영조는 자수했다고 해서 소장자를 그대로 둘 수 없다며 고문을 가하거나 귀양을 보내게 했다. 책을 국내로 가져온 역관들은 모두 해도(海島)로 보내 종으로 삼게 했다. 또 역관들을 심문하는 과정에서 이름이 나온 이희천 등은 책장수 배경도와 함께 목을 베 죽인 다음, 조정에서 머리를 돌려보이고 다시 청파교에 걸어두도록 했다. 이희천은 책을 갖다 바치라고 했을 때 바치지 않았는데 책장수를 심문하는 과정에서 그에게 책을 팔았다는 진술이 나왔던 것이다. 그는 조정에서 책을 갖다 바치라는 명령이 나오자 바로 책을 불태웠다고 했지만 사형을 면치 못했다. 이희천에게는 앞서 『설공찬전』 사건 때 적용된 요서은장지율, 곧 불온한 책을 숨긴 죄만 적용되었다면 곤장을 맞고 귀양을 가면 그만인데, 국가의 명령을 따르지 않았다는 점에서 다른 죄가 적용되었던 듯하다.

일은 더욱 커졌다. 『명기집략』의 문제는 그 책에만 그치지 않았다. 『명기집략』의 근원으로 『황명통기(皇明通紀)』가 떠올랐고, 왕세정의 『강감회찬』을 주린이 요약 편집[輯略]한 것도 문제가 되었다. 게다가 주린이 『강감회찬』을 '집략'했다는 정보를 주린의 문집인 『청암집』[48]이 있다는 것으로 오해하면서 대대적인 『청암집』 색출 작업이 시작되었고, 이 과정에서 "역관과 책장수로서 『청암집』을 바치지 않았다 하여 옷 벗기고 두 손을 뒤로 묶인 채 여름의 이글거리는 태양 아래 나란히 엎드려 거의 죽게 된 자가 백 명에 가까웠다."고 했다. 그러면서 한성부에 '강감'이라고 이름 붙은 것은 모두 모아 불태우라고 했다. 이때 압수된 책과 소장자를 정리하면 다음과 같다.

『綱鑑會纂』: 前判尹 韓光會, 故參判 李彝章, 前參判 安集, 前參判 尹得雨, 前參議 洪梓, 工曹正郎 沈念祖, 前判官 兪漢吉, 進士 鄭得煥, 幼學 姜世恭, 幼學 申大昌, 醫官 許寬, 前參奉 李潤身, 幼學 沈選, 前參判 鄭光漢

『鳳洲綱鑑』: 領議政 金致仁, 領府事 金相福, 奉朝賀 洪鳳漢, 前參議 沈履之, 幼學 李彦魯, 右議政 金尙喆, 前判書 洪名漢, 前司諫 李台鼎, 幼學 權奎彦, 幼學 申大顯

『玉堂綱鑑』: 正郎 鄭存中, 前參奉 尹泰國, 前監察 趙鼎鎭, 生員 趙重鎭, 幼學 趙彝鎭

『玉堂綱鑑』·『鳳洲綱鑑』: 幼學 鄭宜淳

『綱鑑』: 進士 李東植, 幼學 李奎亮, 幼學 徐洛修, 幼學 南麟耈, 幼學 成致一

『綱鑑易知錄』: 前判書 元仁孫

『綱鑑會編』: 故參判 李日躋, 罪人 李潤身

『綱鑑正史』: 監司 洪良漢

『龍門綱鑑』: 故牧使 金致一

『綱監大全』: 前縣監 李錫奎

『綱鑑統一』: 注書 洪鳴漢

『綱鑑會要』: 校書館

『綱鑑大成』: 前參判 鄭昌聖, 前判書 洪名漢

『常板綱鑑大成』: 都事 趙城鎭, 幼學 辛必寧

『明史綱目』: 左議政 韓翼謩, 奉朝賀 洪啓禧, 前判書 洪樂性, 前判書 徐命臣, 前參判 金華鎭, 前參判 李福源, 參判 尹東暹, 前參判 李得宗, 前應敎 鄭象仁, 前司諫 權穎, 前都事 安寬濟, 主簿 李球, 佐郎 李文源, 前縣監 李運喆, 前參奉 兪漢容, 前侍直 李惠, 前參奉 尹泰國, 幼學 權熻, 幼學 洪元燮, 學官 申愷, 幼學 李尙誠, 幼學 沈鏗, 幼學 洪昌海, 幼學 尹載遠, 前判書 洪名漢, 前參判 尹得雨, 前府使 洪益大, 都事 趙潞鎭, 前都事 李得老, 幼學 沈原之, 幼學 徐有烈, 前都事 吳載純, 幼學 李心淵, 奉事 李昇海, 前都事 洪相文, 幼學 金鍾純, 校書館, 成均館[49]

위의 책 중에 『강감회찬』, 『봉주강감』, 『옥당강감』은 모두 같은 책으로, 한림의 벼슬을 지낸 '봉주'라는 호를 쓴 왕세정이 편찬한 『강감회찬』을 이렇게 여러 이름으로 부른 것이다. '옥당'은 한림원의 별칭이다. 그리고 『강감대성』과 『상판강감대성』 역시 같은 책으로 보이는데, 『강감대성』은 임진왜란 피로(被虜) 체험록인 『간양록』의 저자로 유명한 강항이 편찬한 것으로 알려져 있으나 확인된 것은 아니다. 그가 『자치통감강목』과 『소미통감절요』를 합쳐서 편찬한 『강감회요』와 혼동한 것 아닌가 하는 추정도 있다.[50] 『명사강목』 또한 조선인 이현석(李玄錫)이 편찬한 중국 역사서이다. 『명사강목』은 이현석이 숙종의 허락과 격려를 받고 찬술 간행한 것인데, 여기에도 주린의 말을 인용한 것이 있다고 하여 주린의 말은 세초하게 하고 이미 죽은 이현석의 관작까지 빼앗았다. 이렇게 보면 위의 중국 역사서 중에 조선 편찬본인 『명사강목』 38질, 『강감대성』류 4질을 뺀 나머지 49질이 중국에서 수입된 거질의 역사서다. 이들 책의 소장자 면면을 보면 전·현직 정승과 판서를 비롯하여 당대의 대표적인 관료와 학자들이 망라되어 있다.

이 사건으로 처벌을 받은 사람은 확인된 사람만 양반 19명, 역관과 책장수 15명인데, 그 가운데 사형을 받은 사람은 양반 4명, 책장수 1명, 수의(首醫)의 아들 1명이다.[51] 그러나 이는 확인된 수치일 뿐, 『청암집』 색출 과정에서 얼마나 많은 역관과 책장수가 죽음에 이르렀는지는 알 수 없다. 사태가 눈덩이처럼 불어나자 영조 또한 부담을 느꼈는지 사건 발생 한두 달 후에 귀양 보낸 사람을 풀어주고 다시 벼슬을 내렸다.

『명기집략』 사건의 진행 과정을 보면 선행 연구에서 지적한 것처럼 석연치 않은 점이 하나둘이 아니다. 방대한 역사서에 실린 한두 군데의 오류를 문제 삼아 관련자들을 죽음에까지 이르게 한 것도 그렇지만, 처벌한 사람을 얼마 지나지 않아 풀어준 것은 더 이상하다. 심지어 선왕의 허락을 받고 간행한 『명사강목』에 주린의 말이 있다고 하여 죽은 사람의 작위를 빼앗기도 했다. 이런 영조의 종잡을 수 없는 행태를 설명하기 위해 선행 연구에서는 집권 노론을 견제하기 위해서 그랬다는 등의 설을 만들어냈지만, 이는 이 사건 하나만 보았을 때도 통하기 어려운 해석이며, 영조의 생애 전체를 통틀어 보면 전혀 맞지 않은 말이다. 영조의 이런 종잡을 수 없는 행태는 하나둘이 아니다.

영조가 걸핏하면 신하들에게 왕위에서 내려오겠다고 협박한 것은 잘 알려져 있다. 영조는 재위 기간만 오십 년이 넘는 장수한 임금으로서 노년으로 갈수록 강력한 왕권을 아무도 견제할 수 없었다.

『설공찬전』 사건의 중종은 반정으로 집권한 지 불과 오륙 년밖에 되지 않은 권력 기반이 취약한 임금인 반면, 영조는 『명기집략』 사건 당시 재위 기간이 거의 오십 년에 가까운 노회한 군주였다. 영조는 그전에 환갑을 불과 한 달 앞둔 시점에 "내가 곧 조선이다."라는 말까지 할 정도였다. 물론 이 말은 꿈에서 한 소론 부인이 노론이 자기편을 거의 다 죽였다며 울며 참소하자 위로하며 한 말이긴 하지만, 그 말을 신하들에게 옮길 정도로 스스로의 지위에 자신이 있었다. 그는 "지금 당파의 습성은 거의 뱃속에서 배운 것과 마찬가지라. 그러나 이 나라는 노론과 소론의 조선이 아니오 내가 곧 조선이니, 내 마땅히 양쪽을 모두 결딴을 내겠다."라고 말했다(『영조실록』 1754년 8월 18일).

노년의 영조에게는 거칠 것이 없었다. 엄격한 금주령을 실시해서 법령을 어긴 장군의 목을 베기도 했고, 『명기집략』 사건 당시에는 당론을 일삼는 사류들 전체를 향해 전면전을 선포하기도 했다. 1764년 신경(申暻)이 외조 박세채를 문묘에 종향할 것을 추진하다가 여러 사람의 반대에 부딪혔는데, 이 시비에서 당론이 재현되어 영조의 심기를 건드렸다. 1764년 11월 13일 영조는 신경을 귀양 보낸 것은 물론, 산림으로 불리며 직언을 서슴지 않아 영조의 비위를 거스른 송명흠을 서인(庶人)으로 만들어 시골로 쫓아버렸다. 이 일을 겪으며 영조는 당쟁의 폐단을 논한 『유곤록』, 즉 『어제엄제방유곤록(御製嚴堤防裕昆錄)』을 지어 간행했는데, 이 책이 사류의 반발을 샀다. 1769년 1월 20일 『유곤록』을 없앨 것을 주장한 유학 이장렬의 상소를 보면, "그 가운데 이르기를 '아! 노론과 소론은 어찌하여 한 당파에서 나뉘었는가? 만약 그 근본을 묻는다면 곧 사문(斯文)이다.' 하였고, 또 이르기를 '자칭 도학(道學)이라 하면서 나라를 망하게 만드는 것이 홍수나 맹수보다 심하다.' 하여 마치 세도(世道)가 들뜨고 시끄러운 것이 오로지 사문으로 말미암은 것처럼 하였으며, 심지어는 도학을 엄히 막아야 할 것으로 두었으니, 신은 그윽이 전하를 위해 안타까이 여기고 있습니다."라고 했다. 영조는 입으로 유학이니 도학이니 하면서 당론을 일삼는 사류를 비판한 것이지만, 유교 국가에서 유학에 대한 비판은 임금이라도 쉽지 않은 일이다. 혜경궁 홍씨의 『한중록』에서는 『유곤록』의 핵심을 "학자가 나라를 그르치니 뒤의 임금들은 학자를 등용하지 말라."는 것이라고 했다. 여기서 학자는 송명흠 같은 재야의 산림학자를 가리키는 말이다. 혜경궁은 『유곤록』을 노인 영조의 실수로 보았다.

노년의 영조는 작은 일로도 큰 변을 일으키기 일쑤였다. 『명기집략』 사건이 있던 해 2월에는 사도세자의 서자인 인과 진이 초헌과 교자 등 자신에게 맞지 않는 분수에 넘치는 탈 것을 이용했다는 말을 듣고 바로 궁성호위령을 내렸다. 궁성호위령은 일종의 계엄령으로 정변을 염려한 행동이다. 그의 염려에 우리가 알 수 없는 어떤 다른 근거가 있을 수도 있지만, 이와 유사한 일이 잦아서 과연 다른 이면이 있을까 싶다. 『한중록』에서는 그때 정월 보름에 조정에서 부럼으로 쓸 밤을 왕실의 여러 친인척에게 나누어 주었는데, 그것이 두 왕자에게도 갔다는 말을 듣자 영조가 그런 조치를 내렸다고 했다. 약간의 밤이 계엄령으로 이어졌다는 말이다. 영조는 이런 돌발적인 행동이 하나둘이 아니었다.

이런 영조의 행태를 감안하면 『명기집략』 사건은 놀라운 일이 아니다. 영조로서는 충분히 화가 날 만했고, 그것을 평소 해오던 방식으로 풀어냈다. 화가 나면 자식이라도 죽이는 사람이니, 화낼 만한 일에 약간 명의 선비와 백 명이 되지 않을 '천류(賤流)'들을 죽음으로 내몬 것은 크게 개의할 일이 아닐지 모른다.

영조는 조선 임금들 중에서도 상대적으로 화가 많고 과중한 처벌을 행한 편에 속한다. 신하들은 영조가 워낙 무서운 임금이었기에 임금이 사리에 맞지 않는 행태를 보여도 감히 막지 못했다. 임금이 부모에게 불효하여 유교의 인륜을 저버리는 일을 벌이지 않는 한, 나라를 버리고 도망간 군주까지도 다시 돌아와서 왕권을 유지하는 나라가 조선이었으니, 이런 상황을 이해하지 못할 것도 아니다. 조선에서는 임금에게 허용되는 자의적 판단의 범위가 무척 넓어서 합리적인 설명이 쉽지 않은 경우가 적지 않다. 『명기집략』 사건의 발단이 된 박필순의 경우도 상소를 올리고 이튿날 그 공으로 벼슬을 받았는데, 닷새 후에는 상소를 통해 선왕들의 계보를 들추게 하여 영조의 심기를 불편하게 했다고 하여 강원도 회양으로 귀양을 갔다. 그리고 그로부터 다섯 달 후에는 화를 미연에 방지한 공이 있다 하여 벼슬을 받았다. 이것이 영조의 정치였고, 그것이 가능한 것이 조선의 정치였다. 최소한의 유교적 이념만 지키면 다른 것은 모두 용납되는, 사실상 군주의 전제적 독재가 이루어지는 국가였다.

『명기집략』 사건을 금서 사건으로 칭하는 일이 있지만, 엄격히 말해 이것은 금서 사건이 아니다. 국가에서 금서로 못 보게 한 것을 보았다가 문제가 된 사건이 아니다. 누구나 잘 보고 있던 책이 문제가 제기되자 하루아침에 금서가 되었고 모든 관련자가 처벌을 받았다. 『설공찬전』 사건 때는 죄목이라도 묻고 법률 적용이 적절한지 형평성에 어긋나지 않는지 따지기라도 했지만, 『명기집략』 사건 때는 한창 사건이 급박히 진행되는 동안에는 누구도 이견을 내지 못했다. 불명확한 기준으로, 신분과 지위의 고하에 따라, 그리고 시점에 따라 생사가 갈라졌을 뿐이다. 이런 상황이라면 도서유통이 극도로 위축될 수밖에 없다. 어떤 것이 어떤 이유로 어떤 처벌을 받을지 알 수 없는 불확실하고 불투명한 사회가 조선이었다. 법이 있으되 법이 있다고 말하기 어려운 사회에서는 가급적이면 집필하지 않고, 가능하면 돌리지 않으며, 돌리더라도 이름을 드러내지 않는 것이 상책이다.

천주교 박해와 교리서

『설공찬전』 사건이나 『명기집략』 사건은 문제가 제기되기 전에는 어떤 사회적 파장이 일어날지 예상도 못한 일이다. 뒤에 금서로 취급될 것으로 생각하지도 못하고 저작되고 유통된 것이다. 그렇다면 제작 단계에서 이미 금서인 것을 알고도 유통시킨 경우는 어떤지, 조선 후기 천주교 박해를 통해 살펴보기로 한다.

천주교가 처음 처벌 받은 사건은 1785년의 이른바 을사추조적발(乙巳秋曹摘發) 사건이다. 조선의 첫 공인 신자인 이승훈이 북경에서 세례를 받은 것이 1784년이니, 조선에 천주교가 정식으로 시작되자 바로 탄압을 받은 셈이다. 형조에서 신도들의 종교의식 현장을 포착하여 관련자를 체포하고 기물을 압수했다. 천주교에 대해 비판적인 자료들을 엮은 책인 『벽위편』에 나오는 당시의 상황은 이렇다.

1785년 봄 서울 을지로 입구 장악원 앞 김범우의 집에서 모임이 있었다. 방 안에는 여러 사람이 앉아 있었는데, 이벽은 어깨까지 내려오는 푸른 두건을 쓰고 아랫목에 앉았고, 이승훈과 정약용 삼형제, 그리고 권일신, 권상문 부자는 스스로 이벽의 제자로 자처하며 책을 끼고 앉아 있었다. 이들의 관계는 유교의 사제관계보다 더 엄해 보였다. 이들은 정기적으로 모임을 가졌는데 양반과 중인 수십 명이 참석했다. 모임이 지속되자 형조 관리가 수상히 여겼다. 혹시 법을 어기고 술 먹고 노름을 하는 것 아닌가 했다. 형리가 단속하려고 그 집에 들어가니 모습들이 해괴했다. 사람들이 얼굴에 분을 바르고 푸른 두건을 쓰고 있었으며 알 수 없는 행동들을 했다. 나름 격식을 갖추어 종교의식을 행했던 모양이다. 형리가 일단 예수의 화상과 서책 등을 압수하여 본서에 바쳤다.

이들의 종교의식을 보면, 『대명률』의 사무사술금지 조항을 적용하기 딱 좋다. "무릇 바른 도를 어그러뜨리는 술법으로 몰래 도상을 보관하고, 향을 피워 무리를 모아 밤에 모였다가 새벽에 흩어지며, 좋은 일을 하는 것처럼 하면서 사람들 마음을 혹하게 하는 것이니, 수괴는 교수형에 처한다."는 것이다. 『벽위편』은 어쩌면 『대명률』의 이 조항을 의식하며 현장을 그려냈는지도 모른다. 형조 판서 김화진은 사태를 극단적으로 몰고 가지는 않았다. 김화진의 당색은 노론인데, 그 모임에는 주로 남인들이 참석했다. 김화진은 양반 자제들은 타일러 돌려보냈고, 중인인 집주인 김범우만 수감시켰다. 탕평을 중시하는 임금의 의중을 생각하여 당쟁을 촉발시키지 않으려고 일을 적당한 선에서 무마한 듯하다. 그런데 뜻밖에 풀려난 사람과 그 동료들이 집단으로 항의했다. 권일신이 앞장을 서고 이윤하, 이총억 등 너덧 명이 형조로 몰려가서 자신들도 김범우와 함께 벌을 받게 해달라고 했다. 또 압수당한 예수의 화상도 돌려달라고 했다.

천주교 최초의 순교자는 이로부터 6년 후에 나왔다. 윤지충과 권상연이다. 당시 북경 천주교회로부터 조상 제사가 불가하다는 판정이 전해지자 적지 않은 천주교 신자들이 배교(背敎)했다. 신주를 불태운 윤지충과 권상연에게는 사무사술금지 조항과 함께 무덤을 파헤친 자에게 해당되는 발총조(發塚條)까지 적용되었다. 발총조는 "아버지, 할아버지의 신주를 훼손한 자는 시신을 훼손한 법률과 같이 적용한다. 자손이 조부모나 부모의 시신을 훼손하고 버린 경우에는 참수하되, 시신과 신주를 함께 훼손한 때에는 무거운 쪽으로 적용한다."는 내용이다. 사무사술금지 조항에만 걸렸으면 교수형을 당했겠지만, 윤지충과 권상연은 발총조까지 적용되어 참형을 받았다. 이들로부터 천주교는 확실한 '사학(邪學)'이 되었다.

'서학', '천주학'으로 불렸던 천주교가 '사학' 곧 나쁜 배움이라는 말을 얻었던 것은 늦어도 윤지충 사건에서 확인되지만, 그 전에도 임금에 의해 '사설(邪說)'로 지목되었으니, 그 교리를 담은 책은 당연히 요서요, 따라서 그런 책을 만드는 것은 '조요언요서(造妖言妖書)'를 금지하는 법률에 걸릴 수 있다. 이는 일찍이 채수가 걸려들었던 조항으로, 요망한 말과 책을 만들어 무리를 미혹시키면 참형에 처한다고 했다. 새로운 신앙을 전하기 위해서는 책이 필수였고, 따라서 천주교 신자라면 누구나 책이 있었다. 1801년의 이른바 신유박해 당시에 심문관은 서민이라도 삼사십 권의 천주교 서적은 있다며 신도들에게 책 숨긴 곳을 말하라고 다그쳤다.

천주교 교리서는 처음에는 필사로 유통되었지만, 신자가 늘어나자 필사로는 수요를 감당할 수 없었고 출판이 시작되었다. 『황사영백서(黃嗣永帛書)』(1801)에는 정약종의 『주교요지(主教要旨)』(2권)에 대한 말이 있는데, 주문모 신부가 한글로 된 이 책이 조선에서 특히 '무식한 부녀자나 아이들(愚婦幼童)'에게 어떤 다른 것보다 가치 있다고 하여 준행했다(神父准行之)고 한다.[52] 여기 '준행'을 간행으로 단정할 수는 없지만 그럴 가능성이 높다. 당시 교리서 인쇄가 확인되기 때문이다. 1801년 신유박해 시의 천주교도 심문기록인 『사학징의(邪學懲義)』 맨 끝에 부록된 「요화사서소화기(妖畵邪書燒火記)」는 천주교 신자 집에서 압수한 그림과 서책에 대한 목록인데,[53] 압수품에는 출판된 교리서를 포함하여 총 143종 209책의 책과 함께 묵주와 그림 등이 있다. 이들 가운데 특히 목인판(木印板), 도상판(圖像板)이 눈에 띄는데, 인쇄를 하여 교리를 더욱 널리 전하고자 한 뜻을 엿볼 수 있다.

여기서 놀라운 것은 한글서적의 비중이다. 압수목록 가운데 한글본이라고 표시된 책이 6종 8책이고, 한글로 책 제목이 적힌 책이 95종 128책으로,[54] 이것들만 해도 전체 자료 가운데 대략 65%를 차지한다. 여기에다 '한글책이 부지기수'라고 목록에 적힌 꾸러미가 있고, 또 제목이 한문으로 된 것 가운데도 얼마간은 한글책일 수 있음을 감안하면, 적어도 70% 이상이 한글책임을 알 수 있다. 한글책이 많다는 것은 그만큼 여성과 민중의 참여가 높다는 뜻이다.

천주교 신자의 수는 1801년 신유박해 때 이미 만 명에 육박했는데, 달레의 『한국천주교회사』에 의하면 이후의 가혹한 탄압에도 불구하고 1850년대에는 이만 명 가까이로 늘어났다. 1850년에 11,000명 이상, 1853년 12,175명, 1855년 13,638명, 1856~1857년 15,206명, 1859년 16,700명, 1861년 18,035명이었다.[55] 이 많은 교인들을 위하여 그만큼 많은 교리서가 필요했고, 이런 수요를 감당하기 위해 1864년에는 마침내 교계 내에 공식 출판소가 탄생했다. 서울 내 두 곳의 목판 출판소에서 1864년 『신명초행(神命初行)』, 『성찰기략(省察記略)』, 『영세대의(領洗大義)』, 『회죄직지(悔罪直指)』, 『천당직로(天堂直路)』 등 총 여덟 종의 교리서를 간행했고, 1865년에는 다시 『천주성교예규(天主聖教禮規)』, 『성교절요(聖教切要)』, 『주년첨례광익(周年瞻禮廣益)』의 세 종을 간행했다.[56]

이처럼 천주교에서 많은 책이 만들어졌고 또 필사되고 간행되었지만, 어느 순간부터 '요서'는 그리 중요한 문제가 아니었다. 1791년 윤지충과 권상연 사건 때는 천주교가 사상적으로 문제가 되었지만, 1801년 이후에는 단순한 종교나 사상의 문제를 넘어섰다. 1801년 신유박해의 신문 과정에서 유관검이 "서양 배를 불러들여서 한바탕 결판을 지어야 한다."고 말했다는 진술이 나왔고, 몇 달 후 충청도 제천의 배론에서 황사영이 체포되면서 그 유명한 '황사영 백서'가 발견되었는데, 거기에 천주교인들이 서양의 위력을 빌려 조선을 굴복시키려는 자취가 드러났다. 이제 천주교 자체가 역적이 되었으니, 요서나 요언을 만드는 조항 등은 물을 필요도 없게 되었다.

천주교와 관련된 것은 내용을 물을 것 없이 금지되었고, 천주교에 대한 말도 발설해서는 안 되었다. 정약용의 조카이자 순교자 정약종의 아들인 정하상은 순교를 준비하며 「상재상서(上宰相書)」, 곧 우의정 이지연(李止淵)에게 보내는 '재상에게 올리는 글'을 썼다. 정하상은 신유박해 때 나라에서 그토록 많은 사람을 죽이면서도 그 교리에 대해서는 아무도 구체적으로 따지지 않았다면서, 삼천육백여 글자에 이르는 짧은 한문글을 통해 천주교의 교리를 요약하고 변호했다.

조선에서는 유교적 정통에서 약간이라도 벗어나면 '요언요서'가 되었다. 더욱이 천주교처럼 지배이념인 유교와 타협하지 않고 자신의 길을 강하게 주장하면 반국가적인 역적으로 몰릴 수밖에 없었다. 그리고 일단 반역자로 몰리게 되면 더 이상은 토론조차 필요치 않았다. 어떠한 토론도, 어떠한 변호도 불가능했다. 천주교와 관련된 것은 어떤 것 하나 금지되지 않은 것이 없었으니, 이런 상황은 1886년 프랑스와의 수교로 전교의 자유를 얻기 전까지 이어졌다.

조선에 서점이 존재하지 않은 이유

서적유통에 서점이 꼭 필요한 것은 아니지만, 책을 원활히 유통시키려면 서점은 필수이다. 그런데 조선에는 서점이 없었다. 중종 때 어득강 등에 의해 서점 설치에 대한 논의가 있었지만, 실효가 없는 것으로 논의가 종결되었다. 어득강이 중종에게 아뢴 내용은 다음과 같다.

> 우리나라 사람들은 장구하고 원대한 계획이 없습니다. 그래서 법을 세우고 시행함에 있어 으레 목전의 일에만 착안합니다. 대저 예악(禮樂)은 반드시 백 년을 덕을 쌓아야 흥기하는 것과 마찬가지로, 법령도 아침에 명령하여 저녁에 시행되지 않습니다. 우리나라 인심은 오늘 법을 세워 내일 시행하려 하기 때문에 법이 제대로 시행되지 않습니다. 신이 앞서 장령(掌令)으로 있을 때 서점(書店)을 설치할 것을 아뢰자, 모두들 아뢰어야 할 일도 아닌 것을 아뢴다고 했습니다. 이런 일은 한두 달 안에 시행할 것이 아니라, 십 년 혹은 백 년이

지나 시행해도 무방합니다.

세가(世家)나 대족(大族)들 중에는 조상 때부터 전해오는 서책이 있기도 하고 하사(下賜)받은 서책이 있기도 하지만, 틀림없이 쓸데없는 것도 많이 있을 것입니다. 만약 서점을 세운다면 팔고 싶은 사람은 팔고 사고 싶은 사람은 살 것이므로, 유생들이 한 책을 다 읽고 나면 그 책을 팔아 다른 책을 사서 읽을 수 있습니다. 그리하여 서로 사고팔고 하면서 오래도록 책을 읽을 수 있습니다. 옛사람의 말에 "책을 빌려주는 것도 바보, 책을 돌려주는 것도 바보"라고 했습니다. 세상 사람들은 조상 때부터 전해오는 서책을 파는 것을 그르게 여겨 팔지 않으려 합니다. 그러나 묶어서 높이 쌓아두기만 하고 한 번도 펼쳐 읽지 않아 좀만 먹는다면 무슨 유익함이 있겠습니까?

외방(外方)의 유생 중에는 비록 학문에 뜻이 있지만 서책이 없어서 독서하지 못하는 사람이 많습니다. 가난한 사람은 값을 마련하지 못해 책을 사지 못하고, 더러 사려는 사람이 있어도 『대학』이나 『중용』 같은 책은 상면포(常綿布) 3, 4필을 주어야 사므로 값이 비싸서 못 삽니다. 서점의 책값을 적절히 매기고 관리하는 관원을 두어 사고팔기를 원활히 오래 계속한다면 폐단이 없을 것입니다. 옛날에 집이 가난하여 책이 없는 사람이 저자의 서점에서 책을 읽고는 성공한 경우도 있었습니다. 지금 서점을 설치하고 서책을 내놓는다면, 뜻 있는 사람은 비록 사서 읽지 않는다 해도 온종일 보면 기억할 수 있으니 아주 편리하고 유익할 것입니다. 해당 관서로 하여금 계획을 세워 서점을 세우게 하소서. (『중종실록』 1529년 5월 25일)

서점을 설치해서 이미 읽은 책 또는 더 이상 보지 않을 책을 돌려볼 수 있게 하자는 어득강의 의견에 대해 중종은 다음과 같은 답을 내렸다.

이 일은 전에도 의논이 있었는데, 모두들 안 된다고 했다. 그러나

> 저자의 다른 가게로 미루어 본다면, 이는 실로 유익함이 있을 것이다. 공부하고자 하는 사람들 중에 책이 없어 독서하지 못하는 사람이 틀림없이 많을 것이다. 내 생각에도 서점을 설립하는 것이 좋을 듯하다. 다만 전에 없던 일이라서 실행하는 것이 좋은지 잘 모르겠다.

서점 설치에 대해서는 이미 중종 초년부터 의견이 있었다. 조선시대에 가장 자주 많이 인쇄·보급한 책으로 꼽히는 『삼강행실도』가 본격적으로 배포되던 시기와 맞물린다. 『삼강행실도』는 세종 대에 편찬되어 중종 대에는 한 번에 무려 2,940질이 인쇄되기도 했는데,[57] 중종 5년부터 13년까지 집중적으로 배포되었다. 반정으로 집권한 중종의 도덕적 정당성을 성리학으로 무장한 사림들이 지원했고, 그들은 성리학 이념 강화의 일환으로 『삼강행실도』를 대량으로 인쇄했는데, 이와 함께 책을 원활히 유통시킬 수 있는 서점의 설치가 논의되었던 것이다.

그런데 어득강이 말한 서점은 지금 우리가 생각하는 서점과는 다르다. 출판사가 만든 책을 사고파는 곳이 아니라, 이미 만든 책을 유통시키는 곳으로 요즘의 헌책방과 같다. 그리고 주요한 기능으로 돈 없는 사람이 와서 책을 볼 수 있게 하자고 했으니 도서관을 겸한 곳이다. 서점을 이런 곳으로 생각했으니, 이튿날 정승들이 사람들이 사사로이 책을 팔고 말지 누가 그런 서점에 책을 내놓겠느냐고 말한 것이 이해가 된다. 뜻은 좋지만 실효성 없는 곳이 될 것이라는 회의론이 제기된 것이다. 서적의 제작·배포를 국가가 독점하고 있는 상황에서 서점을 만들어도 새로 들어올 책이 별로 없었고, 더욱이 책을 빌려주는 것이나 선조가 남긴 책을 파는 것을 꺼리는 문화에서 누가 선뜻 서점에 책을 내놓겠느냐고도 했다.

결국 조선 말기까지도 번듯한 점포를 내놓고 오랫동안 영업을 한 본격적인 서점은 등장하지 못했다. 1829년과 1830년 사이에 조정에서 서울 보은단동에 서점을 열게 했으나, 무뢰한들이 재상가에서 잃어버린 것을 찾는다는 구실을 대며 백주에 억지로 책을 빼앗아가서 곧 문을 닫고 말았다는 기사가 『오주연문장전산고』 「서적방사변증설(書籍坊肆辨證說)」에 보인다. 멀리 유럽은 말할 것도 없고 인근 중국과 일본에도 근대 이전에 이미 서점이 아주 성황이었는데, 하필 조선에만 변변한 서점이 하나도 없었다. 왜 그랬을까? 이에 대해 강명관은 다음과 같은 답을 내놓고 있다.

> 왜 조선에서는 서점이 만들어지지 않았던 것인가? 서점의 필요성은 누구나 느꼈는데도 말이다. 우선 서적의 공급량이 부족했기 때문이다. 당시 논자들의 가장 큰 고민은 서점을 설치한다 하더라도 그곳을 채울 서적의 양이 매우 부족하다는 점이었다. 이는 결국 인쇄와 출판을 국가가 독점한 탓에 생겨나는 현상이었다. 그들은 분명 새로운 서적유통 구조를 원했으나 서적공급이라는 차원까지는 생각이 이르지 못했던 것이다. 서적인쇄를 국가가 독점한 것이 민간 인쇄출판업의 발달을 막았고, 서적공급량을 확대하는 데도 장애물이 되었다.[58]

강명관은 서점이 존재하지 않은 것을 서점을 채울 책이 없기 때문이라고 했고, 책이 없는 이유는 출판을 국가가 독점했기 때문이라고 했다. 옳은 말이지만 더 깊은 논의에 나아가지 못했다. 왜 국가가 교서관 등을 통해 출판을 독점했는지 묻지 않은 것이다. 앞의 소설유통의 정치적·제도적 배경에서 예로 든 사건들이 보여주듯, 민간이 출판을 맡는다고 해도 출판할 책이 거의 없을 것이다. 조선의 상황이 어떤 책을 출판할 뜻을 가지기 힘든 억압적 분위기였던 것이다.

전근대에 다른 나라라고 온전한 표현의 자유를 가졌을까마는,

조선처럼 엄격한 사회는 찾아보기 어렵다. 예컨대 프랑스는 인쇄매체인 책을 통해 계몽사상이 널리 퍼져나가면서 결국 프랑스 혁명이라는 세계사적 사건을 만들었다. 물론 혁명 이전의 프랑스에도 규제와 검열이 있었지만, 그것은 조선과 비교할 수 없는 수준이었다. 파리의 고물장수들은 왕과 왕비의 그림이 들어 있는 낡은 철제 간판을 팔았고, 사람들은 그것을 사서 선술집이나 담배가게 바깥에 걸었다. 그리고 식품점에서 '왕이 먹는 케이크'와 '왕이 먹는 쇠고기'를 망설이지 않고 샀다. 왕이라는 말을 이처럼 아무렇게나 썼던 것이다. 왕의 신성성을 거침없이 훼손함으로써 군주정에 부여된 신성성이라는 '초월적인 의미'를 빼앗았다.[59] 그런데 조선에서는 임금의 이름은 불러서도 써서도 안 되며, 궁중의 회화에서는 초상화가 아니면 임금이 그려질 자리를 비워 두었다. 궁궐 잔치 그림 등의 행사도라고 해도 함부로 임금을 그리지 못했다.

또 이웃 일본에서는 막부의 정책에 어긋나는 내용을 책으로 써서 문제가 되는 경우라고 해도 수십 일의 수갑형을 받는 것이 고작이었고, 막부를 비판한 경우에도 유배형에 처하는 정도였다.[60] 형벌이 가볍다고 해서 통제의 억압감이 작다고 말할 수는 없겠지만, 『명기집략』 사건처럼 한두 줄의 기사 때문에 그 판매자와 소지자까지 사형 시키는 가혹함은 없었다. 영조의 행동을 과도하게 여긴 것은 신하만이 아니었다. 영조의 뒤를 이은 정조조차 채제공이 『명기집략』 사건을 완화시킨 공로가 있음을 말했다. 같은 임금으로서도 영조의 처벌을 과하게 여겼던 것이다.

그렇다면 이렇게 엄격하고 가혹한 억압이 있었던 근본적인 이유는 무엇인가? 바로 전제적 왕조 국가라는 정치 체제 때문이다. 조선의 사상 통제는 극심했다. 어떤 지식이 유용한 지식인지 위험한 지식인지에 대한 명확한 기준을 가지고 지식과 사상을 통제하지도 않으면서, 잘 유통되고 있던 책을 졸지에 위험한 것으로 만들어 극형을 가했다. 그 최종 결정자는 임금이었고, 판단 기준은 지배이념인 유교였다. 해도 되는 말이 따로 정해져 있지 않으니, 해야 하는 말이 아니라면 어느 순간 자기가 한 말이 금지된 말이 될 수 있다. 이런 상황에서는 침묵이 최선이며, 가능한 한 기록을 남기지 않아야 한다. 책을 간행한다는 것은 극히 조심할 일이니, 출판할 때에는 철저히 편집하고 수정한다.[61] 이렇게 제작된 책은 한계를 가질 수밖에 없고, 유통도 조심스러울 수밖에 없다. 정치가 지식을 철저히 통제하고 지배했던 것이다.

그렇다고 조선 사람들이 정부와 임금에 대해 아무런 비판이 없었던 것은 아니다. 『한국천주교회사』에는 19세기 중반 프랑스 선교사가 입수한 풍자만화 하나가 소개되어 있는데, 머리와 팔다리는 바짝 마르고 가슴과 배는 부풀어 터질 듯한 사람이 그려져 있는 그림이다.[62] 머리는 임금, 팔다리는 백성, 가슴과 배는 고관 또는 양반을 가리킨 것인데, 무력한 임금, 착취당하는 백성, 부정으로 배를 불린 관리를 그린 것이다. 조선 사람들 역시 이런 비판적 사고와 표현이 없지 않았지만, 그것은 혁명 세력이 동지를 모을 때 돌리는 연판장만큼이나 은밀한 것이어서 전해질 수 없었다.

현실이 이러했으니 조선에 서점이 없었던 것은 당연한 일이다. 서점을 열려면 책이 있어야 하는데, 책을 쓸 사람도 별로 없고 책을 쓰려고 하는 사람도 많지 않았다. 괜히 책을 썼다가 문제가 되기 십상이기 때문이다. 책이라곤 겨우 유교이념을 담은 중국 고전이 있을 뿐인데, 그것은 새로울 것이 없으니 적당량을 찍어 필요한 사람에게 공급하면 된다. 말하자면 교과서 유통 기관 정도나 두면 되지 굳이 민간 서점까지 필요치 않았던 것이다.

제3장

소설사와 유통

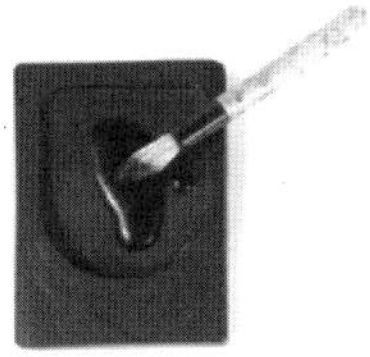

고전소설 유통의 마지막 모습

조선시대에 창작·생산된 소설, 이른바 고전소설은 1980년대까지도 서울이나 지방 중소 도시의 길거리 좌판에서 종종 발견되었다. 골동품도 아니요 현대식으로 새로 찍은 것도 아닌, 초기 활자본 소설, 이른바 구활자본 소설의 형태를 갖춘 것이었다. 그러나 찾는 사람은 거의 없었다. 대체로 고전소설은 20세기 중반 이후에는 독자를 거의 잃었다고 말할 수 있다. 구활자본 소설의 출판 역시 1930년대를 고비로 급격히 내리막길로 들어섰다. 이렇게 보면 서양 열강에 문호를 개방하고 일본의 지배를 받았던 19세기 말에서 20세기 전반까지를 고전소설 유통의 말기라 할 수 있다. 가장 많은 자료와 기록을 남긴 말기의 모습부터 살펴본 다음, 시간 순에 따라 소설유통사를 정리하기로 한다.

전근대의 고전소설 유통은 세 가지 방식으로 이루어졌다. 차람(借覽), 임대, 구매가 그것이다. 가장 전통적인 방식인 이웃이나 친지에게 빌려 읽는 방식과 돈을 주고 도서대여점에서 빌려 읽는 방식, 그리고 주로 출판된 소설을 돈을 주고 사서 읽는 방식이다. 차람은 어떤 사람이 다른 사람에게 사적으로 빌리는 것이다. 공급자와 수요자의 관계는 일대일이다. 임대도 양쪽 당사자로만 보면 빌려준 사람과 빌린 사람이 일대일 관계라고 할 수 있지만, 대상인 소설로 보면 한 책이 여러 사람에게 대출되므로 일대다의 관계라고 할 수 있다. 하나의 작품이 대출을 통해 복수의 관계망을 형성하는 것이다. 마지막으로 구매는 한 종의 책이 수십 수백 부가 만들어져 수백 수천 명의 독자와 만나게 된다는 점에서 다대다의 관계라 할 수 있다. 유통 형식은 이처럼 일대일, 일대다, 다대다의 방식으로 나누어볼 수 있다. 시간적으로 볼 때 유통은 일회에 그치지 않는다. 소설이 생산되어 맨 처음 일어나는 유통 방식을 1차 유통이라고 부른다면, 매매로 1차 유통된 것이 2차적으로는 임대되기도 하고 차람·전사되기도 한다. 그리고 전사된 필사본이나 판매된 출판본이 대여용이 될 수도 있고, 대여용 소설이 나중에 판매될 수도 있다.

이하에서는 일대일, 일대다, 다대다 유통을 대표하는 매체로 필사소설, 세책소설, 출판소설을 들어 그 역사적 변천을 살펴보기로 한다. 필사소설과 출판소설은 형태적으로 차이가 있지만, 세책소설은 유통 방식에 의한 차이가 있을 뿐이다. 조선에서 세책소설은 필사본이 주를 이루었지만, 그중에는 방각본도 있었고, 근대 이후에는 활자본도 포함되었다.

필사소설

대학원 시절 옛날 어른들이 소설을 어떻게 읽었는지 궁금해서 외할머니께 여쭌 적이 있다. 고전소설을 읽어보셨는지, 왜 읽었는지, 어떻게 읽었는지 여쭈었다. 외할머니는 어릴 때 결혼하기 전에 읽었노라고 했다. 외할머니가 결혼하기 전이면 1920년대의 일이다. 일고여덟 살 무렵에 집에 '글할매'(글을 가르치는 할머니)가 와서 소설을 주면서 베끼라고 했다고 했다. 어떤 소설을 베끼셨냐니까, 다른 것은 기억이 나지 않고 『옥루몽』이 떠오른다고 했다. 소설이 재미있으셨냐니까 재미없었다고 하시면서 그 시절은 모두 '깜깜했다'고 하셨다.

외할머니의 고향은 전라북도 남원 지리산 기슭의 산내라는 곳이다. 산수유가 예쁜 그 마을에서 천석꾼의 딸로, 시쳇말로 '배부르고 등 따신' 집에서 태어났다. 결혼하기 전에는 집에서 소설이나 편지 투식 등을 베끼면서 한글을 배우면서 지냈다. 바깥 세상에서 들려오는 소식들이 모두 꿈결처럼 여겨졌다. 시시각각 세상이 급변하던 때이니 아무리 산골짜기라도 옛날 소설이 얼마나 재미있었을까 싶다. 그러다가 결혼을 했고 신행 때 어릴 적에 베낀 소설을 가지고 경상남도 산청의 시집으로 갔다. 시집 식구들이 이 책들을 얼마나 읽었는지 알 수 없지만, 곧 창고로 밀쳐졌고 어느 순간 사라져 버렸다. 이것이 필사본 고전소설 유통의 마지막 모습이다.

글을 배우기 위해 소설을 베끼고 베끼면서 읽는다. 마땅한 일을 얻지 못한 남성, 다른 오락거리가 없는 유한 여성에게 소설은 유일한 위로였다. 버려진 종이를 모아서 뒷면에다 주변에 떠도는 소설을 빌려서 베끼고, 이것을 가지고 주변 사람들과 이야기할 때 자료로 삼으며, 원하는 사람이 있으면 빌려주기도 한다. 결혼의 혼수가 되어 멀리 이동하기도 하고, 서울에서 벼슬살이를 하다가 시골로 돌아가는 사람이 고향으로 새로운 작품을 가져갈 수도 있다. 이 시기 고전소설 유통의 한 모습을 잘 보여준 이원주의 「고전소설 독자의 성향—경북 북부 지역을 중심으로」에서도 한글을 배우기 위해서 소설을 읽었다는 사람이 많았고 가장 재미있는 책으로 『옥루몽』을 꼽았다고 했다.[63] 소설을 입수한 경로로는 집안에서 전하는 것이 많았다. 이 논문은 1975년 당시 60세 이상의 노인을 대상으로 한 조사에 바탕을 두고 있는데, 내 외할머니의 증언과 흡사하다.

내 외할머니의 증언이나 이원주의 연구는 특정 지역에 국한된 것이긴 하지만, 필사본 유통이 근대적 인쇄 출판이 급격히 늘어난 20세기 초까지도 여전히 중요한 자리를 차지했음을 보여준다. 물론 현전하는 고전소설 중에 20세기 초에 필사된 소설이 높은 비중을 차지한다고 해서, 당시 고전소설 유통에 필사소설이 높은 비중을 차지했다고 볼 수는 없다. 세책본이나 출판본에 비해 필사본은 어떤 사람의 친필이 담겨 있기에 함부로 버리지 못해서 많이 남아 있게 되었다고 볼 수 있기 때문이다.

세책소설

소설책을 돈을 받고 빌려주는 사업은 18세기 초반부터 있었다. 이런 사업을 뜻하는 세책업은 20세기에 접어들면서 두 방향의 변화를 보였다. 전통적인 형태의 세책집은 문을 닫았고 새로운 형태의 세책집이 번성했다.

최남선은 「조선의 가정문학」에서 '언문소설'을 세 부류로 나누어 설명하면서, 가장 고급의 것으로 궁중에서 번역하여 보던 『홍루몽(紅樓夢)』, 『선진일사(禪眞逸史)』와 같은 중국소설을 들었고, 가장 저급의 것으로는 방각소설을 들었으며, 그 사이에 세책집에서 빌려주던 소설이 있다고 했다. 최남선의 말을 좀 더 들어보자.

> 이 두 가지의 중간을 타고 나간 것에 아마 경성에만 있는 듯한 세책이란 것이 있으니, 곧 대소장단을 물론하고 무릇 대중의 흥미를 끌 만한 소설 종류를 등사하여 3, 40장씩 한 권을 만들어, 많은 것은 수백 권 한 질, 적은 것은 2, 3권 한 질로 하여, 한두 푼의 세전을 받고 빌려주어서 보고는 돌려보내고, 돌아온 것을 또 다른 사람에게 빌려주는 조직으로 한창 성시에는 그 종류가 수백 종 누천 권을 초과하였었습니다. 수십 년 전까지도 서울 향목동(香木洞)이란 데 —시

방 황금정(黃金町) 일정목(一丁目) 사잇골—에 세책집 하나가 남아 있었는데, 우리가 조만간 없어질 것을 생각하고 그 목록만이라도 적어 두려 하여 세책목록을 베껴 둔 일이 있는데, 이때에도 실제로 세주던 것이 총 120종, 3,221책(내에 동종이 13종, 491책)을 산(算)하였습니다. 이 중에는 『윤하정삼문취록(尹河鄭三門聚錄)』 186권, 『임화정연(林花鄭延)』 139권, 『명주보월빙(明珠寶月聘)』 117권, 『명문정의(明門貞義)』는 116권인 것처럼 꽤 장편의 것도 적지 아니합니다.[64]

위 인용문은 1938년에 발표된 글인데 "수십 년 전까지도" 서울 향목동에 세책집이 하나 남아 있었다면서, 세책집이 "조만간 없어질 것을 생각하고" 조사를 했다고 했다. 20세기 초 고전소설 향유에 관한 논문을 발표한 이민희는 이 기록을 1920년대 후반의 상황을 말한 것으로 해석했지만,[65] "수십 년 전"이라는 표현이나 최남선의 활동과 나이를 참작했을 때 1910년대로 보아야 할 것이다. 이민희의 말처럼 1920년대 후반이라면 "수십 년 전"이 아니라 십여 년 전이라고 했을 것이다. 최남선은 1907년에 신문관이라는 출판사를 설립했고, 1910년에는 한국 고전 간행 단체인 조선광문회를 설립했다. 1909년에 신문관에서 한국 최초의 교양문고본인 '십전총서(十錢叢書)'를 기획하여 『걸리버유람기』 등 2종을 발간했고, 그 뒤 1913년부터는 '육전소설문고(六錢小說文庫)'를 기획, 『홍길동전』을 비롯하여 『춘향전』, 『옥루몽』, 『사씨남정기』, 『흥부놀부전』, 『심청전』, 『장화홍련전』, 『조웅전』 등 10여 종의 고전소설을 발간했다. 최남선이 고전소설의 간행을 준비하던 시절인 1910년대에 세책집을 조사했다고 보는 것이 표현이나 정황을 볼 때 유력하다고 할 수 있다. 이민희는 위의 인용문을 토대로 1910년대까지는 세책이 성업했는데 1920년대 후반 무렵부터 쇠퇴했다고 읽었지만, 인용문의 대상 시기가 1910년을 전후한 때라면 그 이전에 이미 세책집이 쇠퇴기에 접어들었다고 볼 수 있다.

그런데 이 무렵의 세책집에 대해 전혀 다른 보고도 있다. 1918년 5월 18일 미국인 선교사 쿤스(E. W. Koons)가 친구 네 명과 함께 5부(部)로 나누어져 있는 서울 시내 사대문(四大門) 안을 다섯 명이 한 부씩 맡아서 오후 내내 세책집을 조사한 일이 있다. 짧은 시간이라 골목 구석구석에 있는 세책집을 제대로 살피지 못했지만, 동대문 안 8개소, 서대문 안 6개소, 남대문 안 8개소, 북부지역 7개소, 종로 부근 7개소 등 총 36개소의 세책집을 찾아 보고했다.[66]

최남선은 서울에 세책집이 한 집 남았다고 했는데, 쿤스는 무려 36개소나 있다고 했다. 최남선은 서울 토박이로 서울을 누구보다 잘 알았고, 또 출판업자 특히 소설을 출판한 출판사 사장으로 그리고 고서연구가로 서울의 세책집 형편을 모를 리 없는 인물이다. 쿤스 일행 또한 외국인으로 서울 상황을 잘 모른다고 할 수는 있겠지만, 직접 조사한 것이 잘못 되었다고 볼 근거는 없다. 최남선에 따르면 점차 소멸되다 겨우 한 군데 남아 있었다던 세책집이 수년 사이에 급격히 늘었다는 것은 이해하기 어려운 일이다. 왜 이런 차이가 생겼을까?

최남선이 조사한 향목동 세책집은 쇠퇴하는 상황임에도 불구하고 세책본이 "총 120종에, 3,221책(내에 동종이 13종, 491책)"이나 있었다. 그런데 쿤스가 조사한 36곳의 세책집 중에는 가장 많은 책을 가진 곳이 500책 정도였고, 가장 적은 곳은 세책집이라 부를 수도 없을 정도로 적은 양인 30책이 있을 뿐이라고 했다. 영업 방식은 비슷할지 모르지만 규모만 보아도 최남선과 쿤스의 세책집은 전혀 다른 집이라 말할 수 있다.

근대 초기 세책집의 쇠퇴 현상은 최남선만 보고한 것이 아니다. 1890년 무렵 조선을 찾은 모리스 쿠랑도 "이런 종류의 장사가 서울에 예전에는 많았으나 점점 희귀해진다고 몇몇 한국 사람들이 일러

주었다."고 했다.[67] 또한 쿠랑은 세책집 목록이 자기 책의 서목을 채우는 데 도움이 되었다고 하면서, 당시 이미 세책집에 분실된 책이 적지 않다고 했다. 대출도서의 분실 역시 세책집 쇠퇴의 흔적으로 볼 수 있을 듯하다. 한편에서는 세책집의 쇠퇴를 보고하고 다른 한편에서는 성행을 말하고 있는 것은 일견 모순으로 여겨지지만, 19세기 말에서 20세기 초에 이르러 전통적인 의미의 대규모 세책집은 쇠퇴하고 대신 새롭게 영세한 규모의 세책집, 곧 도서대여점이 성행했던 것으로 보면 모순적 사실들이 무리없이 이해가 된다.

한편 오카쿠라 요시사부로는 세책이 평양, 개성, 대구 등 다른 대도시에는 없고 오직 서울에만 있다고 했는데, 이는 쿠랑, 최남선 등도 함께 지적한 사실이다. 그런데 지금 전하는 얼마 남지 않은 세책소설 자료 맨 끝에 적혀 있는 필사 장소를 모두 헤아리면 27개소인데,[68] 이 가운데는 서울 밖에 존재한 것으로 보이는 장소도 없지 않다. 문제는 현전하는 세책소설은 1860～1880년대 필사된 것 서너 종을 제외하면 대부분이 1890년대 이후의 것들이라는 점이다. 20세기 초에는 지방에도 세책집이 있었는데, 이런 증거를 가지고 서울에만 세책집이 있었다는 앞 시대의 증언을 부정할 수는 없다. 이처럼 19세기까지 서울에 있었던 세책집과 20세기 이후 새로 생긴 세책집은 기본적으로 영업 형태는 같지만 규모나 취급하는 품목에 있어서 큰 차이가 있어서 서로 다른 업종으로 받아들이기도 했던 것으로 보인다.

그렇다면 19세기 말에서 20세기 이른 시기까지 존재한 조선시대의 전통적인 세책집은 어떤 규모와 형태를 갖추었을까? 최남선이 조사한 전통적 세책집에는 무려 3,221책이 있었다고 하는데, 이 향목동 세책집은 특별히 장서가 많은 곳일까, 아니면 전통적 세책의 쇠퇴기여서 장서가 줄어든 모습을 보여준 것일까? 이 부분과 관련해서 서울대학교 규장각한국학연구원에 소장된 「언문책목록」에 주목할 필요가 있다. 이것이 쿠랑이 말한 세책집에서 '장서목록의 역할을 하는 조잡한 일람표', 즉 세책집의 장서목록으로 보이기 때문이다. 「언문책목록」은 『언문고시(諺文古詩)』라는 표제를 단 책에 실려 있는데, 『언문고시』에는 한시의 한글번역, 가사, 생활정보 등이 실려 있고, 그 마지막에 「언문책목록」이 있다. 「언문책목록」의 '언문책'은 두말할 필요 없이 거의 한글소설을 가리키는데, 이 목록에는 무려 222종이 올라 있다. 최남선이 조사한 향목동 세책집 120종의 두 배에 가까운 수치다. 이 자료를 처음 소개한 강전섭은 이 목록을 '개인장서목록'이라고 보았지만,[69] 궁중이 아닌 이상, 아니 궁중이라고 해도 이렇게 많은 한글소설을 소장한 개인집은 생각하기 어렵다.[70] 세책집이 아니라면 어림잡아 오천 책이 족히 될 소설책을 소장할 곳이 없다. 「언문책목록」은 필사기에 적힌 "임신"년, 곧 1872년(또는 1812년) 서울 어느 세책집의 장서목록이 아니면 그것을 베낀 대출자의 주문목록일 것이다.[71]

물론 세책집에 소설만 있었던 것은 아니다. 쿠랑의 책에도 밝히고 있듯이, 소설 외에 가사집도 있었다.[72] 하지만 위에서 소개한 여러 목록과 현전하는 자료로 볼 때 그 수는 극히 미미하다. 이렇게 볼 때 세책집이 쇠퇴하기 시작한 19세기 후반 이전 서울에 세책집이 적게 잡아 대여섯 집 또는 십여 집이 있다고 해도 수만 책의 세책소설이 서울 시내를 돌아다니고 있었다고 추산할 수 있다.

쿤스는 세책집이 빌려준 책을 돌려받는 데만 문제가 없다면 한 달에 8%의 수입을 올릴 수 있는 좋은 사업이라고 했다. 세책집의 세책 요금은 보통 책값의 5~10% 수준이다. 다시 말해서 세책집에서 한 책을 만들 때 최소 10회 또는 20회 이상의 대여는 기대하는 것이다. 따라서 수만 권 이상의 세책소설은 그 10배, 20배 이상 되는 독자와 만났을 것으로 추정할 수 있다.

쿤스가 조사한 1918년에 이미 향목동 세책집은 영업을 중단했던 것으로 보인다. 그리고 이들 자료들은 곧 경성제국대학 도서관 등의 기관이나 개인 소장가의 서재로 흘러갔다. 대신 전통적 세책집의 빈자리에 새로 활발히 간행되던 활자본 소설, 잡지 등의 새 품목을 취급하는 새로운 형태의 영세한 세책집, 곧 도서대여점이 등장해서 성행했다. 그리고 이 영세한 세책집들은 소규모의 이점을 살려 서울의 변두리와 지방으로 파고들어갔다.

출판소설

한글 고전소설이 언제부터 간행되기 시작했는지는 정확히 알 수 없지만, 지금 남아 전하는 것은 대부분 19세기 말 20세기 초의 것이다. 그나마 서울에서 간행된 경판 한글소설의 경우에는 19세기 말 조선에 온 외국인에 의해 상대적으로 이른 시기에 수집되었다. 모리스 쿠랑과 콜랭 드 플랑시와 같은 외국인들이 아직은 방각소설이 활발히 유통되던 1890년경에 서울에 와서 소설을 수집했던 것이다. 이들 외국인은 29종의 경판소설을 수집했는데, 현전하는 경판소설은 오십 종 남짓이다.[73]

한편 전주 지역에서 간행된 완판소설은 이로부터 근 오십 년이 지나서야 조사가 이루어졌다. 1940년 윤규섭이 처음 조사할 때 이미 완판소설은 "전주 친지의 손을 빌려서도 구할 수 없는" 것이 되어 있었다.[74] 현전하는 완판소설은 20종 정도이다. 유탁일의 연구에서 완판소설은 판원(版元)에 따라 19종이 있다고 소개했는데,[75] 여기에는 『화용도』, 『삼국지』, 『언삼국지』 및 『열녀춘향수절가』와 『별춘향전』처럼 같은 작품을 따로 계산한 것이 있어서 작품수로는 16종이다. 이태영은 두 차례에 걸쳐 완판소설의 종수를 제시한 바 있는데,[76] 1999년 논문에서는 선행 연구의 결과에다 박순호 소장의 『어룡전』을 추가시켰으나, 2004년 논문에서는 『어룡전』은 빼고 대신 『정수경전』과 『현수문전』을 포함시켰다. 이렇게 작품에 출입이 있는 이유를 직접 문의하니, 이태영은 『어룡전』은 직접 확인하지 못했기에 뺐다고 했으며, 『정수경전』은 본인 소장본으로 완판인지 확실하지 않다고 했다. 한편 서예가인 여태명이 『개똥전』이라는 완판소설을 한 종 가지고 있다는 소문이 있다. 이렇게 보면 유탁일이 소개한 16종 외에, 박순호 소장의 가장 오래된 완판소설인 『별월봉기』를 비롯하여 『어룡전』, 『정수정전』, 『현수문전』, 『개똥전』까지 포함해도 완판소설은 20종 남짓에 불과하다.

최호석은 최근 연구에서 방각소설의 간행 종수를 경판소설 54종, 완판소설 22종, 안성판 소설 11종으로 정리했다.[77] 이 가운데 안성판은 대체로 경판의 일부로 간주해도 무방하며, 경판과 완판으로 모두 출간된 소설은 17종이다. 22종의 완판소설 가운데 경판소설로 출간되지 않은 작품 5종(『공명선생실기』, 『서한연의』, 『어룡전』, 『이대봉전』, 『적벽대전』) 중에 이태영이 완판소설로 언급한 작품은 『이대봉전』밖에 없다. 『어룡전』은 실체가 분명하지 않으며, 『서한연의』는 완판소설 『초한전』 하권의 제목으로 경판소설 중에 『장자방전』이 『초한전』의 초역이다. 서울 남곡에서 간행된 『장자방전』에 '일명은 초한기략'이라는 부제가 붙어 있다. 그리고 『적벽대전』과 『공명선생실기』는 『삼국지』의 일부이니, 완판소설은 거의 경판소설과 겹친다. 이렇게 하여 작품수로만 치면 전국적으로 오십여 종의 소설이 출간되었음을 알 수 있다.

그런데 방각소설의 작품 종수는 인출 규모를 짐작하는 데는 별로 도움이 못 된다. 인출 규모를 유추하자면 판수가 중요한데, 현재 연구 수준으로는 이를 온전히 밝히기 어렵다. 김동욱, 유탁일, 이창헌, 이태영 등 방각소설에 대한 선행 연구에서 다룬 방각소설의 판수를 단순 계산하면 거의 250판에 이른다. 경판소설이 거의 200판에 육박하고, 완판소설이 40~50판 정도이다.[78] 하지만 이것은 간기가 다르거나 전체 장수가 다른 것 등을 모두 다른 판으로 취급하여 계산한 것으로, 이들 가운데는 이판(異版)으로 보기 어려운 것이 적지 않다. 상하 2책으로 되어 있던 것을 상중하 3책으로 수정하여 간행한 것이나, 30장본을 20장본으로 줄이면서 일부 판목을 개수한 것 등은 수정판이지 다른 판이 아니다.

판수조차 알지 못하니 인출 횟수는 더욱 알 길이 없고, 최종 발행부수 또한 마찬가지다. 그나마 다행인 점은 방각소설은 이윤추구라는 비교적 뚜렷한 생산 동기를 가지고 있다는 것이다. 다시 말해 목판 제작비용과 인쇄비용, 그리고 한 책당 시장가격을 알아내면 한 판을 제작할 때 최소 몇 부의 인쇄를 염두에 두고 일을 계획했을지 계산할 수 있다. 20세기 초의 상황이긴 하지만 세창서관 주인 신태삼(申泰三)의 "소설 한 권 필사하는 데는 5전, 목판본 소설은 15전, 목판을 각하는 데는 1장에 20원이나 받았다."는 증언은 주목을 요한다. 이는 1910～1920년대의 사정인데, "소설 한 권을 만드는 데는 목판본의 경우 400여 원이나 들었다."고도 했다.[79] 당시 경판소설 한 책이 대개 스무 장 내외였으니, 한 장을 판각하는 데 20원이라면 소설 한 책을 만드는 데 드는 목판 제작비용이 400여 원이라는 말이 딱 맞다. 이렇게 400원을 들여 만든 소설이라면 15전짜리 소설책 2,600여 권은 판매해야 겨우 제작비를 건질 수 있다. 실로 엄청난 숫자다. 이 숫자를 곧이곧대로 받아들이는 사람도 있겠지만, 지금도 적지 않은 삼천 부 가까운 엄청난 책이 손익분기점이라는 것은 믿기 어렵다. 다른 기록과의 비교 검토가 필요하다.

1917년 밀양에서 조선 후기 실학자 이익의 『성호선생문집』을 간행하면서 경과를 기록한 것이 있다. 「성호선생문집간역출물기(星湖先生文集刊役出物記)」인데, 이것을 보면 『성호선생문집』은 총 책판수 1,029판에 판각 비용 1,860원 76전이 들었다.[80] 한 판당 대략 1원 80전 정도가 든 셈이다. 이 시기 목판 한 판을 만드는 데 대략 2원이 들었다는 사실은 이 지역의 다른 문집 기록에서도 확인된다.[81]

그런데 여기서 한 판이란 목판 앞뒤의 양면을 뜻하므로 한 장에는 90전 정도라 할 수 있다.

90전과 20원. 아무리 시골과 서울이 다르고 문집과 소설이 다를 수 있다지만, 20배가 넘는 비용 차이는 설명하기 어렵다. 더욱이 높은 가치를 인정받는 한문 문집이 하찮은 취급을 받는 한글소설보다 더 만들기 쉽다고 볼 수도 없다. 이렇게 보면 신태삼이 말한 한 장당 제작비는 터무니없는 액수라 할 수 있다. '20원'과 '400원'을 '2원'과 '40원'의 착오로 보지 않을 수 없는 것이다.

한글소설이 한 장에 2원이라면 그것도 비싼 것이다. 신태삼이 말한 한 '장'을 소설 한 '장'으로 이해한다면 더욱 그렇다. 신태삼의 한 장을 목판 한 '판'으로 보아야 당시 시세에 근접한 것이라 할 수 있다. 『성호선생문집』은 문집이고 한문이지만 시골이기 때문에 한 판에 1원 80전에 판각될 수 있었고, 경판소설은 소설이고 한글이지만 서울이기 때문에 2원이 들었다고 보는 것이다. 이렇게 보아야만 한 판 제작비의 20배에 이르는 한 책당 제작비도 설명된다.

한 판당 2원짜리 목판 10장으로 20장짜리 소설 한 권을 만들 수 있으니, 소설 한 책을 만드는 데 판각비는 20원이면 족할 것이다. 그런데 목판본 제작에 판각비만 드는 것은 아니다. 인쇄, 제본 등 출판 제 잡비가 필요하다. 1891년 경상남도 산청에서 간행된 허전(許傳, 1797~1886)의 문집 『성재선생문집(性齋先生文集)』의 간행 내역(「성재선생문집간소용하기(性齋先生文集刊所用下記)」)을 보면, 각판비, 인출비, 잡비 등의 출판비와 수장고 건립 비용 등이 날짜순으로 명기되어 있는데, 632판 17책을 간행하는 데 총 8,554냥이 소요되었다. 각판비가 32%, 인출비가 32.2%, 출판잡비가 20.2%를 차지했고, 수장 관계 제 비용으로 24.6%가 지출되었다. 이 문집의 인출 부수는 정확히 나와 있지 않지만, 당대 다른 문집의 인출 관행과 이 문집에 사용된 종이의 양을 통해 볼 때 백여 질을 크게 넘지 않았을 것으로 추정된다.[82] 이렇게 보면 잡비까지 고려할 때 전체 간행 비용의 절반 정도가 각판 비용으로 소요됨을 알 수 있다.

소설 제작도 마찬가지다. 20장짜리 소설 한 책을 만드는 데 총 40원이 든다면, 이 가운데 판각비가 20원을 차지하고 나머지 비용으로 20원이 지출될 것으로 볼 수 있다. 이 경우 소설 몇 권을 인쇄했는지에 따라 비용이 달라질 것이다. 문집의 경우 책판을 만든 후 초기에 일이백 부 이상을 찍기 어려운데, 한글소설의 경우에도 초쇄로 수백 부 이상을 찍기는 어려웠을 것으로 생각된다.

한 책당 15전짜리 소설 하나를 만들어 40원의 제작비를 건지려면 260여 책, 거의 삼백 책 이상은 팔아야 수지를 맞출 수 있다. 이는 출판업자가 출판 전에 최소 삼백 부는 팔 심산을 가졌음을 말해준다. 여기서 유념해야 할 점은 삼백 부는 최저 부수일 뿐이라는 사실이다. 일정 기간 내에 삼백 부 이상을 찍을 기대가 없다면, 출판업자는 출판을 포기하든지 아니면 다른 출판 방식을 선택할 것이다.

목판 인쇄가 소설출판의 유일한 방법은 아니었다. 비용만 보면 목판보다 값싼 출판술이 얼마든지 있다. 목판을 대체할 수 있는 대표적인 출판술이 활자다. 선조(宣祖) 때 이미 요즘으로 말하면 관보라고 할 수 있는 조보(朝報)를 활자로 인출하여 판매했다는 기록이 있다.[83] 방각소설 출간 당시에도 이미 활자를 이용한 상업적 출판활동이 있었으니, 대표적인 것이 족보다. 『영조실록』 1764년 10월 19일조와 『승정원일기』 1799년 3월 30일조에는 사인(私人)의 활자 인쇄를 금지하기를 청하는 사헌부와 함열현감(咸悅縣監) 이인채(李寅采)의 상소가 있다.

> 임금이 주강을 행하였다. 사헌부에서 전에 올린 상소를 거듭 아뢰었으나, 윤허하지 않았다. 또 아뢰기를 "역관 김경희(金慶禧)라는 자가 사사로이 활자를 주조한 다음, 사람들의 보첩(譜牒)을 많이 모아놓고

시골에서 군정(軍丁)을 면하려는 무리를 유인하여 그들의 이름을 기록하고 책장을 바꾸어 주는 것으로 생활을 하고 있습니다. 형조로 하여금 엄중히 조사하여 중히 다스리도록 하소서." 하니 윤허하였다.

대개 활자의 쓰임은 진실로 문원(文苑)의 절보(絶寶)이지만, 이미 국가에서 주자소를 설치하여 대소문자(大小文字)를 인출하고 있으니, 감히 개인이 마음대로 사용할 것이 아닙니다. 그런데도 근년에 여항에서 사사로이 활자를 감춘 자가 곳곳에 있습니다. 비용이 많이 들지 아니하고 인출이 아주 쉽기에 사가문자(私家文字)로 세교(世教)에 도움이 되지 못하고 후세에 전할 만하지도 못한 것을 툭하면 인쇄·배포하는 것이 이미 폐풍이 되었습니다. 족보의 인쇄에 이르러서는 폐단이 더욱 심하여 한 사람의 돈을 받아 한 사람의 파(派)를 인출하는 것을 순식간에 처리하니, 자행(字行)을 모으고 판차(板次)를 변환하여 입록(入錄)하는 것이 베껴 쓰기보다 쉽고 마치 목판에 새긴 것 같으니, 이는 실로 간사한 백성이 역을 피하는 지름길이고 이웃과 일가가 피해를 입는 요인입니다.

이처럼 18세기에 이미 민간에서 활자를 만들어 사사로이 책을 찍어내는 판이었으니, 경제성을 중시하는 소설출판에도 무엇보다 활자 특히 목활자가 고려되었을 것이다. 이런 형편이었는데도 소설을 목판으로 간행한 것은 다른 이유가 있다. 단적으로 말해 활자출판은 서양의 근대적 인쇄 기술이 들어오기 전까지는 대량생산에 적합한 방식이 아니었다. 많은 부수의 인출을 감당할 수 있을 정도로 조판한 틀을 튼튼하게 유지할 수 있는 기술이 없었다. 활자로는 100부 대체로 50부 이하의 소량 인쇄가 일반적이었다. 그래서 금속활자는 주로 왕실에서 고급 도서를 소량 인출할 때 사용했고, 목활자는 지방에서 족보나 문집 등을 소량 인출할 때 이용했다. 경전처럼 수요가 많은 책은 조정에서 만든 활자본을 저본으로 하여 다시 목판을 제작하여 수요에 응했다.

활자를 선택할 것인지, 목판을 선택할 것인지, 소설 출판업자도 당연히 고민했을 것이다. 문집이라면 경제적인 요소가 부차적으로 고려될 수도 있다. 문집 간행의 경우 인출 부수가 대개 백 질을 넘지 않기 때문에 활자출판이 경제적이지만, 굳이 목판을 선택한 것은 조상의 값진 글을 값이 싸다고 하여 활자로 찍을 수 없고 목판으로 제작하여 오래 보존하여 후대에 물려주어야 한다고 생각했기 때문이다.[84] 목판의 보존성이 선조 숭상과 전통 계승의 측면에서 높은 점수를 받은 것이다. 하지만 이는 문집처럼 경제적 요소가 덜 중요하게 취급되는 경우에 해당하는 일이고, 소설출판에는 경제성이 다른 무엇보다 중요하다. 만약 소설을 일이백 부 정도만 간행할 계획이었다면 목판이 선택되지는 않았을 것이다.

그런데 소설은 거의 목판으로 간행되었다. 석판 인쇄도 있고 토판으로 보각한 것도 없지 않지만, 이는 극히 이례적이다. 실제로 방각소설의 인쇄 상태를 보면, 얼마나 많이 찍었는지 글자와 광곽이 마모되어 읽기 힘든 장들이 적지 않다. 여기에다 종전과 다른 각체로 새긴 보수된 책판이 군데군데 끼어 있다. 이런 책들은 소설 책판이 손익분기점을 훨씬 넘기며 인출되었음을 보여주는 증거다. 이렇게 보면 19세기 중반이든, 19세기 후반이든, 그렇지 않으면 그보다 더 이른 시기든, 방각소설이 활발히 간행되던 시기에 현전하는 50여 종의 소설, 수백 판종을 넘어서서, 전하지 않는 그것보다 훨씬 많은 판종의 소설들이 각각 수백 부, 잘 된 것은 수천 부를 찍기도 했음을 뜻한다. 적게 잡아 이백 개 판종으로 한 판당 오백 책만 찍었다고 계산해도 십만 책이 넘으니, 한 시대를 잘라 보아도 성행기에 이 정도의 방각소설이 유통되지 않았을까 추정할 수 있다.

소설의 총량과 의미

조선 후기 세책소설과 방각소설이 한창 활발히 유통되던 어느 시기, 예컨대 19세기 중반 무렵 서울에는 적어도 수만 책의 세책소설이, 전국적으로 십만 이상의 방각소설이 유통되었을 것으로 추산할 수 있다. 여기에다 세책소설과 방각소설에 못지않은 수의 필사소설이 있었을 것으로 추정된다. 조희웅의 『고전소설이본목록』에는 소수의 한문본을 포함하여 연구된 소설 종수만 858종이 소개되어 있다.[85] 아직 연구되지 않은 작품들까지 감안하면 한글소설은 대략 천 종 내외라 할 수 있다. 종수가 이 정도이니 책수가 수십만 책 이상일 것은 그리 무리한 계산이 아니다.

19세기 중반 조선 인구는 천오백만 남짓이다. 그중 서울 인구가 삼십여만 명인데, 이런 서울에 최소 십만 권 이상의 소설이 유통되고 있었고, 전국적으로는 수십만의 소설책이 유통되었다고 말할 수 있다. 이렇게 넘쳐나는 소설들은 육로와 해로를 통해 전국적으로 유통되었을 것이고, 책장수들은 이 장터 저 장터를 옮겨다니며 소설을 팔았을 것이다. 이것이 20세기 초 근대적 소설유통의 첫머리부터 지방에까지 발행소를 둔 배경이라고 말할 수 있다.

1906년 서울 미동 박문사에서 간행한 『주해 서상기』의 판권지를 보면 '인쇄 겸 발행소'로 '박문사'를 적었고, 또 그냥 '발행소'로 일곱 군데 서점을 적고 있는데, 이 가운데 네 곳이 서울이고 인천 한 곳과 평양 두 곳이 있다. 이 책은 소설류로는 가장 앞서 근대 활자로 인쇄한 것인데, 근대적 서적유통이 시작된 초기부터 지방에 영업점이 있었던 것이다. 20세기 이전에 이미 소설유통에 어느 정도 전국적 유통망이 형성되어 있었음을 보여주는 방증으로 볼 수 있다. 1930년대에 『춘향전』, 『심청전』 같은 소설이 한 해에 수십만 권 또는 수만 권이 팔렸다는 것도 이런 소설유통의 배경을 보면 돌출한 일이 아님을 알 수 있다.

소설사와 소설유통

조선 전기, 소설과 한글의 만남

한국소설사의 출발을 김시습(1435~1493)의 『금오신화(金鰲新話)』로 보건, 통일신라 말기 또는 고려 초기에 편찬된 『수이전』에 수록된 「최치원전」 등으로 보건, 고려 때 이미 중국소설이 한반도에 유통되었음이 확인된다. 송나라 태종의 명에 의해 981년 편찬·간행된 500여 권 분량의 이야기 모음집인 『태평광기(太平廣記)』가 늦어도 12~13세기에는 고려에 수입되었음이 확인되고, 또한 고려 역관들의 중국어 교과서인 『박통사(朴通事)』의 한 간본(1347년 간행)에 고본(古本) 『서유기(西遊記)』가 인용되어 있다. 『태평광기』나 『서유기』와 같은 장편 거질의 서사물이 고려 사회에 유통되고 있었던 것이다.

『금오신화』는 전대 소설의 흐름 속에 놓여 있지만, 또한 그 흐름을 바꾸어놓은 작품이기도 하다. 『금오신화』는 전대에는 볼 수 없었던 특정 작가에 의해 창작된 허구적 서사물의 작품집이다. 전대에도 설화나 전기가 있었고, 『수이전』처럼 특정인에 의해 한 책으로 묶인 설화집도 있었지만, 『금오신화』처럼 한 작가에 의해 창작된 서사가 한 군데에 묶인 것은 없었다. 『금오신화』는 한국소설사를 본궤도에 올린 작품이라 할 수 있다. 『금오신화』 이후 유사한 전기소설이 계속 쏟아져 나왔다. 신광한(1484~1555)은 『기재기이(企齋記異)』를 지었는데, 『금오신화』처럼 「안빙몽유록」, 「서재야회록」, 「최생우진기」, 「하생기우록」 등 독립된 작품들이 수록되어 있다. 그리고 『금오신화』, 『기재기이』로 연결되는 전기소설은 17세기에 이르러 애정전기로 꽃을 피워 권필의 『주생전』과 『위경천전』, 그리고 조위한의 『최척전』, 이 밖에 『상사동기』, 『동선기』 같은 작품으로 이어졌다.

『금오신화』는 소설사적으로는 큰 의의를 지닌 작품이지만, 유통의 측면에서는 큰 영향력을 발휘하지 못했다. 김시습은 『금오신화』를 쓴 다음 석실에 감추어두고 후일을 기약했다는 일화가 있을 정도로[86] 상층 지식사회에서나 조금 알려진 정도였다. 그러다 한두 대가 지난 16세기 중반에 당대의 명사인 윤춘년에 의해 교서관에서 한 차례 간행되었고, 임진왜란이 지난 다음에는 조선에서 아예 자취를 찾기 힘들 정도가 되었다. 현재 우리가 『금오신화』를 다시 만날 수 있었던 것도, 임진왜란 때 일본으로 건너간 것이 일본에서 출판되어 일본 문학계에 영향을 끼쳤고, 그것이 20세기 한국에 들어왔기 때문이다. 『금오신화』는 한문으로 창작된 만큼 대중적 유통을 의식한 소설이라기보다는 중국 구우(瞿佑, 1347~1433)의 『전등신화(剪燈新話)』의 영향을 받아 작가가 자신의 문예적 취향과 역량을 보이려고 쓴 작품이라고 말할 수 있다.

소설유통의 측면에서 보면 오히려 채수(蔡壽, 1449~1515)의 『설공찬전(薛公瓚傳)』이 더욱 중요한 의미를 지닌다. 채수 역시 한문으로 작품을 지었으나, 『금오신화』와 다른 점은 한글로 번역되었다는 것이다. 한글이 창제되고 보급된 이후 독서층이 폭발적으로 증가했는데, 『설공찬전』은 한글로 번역되어 소설 독서의 지평을 크게 넓혔다. 『설공찬전』이 보여준 한글소설의 파급력은 이로부터 이십 년 뒤의 기록에서 더 구체적으로 확인된다. 낙서거사(洛西居士)가 1531년에 쓴 『오륜전전(五倫全傳)』 서문에 "내가 보니 여항의 무식한 사람들이 한글을 익혀 노인들이 전하는 말을 베껴 밤낮으로 이야기한다."고 했다.[87] 낙서거사는 윤주필에 의해 이항(李沆, 1474~1533)으로 고증되었다.[88] 이항은 예조판서 등을 역임하였고 또한 사역원 제조를 겸하였는데, 이런 사정을 감안할 때 앞서 말한 '여항의 무식한 사람들'은 사역원 역관 또는 그 주변의 인물들일 가능성이 높다. 『오륜전전』의 저본인 『오륜전비기』가 이 서문이 쓰여진 지 5년이 지나서 『직해 소학』을 대신하여 역관들의 중국어 교과서가 된 사실 또한 이러한 가능성을 뒷받침한다. 서문에서는 노인들이 전하는 이야기로 '이석단취취지설(李石端翠翠之說)'을 꼽았는데, 「취취전」이 실린 『전등신화』 등을 한글로 번역하여 읽었던 것이다.

『전등신화』는 16세기 중반 명종 때 윤춘년의 주도로 임기가 주석을 달아 교서관에서 간행한 이후 서리들의 교과서가 되었다. 『전등신화』의 문장이 공문서를 작성하는 데 크게 도움이 된다고 하여 학습했던 것이다. 19세기 이규경의 『오주연문장전산고』 「전등신화변증설」에는 "지금 여항의 이서들이 익히는 것은 오로지 『전등신화』 한 책인데, 이를 읽으면 이문(吏文)에 능숙해지기 때문이다."라고 했고, 이학규는 『유합』, 『동몽선습』, 『십구사략』과 함께 "시골 서당의 사서(四書)"로 불릴 만큼 널리 읽혔다고 했다.[89] 이항은 양반의 입장에서 "무식한 사람들"이라고 했지만, 역관을 포함한 서리들 역시 나름대로 문식을 가진 계층이다. 이항의 서문을 통해서 16세기 초 서울의 여항민들을 중심으로 한글소설이 성행했음을 알 수 있다.

조선에서 일기 시작한 소설 바람의 시작을 보여주는 다른 사례는 『삼국지연의』의 간행이다. 이전에도 『태평광기』, 『서유기』, 『전등신화』 등의 중국소설이 한반도에 유입되어 읽혔지만, 16세기 중반에 수입된 중국 장편소설은 소설사를 더욱 가파르게 몰아갔다.

> 임금이 문정전 석강에 나오시니, 『근사록(近思錄)』 제2권을 진강하였다. 기대승이 나아가 아뢰었다.
>
> "지난번 장필무(張弼武)를 인견하실 때 전교하시기를 '장비(張飛)의 고함에 만군(萬軍)이 달아났다고 한 말은 정사(正史)에는 보이지 않는데 『삼국지연의(三國志衍義)』에 있다고 들었다.' 하셨습니다. 이 책이 나온 지 오래되지 않아 소신이 아직 보지 못했을 때 친구들에게 들으니 허망하고 터무니없는 말이 많다고 했습니다. 천문지리에 관한 책은 처음에는 감추어져 있다가 나중에 드러나는 일도 있지만, 사기

(史記)의 경우에는 본래 한번 실전되면 뒤에는 억측하기 어려운데 늘이고 보태면 아주 괴상하고 허탄하게 됩니다. 신이 뒤에 그 책을 보니 이는 단연코 무뢰(無賴)한 자가 잡된 말을 모아 고담(古談)처럼 만들어 놓은 것일 뿐이니, 잡박(雜駁)하여 무익할 뿐 아니라 크게 의리를 해치는 것인데, 임금께서 우연히 보셨다니 불안한 마음이 듭니다. 예를 들어 말씀드리면 동승(董承)의 옷 속 조서(詔書)라든가 적벽(赤壁) 싸움에서 이긴 것 등은 괴상하고 허탄한 일로 근거 없는 말을 붙인 것입니다. 임금께서 혹시 이 책의 근본을 모르시지 않을까 하여 감히 아뢰는바, 이 책은 『초한연의(楚漢衍義)』 등과 같은 책으로 이와 같은 책이 한둘이 아닌데 모두 심히 의리를 해치는 것들입니다. 시문(詩文)과 사화(詞華)도 중히 여기지 않는 법인데, 더구나 『전등신화』나 『태평광기』처럼 사람의 마음을 오도하는 책들을 보시겠습니까? 임금께서 무망(誣罔)함을 아시고 경계하시면 학문이 더욱 충실하실 것입니다."

기대승이 또 아뢰었다.

"정사(正史)에 치란(治亂)과 존망(存亡)에 관한 것이 모두 실려 있으니 마땅히 보셔야 합니다. 그러나 한갓 글만 보고 실제 사건을 살피지 않으면 역시 해가 있습니다. 경서(經書)는 심오하여 이해하기 어렵고 역사는 사실이 분명하지 않으니, 사람들은 모두 경서를 싫어하고 사기를 좋아합니다. 그러므로 예로부터 선비는 잡박(雜博)하기는 쉽고 정미(精微)하기는 어려웠던 것입니다. 『전등신화』는 놀라우리만큼 저속하고 외설적인데도 교서관이 임의로 재료를 지급하여 각판까지 하였으니, 식자들이 모두 마음 아파합니다. 그 판본을 없애려고도 하였으나 그대로 오늘에 이르렀습니다. 일반 여염 사이에서 다투어 인쇄하여 보고 있는데, 그 내용에는 남녀의 음행과 상도(常道)에 벗어나는 괴상하고 신기한 말들이 많습니다. 『삼국지연의』는 괴상하고 탄망(誕妄)함이 이와 같은데도 인출(印出)까지 했으니, 어찌 당시 사람들이 무식한 것이 아니겠습니까? 그 글을 보면 모두 평범하거나 괴벽(怪僻)한 것뿐입니다. (……) (『선조실록』 1569년 6월 20일)

『선조실록』에 실린 중국 장편소설 향유에 대한 기사다. 이때 선조는 열여덟 살의 젊은 군주였다. 석강(夕講)은 임금과 신하가 저녁에 모여 경전 등을 공부하는 자리인데, 그날은 성리학 해설서라고 할 수 있는 『근사록』을 공부했다. 이 자리에서 마흔세 살의 원숙한 학자인 기대승이 선조가 『삼국지연의』를 인용한 사실을 문제 삼았다. 임금이 경전도 정사도 아닌 잡서를 읽었다는 것이다. 그러면서 이 책은 역사서처럼 보이지만 역사를 왜곡한 것이고, 심지어 누가 옳고 그른지 하는 의리 문제까지 잘못 해석한 책으로, 먼저 수입되어 꽤 알려진 『초한연의』와 같은 부류라고 했다. 공부하는 사람이라면 시문도 중요하게 치지 않는데, 하물며 소설 같은 잡서에 관심을 가지겠냐며 『근사록』 같은 성리서나 경전 공부에 더욱 힘을 기울일 것을 임금에게 주문했다. 그러면서 당시 소설유통의 사정을 말했는데, 『전등신화』는 국가 공식 출판처인 교서관에서 인쇄해서 여염집에서 다투어 보고 있고, 『삼국지연의』 또한 인쇄되었다고 했다.

한국문학 연구 초기에는 위의 인용문 마지막 단락에 있는 『삼국지연의』의 인출 기사를 중국의 일로 해석했다. 『삼국지연의』는 중국에서도 1522년 간행된 이른바 가정본(嘉靖本)을 가장 오랜 이본으로 치고 있는데, 불과 사십여 년 만에 조선에서 간행되었다는 것은 상상조차 못했던 것이다. 그런데 최근 조선에서 금속활자로 간행한 『삼국지연의』가 발견되었다. 이 자료는 활자체로 볼 때 16세기 중반, 다시 말해서 위의 기사가 나오기 일이십 년 전에 간행된 것이다.[90] 위의 인용문에서 기대승이 말한 『삼국지연의』의 간행을 중국이 아니라 조선의 일로 볼 수 있게 된 것이다.

『삼국지연의』는 후대의 한국소설에 큰 영향을 끼친 작품이며, 아직도 가장 많이 팔리는 베스트셀러이자 스테디셀러다. 16세기 금속활자로 간행된 『삼국지연의』는 17세기에 들어와서는 제주에서 목판으로 간행되기도 했다. 정묘년 제주에서 간행했다는 간기를 가진 1687년 간본은 처음에는 간년을 1627년으로 비정했으나, 박철상이 강재열(1647~1729) 수택본을 발견하여 간년을 1687년으로 한 갑자 아래로 끌어내려 확정했다.[91] 열두 책에 이르는 방대한 한문 장편소설이 한반도 남단의 작은 섬 제주에서 간행되었다는 것은 특기할 일이다. 당시 제주도에서 한문소설을 읽을 수 있는 독자의 규모는 수십 수백 명을 넘지 않을 것이다.[92] 이런 독서시장의 규모를 감안할 때, 이 책의 유통 범위는 제주에 한정되지 않았을 것이 분명하다. 제주에서 책을 인출하여 육지로 보낼 수도 있고, 책판을 아예 육지로 옮겨놓았을 수도 있다. 신혼(申混, 1624~1656)의 『초암집(初庵集)』에는 원집 권12와 별집 권2의 끝에 1701년 제주에서 간행했다는 간기가 있는데, 한 개인 소장본에 이 책의 책판이 간행 이듬해에 제주에서 해남으로 옮겨졌음을 밝힌 필사기가 있다.[93] 제주본 『삼국지연의』의 책판도 『초암집』처럼 육지로 옮겨놓았을 수 있는 것이다.

중국소설은 원문을 복각하여 한문본을 그대로 읽기도 했지만, 한글로 번역하여 읽는 일도 적지 않았다. 오희문의 일기인 『쇄미록(瑣尾錄)』 1595년 1월 기사에 시집간 딸의 부탁으로 『한초연의[楚漢演義]』를 한글로 번역했다는 말이 있다.[94] 임진왜란이라는 전국을 초토화한 전쟁의 와중에도 소설에 대한 관심이 식지 않아 중국소설이 번역・향유되었던 것이다.

이 밖에 소설이라고 할 수는 없지만 서거정의 『태평한화골계전』과 강희맹의 『촌담해이』, 송세림의 『어면순』 등 음담패설까지 함께 모은 소화집(笑話集)들이 향유되었는데, 이 가운데 『어면순』은 편자 송세림(1479~?)의 아우인 송세형에 의해 간행되기까지 했다. 소화집이 간행된 다른 예로 『종리호로(鍾離葫蘆)』(아단문고 소장)를 들 수 있는데, 이 책은 명나라의 소화집 『절영삼소』를 추려 만든 것으로, 김휴(1597~1638)가 편찬한 『해동문헌총록』에 책의 원간기가 실려 있다. "천계 임술년 봄에 소산자가 평양 가촌에서 간행했다(天啓壬戌春, 笑山子壽于箕城之可村)."고 했으니, 1622년 봄 소산자라는 별호를 지닌 사람이 평양의 가촌이라는 곳에서 간행했음을 알 수 있다.

17세기, 소설의 성장

임진왜란의 참화를 이기고 불과 몇십 년도 지나지 않아 다시 병자호란의 참패를 겪은 조선은 왕조는 겨우 이었지만 나라는 새 출발을 하지 않으면 안 되었다. 사회는 근본적인 변화를 요구했다. 17세기는 변혁의 시기였고, 변혁은 성장으로 이어졌다. 특히 17세기 중후반부터는 전쟁의 상처를 복구하면서 비약적인 경제성장을 이루었다.[95] 서울은 상업도시로 변해 갔고, 물적 풍요가 뒷받침되면서 소설 성행에도 유리한 환경이 조성되었다. 이러한 도시와 상업의 성장은 조선만이 아니라 동아시아 전체에 나타났다. 청나라가 지배하는 중국과 도쿠가와 막부의 일본 모두 17세기 중반 이후는 비약적인 경제성장에 따른 번성기를 구가했다. 중국, 일본과 함께 조선에서도 소설이 급격히 성장했다.

이 무렵 소설의 성장을 보여주는 대표적인 자료는 이만부(1664~1732)의 『식산집』 「고조고관찰사증이조판서부군유사(高祖考觀察使贈吏曹判書府君遺事)」이다.

> 찬성공 형제가 정경부인 상중에 있었다. 부윤공의 부인인 이씨가 우연히 한글소설을 보다가 소리가 바깥까지 미쳤다. 찬성공이 불쾌하여 제수를 불러 계단 아래 세워놓고 꾸짖었다. "부녀가 무식하니 깊이 책망할 것 없으나, 어찌 상중에 예의에 맞지 않는 책을 소리 내어 읽어 스스로 보통 사람처럼 구시오." 부윤공이 황공하여 죄를 청했고 부인을 본가로 보냈다.[96]

여기서 정경부인은 이만부의 고조할머니이다. 고조할머니는 1632년에 죽었으니, 기사는 이 무렵의 일이다. 이만부의 증조인 찬성공 이심(李襑)이 어머니의 상중에 소리 내어 한글소설을 읽은 제수를 꾸짖고 친정으로 내쫓았다는 일화다. 짧은 일화이지만 이 기사는 소설 향유는 물론 당대의 사회적 분위기를 알게 하는 흥미로운 내용을 담고 있다.

이심의 동생 부윤공 이진(李袗)이 1600년생이니, 쫓겨난 이씨 부인 역시 삼십대 초반의 나이였을 것이다. 이심 형제의 어머니는 남편이 죽고 7년 후에 죽었으니, 며느리로서 삼년상을 끝내고 불과 오 년 만에 다시 큰일을 치른 셈이다. 만 이 년이 넘는 삼년상 기간을 근신해야 하는 상황에서 지친 며느리가 소설책을 잡고 읽었다. 한글소설은 원래 낭독을 하는 것이긴 하지만 소리를 죽여서 읽을 수도 있었을 텐데, 이씨 부인은 습관적으로 낭독을 해서 소리가 바깥의 사랑채까지 미쳤고, 집에서 무슨 소리가 나나 유심히 듣던 이심이 내용을 알고 분개했다.

이심은 부모의 삼년상에 모두 시묘를 한 효자로 알려져 있다. 상중에는 상복도 벗지 않고 비가 오나 바람이 부나 추우나 더우나 아침저녁으로 무덤에서 곡을 했다고 한다. 증손자의 묘지명에 나오는 말이지만, 뒤에 동몽교관이 되고 나중에는 또 대군사부가 된 것을 보면, 묘지명에서 말한 엄정한 품행이 큰 과장은 아닌 듯하다. 자기는 부모의 상을 엄숙히 지키는데, 제수가 '비례지서(非禮之書)'를 소리 높여 읽고 있으니 화가 머리끝까지 치솟았다. 이심은 동생보다 불과 삼 년 위이니 나이 차이가 크다고 할 수는 없지만, 결심한 말을 쏟아냈다. '아무리 무식한 부인네라고 하지만 어찌 상중에 큰 소리로 소설을 읽어 마치 아무 일도 없는 집안의 사람처럼 구시오. 시어머니의 상중이라는 사실을 잊었소.' 하고 꾸짖었다.

이 일로 인해 이씨 부인은 시집에서 쫓겨나고 말았다. 조선시대라지만, 그것도 예의법도가 엄중한 양반가에서 일어난 일이라지만, 상중에 소설을 읽었다는 이유 하나로 부인을 내쫓았다는 것은 가혹한 처사다. 한 여성의 인생이 순간의 실수로 망치고 말았다. 이심 형제의 아버지 이창정의 묘지명을 보면, 이진의 부인은 수사(水使) 성준길(成俊吉)의 딸이라고 했고 1남 4녀를 두었다고 했다. 이진의 첫 번째 부인일 이씨는 자식을 두지 못했는지 집안에 아무런 기록도 없다. 이씨 부인이 꼭 이 한 사건으로 인해 쫓겨났는지는 알 수 없지만, 부인을 쫓아내고 엄숙한 가풍을 세운 이만부의 집안에서 이 사건은 대대로 자랑거리였던 모양이다.

이씨 부인이 어떤 작품을 읽었는지는 알 수 없지만, 17세기 기록에 등장하는 소설들은 중국 작품이 많다. 17세기 말의 소설 향유 상황을 보여주는 기록으로 한국문학 연구 초기부터 알려진 조태억(1675~1728)의 「언서서주연의발」은 중국소설 『서주연의(西周演義)』의 한글 번역본에 대한 것이다. 조태억의 어머니 남원 윤씨(南原尹氏, 1647~1698)가 베낀 한글 번역본 『서주연의』에 대한 내용이다.

> 우리 어머니께서 기왕에 한글로 『서주연의』 십수 편을 베껴놓은 것이 있었다. 이것은 본래부터 한 권이 빠져서 권질을 채우지 못했는데 어머니께서 늘 서운히 여기셨다. 오랜 뒤 한 호고가(好古家)에게 전질을 얻어 부족한 부분을 채우니 책이 완전하게 되었다. 얼마 지나지 않아 여항 여자 한 명이 어머니께 그 책 빌려보기를 간청했다. 어머니는 전질을 빌려주었는데, 얼마 후 그 여자가 와서 말했다.
>
> "빌린 책을 돌려 드립니다. 그런데 길에서 책 한 권을 읽어버렸는데, 아무리 찾아도 찾을 수가 없습니다. 죽을죄를 졌습니다. 죽을죄를 졌습니다."
>
> 어머니께서는 용서하시며 잃어버린 것이 어느 책인가 물었는데, 바로 나중에 베껴서 채운 책이었다. 완질이던 책이 다시 불완전하게

되어 어머니께서 늘 마음에 안타까워하셨다.

그로부터 2년이 지나 겨울에 나는 아내와 함께 남산 아래 우거하고 있었다. 아내가 마침 몸도 성치 않고 무료해서 어느 집안 여자에게 가진 책이 있느냐고 물었더니, 여자가 아내에게 책 한 권을 보여주었다. 그런데 그 책이 바로 어머니가 베껴 채운 것이었다. 아내가 내게 보여주었는데 내가 보아도 영락없었다. 아내가 여자에게 책의 유래를 물었더니 여자가 말했다.

"저는 이 책을 우리 일가 아무에게서 빌렸는데, 일가 아무는 동네 사람 아무에게서 샀답니다. 그리고 동네 사람은 이것을 길에서 주웠답니다."

이에 아내가 책 잃은 내력을 이야기하며 돌려달라고 청했다. 여자도 신기해하며 돌려주었다. 이렇게 하여 불완전한 책이 다시 완전하게 되었으니 기이하지 않은가.[97]

조태억의 집안은 본인은 물론 아버지, 아들, 장인이 모두 문과에 급제한 명가다. 위의 일화는 17세기 말 서울의 명문 상층 여성들이 여항의 하층 여성들과 신분과 계층을 넘어서 소설을 빌리고 빌려주면서 읽는 모습을 보여주고 있다. 『서주연의』는 중국소설 『봉신연의(封神演義)』의 다른 이름인데, 당대에 널리 읽힌 작품이다. 온전한 전질도 아닌 낙질의 잔권이라도 사는 사람이 있었고, 그런 것이라도 빌려보는 사람이 있었다. 소설책 한 권이 그만큼 귀했던 것이다.

17세기에는 이미 『최치원전』, 『숙향전』 등 단형의 영웅소설이 있었고, 또한 『구운몽』, 『창선감의록』, 『소현성록(蘇玄聖錄)』, 『한씨삼대록(韓氏三代錄)』 등 장편 규방소설도 있었다. 이런 상황에서 『서주연의』와 같은 중국소설이 한글로 번역되어 유통되었고, 『기재기이』, 『전등신화』, 『산보 문원사귤(刪補文苑楂橘)』, 『왕경룡전(王慶龍傳)』 등

한국과 중국의 소설이 교서관인서체자라는 금속활자로 인쇄되기도 했다.[98] 17세기에 이미 조선 후기 소설사에 등장하는 모든 유형의 작품이 다 나왔다고 할 수 있는데, 이 작품들은 신분을 넘어서 서울을 중심으로 퍼져나갔다. 그러나 아직 시골에까지 깊숙이 퍼져 들어가 읽히지는 않았던 듯하며, 거의 필사본을 베껴서 주고받고 개인적으로 판매하는 수준으로 유통이 이루어진 듯하다. 그러나 그 속에 새로운 변화의 싹이 트고 있었다.

18세기, 세책과 방각

18세기는 소설의 절정기라고 해도 과언이 아니다. 절정기의 징후는 세책과 방각이라는 새로운 유통 방식에서 잘 나타난다. 세책은 18세기의 이른 시기에 서울에서 처음 생겼다. 세책의 시작을 보여주는 정확한 정보는 없지만, 그것을 추정할 수 있는 단서는 있다. 앞의 「언서서주연의발」은 1700년을 전후한 시기에 일어난 사건을 그리고 있는데, 이때만 해도 상층 양반집도 꼭 보고 싶은 소설조차 제대로 볼 수 없었다. 뒤집어 말해 그때 서울에 세책집이 있었다면 「언서서주연의발」에 나오는 여러 인물들이 다른 사람에게 아쉬운 말을 해가면서 어렵게 책을 빌려 읽지는 않았을 것이다.

세책집은 종전의 사사로이 빌려보고 개인적으로 팔고 사는 유통 방식의 한계를 극복할 수 있는 새로운 시도였다. 세책의 존재를 보여주는 최초의 기록은 채제공(蔡濟恭, 1720~1799)의 「여사서서(女四書序)」이다.

> 가만히 살펴보니, 근래 여자들이 다투어 능사로 삼는 것은 패설을 숭상하는 일뿐이다. 패설은 날로 달로 증가하여 그 종수가 천백(千百)이 되었다. 세책집[儈家]에서는 이를 깨끗이 필사하여 빌려보는 자가 있으면 그 값을 받아서 이익으로 삼는다. 부녀들은 식견이 없어 혹

비녀나 팔찌를 팔고 혹은 동전을 내어 다투어 책을 빌려 긴 날을 소일(消日)하고자 하니, 음식이나 술을 어떻게 만드는지, 그리고 자신의 베 짜는 임무에 대해서도 모르게 되었다. 그런데 부인은 홀로 습속의 변화를 탐탁지 않게 여기고, 여공(女工)의 여가에 틈틈이 읽고 외운 것이라고는 오직 여성교훈서였으니, 가히 규중의 모범이 된다고 할 것이다.[99]

채제공이 29세의 젊은 나이에 죽은 아내 동복 오씨(同福吳氏, 1723~1751)의 필적이 담긴 『여사서(女四書)』에 대해 쓴 글이다. 이 글은 1740년대 서울에 세책집이 존재했음을 보여준다. 다른 집 부인들은 세책집으로 가서 소설책이나 빌려 읽고 있었지만, 자기 부인은 여성교훈서를 공부하며 언제나 근신했다고 했다. 인용문에서 '세책'이라고 하지 않고 '쾌가'라고 했다. '쾌가'는 거간이니 여기서는 책 거간일 것이고, 세책을 이렇게 불렀거나 책 거간이 세책을 겸했을 것이다. 어쨌든 인용문은 세책집의 존재를 보여준다.

부인들이 소설을 빌려 읽는 '습속의 변화'는 동복 오씨의 생몰년을 고려할 때 1740년대 이전이다. 세책집에서는 소설을 깨끗이 베껴서 빌려주어 이익을 얻는데, 그 책의 종수가 천백이 되었다고 했다. 천백은 숫자를 특정한 것은 아니며 그저 엄청나다는 뜻이지만, 수십 종 정도를 가리키는 말은 아니다. 백여 종이나 수백 종 이상을 나타내는 표현이다. 이는 18세기 초에 유통되었던 소설이 이미 개인이 감당할 수 있는 수준을 크게 넘어서고 있음을 보여준다.

18세기 초 소설의 양적 확대를 보여주는 다른 기록으로 민진후(閔鎭厚, 1659~1720)의 계실(繼室) 이부인(李夫人, 1664~1733)에 대한 전기인 「이부인행록(李夫人行錄)」을 들 수 있다.[100] 민진후는 민유중의 아들이고 민유중의 딸이 숙종 후비인 인현왕후이므로, 이부인은 인현왕후의 올케인 셈이다. 이 글에서 이부인은 『소학』, 『내훈』, 『열

녀전』 등의 교훈서 이외에도 '역대의 연의(演義)' 정도는 비록 소설이라 해도 볼 필요가 있겠으나, 나머지 '혼인, 부귀, 신선, 귀신 등의 패설잡기'는 일절 보지 말라고 손녀들에게 충고했다. 이부인이 이런 충고를 한 시기는 이부인의 몰년과 손녀들의 생년을 고려할 때 1720년대라 할 수 있다.[101] 1720년대 서울에서 여성들이 '혼인, 부귀, 신선, 귀신 등의 패설잡기' 외에 다양한 역사 연의류 소설을 읽을 수 있고 또 읽고 있었기에 할머니가 이런 충고를 했을 것이다.

이 인용문의 분위기는 이 집안이 왕가의 인척임을 감안한다고 해도 「언서서주연의발」과 사뭇 다르다고 하지 않을 수 없다. 소설의 양적 성장을 느낄 수 있게 한다. 또 최규서(崔奎瑞, 1650~1735)가 1734년에 죽은 부인 전주 이씨(1649~1732)에 대해 구술한 「망실정경부인이씨행장(亡室貞敬夫人李氏行狀)」에서도 소설의 성행을 읽을 수 있는데,[102] 이 글에서는 "세상 부녀들이 잡기와 소설을 크게 숭상하되, 부인이 홀로 즐기지 않았다."고 말했다. 이 기록은 채제공의 「여사서서」와 표현이 흡사한데, '세상 부녀들이 소설을 크게 숭상'한 시기는 이부인의 몰년을 고려할 때 1720년대 이전이다.

이렇게 보면 아직 서울에서 소설이 원활히 유통되지 않던 「언서서주연의발」의 사건들이 있었던 시기인 1700년경부터 채제공이 세책집을 말했던 1740년 무렵 사이에 서울에 세책이 등장했다고 볼 수 있겠는데, 범위를 좁히자면 전에 비해 활발한 소설유통을 보여준 민진후와 최규서 부인이 생존했던 1720년대 이전의 어느 시점이 유력하다. 이렇게 보면 대략 1710년을 전후하여 서울에 세책이 등장했다고 말해도 좋지 않을까 한다.

세책은 18세기 중반 이후 더욱 성행했는데, 이덕무(1741~1793)의 기록에서 단적으로 볼 수 있다. 이덕무는 『사소절』에서 "한글소설은 탐독해서는 안 되니, 집안일을 버려두고 여자가 해야 할 일을 게을리하게 한다. 심지어 돈을 주고 그것을 빌려 읽다가 거기 빠져서 가산을 기울인 사람도 있다."는 말을 남겼다.[103] 『사소절』은 서문이 1775년에 쓰여졌으니 대략 그 무렵의 상황을 기록한 것으로 볼 수 있다. 책을 좀 빌려본다고 해서 가계가 파탄지경에 이른다는 것을 과장으로 여길 수도 있지만, 다른 기록과 견주어보면 쉽게 그렇게만 볼 수도 없다.

초기 기록에 따르면 세책집을 주로 이용한 사람은 여성들이다. 당시 여성 독자의 독서 태도를 대표적으로 보여주는 말이 '열 줄을 한번에 읽어내린다'는 것인데, 황종림(黃鍾林, 1796~1875)이 돌아가신 양어머니 여산 송씨(礪山宋氏, 1759~1821)를 위하여 쓴 「선부인어록(先夫人語錄)」에는 부인이 소설을 읽을 때 '열 줄을 한번에 읽어내리고 하루에 수십 권을 보기도' 했다고 말했다. 송부인이 이렇게 소설을 읽던 시기는 그의 젊은 시절인 1770~1780년대이다.[104] 지렁이가 기어다니듯 흘려 쓴 알아보기 어려운 한글소설을 한번에 열 줄, 즉 한눈에 한 면씩 척척 읽어 내려가는 모습이 황종림은 경이로웠던 것이다.

18세기 후반 유만주(兪晩柱, 1755~1788) 또한 자신의 일기인 『흠영』에 여성의 소설 독서에 대한 기록을 남기고 있는데, " '열 줄을 한번에 내리 읽는다(十行俱下).'라는 말의 뜻을 정확히 모르겠다. 하지만 부녀자들이 말하는 것을 들으니, 한글소설을 잘 읽는 사람은 십여 행을 일시에 소리 내어 읽지는 못하더라도 눈으로 보고 이해하며 읽어내려 간다고 한다."[105]고 했다. '십행구하(十行俱下)'라는 『남사(南史)』 등 중국책에서 나오는 말의 의미를 잘 알지 못했는데 부녀자들의 한글소설 독서 모습을 보며 짐작하게 되었다는 것이다. 지금 전하는 세책소설도 대개 한 면에 열 줄 정도인데, 한 면을 한번에 눈으로 훑어 읽으며 그런 속도로 하루에 수십 권을 읽어나간다면 살림이 넉넉지 못한 집안은 금방 가산이 거덜이 날 수 있을 것이다.

소설 수요의 급증은 개인 필사 유통으로는 감당할 수 없었다. 세책이 대안으로 등장했으나, 세책은 일정한 지역에 수요가 밀집해 있을 때만 성립할 수 있다. 그러니 서울을 벗어난 다른 지역에서는 생겨나기 어려웠다. 전국적 소설 수요의 폭증에 대응할 수 있는 방법으로 출판, 곧 방각이 나올 수밖에 없었다.

소설출판이 18세기에 비로소 시작된 것은 아니다. 16세기에 이미 『전등신화』는 물론 『금오신화』까지 교서관에서 출판되었고, 『삼국지연의』는 16세기에는 금속활자로, 17세기에서는 제주도에서 목판으로 간행되었다. 그 밖에 17세기 초에 평양에서 『종리호로』와 같은 소화집이 간행되기도 했다. 그러나 이런 소설류의 출판은 18세기 이후의 소설출판과 출판 동기에 있어서 근본적인 차이가 있다. 본격적인 상업출판의 등장이다.

종래의 연구에서 소설출판이 중요한 의미를 가진 이유는 소설이 출판자본을 크게 성장시켰을 뿐만 아니라, 성장한 출판자본이 다시 소설 등을 통해 사회변혁을 불러오는 새로운 사상을 유포시켰기 때문이다. 베네딕트 앤더슨(Benedict Anderson)은 근대 민족주의의 형성을 논하면서 출판자본을 다른 어떤 것보다 중요한 요소로 간주했다. 출판자본주의(print capitalism)가 낳은 활자어(print-languages)를 통하여 민족이라는 근대적 공동체가 형성되었다는 것이다.[106] 소설출판이 가진 이런 의미를 염두에 둘 때, 17세기까지의 소설출판은 출판자본주의와는 거의 무관하다고 말할 수 있다. 물론 18세기 이후의 소설출판도 근대적 소설출판과 비교하면 출판자본이라고 부를 수도 없을 정도로 영세한 수준으로 짐작되지만, 그나마 상업출판을 궤도에 올렸다는 것만으로도 중대한 의미가 있다.

18세기 상업적 방각소설 출판과 관련하여 맨 먼저 주목할 자료는 1725년 나주에서 간행된 『구운몽』이다. "숭정 이후 두 번째 맞는 을사년에 나주 남문에서 새로 찍다(崇禎後再度乙巳錦城午門新刊)."라는 간기를 가진 이 판본은 출판 주체와 간행 의도의 면에서 논란이 있다. 종전에는 이 자료를 의심 없이 방각본으로 보았으나, 지금은 회의적 시선이 강해졌다. 방각본의 개념을 어떻게 설정해야 할지 논란이 있을 수 있지만, 적어도 상업적 출판 동기와 민간이라는 출판 주체의 두 가지 요소는 충족해야 할 것으로 생각한다. 관청에서 상업적 목적을 가지고 찍은 것이거나 민간에서 찍었지만 상업적 의도가 없었다면 방각본으로 부르기는 어렵다는 말이다. 통상 을사년에 간행했다고 해서 을사본 『구운몽』으로 불리는 이 책은 간기에 '금성'이 아니라 '금성오문', 즉 나주 남문에서 간행했다고 해서 나주목이라는 관청에서 간행한 것이 아니라 나주 남문, 곧 상민들이 많이 사는 지역의 민간에서 출판했다고 보았고, 민간 간행 소설의 간행 의도로 다른 것을 말하기 어려우니 상업적 의도가 있었을 것으로 여겼다. 그래서 지금까지 통상 방각본으로 보았던 것이다.

그러나 당시 나주에서 간행된 『구운몽』과 같은 계통의 책을 보면 이 판본을 쉽게 방각본으로 보기 어렵게 한다. '금성'에서 간행한 『나주나씨족보(羅州羅氏族譜)』(1721년 간행, 崇禎後再辛丑羅州邑內開刊)와 『금호유사(錦湖遺事)』(1739년 간행, 崇禎後再己未開刊), 그리고 '금성오문'에서 간행한 『좌전초평(左傳鈔評)』(1724년 간행, 崇禎後再度甲辰錦城午門刊刻)이 그렇다.[107] 중국 고전인 『좌전』의 축약본인 『좌전초평』이야 판로를 찾을 수 있는 방각본으로 간행될 수 있는 책이지만, 족보와 그리 유명하지 않은 개인 문집은 방각본이 되기 어렵다. 더욱이 1759년과 1760년에 작성된 「완영책판목록(完營冊板目錄)」과 「영호열읍소재책판목록(嶺湖列邑所在冊板目錄)」의 나주조에도 『구운몽』이 나온다.[108] 동일한 책판인지는 확인할 수 없지만 나주에서 간행한 『구운몽』 책판이 관청 소유 또는 그 관리 범위 내에 있었음을 볼 수 있다. 또 송근수(1818~1903)의 저술로 추정하는 『용호한록(龍湖閒錄)』에 실린 「완영객사책판(完營客舍冊板)」 목록에도 『구운몽』이 있다.[109]

완영객사는 전라도 감영이 있는 전주의 객사를 가리키는 것이니, 여기 있는 『구운몽』을 나주본으로 단정할 수는 없으나, 전라도 관찰사 관리하에 『구운몽』이 있었다면 나주 목사 관리하에 『구운몽』이 있을 수도 있다. 전주 객사에 있었던 『구운몽』은 나주본의 번각본인 1803년에 간행된 한문본 『구운몽』일 가능성이 있다. 이렇게 볼 때 을사본 『구운몽』은 설사 그것이 시장을 통해 많이 유통되었다고 해도 단순한 방각본으로 볼 수는 없다. 나주 읍내의 어떤 민간 각수가 방각이 아닌 사각(私刻)의 『나주나씨족보』 간행을 맡았던 것처럼, 『구운몽』도 나주 남문에 사는 민간업자가 간행을 맡았지만 그것을 주도하고 관할한 것은 나주목이라는 관청이었을 가능성이 높다. 상업적 유통을 목적으로 간행되었다고 해도 민간의 상업 주체가 주도한 방각본이 아닐 수 있다는 말이다.

18세기 방각소설 출현에 대한 논란은 한문본 소설에만 있는 것이 아니다. 최초의 한글 방각소설로 지목된 『임경업전』이 그렇다. 연세대학교에 소장된 "경자년 10월 경기에서 처음 판을 만들었다(歲庚子孟冬京畿開板)."는 간기를 가진 『임경업전』의 간년은 이미 1780년으로 밝혀졌다. 에도 시대 일본 쓰시마(對馬)의 조선어통사 오다 이쿠고로(小田幾五郞, 1754~1831) 후손가에 소장된 『임경업전』 말미에 오다가 이 이본을 보고 필사했다는 기록이 있는데,[110] 오다의 생몰연대로 볼 때 1840년으로 내려갈 수는 없고, 임경업을 위해 "달천셔원을 지"었다는 작품 내의 증거로 볼 때 1720년으로 올라갈 수도 없으니, 이 경자년은 1780년으로 확정된다.

종전에는 한글본 출판소설은 모두 의심 없이 방각본으로 보았지만, 『임경업전』은 쉽게 그렇게 볼 수 없게 하는 요소들이 있다. 먼저 간행소를 '경기'라고 한 점이다. 한글 방각소설의 간기는 거의 작은 동명을 표시하여 출판지 또는 출판소를 알리는데, 이렇게 경기라는 큰 지명을 사용한 경우는 드물다. 러시아 상트페테르부르크 동방학연구소 소장 40장본 『설인귀전』에 '경성개간'이라고 한 것이 있을 뿐이다. 그나마 '경성'은 하나의 간행지 지명으로 받아들일 수 있을 정도의 상대적으로 넓지 않은 지역을 가리킨다고 볼 수 있지만, '경기'라는 말은 간행지를 표시했다고 보기에는 너무 광역이다. 그렇다고 '경기'라는 동명을 따로 찾아볼 수 없으니, 여기서 경기는 '경기감영'이 아닌 다른 말로 받아들이기 어렵다. 둘째로 『임경업전』은 후대의 다른 경판소설과는 형태적으로 차이가 크고 상대적으로 공이 많이 들어간 판각이다. 문양을 쓴다든지, 글씨체가 또박또박 단정하다든지, 한 권의 분량이 많다든지 하는 점에서, 민간의 출판업자가 이윤을 목적으로 적은 비용으로 새긴 방각으로 보기 어렵다. 이런 점에서도 경기감영에서 일정한 목적하에 간행했을 가능성이 있다. 당시 임경업을 추숭하는 사회적 분위기가 조정과 민간에 퍼져 있었음을 감안하면, 다른 한글 방각소설과 달리 관청에서 찍었을 가능성을 배제하기 어렵다.[111]

18세기 방각소설 출현의 증거로 제시된 자료들은 모두 방각이 의심스러운 형편이다. 소설의 성장과 아울러 세책이라는 새로운 유통 방식이 등장한 상황에서 소설출판에 있어서도 변화가 있었으리라 보는 것이 합리적 추론으로 여겨지지만, 그것을 뒷받침할 수 있는 직접적 증거 자료는 아직 찾을 수 없다. 단지 1800년의 일을 적은 기사 하나만이 18세기 방각소설의 등장을 말해줄 뿐이다. 이옥(1760~1812)은 한글소설을 다룬 기사인 「언패(諺稗)」에서 1800년 경상도 합천에서 인쇄본[印本] 『소대성전』을 보았다고 했다.[112] 이옥이 본 것이 구체적으로 어떤 것인지, 경판인지 완판인지, 이것도 저것도 아닌 제3의 지역에서 간행된 것인지 알 수 없지만, 한글본 『소대성전』의 인쇄본을 보았다면 그것은 방각본이 아닌 다른 것으로 보기 어렵다. 『소대성전』은 게으름뱅이 영웅 소대성의 입신출세를 그린 소설로 관청의 간행 대상이 될 가능성이 거의 없다고 볼 수 있기 때문이다.

이규상(李奎象, 1727~1799)은 세계사의 흐름을 음양(陰陽)의 반복으로 설명하면서 양에 속하는 한문에 비해 음에 속하는 한글의 사용이 종전보다 배나 늘었다고 하며 조만간 한글이 조선의 '공행문자(公行文字)'가 될 것이라고 예견한 바 있고,[113] 유만주(1755~1788)는 자신의 일기에서 한글소설이 수만 권, 다섯 수레[五車]에 그치지 않는다고 말한 바 있다.[114] 18세기 한글 사용의 폭증에 한글소설이 차지하는 비중은 결코 낮지 않았을 것이다. 한글소설이 크게 늘어나면서 유통 방식에도 변화가 나타났는데, 18세기의 이른 시기에 서울에 세책이 등장했고, 언제라고 특정할 수는 없지만 1800년 이옥이 『소대성전』을 보기 이전, 그리고 늦어도 1780년 '경기'에서 『임경업전』이 간행될 무렵에는 한글 방각소설이 등장하지 않았을까 한다. 소설의 성장이 세책으로 또 방각으로 유통 방식의 변화를 불러왔고, 유통 방식의 변화가 다시 소설의 성장세에 가속도를 붙였다고 볼 수 있다.

19세기, 쇠퇴기

남아 전하는 자료의 양으로만 보면 19세기야말로 소설사의 최전성기다. 그러나 그것은 착시일 수 있다. 역사 유물은 후대의 것이 많이 남기 마련이다. 특히 가치가 낮은 것은 그것이 수집된 시기에서 약간만 거슬러 올라가도 거의 자료를 찾을 수 없다. 소설도 자료 수집이 시작된 19세기 말을 조금만 거슬러 올라가도 자료가 거의 없다. 남은 자료의 수가 아닌 여러 기록과 정황을 참작하면 19세기 말은 고전소설의 전성기가 아니라 쇠퇴기요 변혁기다. 19세기에도 여전히 새로운 고전소설이 창작되었지만 그 수는 전에 미치지 못했고, 더욱이 질적으로 보면 소설사적 의미를 찾기 어려운 것들이다.

홍희복(1794~1859)은 중국소설 『경화연』을 한글로 번역한 다음

'언문소설' 가운데는 최고라는 뜻으로 『제일기언(第一奇諺)』(1835~1848)이라는 제목을 붙이고 그 앞에다 서문을 달았는데, 여기에 19세기 소설사의 정황이 잘 담겨 있다. 그는 먼저 당대 유행하던 소설 제목을 쭉 들었는데, 여기에는 '유씨삼대록, 미소명행, 조씨삼대록, 충효명감록, 옥원재합, 임화정연, 구래공충렬기, 곽장양문록, 화산선계록, 명행정의록, 옥린몽, 벽허담, 완월회맹, 명주보월빙' 등의 장편 소설 제목이 보인다. 이 중에 '미소명행, 조씨삼대록, 충효명감록, 임화정연, 구래공충렬기, 곽장양문록, 화산선계록, 명행정의록, 벽허담, 명주보월빙' 등은 앞 시기의 소설목록에서는 찾아볼 수 없는 작품이다. 이 가운데 일부 작품은 18세기 후반 또는 19세기 전반에 창작된 작품으로 볼 수 있을 것이다. 이 밖에 심능숙(沈能淑, 1782~1840)의 『옥수기(玉樹記)』와 남영로의 『옥루몽(玉樓夢)』 등 19세기에도 새로운 작품의 창작이 끊이지 않았으나, 그것은 어디까지나 19세기 전반 이전의 일이다. 19세기 중반 무렵부터 고전소설은 급격히 생명력을 잃기 시작한 듯한데, 그 징후가 『제일기언』의 서문에서 포착된다.

> 대개 소설의 지은 뜻과 베푼 말을 볼진대 대동소이하여, 사람의 이름은 고쳤으나 사건은 흡사하고 선악이 다르지만 그 계교는 한가지라. 오로지 부인 여자와 무식 천류의 즐겨보기를 위한 고로 말씀이 비루하고 계책이 경천하여, 불과 태어나는 말로부터 시작하여 중간에 혼인하고 평생 부귀공명하다는 말뿐이니, 그중에 사단인즉 마침 자녀를 잃었다가 오랜 후 찾거나, 혼인에 장애가 있어서 간신히 연분을 이루거나, 처첩이 시기질투하여 가정이 어지러워 변고가 백 가지로 나다가 늦게야 화락하거나, 일찍 곤궁이 심하다가 중년에 부귀극진하거나, 벼슬길에서 풍파를 만나 만 리 밖으로 귀양을 가고 하루아침에 형벌을 당하다가 마침내 원망과 치욕을 씻거나, 그 환란 고초를 말하면 마침 죽기에 이르도록 하고, 그 신통 기이한 바를 말

하면 필경 부처와 귀신을 일컬을 뿐이니, 그 가운데 또한 충신효자와 열녀정부의 높은 절조와 아름다운 행실이 없지 아니하니 족히 감동하고 본받을 바로되, 그 틈에 난신적자와 투부음녀가 계교를 꾸며 사건을 만들어내고 참소를 올려 화변을 빚어냄에 뜻이 간교하고 마음이 악독하여 차마 듣고 보지 못할 말이 많으니, 실제로 이런 일이 있어도 마땅히 귀로 듣고 눈으로 볼 것이 아니거늘 하물며 헛말로 지은 것이랴. 부부 혼인에 다다라서는 규방의 은밀한 수작과 남녀의 설만한 뜻을 세세히 문답하고 낱낱이 말하여 천연이 상대한 듯 정녕이 듣고 본 듯하게 하니 이 어찌 부녀자가 익히 볼 바리오. (……) 우연히 근세 중국 선비가 지은 바 소설을 보더니 그 말이 혹 사람에게 유익하고 그 뜻이 마침 세상을 깨닫게 하고자 하여 시속 소설의 투를 벗어나고 (……).[115]

"일찍 배움을 잃어 과거에 합격하지 못하고 어머니를 모시고 지내며 한가한 때 많으므로 세간에 전파하는 바 언문소설을 거의 다 보았다."는 홍희복이 조선 소설의 상투성과 한계를 지적한 내용이다. 그는 우리 소설이 '지은 뜻과 베푼 말이 대동소이'하여 상투적이라고 비판하면서, 여러 작품은 비록 등장인물의 이름은 달라도 내용은 흡사하다고 했다. 그가 지적한 고전소설의 유형성은 주인공의 출생, 가족 이산, 혼사 장애, 혼인, 처첩 갈등으로 연결되며, 간신이나 음녀의 악행, 규방에서의 수작과 갈등, 가정의 변고와 주인공의 귀양, 부처나 귀신 따위 신이한 것의 도움, 말년의 부귀공명과 가정의 화락 등이 삽입된다고 했다. 소설의 애독자가 고전소설에서 새로운 세계를 찾지 못하고 유형성에 실망하던 시기가 19세기 초중엽이라고 말할 수 있는 것이다.

19세기는 격변과 환란의 시대였다. 세기 초부터 서양의 위협을 느끼고 대대적으로 천주교도를 박해하기 시작했는데, 얼마 지나지 않아 19세기 민란의 전주곡과 같은 홍경래의 난이 일어났다. 서양의 위협은 곧 현실로 나타났고, 1860년 영·불 연합군이 북경을 함락했을 때는 조선에서 피난 가는 자가 속출할 정도로 충격이 컸다. 이후 1866년의 병인양요, 1871년의 신미양요 등으로 한반도의 위기는 더욱 높아졌는데, 이 시기의 시대적 상황을 가장 잘 보여주는 책이 『신미록』이다.

『신미록』은 신미년 곧 1811년 평안도에서 있었던 홍경래 민중봉기를 그린 작품으로, 1861년 2월 서울 홍수동(紅樹洞)에서 방각본으로 간행되었다.[116] 봉기가 진압된 지 오십 년밖에 되지 않은 시점에, 사건 관계자들이 아직 살아남은 당대에, 사건의 전후 경과를 담은 작품이 일반인들도 널리 읽을 수 있는 방각본으로 간행된 것이다. 홍수동은 서울 동대문 밖 창신동 일대의 서민 거주지이다. 1858년에서 1861년 사이에 집중적으로 출판활동을 벌인 이 방각소는 소설만을 전문으로 출판한 방각소 가운데 여덟 종을 낸 송동(宋洞)의 방각소와 네 종을 낸 남곡(南谷)의 방각소와 함께 가장 활발히 활동한 곳이다. 홍수동 방각소에서는 『장풍운전』, 『당태종전』, 『삼국지』, 『숙영낭자전』, 『월봉기』, 『장한절효기』, 『제마무전』, 『조웅전』 등의 소설을 간행했다.

소설 전문의 방각소에서 낸 소설적 성격이 없지 않은 책이지만 『신미록』을 소설로 볼 수는 없다. 방각소설 연구의 연장선상에서 이 작품을 읽은 김동욱은 『신미록』을 '기록류 소설'이라고 하면서, "관의 입장에서 썼으나 그 세세한 내막이 들어 있어 일반 민중들의 민요(民擾)에 대한 관심을 엿볼 수 있는 흥미 있는 기록이다."라고 했다.[117] 필사본 한문소설 『홍경래전』 등에 비해 『신미록』은 순전히 정부 또는 관군의 시각에서 바라본 것이어서[118] 대체로 기록의 가치를 높이 평가받지 못했지만, 김동욱이나 쓰루조노 유타카(鶴園裕)는 나름의 의의를 인정했다. 쓰루조노는 『신미서적일기(辛未西賊日記)』,

『관서평란록(關西平亂錄)』, 『서정일기(西征日記)』, 『진중일기(陣中日記)』 등의 한문기록과 비교할 때 『신미록』은 한문기록류에 없는 농민군의 내막 등 구전에 기초한 것으로 보이는 정보를 포함하고 있어서 귀중하다고 했다.[119]

『신미록』은 기록의 지향으로 보면 대수롭지 않고 독특한 정보가 있다는 점에서는 약간의 의의가 인정될 뿐이지만, 조선시대 소설 유통 나아가 출판유통사의 관점에서 보면 놀라운 작품이다. 종전에 이런 출판물이 간행된 예를 찾아볼 수 없기 때문이다. 『신미록』의 특징을 정리하면, ① 반역 거사에 대한 기록으로, ② 당대사를 다루었으며, ③ 한글 방각본으로 출판되었고, ④ 민중봉기에 대한 내용을 민간 거주지에서 간행했다는 점이다. 일찍이 조선 후기 이괄의 난 이후에 사건을 정리하여 『서정록(西征錄)』이라는 책을 간행했고, 영조 초년인 1728년 이인좌 등의 반란 이후에는 『감란록(勘亂錄)』을 출판하기도 했는데, 이런 것과는 차원이 다른 것이 『신미록』이다. 상처가 채 아물지도 않은 민중봉기에 대한 책을 민중을 주대상으로 삼는 한글 방각본으로 간행했다는 것은 조선의 엄중한 출판 환경을 고려할 때 이례적이라 할 수 있다. 19세기 후반은 감히 이런 책까지 간행할 수 있는 상황이 된 것이다. 한문출판으로는 두말할 것도 없고, 현전하는 오십여 종의 경판소설 가운데 『임진록』, 『임경업전』 외에 조선을 작품의 배경으로 삼은 것이 거의 없는 상황에서, 이 두 작품처럼 임진왜란과 병자호란이라는 이백 년도 훨씬 지난 외침을 다룬 것이 아니라 당대사이자 동시에 내부 문제, 그것도 민란이라는 민감한 사건을 다룬 책을 간행했다는 것은 놀라운 일이다.

『신미록』이 이후 민란에 어떤 역할을 했는지는 알 수 없지만, 그것이 보여주는 민란에 대한 관심이 민란의 배경이 되었을 것은 부정할 수 없을 것이다. 더욱이 한글 방각본으로 간행됨으로써 그 관심을 저층까지 빨리 확산시켰다고 볼 수 있다. 『신미록』의 독자들이 곧 민중봉기의 주역이다. 이 무렵 한글 방각소설로 의적이 되어 정부에 대항한 홍길동과 도술로 임금을 조롱한 전우치의 이야기를 담은 작품이 출간된 사실도 이런 분위기와 잘 연결된다고 할 수 있다.

『신미록』이 간행된 1861년 2월은 중국을 다녀온 사신들이 북경 함락의 소식을 전하여 조야가 발칵 뒤집힌 때이다. 또 모진 박해에도 불구하고 천주교 신자의 수가 이만에 육박하였으며, 천주교에 대한 배타적 의식이 강했던 경상도에서는 동학이 교세를 확장하고 있었다. 동학의 창건자인 최제우는 완전한 변혁인 '후천개벽'을 말할 정도로 혁명적 세계관을 품고 있었다. 『신미록』은 이런 혁명의 시대에 민중의 변혁에 대한 관심을 대변하였고, 관심은 변혁의 도화선이 되었다. 『신미록』 간행 이듬해인 1862년에 진주농민봉기가 일어났는데, 이후 19세기 후반은 민란의 시대가 되었다.

제4장

조선시대 서적과 소설유통의 특징

소설유통은 서적유통의 일부분이다. 따라서 소설유통의 특징은 일차적으로 서적유통의 그것과 상통한다. 조선시대 서적유통의 가장 큰 특징은 필사본 중심이라는 것이다. 출판본이 적은 것은 아니지만 유럽은 물론 중국이나 일본 등 주변 국가와 비교해보아도 필사본이 차지하는 비중이 높다. 이 사실을 뒤집어 말하면 출판이 차지하는 비중이 낮았다는 것인데, 왜 그럴까? 출판은 실행에 적지 않은 비용이 드는 경제적 활동이면서, 동시에 그 내용을 광범위하게 전달함으로써 사상과 이념을 심는 정치적 활동이다. 그러므로 경제적 · 정치적 배경이 중요한 변수로 작용할 수 있는데, 먼저 경제적 측면에서 보면 조선의 낮은 경제 수준이 출판의 성장을 저해했을 것이 분명하지만, 이런 형편에도 불구하고 경제적 요인보다 정치적 요인이 더 강하게 작용한 것으로 보인다. 조선 사람들의 책에 대한 열의를 감안할 때 경제적인 변수만으로는 출판 저성장의 요인을 설명하기 어렵기 때문이다.

조선시대 서적유통의 특징을 단적으로 보여주는 예는 서점의 부재다. 중종 때 서점 설치의 논의가 있었지만, 논의의 대상이 된 서점은 본격적인 의미의 서점이 아니라 일종의 고서점이다. 서점은 기본적으로는 인쇄소나 서적 공급처로부터 책을 받아서 필요한 개인에게 판매하는 역할을 하지만, 새로운 서적을 기획하고 저술을 자극하며 출판·인쇄까지 관장하는 생산 기관의 역할을 맡기도 한다. 그런데 조선에서는 이런 서점은커녕 지금 고서점과 같은 제대로 된 중개 상점조차 설치되지 않았다. 중개상의 일이라면 서적 중개상인 책쾌(冊儈)가 있으니 굳이 서점을 설치할 이유가 없다고 했다.

이렇게 출판활동이 적고 서점이 없는 것은 국가가 사상과 표현의 자유를 억압하고 통제했기 때문이다. 조선에서 임금의 허락을 받지 않은 사사로운 출판은 원칙적으로 또 현실적으로 불법이라고 해도 과언이 아니다.[120] 이리하여 결국 엄격한 유교이념이 적용되어 거의 제한된 중국 고전들만 재생산되는 상황에서 출판이 위축되는 것은 당연한 일이다. 생산되는 책이 적으니 서점이 필요치 않을 것도 자명하다. 앞에서 논의한 『설공찬전』 필화 사건, 『명기집략』 서화(書禍) 사건, 천주교 금서 사건 등에서 볼 수 있었던 것처럼 저술, 출판, 유통이 여차하면 엄중한 처벌로 이어질 수 있는 상황에서 누구라도 서적의 생산과 유통에 조심스러울 수밖에 없었고, 더욱이 출판의 경우에는 근본적으로 국가가 통제하는 상황이었기 때문에 활발히 일어날 수가 없었다. 정부의 허락을 받지 않은 출판물은 허락을 받지 않아도 될 만한 복각과 다를 바 없는 것들에 불과했다. 조선의 출판은 관판(官版)이 지배했고, 사판(私版)은 관판의 복각(復刻)이거나 그에 준하는 유교경전, 철저한 내적 검열과 편집을 거친 조상의 문집, 과거시험용 수험서나 아동용 교양서에 불과했다. 어느 부분이 어떻게 문제가 될지 모르는 정치성을 띤 책을 겁 없이 출판할 개인이 나타날 수 있는 환경이 아니었다.

국가 공식 출판기구라고 할 교서관에서 『전등신화』, 『금오신화』

등 소설류를 간행한 일도 있지만 그것은 예외적인 일이었고, 정부에서 출판한 것들은 유교이념을 전하는 경전류나 임금의 허락을 받은 개인문집 등에 불과했다.[121] 장안의 지가를 올렸다는 연암 박지원의 『열하일기』가 간행되지 않았다거나, 다산 정약용의 수준 높은 저술이 조선시대에 출간되지 못한 것도, 조선시대 서적유통의 정치적 배경을 고려할 때 이해할 수 있는 일이다. 우리가 알고 있는 거의 모든 명저들은 저자 생존 당시에는 필사본으로만 존재했다.

관판의 지배는 사판이 관판에 의지하게 했고, 궁극적으로는 사판의 위축을 낳았다. 어떤 사람이 지방 관아의 수령이 되면 개인 자금을 내기도 하고 관청의 힘을 빌리기도 하여 자기 조상의 문집을 간행하고 그 책판을 자기 고향집으로 옮기기도 했는데,[122] 이런 사례들에서도 개인출판의 위축과 의존을 읽을 수 있다. 이러한 출판 환경에서 개인이 자신의 견해, 특히 정치적 견해를 밝히고 그것을 출판하는 일은 상상할 수 없는 일이다.

조선에서 개인 저술과 함께 출판까지 위축된 것은 검열 제도조차 둘 필요를 느끼지 못한 엄혹한 정치 환경 때문이다. 검열 제도라도 있으면 그것만 피하면 되고, 적어도 그것이 허용하는 최대치까지 쓸 수 있겠지만, 검열이 없으니 허용 범위를 가늠할 수 없었다. 중국에서도 문자옥(文字獄)으로 불리는 필화 사건을 일으키며 표현의 자유를 아주 강하게 억압한 명나라 전기에 출판이 위축되었던 것처럼,[123] 정치적 억압, 그것도 앞을 내다볼 수 없는 불투명한 제재는 사상의 빙하기를 만들었다. 누군가가 이념적 · 윤리적 · 정치적 꼬투리를 잡으면 멀쩡한 개인 저술이 졸지에 문제가 되는 경우를 김종직의 '조의제문(弔義帝文)' 사건에서 볼 수 있고, 『사변록(思辨錄)』을 쓴 박세당도 그렇게 하여 사문난적(斯文亂賊)으로 몰렸다. 이런 상황에서 개인이 의견을 개진한 저술은 이이의 『동호문답(東湖問答)』, 『만언봉사(萬言封事)』나 박제가의 『북학의(北學議)』처럼 기껏해야 임금에게 올린 상소나 헌의(獻議)의 형태로밖에 나타날 수 없었다. 그것이 조선의 현실이었다.

조선시대 소설유통도 서적유통에 가해진 정치적 통제의 그늘 아래에 있었다. 조선의 소설유통 역시 오랫동안 필사소설이 중심에 있었는데, 필사소설의 비중이 높았을 뿐만 아니라 출판소설의 등장 또한 다른 나라에 비해 아주 늦었다. 현재 남은 기록과 자료로 볼 때 한글 방각소설의 등장은 일러도 18세기 중반 이전으로 소급되기 어려울 듯하다. 소설이 가진 대중성에 비추어보면 이례적이라고 할 수 있는데, 많은 독자를 확보하고 널리 읽히는 소설이 오랫동안 출판이 되지 못한 이유 역시 통제와 억압이라는 서적유통의 정치적 배경과 관련되어 있다고 볼 수 있다.

『설공찬전』 필화 사건에서 볼 수 있는 것처럼, 조선 전기부터 소설에까지 엄격한 사상 통제를 보여주었기에 소설유통도 조심스럽게 이루어질 수밖에 없었다. 그 조심성은 스스로 내용을 검열하게 했을 뿐만 아니라, 생산과 유통의 정보를 감추게 하는 방향으로 나타났다. 조선시대 소설은 작가는 물론 창작 배경이 거의 감추어져 있다. 어쩌다 일부 알려진 것도 본인이 밝힌 것이 아니라 다른 기록에 나와 있는 것이다. 창작 배경뿐만 아니라 필사자나 필사 시기, 소장자 등의 유통정보조차 거의 찾아볼 수 없다. 19세기 말 20세기 초 이후의 필사소설에는 필사정보가 간혹 보이지만, 그보다 앞선 시기의 필사소설에서는 저작이나 필사정보는 물론 유통정보조차 거의 볼 수 없다. 출판소설의 경우에도 출판정보를 온전히 밝힌 것이 드문데, 저술이든 출판이든 극도로 조심스럽게 이루어졌다. 그 오랜 역사 속에서 소설의 정보 감추기는 하나의 체질이 되었다고 말할 수 있다.

이 밖에 소설 내적 특징을 보면, 조선시대 소설은 대부분 중국을 작품의 배경으로 삼고 있는데, 판소리계 소설이나 한문야담 등을 제외하면 고전소설의 주축을 이루는 장·단편 소설들은 거의 그렇다. 자칫 조선을 배경으로 삼았다가는 필화에 걸려들 수 있으니, 이를 피하기 위해 중국을 배경으로 삼았을 가능성이 높다. 물론 조선의 문화의식이 중국 중심의 사고가 강했으니 중국 배경 작품이 많다는 것을 꼭 필화와 자기 검열 때문이라고만 볼 수는 없지만, 소설을 쓰는데 자기 문화권을 배경으로 삼은 작품이 극소수라는 사실을 문화의식만으로는 설명하기 어렵다. 어느 것을 절대적인 원인이라고 말할 수는 없지만, 정치적 억압과 통제가 중요한 요인이었음을 부정하기는 어려울 것이다.

소설유통이 서적유통의 일부이긴 하지만 한글소설은 일반 한문본 서적유통과는 다른 측면이 없지 않다. 소설은 정부의 공인을 받고 장려되기보다 오히려 비판과 멸시를 받은 장르이지만, 그런 이유 때문인지 『설공찬전』 필화 사건처럼 특별한 시대의 특별한 작품이 아니면 대개는 다른 책들과는 별개의 영역으로 취급되었다. 교서관에서 간행한 소설이나 경향(京鄕) 간에 관청이나 개인이 간행한 소설이 모두 정부의 허락을 받지는 않았을 것인데 큰 장애 없이 출판되었다. 이런 경험들이 축적되면서 한글 방각소설의 출판이 이루어졌던 것으로 보인다. 말하자면 소설은 불교 관련 서적 등과 함께 조선시대 출판통제의 사각지대에 놓여 있었다고 볼 수 있다. 고삐 풀린 소설출판의 종점에 『신미록』이 놓여 있다고 볼 수 있는데, 정부에 저항하는 내용을 담고 있는 『홍길동전』, 『전우치전』과 함께 『신미록』은 정부 쪽 입장을 대변하면서도 그 반대쪽을 그리고 있다는 사실에서 조선시대 소설출판이 나갈 수 있는 최대치를 보여주었다고 할 수 있다.

조선시대의 소설유통은 극도로 엄격한 정치적 통제와 유교의 반중상주의적 이념으로 인해 취약한 경제적 기반에 놓여 있어서, 인접 중국이나 일본과 비교해도 출판의 수준이나 규모가 영세하기 그지없었다. 소설의 내용 또한 지배이념에서 한 발도 벗어나지 못했지만, 소설이 독서 대중에 미친 영향은 중국이나 일본에 못지않았고, 어쩌면 더 심대했으리라 여겨진다. 배우기 쉬운 문자인 한글의 저변이 한문이나 일본글 가나보다 훨씬 넓었기 때문이다. 엄격한 정치적 제약과 열악한 경제상황 속에서도 소설 독서의 저변은 크게 넓어졌고, 더불어 그것들을 신속하게 전달할 수 있는 전국적 유통망이 구축되었다.

조선을 통틀어 정부에서 가장 많이 찍은 책으로 꼽히는 『삼강행실도』가 중종 때 근 삼천 책 가까이 찍었다고 하지만, 조선 후기에 소설은 수십만 권이 한반도를 떠돌아다니고 있었다. 이런 것을 볼 때, 조선의 이념적·사상적·문화적·국가적 통합에 다른 무엇보다 소설이 크게 기능했으리라고 생각하지 않을 수 없다. 조선이 외피만의 유교국가가 아니라 이념이 저변과 하층에 깊이 뿌리를 내린 데에는 유교경전이나 교훈서만이 아니라 유교이념을 담은 소설이 무엇보다 중요한 역할을 했다고 말할 수 있는 것이다. 중종 때 『삼강행실도』를 대량 보급하고도 과연 그것이 효과가 있었는지 회의적인 반응이 있었는데, 양적으로 보면 유교의 내면화에 소설이 더 큰 영향을 끼쳤던 것으로 볼 수 있다.

조선은 근대 초입에 일본과 서양에 문호를 개방하기 전에 이미 소설을 통해 전국에 서적유통, 정보유통의 고속도로를 깔아놓고 있었다. 조선시대 소설은 유교이념을 강화하는 방향에서 거의 벗어나지 못했지만, 소설유통을 통해 만들어진 정보유통의 고속도로 위에는 어떤 사상이라도 달릴 수 있었다. 근대 이전에 이미 천주교 등 서양 사상이 이 길에 올라타서 순식간에 교세의 확장을 보기도 했고, 개항이 되자 개신교와 근대의 계몽적 사상 등이 마른 들판에 불이 번지듯 순식간에 퍼져나갔다. 20세기 한국이 이룬 급속도의 근대화와 민주화의 동력 가운데, 이런 정보유통의 기반은 결코 무시할 수 없는 중요한 요소라고 할 수 있을 것이다.

제2부

유통과 소설서지학

책은 그 자체로 유통의 흔적을 간직하고 있다. 따라서 여기서는 고전소설의 다양한 존재 양상과 유통 방식을 책 자체에서 읽어내고자 한다. 제1부에서와 마찬가지로 소설을 크게 필사소설, 세책소설, 출판소설로 나누는데, 필사소설은 유통 지역을 중심으로 궁궐, 부가(富家), 평가(平家), 외국으로 나누며, 세책소설은 형태에 따라 필사본 세책소설과 방각본 세책소설, 그리고 활자본 세책소설로 나누고, 출판소설은 먼저 형태적으로 방각소설과 구활자본 소설로 나눈 다음 방각소설을 다시 경판과 완판으로 나누어 살핀다. 여기서 평가는 부잣집과 대비되는 평범한 집을 가리킨 말이다. 부잣집과 대립되는 개념이라면 가난한 집 곧 빈가(貧家)가 되어야 하겠지만, 기본적으로 오락물인 소설은 가난한 집에서까지 생산되기는 어렵다. 그래서 부가와 평가를 대립 범주로 설정했다.

이런 분류는 기본적으로 생산을 기준으로 한 것인데, 유통을 기준으로 보면 필사소설은 대개 아는 사람끼리 빌려보는 일대일 유통의 방식으로 유통되며, 세책소설은 대개 필사본으로 유통되나 유통 방식은 한 책이 여러 사람에게 대출되는 일대다(一對多)의 방식이고, 방각소설은 한 판으로 여러 책을 찍어 동시에 여러 사람에게 읽히는 다대다(多對多)의 유통 방식이다. 그러나 때로는 필사소설이 판매되기도 하고, 당연하게도 방각소설을 이웃과 친지들이 돌려보기도 한다. 「언서서주연의발」에 조태억의 어머니가 베낀 필사본 『서주연의』 한 권이 이리저리 떠돌다가 매매되기도 했다는 말이 있고, 모리스 쿠랑의 『한국서지』에 방각소설도 세책에 사용되었다는 말이 있다. 이처럼 유통은 복합적·중첩적으로 일어난다.

각 유형의 소설 자료로 들어가기 전에 먼저 자료 일반의 외형적 특징을 간략히 기술한다. 자료의 외형을 볼 때 표지부터 살피게 되는데, 조선시대에 소설은 워낙 가치를 인정받지 못한 것이라 원래 표지를 두지 않은 것도 있고, 표지가 달아나버린 것도 적지 않다. 표지가 있다고 해도 얇은 종이 한 장을 덧댄 수준의 것도 많다. 표지가 온전하면 표지 왼쪽 상단에 제목을 적는데, 제첨(題簽)을 붙여서 그 위에 제목을 쓴 것도 있지만, 대부분은 그냥 표지 위에 붓으로 썼다. 또 닳은 표지 위에 후대에 새 표지를 덧댄 것이 적지 않은데, 세책본의 경우에는 대개 다른 것들보다 훨씬 두껍고 튼튼한 표지를 댄다. 이 사람 저 사람 거친 손을 많이 타서 표지가 쉽게 상하기 때문이다. 표지 오른쪽 하단이나 책 아래쪽 옆면에 전체가 몇 권으로 되어 있는지를 '공(共)~'로 하여 적은 것도 있다. 표지를 제대로 만든 경우 두꺼운 표지 종이를 능화판에 올려놓고 밀돌로 밀어 표면에 문양이 부각되게 하는데, 이 능화문을 가지고 자료들 사이의 연관성을 찾을 수도 있으나, 일정한 시기 일정한 곳에서 수집한 소설이 아니면 연관성을 찾기 어렵다. 표지를 두껍고 튼튼하게 만들기 위해 표지 뒷장을 종이로 덧대는 일이 있는데, 이 덧대는 종이는 왕실본 소설이 아니라면 대개 이미 사용한 종이를 재사용한다. 필사소설이라면 이미 사용한 문서나 편지 등을 붙이는 경우가 많고, 출판소설이라면 그 출판사에서 간행했을 법한 어떤 책의 낙장이 들어가 있는 경우가 많다. 표지가 원래 것이라면 이 배접지는 본문의 이면과 함께 자료가 성책된 시기를 알려주는 중요한 정보를 제공하기도 한다. 본문 종이 이면에 작성 시기가 적힌 편지나 공문서가 있다거나, 배접지에 출판정보가 밝혀진 다른 책의 낙장이 있으면, 그것을 토대로 그 소설이 언제 필사 또는 인쇄되었는지 추정할 수 있는 것이다.

소설의 성격은 종이에서 잘 드러난다. 전근대 서적 생산 비용에 있어서 종이가 차지하는 비중은 막대했는데, 그만큼 종이가 귀했다. 궁중이나 부가에서 만들어진 필사소설은 두툼한 장지에 필사되어 있기도 하지만 대체로는 얇은 한지에 필사되어 있는데, 경판 방각소설의 경우에는 보통 흙이나 지푸라기가 낀 최하품 종이가 사용된다. 또한 보존성을 높이기 위해 종이에 들기름 등을 먹인 것도 있는데, 이 때문에 얼룩이 진 경우가 있다. 종이를 자른 모양에서도 자료의 성격이 드러나는데, 궁중본 등 고급본은 책을 만들기 위해 종이를 잘랐으므로 세로가 긴 반듯한 책 모양을 유지할 뿐만 아니라 본문 상하단에 여백이 많은 데 비해, 평가의 것은 이면지를 사용한 경우가 많아서 원래 종이의 크기에 맞추어 자른 것이 많고 또 상하단에 여백도 거의 없다. 그래서 평가본 소설책은 세로가 긴 직사각형이 아니라 정사각형에 가까운 것도 있고, 크기가 아주 큰 것도 있고 아주 작은 것도 있다. 최악의 지질을 보여주는 경판소설의 경우에도 해외 소장처에 남아 있는 것 가운데 원래 외국인에게 팔기 위해 특별히 잘 찍은 책은 지질도 좋고 본문 상하단의 여백도 넉넉하다. 또 1920년 이후에 출간된 경판소설 중에는 구활자본과 마찬가지로 종이를 접지 않고 양지(洋紙)의 양면을 이용하여 인출한 것도 있다.

소설 자료에 필사기나 간기가 남아 있으면 그것이 자료의 성격을 말해줄 수 있지만, 대부분은 그런 정보가 온전하지 않다. 배접지나 본문의 이면 외에도 책의 첫 면 등에 있는 장서인, 서근(書根) 등 책의 옆면 기록, 그리고 판심에 적힌 정보 등을 이용할 수도 있는데, 안타깝게도 소설의 경우에는 원소장자나 전근대의 소장자가 장서인을 찍은 경우가 거의 없고, 책의 옆면 등도 마찬가지다. 방각본의 경우 판심에 정보가 있을 수 있지만, 책 제목과 장수, 그리고 어미(魚尾)라고 불리는 판심의 문양에서 유의미한 정보를 찾아낼 수 있는 일이 거의 없다. 불서(佛書) 등에는 판심 한 부분에 각수의 이름을 새긴 경우도 있지만, 이런 식의 각수명 기재는 아직 방각소설에서는 확인되지 않았고, 완판『조웅전』한 이본의 맨 끝에 각수명이 새겨져 있을 뿐이다.

제1장
필사소설

궁궐

궁궐은 소설의 중요한 소비처이자 생산처이다. 시간적으로나 경제적으로 여유가 있는 독자들이 존재할 뿐만 아니라, 생산을 뒷받침할 수 있는 넉넉한 환경이 마련되어 있다. 취향이야 각자 다르겠지만 소설에 관심을 가진 임금 또한 적지 않았다. 조선 전기의 경우에 세조가 양성지에게 『태평광기』를 아느냐고 묻고 그 한 이야기를 들려준 적이 있고(『세조실록』 1462년 1월 1일), 연산군은 사은사에게 중국에 가서 『전등신화(剪燈新話)』, 『전등여화(剪燈餘話)』, 『효빈집(效顰集)』, 『교홍기(嬌紅記)』, 『서상기(西廂記)』 등을 사오라고 명한 바 있다(『연산군일기』 1506년 4월 13일).

조선 후기에 와서는 영조가 소설을 즐겨 듣고 읽었는데, 중국소설은 물론 『구운몽』을 여러 차례 거론했다. 『승정원일기』를 보면 영조는 58세, 60세, 70세 때 총 세 번 『구운몽』을 언급했다. 『승정원일기』 1758년 12월 19일조를 보면, 신하들이 밤이 늦었다며 임금이 연일 잠을 못 주무시니 한글소설을 읽어드릴 테니 주무시라고 권한 기사가 있는데, 이로써 임금 또한 궁궐 내 여성들과 마찬가지로 한글소설을 읽기도 했음을 알 수 있다. 또 영조의 아들인 사도세자의 경우에는 『중국소설회모본』이라는 책의 서문에서 그가 본 것으로 짐작되는 『서유기』, 『수호지』, 『삼국지』 등 70여 종의 소설 목록을 제시하기도 했다.[124]

임금이나 세자 이상으로 소설에 관심을 기울인 사람이 비빈이다. 왕비와 후궁들은 정무에서 자유로우므로 궁궐에서 긴긴 날을 소일할 것이 필요했다. 긴 시간을 보내는 데 소설만큼 좋은 것은 없었다. 사실 왕비와 후궁은 궁 밖의 소설 문화에 노출되어 있었던 사람이니, 양반집 여성들의 소설 문화가 궁궐 안으로 들어온 것이라 할 수 있다. 반대로 궁궐의 소설 문화가 궁 밖으로 흘러가기도 했는데, 공주나 옹주가 하가(下嫁)하여 궁 밖으로 나가면서 소설 교류가 일어난다.

소설은 궁궐 여기저기에 소장되어 있었다. 당연히 비빈의 사실(私室)에 적지 않게 있었을 것이고, 궁궐의 서화 수장고에도 있었다. 소설과 관련하여 주목되는 수장고는 보문각(寶文閣)과 대축관(大畜觀)이다. 보문각과 대축관은 가장 오랫동안 조선 왕실의 법궁이었던 창덕궁에 있었던 전각이다. 보문각은 왕비의 처소인 대조전 남쪽 행랑과 임금의 편전인 희정당 동북쪽 사이에 있던 전각으로, 임금이 내실에서 보았거나 아니면 왕비가 보았을 법한 소설들이 소장되어 있다. 『보문각책목록』에는 『유효공선행록』, 『유씨삼대록』, 『창선감의록』, 『구운몽』, 『몽린기서(夢潾奇書)』 등의 소설이 있다. 또 대축관은 창덕궁 중희당 남쪽 회랑에 있던 건물로, 헌종 때 만들어진 『궁궐지』에 건물명이 나오는 것으로 보아 순조 연간에 건축된 것으로 추정된다. 중희당은 19세기에 동궁의 처소였는데, 근처에는 후궁과 공주·옹주의 처소도 있었다. 대축관에 있었던 책은 세자와 그 주변 가족들을 위한 것으로 생각된다. 『대축관서목』에 남아 있는 총 469종의 자료 가운데 상당수가 한글본이며, 한글본 중에는 소설이 적지 않다.

『보문각책목록』은 순조조 이후에 작성된 것으로 추정하고 있는데, 어제류부터 경사자집(經史子集)의 사부분류(四部分類)에 따라 적었으며 소설류는 거의 '설가(說家)'에 있다. 따라서 여기서는 '설가'의 서목만 제시한다.

太平廣記 48卷
續太平廣記 40卷
三官記 4卷
世說新語 7卷
剪燈新話 2件 各 1卷
說海 6卷
輯說 4卷
劉孝公善行錄 4卷
劉氏三代錄 10卷
倡善感義錄 2卷
夢獜奇書 4卷
九雲夢 1卷
諸說 1卷
古歌 1卷
古今事實 2件 各 4卷
古今事範 2卷

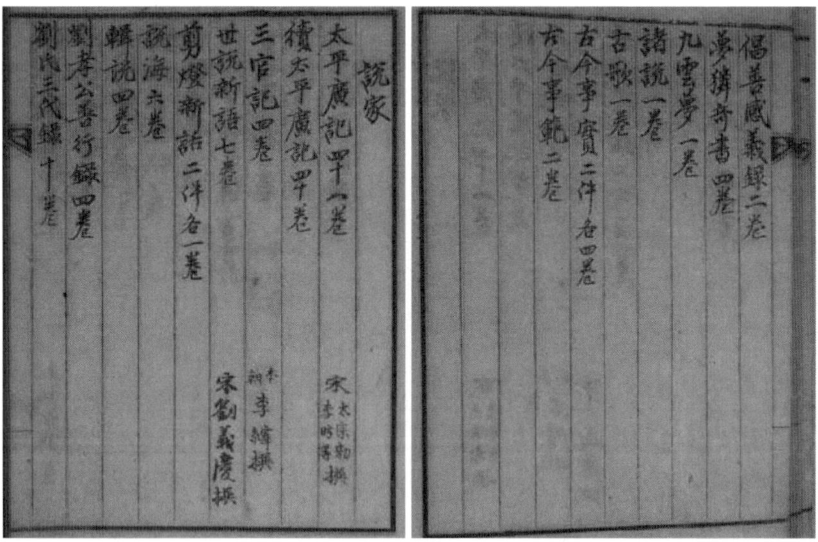
說家
太平廣記四十八卷 宋 太宗勅 李昉等 撰
續太平廣記四十卷
三官記四卷 明 李禎 撰
世說新語七卷 宋 劉義慶 撰
剪燈新話二件各一卷
說海六卷
輯說四卷
劉孝公善行錄四卷
劉氏三代錄十卷
倡善感義錄二卷
夢獜奇書四卷
九雲夢一卷
諸說一卷
古歌一卷
古今事實二件各四卷
古今事範二卷

『보문각책목록』 내 '설가(說家)' 부분의 서목(서울대학교 규장각한국학연구원 소장)

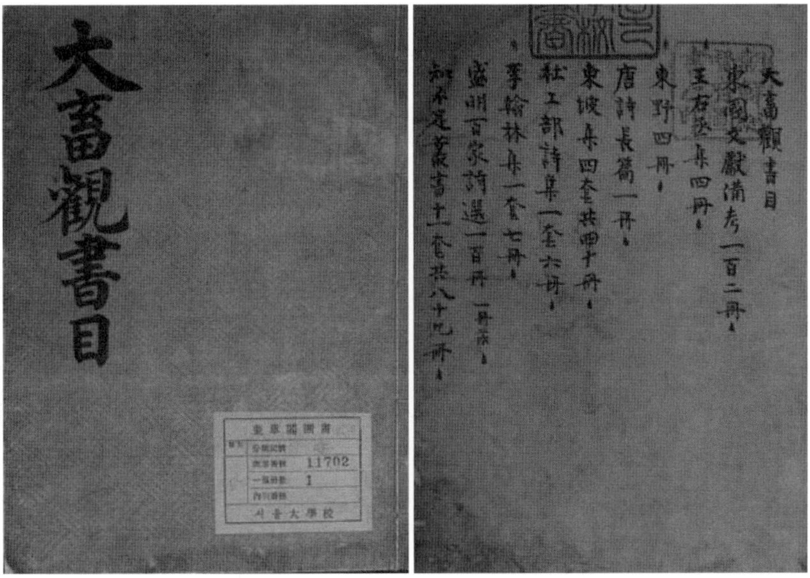

『대축관서목』 표지 및 첫 면(서울대학교 규장각한국학연구원 소장)

『대축관서목』은 순조 연간에 작성되었을 것으로 추정되며, 여기서는 소설류만 골라서 제시한다.

東野 4冊
型世言 諺 6冊
宋百家小說 20冊
說鈴 16冊
三珠樹 7冊
劉氏三代錄 10冊
紅白花傳 1冊
紅樓夢 3套 共16冊
補紅樓夢 3套 共22冊
鏡花緣 2套 共20冊
金甁梅 2套 共20冊
西廂記 1套 6冊
衛氏三代錄 草 9冊
劉氏三代錄 諺 1件 19冊 1冊 落, 1件 22冊 2冊 落
劉氏忠孝錄 4冊
明珠奇逢 諺 3套 共25冊
衛氏五世三蘭賢行錄 諺 27冊
玄氏兩熊雙麟記 諺 9冊
劉氏三代錄 草 9冊
東漢演義 諺 6冊
忠義水滸志 諺 4套
列國志 諺 19冊

後水滸傳 諺 12冊	世說新語 1套 8冊
續水滸傳 諺 4冊	女仙外史 30冊
續英烈傳 諺 5冊	醒世恒言 落 1套 6冊
高皇后傳 諺 4冊	大明英烈傳 諺 1套 7冊
三國志 諺 39冊	玉嬌梨 諺 1套 5冊
西漢演義 諺 10冊	皇明英烈傳 6冊
壬辰錄 諺 3冊	續英烈傳 1套 6冊
包龍圖公案 1套 8冊	三國志 20冊 2冊 落
奇觀 1套 16冊	拍案驚奇 諺 23冊
漢湘子 1套 6冊	凝香閣笑談 1冊
隋史遺文 1套 13冊	南征記 1冊
剪燈新話 2帙 各 2冊	明珠奇逢 諺 24冊 2冊 落
拍案驚奇 16冊	型世言 諺 落 5冊
朝野輯要 15冊	朝野僉載 落 17冊
醒世恒言 1套 13冊	

한편 한국학중앙연구원 장서각에는 1920년 일제의 조선왕실 관리 기구인 이왕직(李王職)에서 만든 『(연경당)한문책목록』이 있는데, 여기에는 「한문책목록」과 함께 「언문책목록」이 부록되어 있다. 「언문책목록」은 당시 궁궐 여기저기에 흩어져 있던 한글자료를 모아서 정리한 것으로 보이는데, 종전에는 주로 대축관 소장본들이 연경당으로 온 것으로 보았으나, 정밀하게 대조해보면 제목은 같아도 책수까지 일치하는 것은 별로 많지 않다. 연경당의 한글 서적은 일부 대축관 소장본을 포함하여 궁궐 여기저기 비빈의 방에 있던 것을 모은 것으로 추정된다. 「언문책목록」에는 212번까지 번호를 매겨놓았는데(72번 『조야회통(朝野會通)』은 썼다가 지웠다), 맨 끝에 두 작품은 번호 없이 제목만 적혀 있다. 동일 작품이 별도로 기재되어 있기도 하고, 한 번호에 두 건이 기재되어 있기도 하다. 이들 중에 소설류만 제시하면 [표 3]과 같다.

[표 3] 연경당「언문책목록」내 소설류

番號	名稱	秩數	冊數	粧績	摘要	비고
1	玩月會盟宴	1	89	黃紙	9函入	
2	〃	1	180	〃	18函入	
3	范文正忠節言行錄	1	31	〃	3函入 內 1冊欠	
4	昌蘭好緣	1	23	〃	2函入	
5	泉水石	1	9	〃	全函	
7	彰善感義錄	1	5	〃	全函	
8	文章風流三代錄	1	2	〃	全函	194 동종
11	醒風流	1	7	〃	全函	
12	珍珠塔	1	10	〃	全函	
13	南征記	1	3	〃	全函	
14	忠烈俠義傳	1	40	白紙	全函	
15	再生緣傳	1	52	黃紙	全函	
16	忠烈五義傳	1	31	〃	全函	
17	朝野僉載	1	53	〃	2函	
18	玉麟記演	1	11	〃	單函	
19	女仙外史	1	45	〃	全函	
20	仙眞逸史	1	21	〃	3函	83
21	尹河鄭三門聚錄	1	105	〃	10函 內 第15, 33 并 2冊 欠	
22	楊賢門直節記	1	24	〃	2函	
23	現夢雙龍記	1	18	靑紙	2函	
24	衛氏五世三難賢行錄	1	27	〃	2函	92
25	後西遊記	1	20	黃紙	2函	
28	紅樓夢補	1	20	靑紙	全函	
29	續紅樓夢	1	24	綠紙	全函	
30	後紅樓夢	1	20	靑紙	全函	
31	紅樓夢	1	120	靑緞	12函	
32	明珠寶月聘	1	100	黃紙	10函	
33	華山仙界錄	1	80	〃	8函	
34	明珠奇逢	1	24	靑紙	3函	
35	雪月梅傳	1	20	黃紙	全函	

36	平妖記	1	9	〃	全函	
37	西漢演義	1	16	〃	全函	
38	瑤華傳	1	22	靑紙	全函	
39	花鄭善行錄	1	15	黃紙	全函	
40	李氏世代錄	1	26	靑紙	2函	
41	嚴氏孝門淸行錄	1	30	黃紙	3函	
42	大明英烈傳	1	8	〃	單函	
43	劉李兩門錄	1	77	黃紙	8函(內 第6冊欠 74欠)	
44	金環奇逢	1	6	〃	全函	
45	麟鳳韶	1	3	〃	全函	
46	碧虛談關帝言錄	1	26	〃	2函	
47	靑白雲	1	10	〃	全函	
48	漢朝三姓	1	14	〃	全函	
49	平西錄	1	3	〃	全函	
50	九雲夢	1	4	〃	全函	
51	華山奇逢	1	12	〃	全函	
52	十二峰記	1	4	〃	全函	
54	唐音演義	1	13	〃	全函	
55	紅白花傳	1	3	〃	全函	
56	花氏忠孝錄	1	37	〃	3函	
57	取勝樓	1	30	〃	2函	
58	玉樓夢	1	15	〃	全函	
59	玄氏兩熊雙麟記	1	10	〃	全函	
60	林氏三代錄	1	40	〃	3函	
		1	40	〃	3函	
61	雙釧奇逢	1	18	綠紙	2函	
62	楊門忠義錄	1	76	黃紙	7函 1秩43冊4函入 / 1秩33冊3函入	
63	玉鸞奇緣	1	19	〃	2函	
64	西周演義	1	25	〃	2函	
65	劉氏三代錄	1	20	〃	2函	205
66	河氏善行錄	1	33	〃	3函	
67	後水滸誌	1	12	〃	1匣	

68	孫龐演義	1	5	青緞	1匣	
71	朝野記聞	1	23	青紙	2函	
73	紅樓後夢	1	50	青紙	1函	
74	玉麟夢	1	18	黃紙	2函	
75	補紅樓夢	1	24	青紙	1函	
77	朝野記聞	1	23	白紙	–	
78	孝義貞忠禮行錄	2	1秩57	黃紙	第29冊欠	
			1秩29		–	
79	快心篇	1	32	白紙	–	
80	河陳兩門錄	1	25	黃紙	第18, 19, 2冊欠	
81	三國志	1	39	〃	–	
83	仙眞逸史	1	15	〃	第2冊欠	
85	落泉登雲	1	5	白紙	–	
87	唐秦演義	1	6	黃紙	–	
89	平山冷燕	1	10	〃	–	
90	郭汾陽傳	1	2	〃	–	
92	衛氏五世三蘭賢行錄	1	27	〃	–	
93	報恩奇遇錄	1	18	〃	–	
94	太平廣記	1	9	〃	–	
96	聘聘傳	1	5	〃	–	
97	玉鴛重會緣	1	21	〃	–	
98	包公演義	1	9	〃	–	
99	閒中晚錄	1	6	青緞	1匣	
100	靈異錄	2	6	黃紙	–	
105	幽閑堂謝氏言行錄	1	3	紫紙	–	
106	崔賢傳	1	2	黃紙	–	
107	百福傳	1	2	黃紙	–	
110	太原誌	1	4	〃	–	
111	東漢演義	1	6	〃	–	
112	殘唐五代演義	1	5	〃	2冊欠	
113	雙珠奇緣	1	1	〃	–	
114	北宋演義	1	5	〃	–	
117	高后傳	1	4	青紙	–	
118	南溪演談	1	3	黃紙	–	

119	型世言	1	6	〃	第1, 2 共 2冊欠	
120	朝野僉載	1	64	白紙二	7匣	
				黃紙五		
121	朝野會通	2	47	黃紙	4匣	
			55	〃	第21, 51 共 2冊欠	
122	平南記	—	2	〃	—	
123	班氏傳	—	1	〃	—	
124	大宋興亡錄	—	2	〃	—	
125	郭武王忠壯錄	—	2	〃	—	
129	楊風傳	—	1	〃	—	
130	山城日記	2	2	〃	—	
131	西晋演義	1	3	〃	—	
132	風流配	—	1	〃	—	
133	狄城義傳	—	1	〃	—	
135	白鶴扇傳	—	1	黃紙	—	
136	懲世丕泰錄	—	1	〃	—	
137	鳳彬傳	—	1	〃	—	
141	玉壺氷心	1	3	白紙	—	
142	六艷記	1	2	綠紙	—	
145	俚諺叢林	—	1	黃紙	—	
146	三玉三珠記	—	1	〃	—	
152	洛城飛龍	1	2	白紙	—	
154	林將軍傳	—	1	黃紙	—	
155	隋唐演義	1	3	〃	—	
158	黃雲傳	—	1	〃	—	
159	癸丑日記	1	2	白紙	—	
160	三說記	—	1	黃紙	—	
161	田禹治傳	—	1	〃	—	
162	鄭水晶傳	—	1	〃	—	
163	孔門道統	—	1	〃	—	
164	辛未錄	—	1	〃	—	
170	要路院夜話記	—	1	紫紙	—	
171	居平尉尹公傳	—	1	白紙	—	윤지 경전

172	洪學士傳	—	1	〃	—	
173	大漢名臣錄	—	1	〃	—	
174	浮談	—	1	黃紙	—	
175	劉氏男妹賢行錄	—	1	〃	—	
176	六臣傳	—	1	紅紙	—	
178	朱仙傳	—	1	黃紙	—	
181	女容記	—	1	黃緞	—	
188	今古奇觀	—	1	黃紙	—	
191	意幽堂關北遊覽日記	—	1	白紙	—	
192	板橋三娘子傳	—	1	〃	—	
193	霍光傳	—	1	〃	—	
194	文章風流三代錄	1	2	黃紙	—	
195	要覽	—	1	靑紙	帖冊	
200	雜說	—	1	黃紙	—	
204	兪伯牙傳	—	1	紅紙	—	
205	劉氏三代錄	1	22	白紙	14冊欠	
206	武穆王貞忠錄	1	12	黃紙	5冊欠	
—	名行正義錄	—	—	—	—	
—	花門錄	—	—	—	—	

* 번호는 원목록에 매겨진 번호이다.
* 비고는 필자가 따로 설정한 항목이다. 나머지는 목록 그대로이다.
* —은 빈칸을 의미한다.

연경당의 자료들은 1929년경 낙선재로 옮겨졌고, 이것들이 다시 창경궁 장서각으로 갔으며, 현재는 한국학중앙연구원에 있다. 현재 한국학중앙연구원 장서각에 전하는 옛 낙선재 소장 한글소설은 모두 99종 2,215책이다. 연경당 목록에 있던 작품으로 지금 한국학중앙연구원의 서목에 보이지 않는 자료도 적지 않은데, 예컨대 『완월회맹연』은 180책짜리는 남아 있지만 89책짜리는 보이지 않는다. 현재 서울대학교 규장각한국학연구원에 소장된 것은 93책본이다. 반대로 『구래공정충직절기』처럼 연경당의 목록에는 보이지 않는데 현존하는 것도 있다.

1966년 8월 창경궁 장서각에 소장되어 있던 한글소설들이 신문을 통해 일반에 널리 알려지면서, 이들 자료가 1950년경 낙선재에서 장서각으로 옮겨왔음을 염두에 두고 낙선재문고 또는 낙선재본 소설이라고 했다. 그런데 이것은 다음과 같은 몇 가지 오해를 낳았다.

첫째, 낙선재가 왕실 도서관이라는 오해다. 임금에게 규장각이 있다면 왕비에게 낙선재가 있었다는 생각을 갖고 있는 사람들이 있다. 낙선재는 도서관이 아니라 조선 왕조가 멸망한 뒤 마지막 임금인 순종의 계비 순정효황후 윤씨(윤택영의 딸, 1894~1966)가 머물던 곳이다.[125] 여기에 그의 적적함을 달래주기 위해 궁궐 여기저기에 전하던 소설을 모아두었는데 이것이 낙선재본 소설이 되었다.

둘째, 낙선재본 소설은 원래부터 낙선재에 소장되었을 것이라는 오해다. 낙선재는 헌종이 후궁 경빈 김씨(1831~1907)를 위해 1847년에 지은 집이다. 낙선재본 소설은 앞서 말한 대축관 등에 있던 것이 여러 번 소장처를 옮기면서 1929년경에 낙선재로 들어왔다.

셋째, 낙선재본 소설은 궁궐의 지존을 위해 특별히 창작된 작품일 것이라는 오해다. 물론 이런 작품이 있을 가능성을 배제할 수 없지만, 현재 확인된 것은 없으며 대개 궁궐에서 번역 또는 필사된 자료이다.

마지막으로 궁중본 소설을 통칭하는 낙선재본 소설은 그것이 흘러들어간 한국학중앙연구원 장서각에만 있을 것이라는 오해다. 궁궐 여기저기에 있던 한글소설은 나중에 기관이나 개인에게 팔려나가서 현재 서울대학교 규장각한국학연구원 등 여러 곳에 소장되어 있다.

궁중 여성들의 소설 향유 상황을 잘 보여주는 또 다른 자료로 서울대학교 규장각한국학연구원에 소장된 『책목록(ᄎᆡᆨ목녹)』을 들 수 있다. 가람 이병기 기증본으로 89종의 자료를 한글로 기록하고 있는 목록이다. 전형적인 궁체로 필사되어 있으며 형태적으로 단정하고 고급스러운 장정이 궁중 물목과 흡사하다. 더욱이 『어제백행원(御製百行源)』 등의 임금이 지은 책이나 『을묘정리의궤』, 『정해정리의궤』처럼 궁중 행사를 기록한 책 등 궁중에나 있을 법한 책들의 서목이 적혀 있는데, 특히 『정해정리의궤』는 1827년의 행사를 기록한 의궤로 보이며 남아 있는 의궤 중에 그 해의 행사를 기록한 것으로 『자경전진작정례의궤(慈慶殿進爵整禮儀軌)』가 있다. 『자경전진작정례의궤』는 한글 번역본도 남아 있는데, 한문본은 전 2권으로 되어 있지만, 한글본은 『책목록』에서 표시한 것과 마찬가지로 전 3권이다.

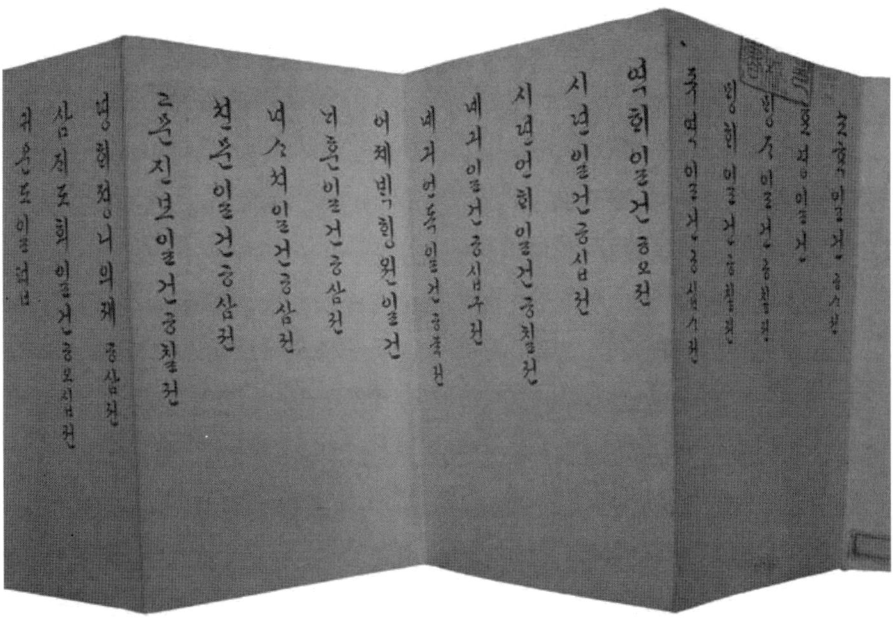

『책목록』 첫 면(서울대학교 규장각한국학연구원 소장)

이 밖에도 서목에 '고문진보언ᄒᆡ 일건 공십칠권' 아래에 작은 글씨로 '뎌동가오니'라는 말이 있는데, 이 저동은 저동궁으로 짐작된다. 저동궁은 순조의 셋째 딸인 덕온공주의 궁호로 덕온공주는 1838년 남녕위 윤의선과 결혼했다. 또 'ᄉᆞ문뉴취 칠십오권' 아래에는 "팔십삼권이온ᄃᆡ 나오올 적 이권은 업ᄉᆞᆸ"이라는 말이 부기되어 있다. 이로 보면 덕온공주가 시집갈 때 궁중에서 보낸 책의 목록이 아닌가 한다.[126] 전체 89종의 제목이 한글로 적혀 있는 것으로 보아 이 목록의 대부분이 한글본으로 짐작되지만, 『주역』과 『시전』이 『역해』와 『시전언해』와 따로 있는 것으로 보아 한문본도 얼마간 섞여 있는 듯하다. 아래에 목록을 싣는다.

쇼ᄒᆞᆨ 일건 공ᄉᆞ권
효경 일건
ᄆᆡᆼᄌᆞ 일건 공칠권
ᄆᆡᆼᄒᆡ 일건 공칠권
쥬역 일건 공십ᄉᆞ권
역ᄒᆡ 일건 공오권
시뎐 일건 공십권
시뎐언ᄒᆡ 일건 공칠권
녜긔 일건 공십구권
녜긔언독 일건 공뉵권
어졔ᄇᆡᆨᄒᆡᆼ원 일건
ᄂᆡ훈 일건 공삼권
녀ᄉᆞ셔 일건 공삼권
션문 일건 공삼권
고문진보 일권 공칠권
고문진보언ᄒᆡ 일건 공십칠권–뎌동가오니

오륜ᄒᆡᆼ실 일건 공ᄉᆞ권
파션 일건
흥어시 이권
ᄉᆞ문뉴취 칠십오권–팔십삼권이온ᄃᆡ 나오올 적 이권은 업ᄉᆞᆸ
당시별ᄌᆡ 일건 공뉵권
패문운부
규장전운 일권
운부군옥 일건 공이십칠권
을묘정니의궤
뎡ᄒᆡ정니의궤 공삼권
삼ᄌᆡ도회 일건 공오십권
귀문도 일텹
귀문도ᄒᆡ 일텹
직금도 일텹
회근사 일권

불가불 일권
화텹 삼
젼등신화 이권
공ᄌᆞ가어 이
쇼미가슉통감 단
범슈뎐 칠국츈츄 단
가의치안ᄎᆡᆨ 단
국풍 단
삼녹긔 단
삼국지 공삼십구
현봉빵의록 공이십이
무오연ᄒᆡᆼ 공십ᄉᆞ
옥닌몽 공십이
무목왕졍튱녹 공십이
고문ᄇᆡᆨ션 공십
셩풍뉴 공칠
남계연담 공ᄉᆞ
셜시ᄂᆡ범 공오
셩녈대사 공삼
일동장유가 공ᄉᆞ
빵녈옥쇼봉 공삼
슉향뎐 공ᄉᆞ
난쵸ᄌᆡ셰긔 공이
유람 공이
쟉비암 공이
대숑흥망녹 공이
녀ᄉᆞ셔 공이
긔갑견문녹
낙셩비룡 공이
문장풍뉴삼ᄃᆡ록 공이
도ᄋᆡᆼᄒᆡᆼ 공이
ᄎᆡᆨ각뎐 이권
됴시보은녹 공이
부담 단
쥬션뎐 단
한텰골 단
왕태샹 단
고금녀범 단
고금졀염투ᄉᆡᆨ녹 단
일촬금 단
ᄋᆞ희원람 단
녁ᄃᆡ긔년 단
산셩일긔 단
위음식 단
뉵신뎐 단
도쳑뎐 단
녀용국평난긔 단
샤심보 단
곽광뎐 단
윤판셔부인뎐 단
방심원의마긔 단
긔담 단
고담 단
쇼ᄒᆞᆨ언ᄒᆡ 일권
삼강ᄒᆡᆼ실언ᄒᆡ 일권
ᄂᆡ훈 일권
유한당 공삼
유ᄇᆡᆨ아 단

궁중에서 향유된 소설은 궁 안에서 만들어지기도 하고 밖에서 만들어지기도 한다. 궁녀들은 지존들의 편지를 대필하고 소설 등을 베끼기 위해 자신들만의 서체를 익히는데 이를 궁체라고 부른다. 필사가 원래 그렇듯 글씨체는 단일할 수 없으니, 궁체라도 방정한 해서체가 있고 약간 흘려 쓴 것과 많이 흘려 쓴 것이 있다. 사람과 상황에 따라 다르겠지만, 그래도 궁체는 전문적으로 익힌 솜씨인 만큼 대체로 정형적이며 달필이다.

서울대학교 규장각한국학연구원에 소장된 『숙녀지기』의 경우에는 표지에 소장처가 표시되어 있는데, '연경합장(延慶閤藏)'이라고 했다. 연경합은 영조의 딸 화평옹주의 처소였다. 화평옹주는 영조의 삼녀(三女)이자 영조의 후궁인 선희궁 영빈 이씨 소생으로는 장녀로, 남편은 연암 박지원의 재종형인 박명원이다. 『한중록』에서 화평옹주의 처소를 연경당(延慶堂)이라고 했는데, 연경합을 곧 연경당으로 볼 수 있다. 화평옹주 이후에 누가 살았는지 알 수 없으나, 『궁궐지』에 따르면 1833년에 연경당을 중건했다고 했다.

『숙녀지기』의 글씨는 또박또박 방정하다. 일반적으로 널리 알려진 궁체의 전형을 보여준다. 그런데 한국학중앙연구원 장서각에 소장된 이른바 낙선재본 소설인 『완월회맹연』은 궁체의 또 다른 모습을 보여주는데, 『숙녀지기』와 달리 달필의 흘림체이다. 이 자료는 표지나 필사 상태가 평균적인 궁중 소설의 형태를 보여주고 있다. 궁중 소설은 민가본에 비해 상대적으로 두껍고 깨끗한 종이를 사용하며 이미 사용한 종이의 이면을 쓰는 일이 거의 없다. 책은 대체로 큰 편이고(32.3×22cm) 장정도 전문가의 손길이 닿은 듯 반듯하다. 여러 가지로 물자가 넉넉한 곳의 자료라는 점이 드러난다. 『완월회맹연』처럼 한 질이 무려 180책에 이르는 거편을 필사하여 소장한 것도 궁중이 아니면 쉽지 않은 일이다.

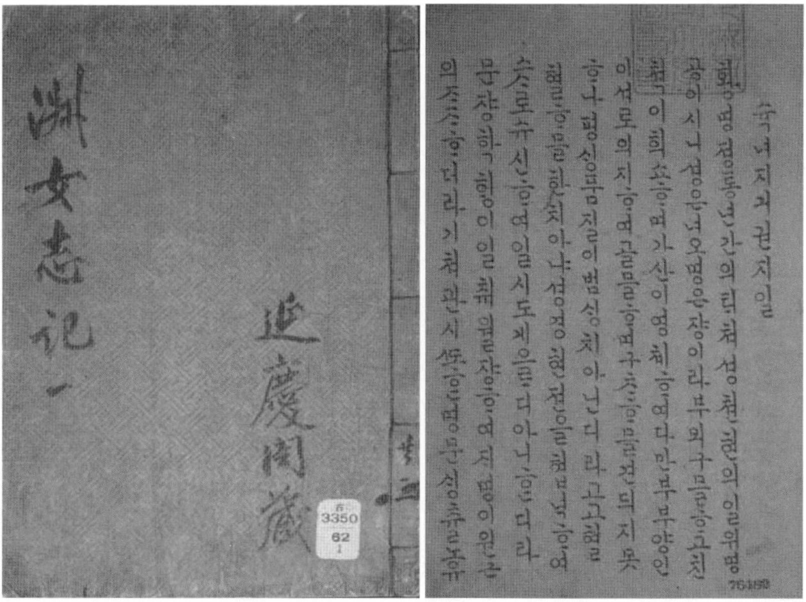

『숙녀지기』 권1 표지와 첫 면(서울대학교 규장각한국학연구원 소장)

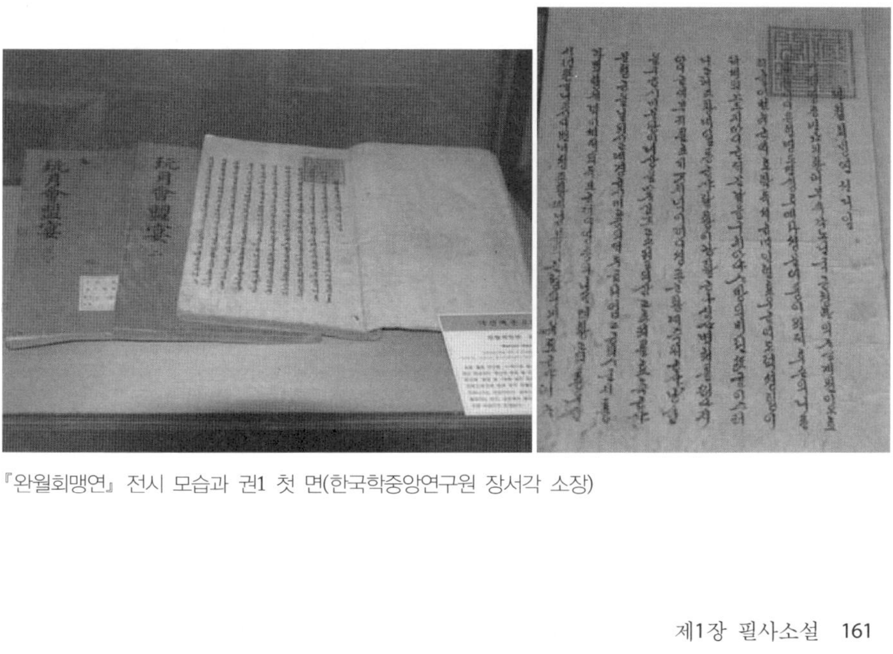

『완월회맹연』 전시 모습과 권1 첫 면(한국학중앙연구원 장서각 소장)

궁중본 중에서 가장 호화로운 모습을 보이는 자료로는 『후수호전』과 『홍루몽』을 들 수 있다.

『후수호전』은 특이하게 표지 그림이 있다. 조선 책은 거의 대부분 두꺼운 종이를 능화판 위에 두고 밀돌로 종이 위를 밀어서 능화판의 문양이 종이에 도드라지게 해서 쓰지 활자본 소설이 나오기 이전에는 표지 그림이라고는 없는데, 이 책에는 표지에 꽃 그림이 있다.

『후수호전』 전시 모습(본서 27쪽 컬러 사진 참조, 한국학중앙연구원 장서각 소장)

궁중 소설로서 호화롭기로는 『홍루몽』을 따라갈 것이 없는데, 고급스런 비단 표지와 잘 만들어 붙인 제첨은 물론 번역과 필사에서도 정성을 엿볼 수 있다. 이 책은 상단에 붉은 글씨로 중국어 원문을 적고 그 옆에 검은 글씨로 원문 한자의 중국음을 달았으며, 하단에 한글번역을 두었다. 중한대역인 셈이다. 중국음은 한국 한자음이 아니라 중국 현실음인데, 이로 보아 중국어 발음에 관심이 있는 사람을 위한 책임을 알 수 있고, 궁중 여성 지존의 중국어 학습을 위해 마련된 것으로 짐작된다. 19세기 말 명성황후가 중국어를 배우려고 했다는 말이 있는데 그때 만들어진 것 아닌가 한다. 이 『홍루몽』은 120책의 방대한 분량에다 세계 최초의 완역이라는 의의가 있다.

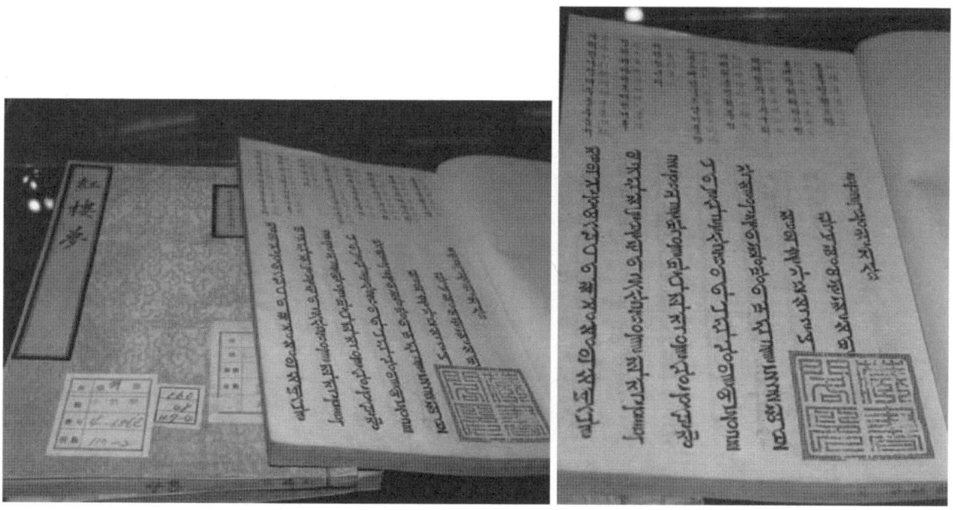

『홍루몽』 전시 모습과 권3 첫 면(본서 28쪽 컬러 사진 참조, 한국학중앙연구원 장서각 소장)

고전소설에는 거의 장서인이 없는데, 이는 궁중본도 마찬가지다. 그런데 드물게 '영빈방장(暎嬪房章)'이라는 장서인이 찍힌 것이 여럿 있는데, 『고문진보』 한글번역본 외에 『무목왕정충록』과 『손방연의』 등에 같은 장서인이 보인다. 영빈은 영조의 후궁이자 사도세자의 생모인 선희궁 이씨를 가리킨다. 정조의 친할머니이기도 하다. 앞의 『숙녀지기』는 영빈의 장녀 화평옹주 방에서 나온 소설인데, 이들은 그 어머니 처소에서 나왔다. 이 시기 사람들과 관련된 자료가 많은 것이 영조가 열렬한 소설 독자였다는 점과 일정하게 연결될 수 있을 듯하다. 영빈방 도장이 찍힌 곳에는 항상 위에 향로 문양의 인문이 있는데, 여성 취향을 느낄 수 있다. 이 영빈방의 도장은 현재 국립고궁박물관에 남아 있다.

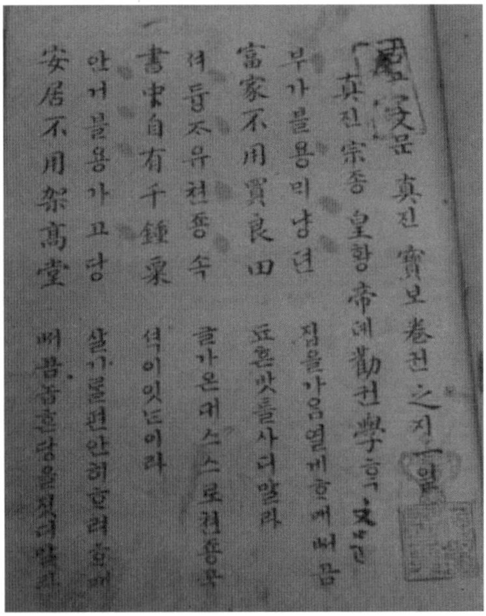

『고문진보』 한글번역본(한국학중앙연구원 장서각 소장)

상단에는 '春宮'이라는 동궁을 뜻하는 묵서가 찍혀 있다. 세자의 학습에 이용된 책이 영빈방으로 들어온 것인지 그 반대인지 알 수 없다. 이 책이 영빈의 것이라면 동궁은 영빈의 아들 사도세자일 수도 있고, 나중에 사도세자가 죽자 영빈이 공부 뒷바라지를 한 손자 정조일 수도 있다.

궁중본 중에 필사 시기가 어느 정도 밝혀진 작품으로 『곽장양문록』을 들 수 있다. 지연숙은 권1 본문 앞에 붙은 첨기("계ᄉᆞ 듕츈의 곽당냥문녹을 쓰이고 두 궁과 모든 ᄂᆡ인들이 벗기니 일권 일궁 이권 이궁 ᄌᆞ가 쓰오시니 후ᄅᆡ의 뉘 글시 줄 모를 거시니 표ᄒᆞ야 두랴 ᄒᆞᄋᆞᆸ샤ᄋᆞᆸ기 써 두ᄋᆞᆸᄂᆞ니") 등을 통해 1773년에 필사된 것으로 보았는데,[127] 형태적 특징과 보존 상태로 볼 때도 거의 확실한 것으로 보인다. 필사년을 1773년으로 볼 때, 이 자료는 필사본 소설로는 가장 앞선 자료라 할 수 있다. 본문 상하단 곳곳에 필사자를 알려주는 것으로 보이는 첨지가 있는데, 그중 권5와 권6에는 각각 "의빈", "의빈글시"라는 것도 있다. "의빈"은 정조의 후궁 의빈 성씨(1753~1786)로 보이는데, 이것으로 계사년을 1773년으로 추정했다. 지연숙은 또 첨기에 있는 일궁과 이궁 자가를 각각 정조의 여형제인 청연군주와 청선군주로 보았다.[128]

『곽장양문록』은 표지에 밝힌 것처럼 '공십(共十)'으로 전체 10책이다. 그런데 현 소장처는 나누어져 있어서, 권1과 권2는 홍태한 소장이며, 권3~권10은 서울역사박물관에 들어가 있다. 책 전체에 일사 방종현 선생의 장서인이 찍혀 있어서 50여 년 전만 해도 한데 있었음을 알 수 있다. 모든 본문에는 앞뒤 표지 안에 한 장의 면지가 있으며, 그것을 빼면 권1 43장과 권6 53장 등 대략 40장 대의 분량이다.[129] 책 크기는 일반적인 궁중 소설보다는 약간 작은 27.5×18.8cm이고, 표지는 옥색의 얇은 종이이며, 본문 종이 역시 한국학중앙연구원 장서각에 소장된 일반적인 궁중 소설보다 얇은 한지이다. 필사는 줄을 잘 맞추어 정성스럽게 했으며, 필체도 단정하다. 첨지에 따르면 5~6명 이상이 필사에 가담한 것처럼 보이나, 실제로는 필체의 변화를 그리 자주 느낄 수 없다. 『곽장양문록』은 『몽옥쌍봉연록』의 속편이며 후속작으로 『차천기합』이 있는데, 이 자료에는 『차천기합』이 『곽장양문록』 권7 중간 이후에 부록되어 있다.

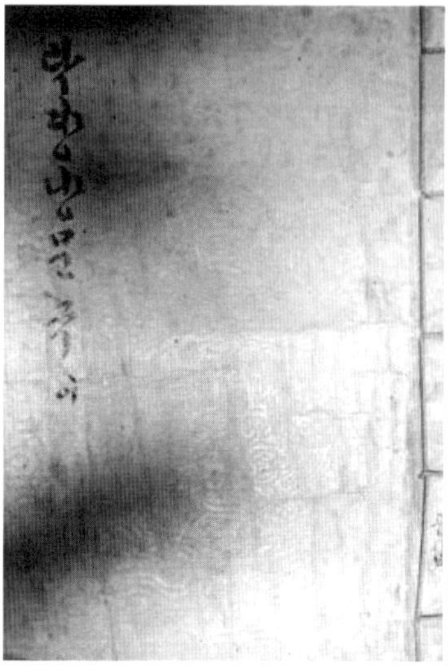

『곽장양문록』 권2 표지(홍태한 소장). 옥색 종이에 넝쿨 문양의 독특한 능화문이 있다. 본서 31쪽에 이 자료의 표지 컬러 사진이 있다.

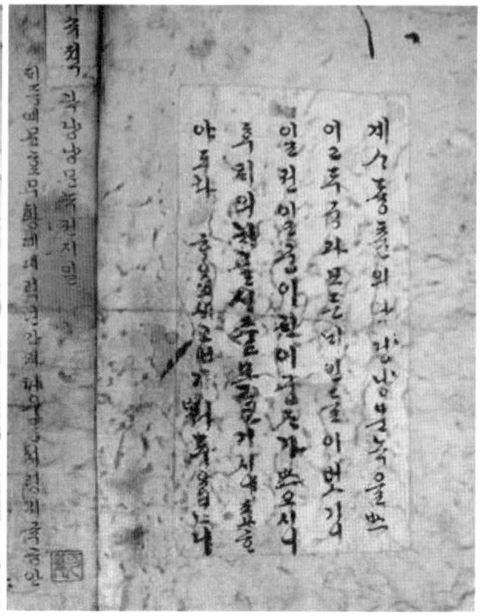

『곽장양문록』 권1 첨기(홍태한 소장). 첨기나 첨지나 종이를 오려 붙인 것이다. 이것들을 제외하면 책에 본문 외에 아무런 표식이 없다. 관련 사항을 원본에다 바로 적지 않은 것은 원본을 소중히 여긴 때문이라고 할 수 있다. 본문 하단에 "一簑"라는 인기(印記)가 있는데, 서울대학교 국문학과 교수였던 방종현의 것이다.

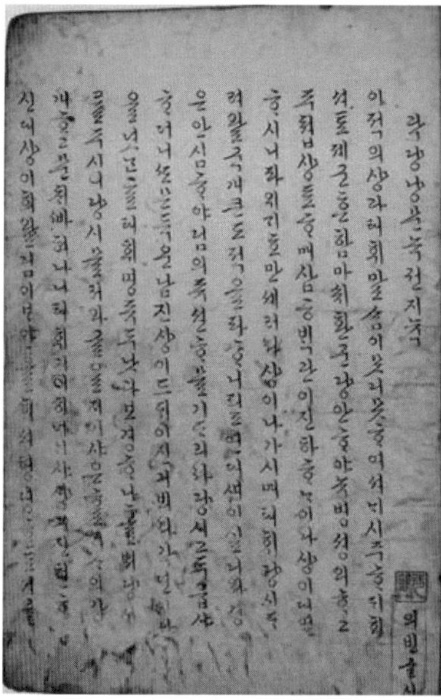

『곽장양문록』 권6 첨지(본서 32쪽 컬러 사진 참조, 서울역사박물관 소장). 하단에 "의빈글시"라는 첨지가 있다.

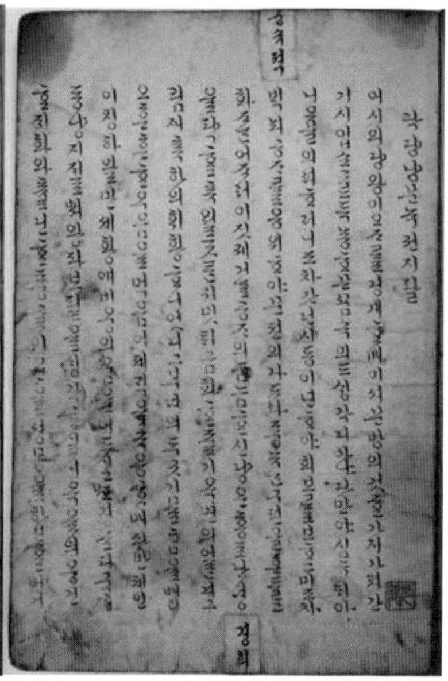

『곽장양문록』 권8 첨지(서울역사박물관 소장). 상단에 "궁슈적"과 하단에 "경희"라는 첨지가 있다. 그런데 이 두 줄에서 필체의 변화가 보이지 않는다.

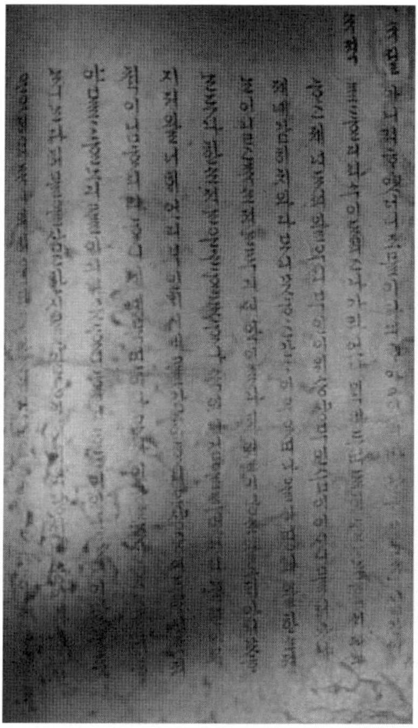

『곽장양문록』 권2 첨지(홍태한 소장). 상단에 "슈필", "슈젹"이라는 첨지가 있는데, 이 두 줄 역시 필체의 변화가 보이지 않는다. 첨지를 모두 필적의 주인을 나타낸 것으로 볼 수 없을 듯하고, 만일 필적의 주인을 표시한 것이라면 첨지가 후대에 원래 위치를 잃은 것이라 할 것이다.

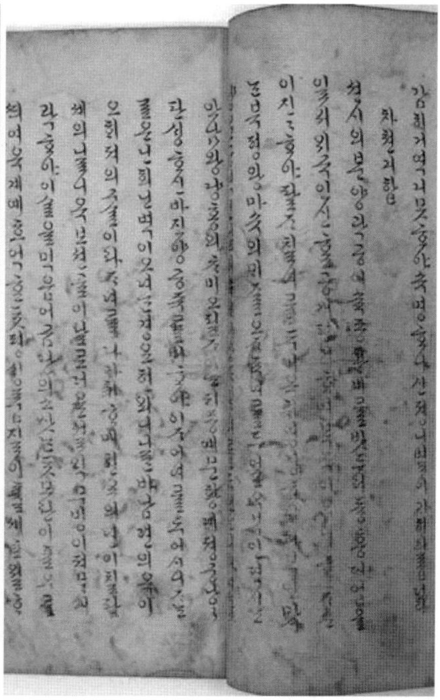

『곽장양문록』 권7 본문(서울역사박물관 소장). 『곽장양문록』에 『차천기합』이 부록되어 있음을 보여준다.

궁중본으로 칭해지는 것 가운데 다소 독특한 성격의 자료도 있는데, 영남대학교 중앙도서관에 있는 『명주옥연기합록』이 그렇다. 이 작품은 『현씨양웅쌍린기(玄氏兩熊雙麟記)』에서 『명주기봉(明珠奇逢)』으로 이어진 다음에 나오는 연작으로, 이 작품을 거쳐 다시 『현씨팔룡기(玄氏八龍記)』로 이어지는 거대한 4부작 연작 소설 가운데 하나다. 이 자료는 유일본으로 철종의 후궁인 김철영 상궁과 저동궁의 지밀상궁인 서유순, 그리고 두 명의 여염집 여인이 공동으로 필사했다. 궁을 나온 궁녀가 궁 밖에서 다른 여성들과 함께 베낀 책이다. 궁녀에 의해 필사되었다고 해서 궁중본이라고 여기기도 하지만, 궁중 내에서 지존들이 읽기 위해 베낀 책이 아니므로 엄밀히 말하면 궁중본이 아니다. 이 책은 아침저녁으로 드리는 문안인사 편지의 이면에다 베꼈고, 그래서 책 크기가 보통 궁중 소설의 절반에 불과하다. 제본도 종이끈으로 했다. 필사 연대는 1895～1898년 사이이다.

마지막 장에는 저동궁 주인인 덕온공주의 손녀 윤백영이 김철영 상궁의 필적이라는 것을 밝혔다. 윤백영(1888～1986)은 순조의 딸인 덕온공주와 그 남편인 남녕위 윤의선의 손녀로, 순종의 계비인 윤씨에게는 집안 아주머니가 된다. 죽기 전까지 궁궐을 출입하며 소설을 읽었으며 궁궐의 역사와 풍속에 대해 여러 가지 전문을 남겼다. 한국학중앙연구원 장서각에 있는 『보은기우록』 등의 소설 후면에 후기를 남기기도 했다.[130]

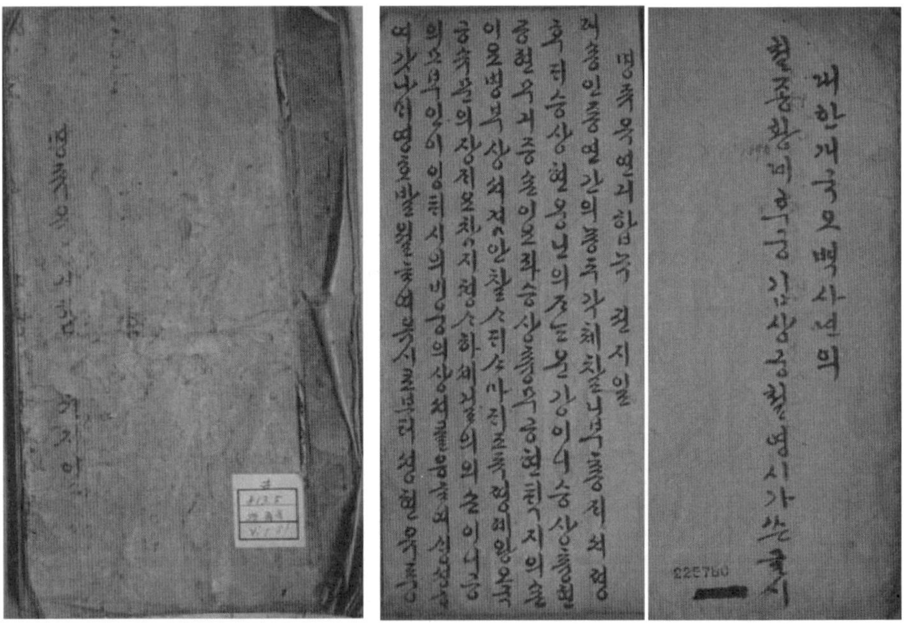

『명주옥연기합록』 권1 표지 및 첫 면과 마지막 면(영남대학교 도서관 소장)

부가(富家)

소설의 외형은 신분이나 교양 수준보다 경제적 여건에 따라 차이가 크다. 그래서 필사소설의 범주를 부가(富家)와 평가(平家)로 나누었다. 그러나 실제로는 부가라고 해도 자료나 기록을 남긴 대부분의 집안은 양반가, 그것도 명문 양반가이다. 여기서 부가는 거의 명문가라고 해도 과언이 아니다. 명가(名家)는 대부분 어느 정도의 재력이 있으므로 부가에 해당된다고 할 수 있는데, 사회적 지위에 비해 재력이 많은 집안도 있어서 이들 집안에서 남긴 소설도 없지 않다. 중인이나 서리, 지방의 향반 중에 그런 집안이 있다.

서울 명문가의 소설 향유를 보여주는 비교적 자세한 기록은 권섭(權燮, 1671~1759)의 『옥소고(玉所稿)』와 권섭의 종형제인 권욱(權煜)의 손자 권진응(權震應, 1711~1775)의 문집인 『산수헌유고(山水軒遺稿)』에서 찾을 수 있다. 권섭은 1671년 서울에서 태어났으며, 아버지는 일찍 돌아가셨고 자신은 벼슬보다 문필의 길로 나아갔으나, 할아버지는 집의(執義)였고, 큰아버지는 유명한 유학자 권상하(權尙夏)이며, 외삼촌은 학문으로 유명한 영의정 이의현(李宜顯)이다. 이런 명문가 여성들이 소설을 읽고 베꼈음을 다음 기록들이 보여준다.

> 돌아가신 어머니 정부인(貞夫人) 용인 이씨(龍仁李氏, 1652~1712)께서 손수 필사한 책 가운데 『소현성록』 대소설(大小說) 15책은 장손 조응에게 줄 것이니 가묘(家廟)에 보관하고, 『조승상칠자기(趙丞相七子記)』, 『한씨삼대록(韓氏三代錄)』은 동생 대간군(大諫君)에게 주고, 『한씨삼대록』, 『설씨삼대록(薛氏三代錄)』 1건은 여동생 황씨부(黃氏婦)에게 주고, 『의협호구전(義俠好逑傳)』, 『삼강해록(三江海錄)』 1건은 둘째 아들 덕성에게 주고, 『설씨삼대록』은 딸 김씨부에게 주니 각 가정의 자손은

대대로 잘 보존함이 옳다. 숭정기원후삼기사(崇禎紀元後三己巳, 1749년) 11월 25일 불초자 섭이 삼가 쓰다. (『玉所稿』, 「先妣手寫冊子分排記」)

내 나이가 6, 7세였을 때, 여러 누이들과 어머니를 모시고 있었는데, 책 한 권을 먹으로 장난을 하여 심하게 상하게 하고 더럽혔다. 어머니가 책을 뺏으시며 말씀하시기를, "이 『한씨삼대록』은 내가 아이였을 때 글씨를 연습한 것이어서 오래된 것이다. 이야기는 정도에 어그러진 것이고 글씨도 유치하여 족히 아낄 것이 없지만, 이 안에 죽은 둘째 동생 금산군(錦山君)의 글씨가 있으니 고적(古跡)을 업신여겨서는 안 된다."고 하셨다. (『山水軒遺稿』 卷7, 「書先妣手筆韓氏三代錄後」)

앞의 것은 권섭의 어머니 용인 이씨가 손수 필사한 여러 소설들을 권섭이 자손들에게 나누어주는 것에 관한 기사다. 여기에 거명된 작품들은 용인 이씨의 생몰연대로 볼 때 대개 17세기 후반이나 18세기 초반에 필사된 것이다. 이들 작품 가운데 『소현성록』은 현재까지 전하고 있으나, 나머지 한국 작품들은 온전히 전하지 않는다.

『한씨삼대록』은 『소현성록』의 파생작으로 낙질 1책(권2)만이 전하고 있고, 『조승상칠자기』와 『삼강해록』은 성격을 알 수 없는 작품이다. 『설씨삼대록』은 『소현성록』의 파생작 가운데 하나로 현재 낙질로 전하고 있는 『설씨이대록』과 관계가 있지 않을까 추정할 뿐이다. 『의협호구전』은 중국 청나라 초에 창작된 재자가인소설(才子佳人小說)이다. 또한 권섭은 할머니 함평 이씨(咸平李氏, 1622~1663)가 『삼국지(三國志)』 3책을 필사했다는 기록도 남기고 있는데, 권섭 일가 여성들의 소설 향유가 꽤 오랜 전통을 지닌 것임을 알 수 있다.[131]

한편 권진응의 기록은 한글소설이 유전되는 방식을 잘 보여준다. 권진응의 어머니 은진 송씨(恩津宋氏, 1676~1737)는 어릴 때 동생 금산군 송요좌(宋堯佐, 1678~1723)와 『한씨삼대록』을 필사했다. 은진 송씨는 19세 되던 1694년에 시집갔고, 송요좌도 1692년에 숙부에게 입양되어 서울로 이사했으니, 1692년 이전의 일이다. 이렇게 어머니나 일가친척의 수적을 보존하는 차원에서 한글소설이 보존 · 전래되었던 것이다.

서울 명문가 필사소설의 실례는 서울대학교 규장각한국학연구원에 소장된 『옥원재합기연』이 잘 보여준다. 이 책의 필사자는 전주 이씨 덕천군파(德泉君派)의 지파인 함풍군파(咸豐君派) 12대인 이영순(李永淳)의 처 온양 정씨(溫陽鄭氏, 1725~1799)를 중심으로 하여 그의 며느리, 손자며느리, 증손자며느리 등으로 밝혀져 있다.[132] 이영순은 현감을 지낸 광직의 아들로 광보의 양자가 되었고, 군수와 동중추부사를 역임했다. 온양 정씨의 아들은 네 명인데, 친척에게 입양된 한 아들을 빼면 모두 도사(都事), 판의금부사, 이조 판서 등의 벼슬에 올랐다.

초기 연구에서 이 자료는 필체가 졸필이니 악필이니 하는 평가를 받은 적이 있으나, 이는 조악한 영인본을 보고 내린 판단이며, 원본을 보면 단정하고 유려한 필치가 돋보인다. 기름 먹인 종이가 오래되어 얼룩이 적지 않은데, 복사 · 영인할 때 이것이 글씨와 함께 섞이면서 필체에 오명을 얻었던 것이다.

이 책에는 작가 정보를 알려주는 필사기가 있을 뿐만 아니라, 필사기의 정보를 특정할 수 있는 내용이 배접지와 본문 이면에 있다. 필사자의 가문으로 온 편지 이면 등에 소설을 베꼈던 것이다. 이 자료는 1786년부터 1790년까지 5년에 걸쳐 필사가 이루어졌는데, 필사 시기와 과정이 구체적으로 밝혀진 최초의 필사소설이다. 더욱이 이 자료의 권14와 권15의 본문 바로 앞에는 당대에 유통되었던 소설의 목록까지 있다.

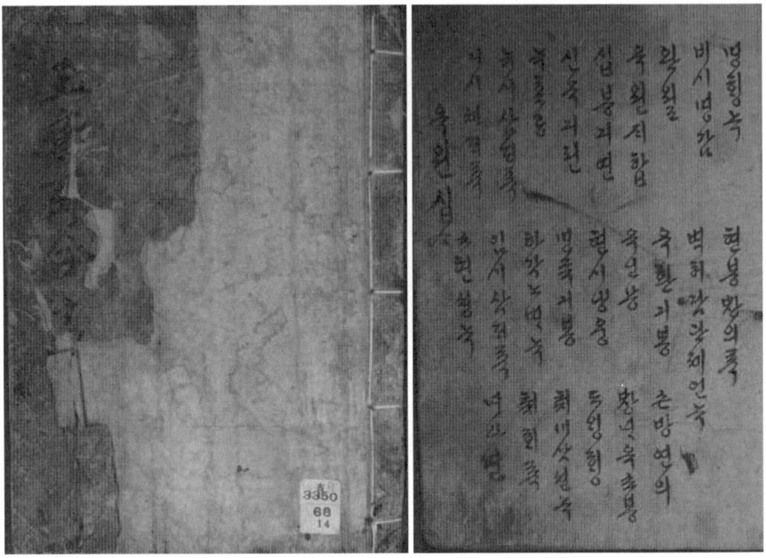

『옥원재합기연』 권14 표지와 소설목록(본서 30쪽 컬러 사진 참조, 서울대학교 규장각한국학연구원 소장)

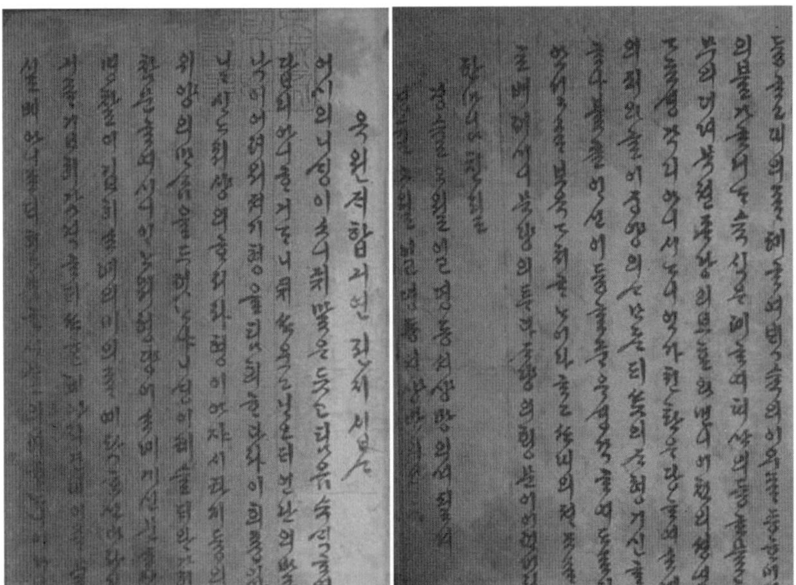

『옥원재합기연』 권14 첫 면과 마지막 면(서울대학교 규장각한국학연구원 소장). 경술년, 곧 1790년 5월에 필사했다고 적혀 있다.

명ᄒᆡᆼ녹, 비시명감, 완월, 옥원ᄌᆡ합, 십봉긔연, 신옥긔린, 뉴효공, 뉴시삼ᄃᆡ록, 니시셰ᄃᆡ록, 현봉빵의록, 벽허담관제언녹, 옥환긔봉, 옥닌몽, 현시냥웅, 명듀긔봉, 하각노별녹, 임시삼ᄃᆡ록, 소현셩녹, 손방연의, 빵녈옥쇼봉, 도잉ᄒᆡᆼ, 취미삼션녹, 취ᄒᆡ록, 녀와뎐 (제14권 맨 앞 장 소설목록)

ᄀᆡ벽연의, 탁녹연의, 셔듀연의, 녈국지, 초한연의, 동한연의, 당젼연의, 삼국지, 남송연의, 북송연의, 오ᄃᆡ툐ᄉᆞ연의, 남계연의, 국됴고ᄉᆞ, 쇼현셩녹, 옥쇼긔봉, 셕듕옥, 소시명ᄒᆡᆼ녹, 뉴시삼ᄃᆡ록, 님하뎡문녹, 옥인몽, 셔유긔, 튱의슈호지, 셩탄슈호지, 구운몽, 남졍긔 (제15권 맨 앞 장 소설목록)

목록에 실린 소설들은 일단 필사 시기인 1790년경에 서울에서 유통되었던 것으로 추정할 수 있는데, 물론 후대에 추기된 것일 수도 있어서 단정할 수는 없다. 더욱이 이 자료의 몇몇 부분에 후대에 '개장'했다는 기록이 있어서 개장 시에 삽입되었을 가능성도 배제할 수 없다. 만일 목록이 『옥원재합기연』의 필사 시 작성된 것이라면 목록에 실린 49종의 작품은 1790년경에 존재했던 작품이 될 것이므로, 소설에 대한 기록이 희소한 상황에서 스무 종 이상 소설의 창작 하한선을 보여준다는 점에서 중요한 의미를 지닌다.

목록의 작성 시기에 대해서는 지금까지 조심스럽긴 하지만 대개 1790년경으로 보았다. 그런데 최근 김동욱이 상세한 논증을 통해 1847년 개장 시에 삽입되었을 것으로 주장했다.[133] 그의 주장을 간단히 요약하면 다음과 같다.

1. 『옥원재합기연』은 1847년 대부분의 표지를 바꾸는 개장 작업이 있었으며, 목록이 실린 권14와 권15는 개장된 자료로 보인다.

2. 목록이 적힌 종이는 지질 등으로 볼 때 표지와 함께 개장 시에 삽입된 것으로 보이는 면지(面紙)이다. 면지란 표지 안쪽에 따로 넣은

종이이다.

3. 목록은 잘 정서되었다는 점에서 면지로 삽입되기 전에 적혔다기보다 삽입된 이후에 작성되었을 것이다.

『옥원재합기연』의 구체적인 개장 정보는 이 자료의 파생작이라고 할 수 있는 『옥원전해』에 기록되어 있다. 서울대학교 규장각한국학연구원에 함께 소장된 『옥원전해』는 같은 집안에서 같은 사람에 의해 필사된 자료이다. 거기에 정미년 2월에 해평 윤씨가 개장했다는 후기가 있다. 김동욱은 『옥원재합기연』의 표지가 두 종류라고 하면서 목록이 있는 권14와 권15는 개장된 자료의 표지 형태를 보여준다고 했다. 그런데 개장을 구체적으로 말하고 있는 『옥원전해』 권1과 권2는 김동욱이 말한 개장되지 않은 책의 표지를 가지고 있다. 이는 표지를 가지고는 김동욱처럼 개장 여부를 판단하기 어렵다는 말이 된다. 해평 윤씨의 '개장'은 어쩌면 표지는 바꾸지 않고 배접지 등을 새로 붙인 수리를 가리킬 수도 있다.

『옥원재합기연』, 『옥원전해』(본서 29쪽 컬러 사진 참조, 서울대학교 규장각한국학연구원 소장). 위쪽 줄은 『옥원재합기연』 권1~권7, 가운데 줄은 『옥원재합기연』 권12~권18, 아래쪽 줄은 『옥원전해』 권1~권5이다. 『옥원재합기연』 권1, 권9, 권18, 권19와 『옥원전해』 권1, 권2의 표지가 유사하다.

표지로 개장 여부를 분명히 판단할 수 없다면 배접지, 면지, 본문 종이의 종이 비교는 별 의미가 없게 된다. 그런데 종이의 질감에 있어서도 김동욱의 견해는 받아들이기 어렵다. 김동욱은 목록이 적힌 종이가 본문 종이보다 배접지에 가깝다고 했으나, 내가 몇 명 학생들과 함께 여러 번 다시 종이를 만져본 결과 목록 종이는 배접지와도 다르고 본문 종이와도 다르다. 배접지보다는 얇고 본문 종이와는 질감에서 약간 차이가 있다. 이렇게 보면 목록이 개장 시 또는 그 이후에 만들어졌다는 주장은 설득력이 약하다.

목록은 과연 언제 작성되었을까? 본문과 목록이 필체가 같다면 간단히 목록 작성 시기를 확인할 수 있겠지만, 필체로는 판단이 쉽지 않다. 목록에서 '빵녈옥쇼봉'의 'ㄹ' 받침 표기가 아래로 줄을 죽 그은 형태로 나오는데, 이런 흔치 않은 표기가 권14 본문 일곱째 줄 '일노뻐'에서도 보인다. 이런 필체의 유사성은 확인되지만 그것만으로는 본문 필사자를 목록 작성자로 단정 지을 수 없다. 영 없는 표기 형태도 아니고 한 집안에서 유사한 표기가 나타나는 것은 일반적인 현상이기 때문이다. 다만 비교적 분명히 확인할 수 있는 것은 목록이 적힌 면지가 개장이 이루어진 1847년 또는 그 이후의 것이 아니라, 오히려 필사 시기의 것에 가깝다는 사실이다. 권14 뒤쪽 표지 안에 삽입된 면지의 이면을 보면 신국빈(申國賓)이라는 사람이 보낸 편지가 있는데, 이 집안과의 관계를 고려할 때 이 신국빈은 18세기 인물이 거의 확실하다.

『옥원재합기연』과 『옥원전해』의 필사에 사용된 종이들 가운데, 출처가 밝혀진 것 중에는 온양 정씨의 장남으로 도사(都事) 벼슬을 지낸 이면항(李勉恒)에게 온 편지가 적지 않다. 그런데 이면항과 관계된 사람 중에 본관이 평산이며 밀양에 거주한 학자 신국빈이 있다. 신국빈(1724~1799)은 『태을암집(太乙菴集)』이라는 문집을 남겼는데, 문집에 「제이도사면항문(祭李都事勉恒文)」이라는 제문이 있다. 또

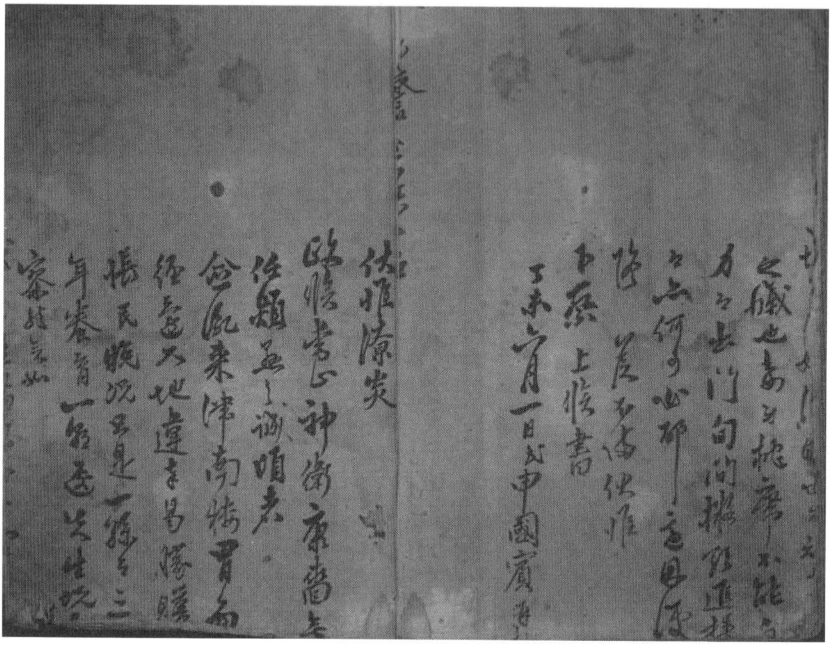

『옥원재합기연』 권14 뒤쪽 면지 이면(서울대학교 규장각한국학연구원 소장)

권15의 앞쪽 배접지에도 누구와 주고받았는지는 확실하지 않지만 정미년 3월에 보낸 편지가 있다. 개장이 정미년 2월에 이루어졌음을 볼 때, 이 정미년은 1847년보다는 1787년일 가능성이 높다. 배접지와 면지에 사용된 종이로 보면 권14와 권15의 목록은 본문이 필사되던 1790년 무렵에 만들어졌을 가능성이 오히려 높은 것이다.

이 밖에 시골에 기반을 두고 있지만 서울의 명문가와 다를 바 없는 문벌을 지닌 집안의 자료로 전라남도 해남의 해남 윤씨 종가에 전하는 소설 자료들을 들 수 있다. 흔히 '녹우당'으로 알려진 이 집은 「어부사시사」 등의 시조로 유명한 윤선도의 고택으로, 후대에는 그림으로 유명한 윤두서와 윤덕희가 있다. 비록 한반도 남단 구석에 자리를 잡았지만 서울과 지속적으로 교류하며 서울 명문가와 어깨를 나란히 한 집이다. 윤덕희는 자신이 여기저기서 본 128종 소설의 목록을 작성하여 「소설경람자(小說經覽者)」(1762)라는 목록을 남겼는데, 거의 중국소설이며 4종의 한국한문소설(『왕경룡전』, 『주생전』, 『남정기』, 『홍백화전』)과 중국소설로 추정되는 9종의 미확인 소설이 실려 있다. 대개 궁궐이나 서울의 명문가에서 본 것으로 짐작되는 작품들이다.[134]

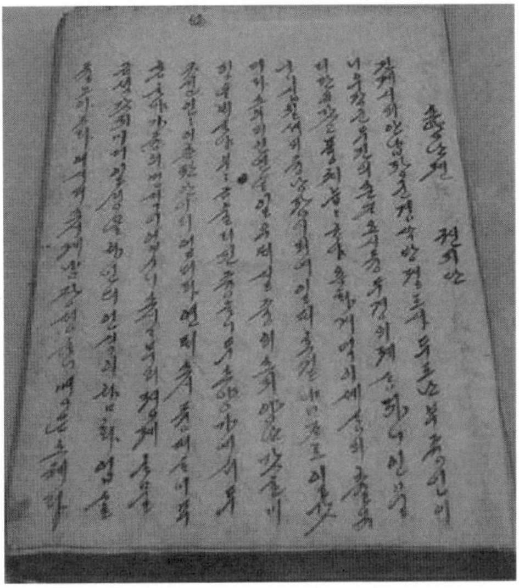

『소약난전』 첫 면(녹우당 소장)

『창선감의록』 표지와 중간 면(녹우당 소장)

현재 이 집안에 전해오는 전적은 445종 1,422책인데, 이 가운데 소설류는 16종 32책이다.[135] 이 소설 중에 중국소설 『수양제염사(隋煬帝艷史)』의 한글번역본인 『슈양외ᄉᆞ』는 이 집안의 며느리가 된 신광수의 누이동생 부용당 신씨(1732~1791)가 시집올 때 가져온 것으로 보고 있다.[136] 수양제의 탐욕스럽고 음란 방탕한 생활을 그린 작품을 신부가 시집올 때 가져왔다는 것이 놀랍다. 그런데 또 하나 놀라운 사실은 이 집에 전하는 소설들이 집안의 위상이나 재력에 비해 상대적으로 저급의 종이를 사용하고 있다는 점이다. 그만큼 소설은 대수롭지 않은 책으로 취급되었던 것이다.

지방 유력가의 또 다른 자료로 영남대학교 도서관에 소장된 『구운기』를 들 수 있다. 이 자료는 원래 유명한 경주 최부잣집 소장본으로 전해진다. 『구운기』는 종전에 한국소설인지 중국소설인지 어디에서 창작되었는지 하는 이른바 '국적 논란'이 있었다. 김진수의 연행시집인 『연경잡영』에 중국인이 『구운몽』을 읽고 편폭을 대폭 늘려서 『구운루』라는 제목으로 10책으로 간행했다는 말이 있는데, 『구운기』가 전체 9책이어서 서로 맞아떨어지지 않았다. 최근 양승민이 인천시립도서관에서 전 10책의 『구운루』를 찾았는데 『구운기』와 동일한 작품임이 밝혀졌다.[137]

『구운기』는 경주 최부잣집의 후손인 최준이 대구대학을 설립·운영할 때 기증한 것이라고 한다. 대구대학은 뒤에 삼성의 설립자 이병철에게 넘어갔는데, 이병철이 학교를 포기하면서 같은 지역의 청구대학과 통합하여 현재의 영남대학교가 되었다. 이렇게 하여 영남대학교 중앙도서관 문파문고에 남게 되었다. 문파는 최준의 호이다. 책에는 '오은(鰲隱)'의 인문이 있는데, 오은은 최준의 증조부인 최세린(崔世麟, 1792~1846)의 호다. 19세기 초에 필사된 것임을 짐작할 수 있다. 지역의 소문난 큰 부잣집 책답게 궁중본처럼 깨끗한 종이에 단정하게 필사·제본되어 있다.

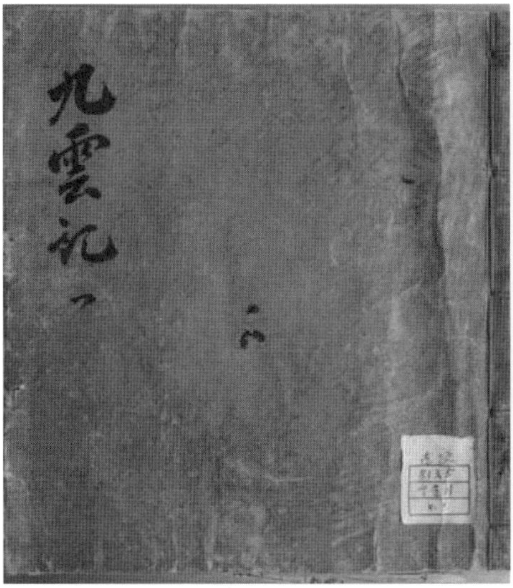

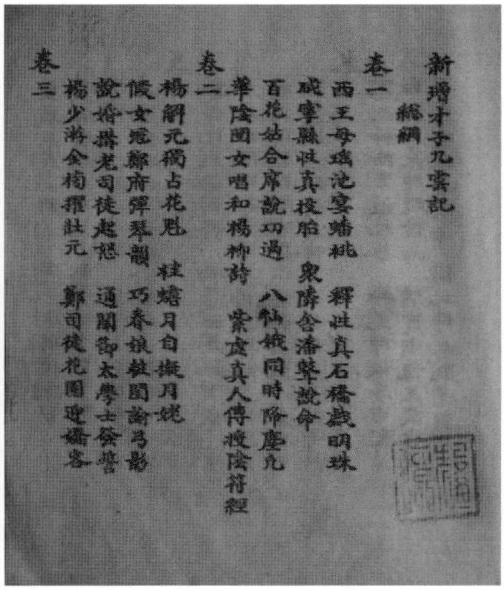

『구운기』 권1 표지와 목차(영남대학교 도서관 소장)

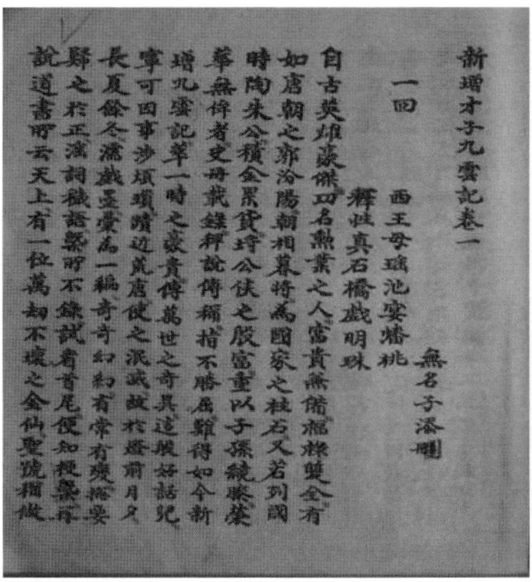

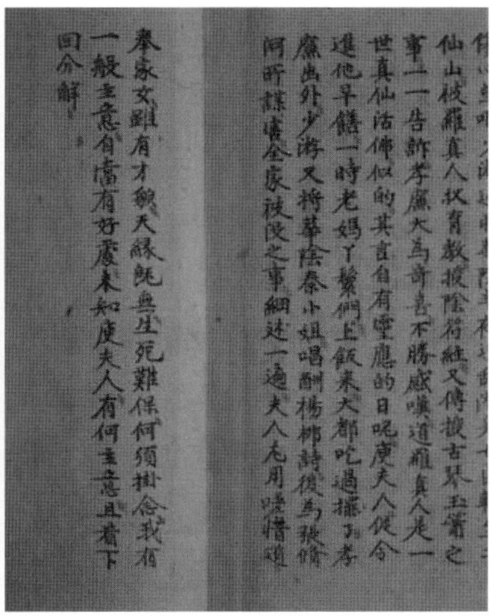

『구운기』 권1 첫 면과 마지막 면(영남대학교 도서관 소장)

이 밖에 출처가 분명하지는 않지만 부가의 필사본으로 보이는 것들이 있다. 미국 버클리대학교(U. C. Berkeley) 동아시아도서관 소장 『사씨남정기』와 『환화록(幻化錄)』이 그렇다. 『사씨남정기』의 필사기에는 도광 9년 곧 1829년에 진주 후인 강사백(姜師伯)이 썼다고 했다. 강사백이 어떤 사람인지 모르지만, 『승정원일기』 1866년 7월 28일조를 보면 집안의 문장(門長)인 유학(幼學) 강사백이 입양 건을 허락해 달라는 소지를 예조에 올렸다. 동일인인지는 분명하지 않지만 필체, 제본, 종이 등으로 보아 양반 명문가에서 나온 자료로 짐작된다.

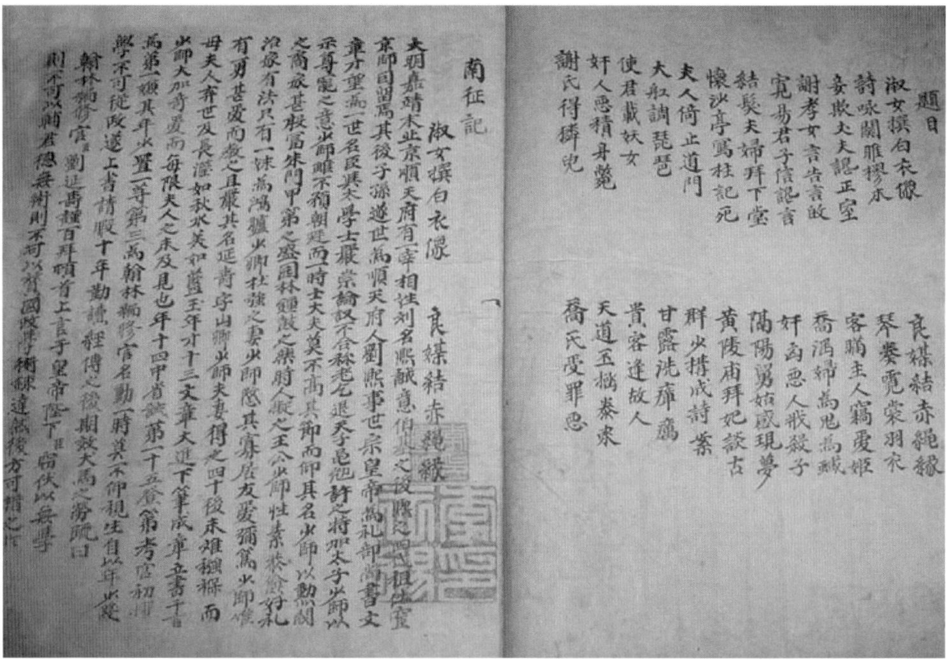

『사씨남정기』 첫 면(버클리대학교 동아시아도서관 소장)

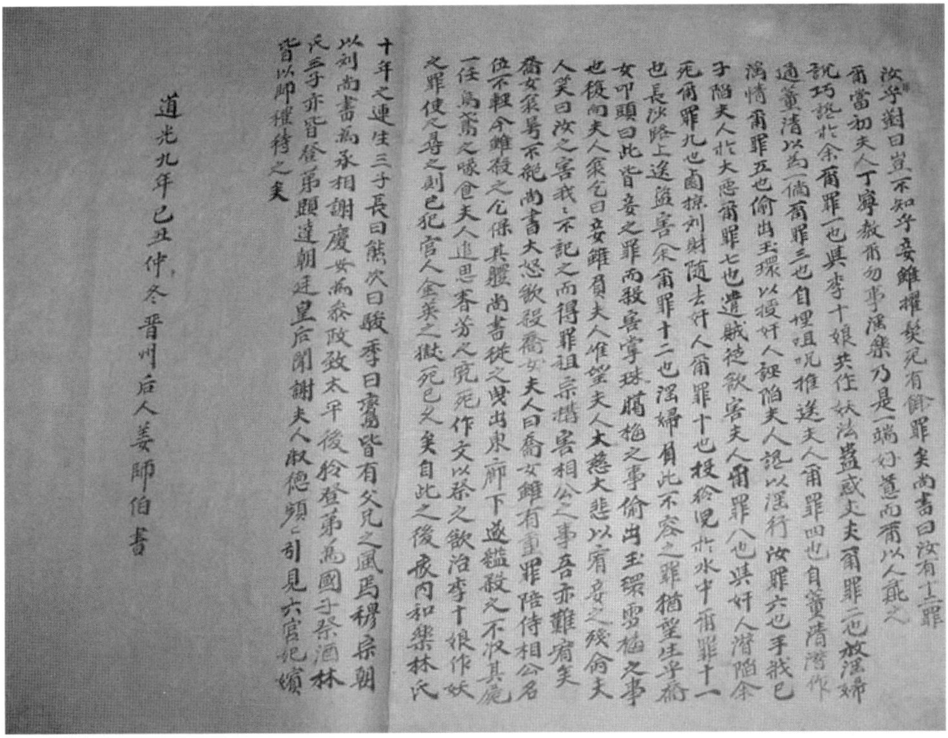

汝乎對曰豈不知乎妾雖擢髮死有餘罪矣尚書曰汝有十二罪
爾當初夫人丁寧教爾勿事淫樂乃是一端好意而爾以人亂之
說巧語於余爾罪一也與李十娘共作妖法蠱惑丈夫爾罪二也放淫婦
通董清以為一倘爾罪三也自埋咀呪推送夫人爾罪四也自董清潛作
淫情爾罪五也偷出玉環以授奸人誣陷夫人誣以淫行汝罪六也手殺己
子陷夫人於大惡爾罪七也遣賊徒欲害夫人爾罪八也與奸人潛陷余
死爾罪九也固掠財隨去奸人爾罪十也投兒於水中爾罪十一
也長沙路上送賊害余爾罪十二也淫婦負此不容之罪猶望生乎喬
女叩頭曰此皆妾之罪而殺害掌珠膺梳之事偷出玉環雪梅之事
也後聞夫人哀乞曰妾雖負夫人惟望夫人大慈大悲以宥妾之殘命夫
人笑曰汝之害我我不記之而得罪祖宗構害相公之事吾亦難宥矣
喬女哀号不絶尚書大怒欲殺喬女夫人曰喬女雖有重罪陪侍相公名
位不輕今雖殺之亦保其體尚書從之與出東廂下盛鑑殺之不收其屍
一任烏鳶之啄食夫人追思春芳之冤死作文以祭之欲治李十娘作妖
之罪使之尋之則已犯官人金吏之獄死已久矣自此之後家内和樂林氏
十年之連生三子長曰熊次曰駿季曰鸞皆有父兄之風馬穆宗朝
以劉尚書為丞相謝慶安為參政致太平後於登第為國子祭酒林
氏三子亦皆登第顯達朝廷皇后聞謝夫人淑德頻頻引見六宮妃嬪
皆以師禮待之矣

道光九年己丑仲冬 晋州后人姜師伯書

『사씨남정기』 마지막 면(버클리대학교 동아시아도서관 소장)

『환화록』은 곧 『구운몽』이다. 기본적으로 한문본은 일정한 수준 이상의 집에서 나온 것이라 할 수 있겠는데, 이 책은 필사나 제본의 수준이 앞의 『구운기』와 비슷하다. 특이한 점은 전 3책으로 된 자료의 표지 앞뒤에 한 면씩 그림을 둔 것이다. 조선 소설에는 낙서 그림이 아니면 기본적으로 그림이 없다. 표지 그림이나 내부의 등장인물 그림은 20세기 이후 활자본에나 보이는 것이다. 그림은 작품과 연관된 것이 아니어서 특별한 의미가 있다고 보기도 어렵지만, 그만큼 정성이 느껴진다.

『환화록』 권1 목차(버클리대학교 동아시아도서관 소장). 그림은 아난존자가 갈댓잎을 타고 바다를 건너는 장면이다.

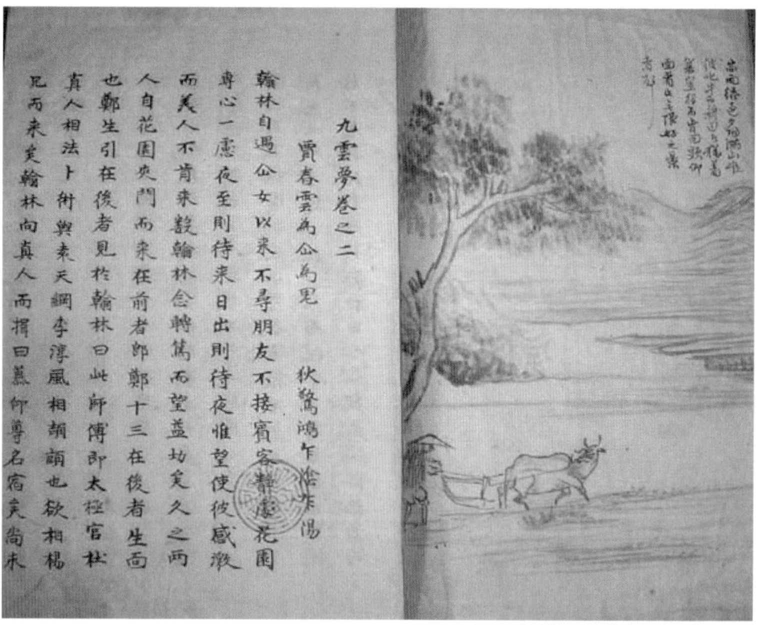

『환화록』 권2 첫 면(버클리대학교 동아시아도서관 소장)

이 밖에 하버드대학 옌칭도서관에 소장된 이른바 노존본 『구운몽』도 궁궐이나 명문가에서 소장했던 이본으로 추정된다. 노존본은 제1회의 장회 제목이 종전에 널리 알려진 한문 목판본과 달리 '노존'으로 시작한다고 하여 붙은 이름인데, 정규복에 의해 『구운몽』의 최선본으로 간주되었다. 표지에 1954년 도서관에 들어왔다는 스탬프와 함께 매 권의 배접지 안쪽에는 '금촌장서(今村藏書)'라는 장서인이 찍혀 있는데, 1960년 당시 옌칭도서관 한국 담당 사서였던 김성하의 회고에 따르면, 초기에는 일본에서 한국 고서를 많이 사들였다고 한다. 말하자면 일본인 이마무라(今村)의 책이 도서관으로 들어왔던 것이다. 또 매 권의 권수제 아래에는 원형의 묵인이 있는데, 정확히 읽히지 않지만 그 전 소장자의 것으로 짐작된다. 표지에 찍힌 능화문이 매우 아름다운데, 이는 궁중본에서나 볼 수 있는 수준이어서 궁중본일 가능성도 열어두는 것이 좋으리라 생각한다.

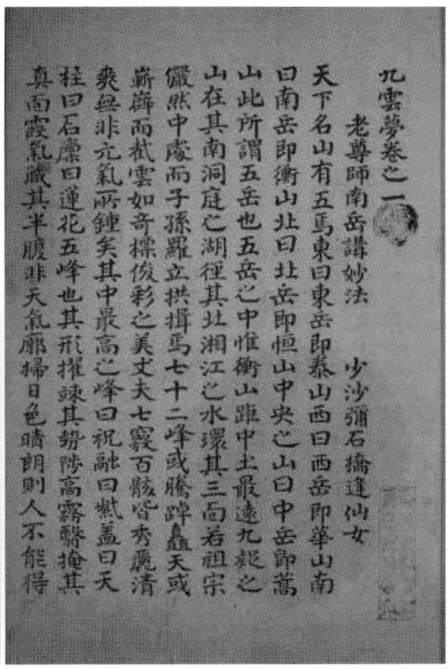
九雲夢卷之一
老尊師南岳講妙法 少沙彌石橋逢仙女
天下名山有五焉東曰東岳即泰山西曰西岳即華山南
曰南岳即衡山北曰北岳即恒山中央之山曰中岳即嵩
山此所謂五岳也五岳之中惟衡山距中土最遠九疑之
山在其南洞庭之湖徑其北湘江之水環其三面若祖宗
儼然中處而子孫羅立拱揖焉七十二峰或騰踔矗天或
嶄嶭而截雲如奇標俊彩之美丈夫七竅百骸皆秀麗清
爽無非元氣所鍾矣其中最高之峰曰祝融曰紫蓋曰天
柱曰石廩曰蓮花五峰也其形擢竦其勢陟高霧翳掩其
真面霞氣藏其半腹非天氣廓掃日色晴朗則人不能得

노존본 『구운몽』 표지와 권1 첫 면(하버드대학 옌칭도서관 소장)

한편 고전소설은 자료 자체에 제작이나 소장 정보가 없는 것이 대부분이다. 그나마 본문 이면이나 배접지에 토막 정보라도 있으면 그것을 가지고 약간 추정할 수 있다. 국립중앙도서관에 소장된 『유씨삼대록』은 마치 궁중본처럼 크고 제본도 잘 되어 있다. 종이도 두껍고 질긴 장지이다. 어느 집에서 만들어졌는지 알 수 없으나 배접지에 관청과 연관된 내용이 보인다. "정조 대례 도차지 좌수 현알 중도(正朝大禮都次知座首現謁重徒)" 외에도 다른 배접지에는 "전함 좌수 임규원(前啣座首林奎源)", "도차지 좌수 장일명(都次知座首張一明)" 등의 이름이 있다. 정월의 큰 행사에 도차지 좌수가 알현하고 물건을 올린다는 내용과 좌수의 이름이 적힌 것인데, 좌수라는 직함으로 보아 지방 관청에서 나온 문서로 보인다. 관청의 묵은 문서가 어떻게 소설 배접지로 이용되었는지 알 수 없으나, 책의 제작 수준으로 보아 해당 관청의 수장 집안에서 만든 것이 아닐까 짐작한다.

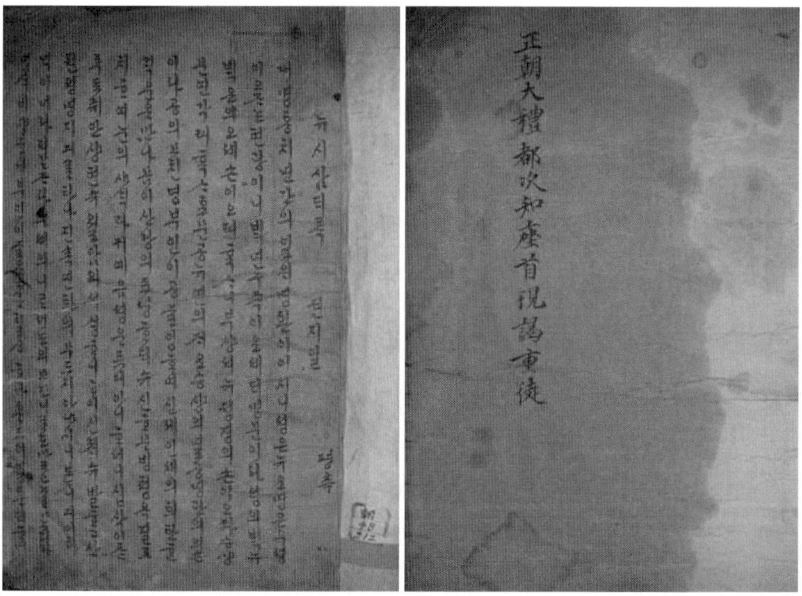

『유씨삼대록』 권1 첫 면과 권2 배접지(국립중앙도서관 소장)

평가(平家)

부가와 상대되는 범주는 빈가(貧家)이겠지만, 가난한 집에서 소설을 베끼고 읽기는 어려운 것이 조선의 현실이었다. 종이를 구해서 소설을 베낄 수 있다면 어느 정도 재력이 있는 집안이다. 그런 면에서 보면 소설은 기본적으로 모두 부잣집에서 나왔다고 말할 수 있지만, 앞에 언급한 부가는 그 가운데도 상대적으로 더 큰 부를 지닌 집이다. 여기서 평가는 큰 부자도 아니고 가난하지도 않은, 빠듯하게 생계를 꾸려나가면서도 최소한의 문화생활을 누리는 평범한 중간 계층의 집안을 가리킨다.

흔히 시골로 자료 조사를 가서 만나는 소설들은 일본 교토대학에 소장된 『곽종운전』과 비슷한 모습을 띤 것이 많다. 종이는 편지나 문서의 이면을 활용하고, 표지도 제대로 갖추지 못했으며, 제본은 책 오른쪽에 몇 개의 구멍을 뚫어 묶는 수준이다. 대개 졸필로 종이를 아끼기 위해 상단부터 하단까지 거의 여백을 두지 않고 빽빽이 필사한다. 『곽종운전』 필사기를 보면 1908년 중부 탑동 37통 3호에 거주한 최재근이 베낀 것이다. 최재근이 어떤 인물인지 알기 어려우나, 사용된 문서가 민간의 상업 문서인 것으로 보아 서울 종로통에 거주한 서민으로 짐작된다.

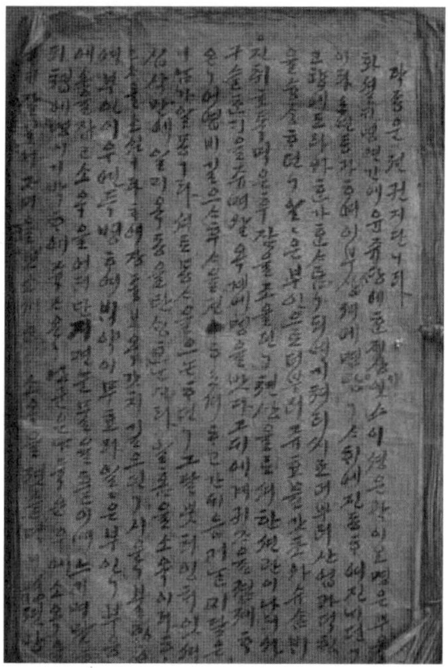

『곽종운전』 첫 면(교토대학 부속도서관 소장)

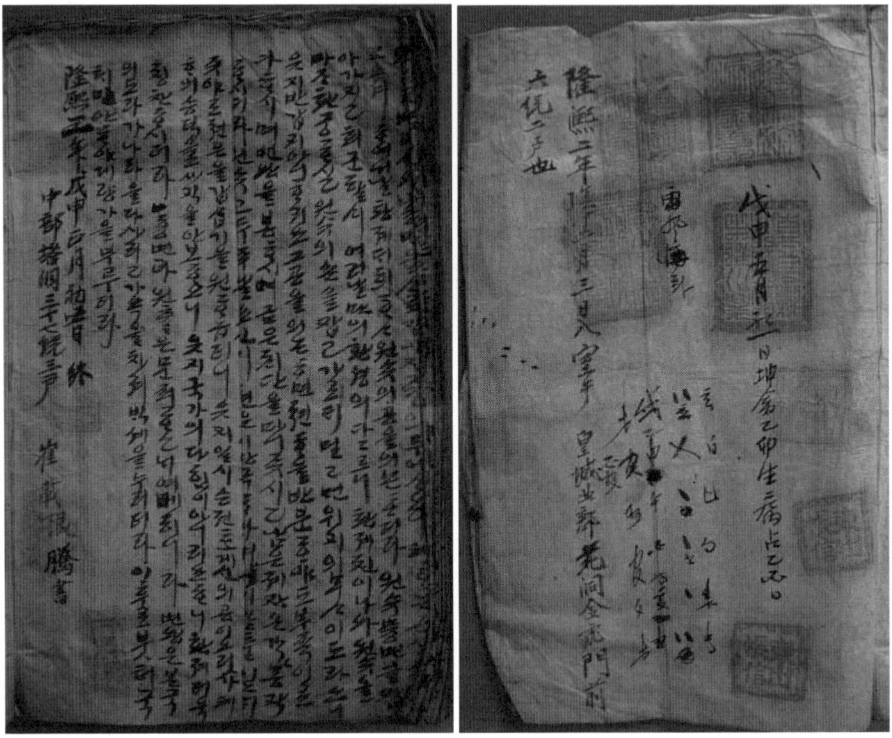

『곽종운전』 마지막 면과 후면 표지(교토대학 부속도서관 소장)

이런 평가(平家)에서 나온 소설은 제작 수준도 낮지만 보존 상태도 좋지 않다. 그래서 필사 연대가 오랜 것을 찾기 어려운데, 현재 남아 있는 것을 보면 평가의 백 년도 채 안 되는 소설이 궁중의 이백 년도 더 된 소설보다 낡아 보이기 일쑤다.

여태명 소장의 『장선생전』은 형태도 통상적인 직사각형이 아니라 정사각형에 가깝다. 재활용한 원래 종이의 크기를 그대로 살린 것이다. 적당한 크기의 종이를 구하기 어려웠던 평가의 현실이 잘 드러나 있다. 한편 『무곡전』은 책의 형태는 반듯하지만 필체가 아이들 글씨처럼 서툴다. 이 자료들의 소장자인 서예가 여태명은 민가에서 생산된 소설의 필체에서 영감을 받아 '민체'라고 명명한 서체를 개발했다. 고속도로에서 전주로 들어오는 요금소에 붙인 현판 '전주'에서 그의 서체를 볼 수 있는데, 그는 민체를 개발하기 위해 일부러 민간에서 유통된 소설만 집중적으로 수집했고, 여기서 기교를 부리지 않은 순수하고 소박한 서체를 발견했다. 『무곡전』의 글씨에서는 막 글씨 연습을 시작한 듯한 사람의 호기심과 흥분, 그리고 긴장이 느껴진다.

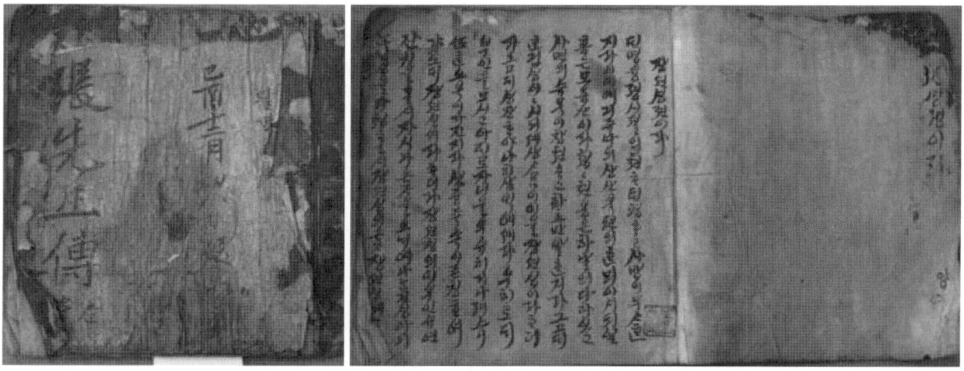

『장선생전』 표지와 첫 면(여태명 소장)

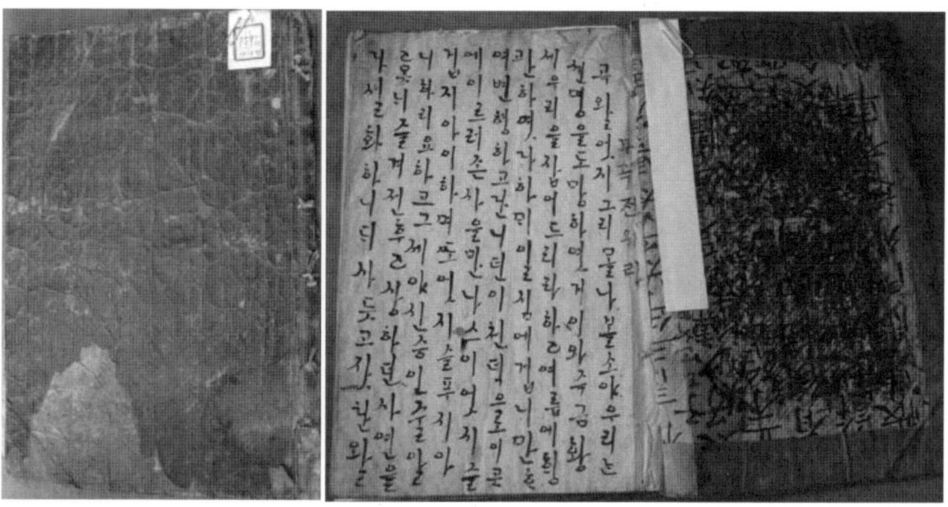

『무곡전』 표지와 첫 면(여태명 소장)

외국

많지는 않지만 어떤 계기로 외국인이 한국소설을 읽는 일이 있었다. 동아시아 한문 문명권에서 한문소설은 중국인이나 일본인도 마음만 먹으면 어렵지 않게 읽을 수 있었으니, 『금오신화』가 일본으로 건너가서 간행되었다든지, 『구운몽』이 중국에서 『구운루』라는 이름으로 개작되어 출간된 것이 그 예이다. 그런데 한글소설은 한국어를 배운 특별한 외국인이 아니면 읽기 어려우니, 한국어 통역관 또는 조선과 무역을 하는 상인들이나 읽을 수 있었다. 박지원의 『열하일기』에는 청나라 통역관의 수레에 낡은 『유씨삼대록』이 있음을 언급했다. 궁중의 서목에서 가장 많이 등장한 인기 높은 소설인 『유씨삼대록』을 중국인 통역관이 읽었던 것이다.

중국인의 한글소설 독서 기록은 『열하일기』 외에는 찾아보기 어렵지만, 일본인의 경우에는 상당한 자료가 남아 있다. 중국과 달리 일본에서는 오래전부터 한국과의 외교와 교역을 위해 한국어 통역관을 두었고 그들을 교육하는 기관과 교재를 만들었다. 특히 1727년에는 조선의 사역원을 모델로 한 한국어 교육기관인 '한어사(韓語司)'를 쓰시마에 설치했다. 한어사는 해외에서 최초로 공식적으로 한국어 교육을 시작한 기관이다. 한어사에서는 소설을 한국어 학습의 주요한 교재로 채택했는데, 한어사를 설립한 아메노모리 호슈(雨森芳洲, 1668~1755)는 젊은 시절인 1702년에 부산의 왜관에 와서 『숙향전』, 『이백경전(李白瓊傳)』 등의 소설을 가지고 한국어를 공부했다.[138]

소설을 이용한 외국어 학습법은 기실 아메노모리가 앞서 중국어를 배울 때부터 사용한 것이다. 아메노모리는 "우리나라 사람들이 중국어를 배우는 데 있어서 소설을 빼면 손 둘 데가 없다."고 말할 정도로 외국어 학습에 있어서 소설을 중시했다.[139] 『수호전』, 『서유기』 등 소설을 이용한 외국어 학습법은 당시 일본학자들 사이에 널리 퍼진 것이었다. 그런 조류 속에서 『숙향전』을 한어사의 기본 교재로 삼았고, 후에는 『최충전(崔忠傳)』, 『임경업전』 등을 상급 과정의 교재로 채택하여 학습했다.

한어사에서 공부한 소설 자료의 형태는 도쿄대학 문학부 도서실에 있는 『별숙향전』에서 엿볼 수 있다. 이 자료는 쓰시마에서 한국어를 공부하고 통역관으로 활동한 나카무라 쇼지로(中村庄次郞, 1855~1932)가 1875년과 1876년의 이십대 젊은 시절에 베낀 것이다. 이것을 죽기 직전 경성제국대학 교수로 있던 오쿠라 신페이(小倉進平)에게 기증했고 그것이 도쿄대학으로 전해졌다.

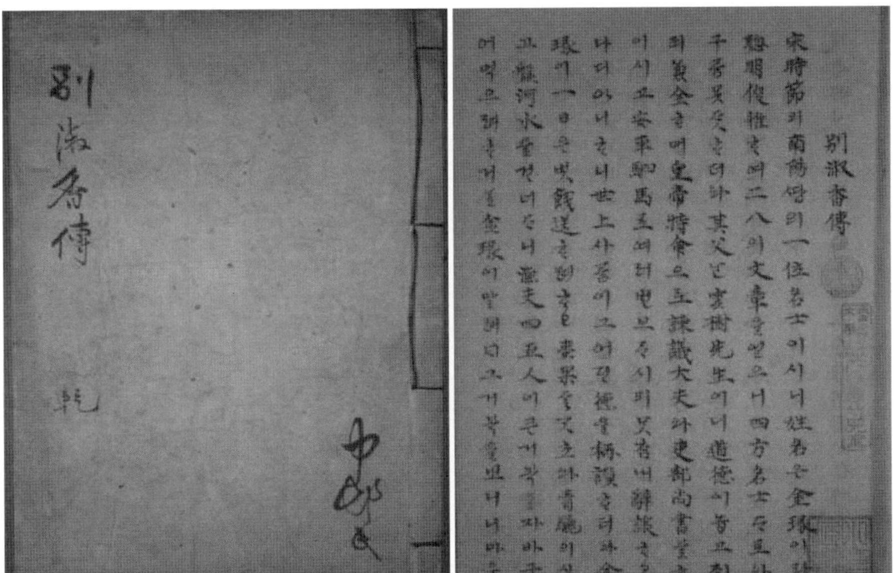

『별숙향전』 권1 표지와 첫 면(도쿄대학 문학부 언어연구실 오쿠라문고 소장)

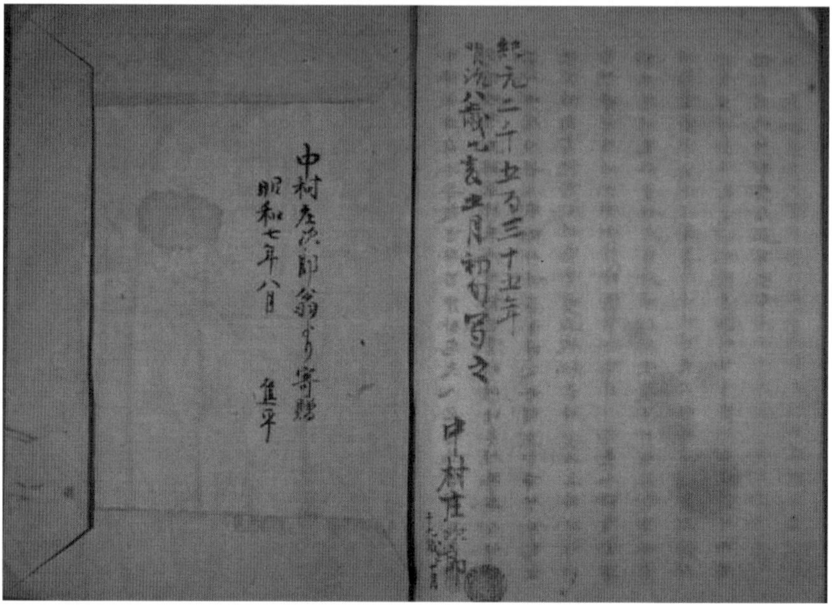

『별숙향전』 권1 필사기(도쿄대학 문학부 언어연구실 오쿠라문고 소장)

일본인이 필사한 소설은 일반적으로 얇은 일본 종이에 또박또박 단정한 글씨로 줄을 잘 맞추어 썼다. 한국어를 공부하는 것이 목적이니 알아보기 좋게 단정히 필사했을 것이다. 본문 한자어 옆에는 한자를 달기도 하고 일본어 번역을 두기도 했으며, 일부 어휘에는 본문 옆이나 상단에 주석을 두기도 했고, 주석과 함께 감상평을 넣기도 했다. 나카무라 쇼지로의 소장본 중에는 1873년에 베낀 『최충전』도 있고, 1881년 일본 외무성에서 간행한 활자본 『임경업전』도 있다.

쓰시마 외에도 한국어를 배우는 사람이 많았던 곳이 일본 규슈 남단 가고시마(鹿兒島)의 나에시로가와(苗代川)이다. 여기에는 임진왜란 때 포로로 끌려간 조선 도공(陶工)의 후예가 살았는데, 이들은 가고시마의 옛 이름인 사쓰마 번주의 명령에 따라 한국어와 한국문화를 지켰다. 여기서 그들은 남쪽으로 표류해온 조선 사람들을 심문하는 일도 맡았는데, 이때 쓸 수 있도록 한국어를 배웠다. 그들이 베낀 한글소설과 한국어 학습서는 후에 교토대학과 러시아 상트페테르부르크 동방학연구소 등으로 흘러갔다.

현재 나에시로가와에서 가장 유명한 사람은 심수관(沈壽官)이다. 사쓰마 번주는 조선인 집단 부락을 두어 조선 도공의 후예들이 일본에 동화되지 못하게 했는데, 메이지 유신 이후 일본 중앙정부가 열도 내의 모든 집단을 통합하는 정책을 취하였다. 이에 대다수의 조선 도공의 후예들은 서둘러 고향을 떠나 이름을 바꾸어 일본인이 되었는데, 심수관은 자기 동네에 머무르며 한국 이름을 유지했다.

다른 사람들이 동화될 때 이들이 그렇게 하지 못한 데에는 사정이 있었다. 이 무렵 심수관은 비엔나 국제박람회에 도자기를 출품하여 세계적인 명성을 얻었다. 동네의 다른 사람들이 한국식 이름을 버릴 때 사츠마의 심수관은 이미 유명한 도자기 브랜드가 되어 이름을 버릴 수 없었다. 개인 이름을 넘어서 하나의 브랜드가 된 심수관은 일본 장인의 관행에 따라 대대로 그 이름을 이어갔다. 아들에서 손자, 또 그 손자가 대를 이어 심수관이라는 이름을 사용했다.

후대의 심수관은 도자기 기술로는 별로 빛을 보지 못했지만, 한국인의 정체성을 지킨 사람으로 유명해졌다. 후대의 심수관은 나에시로가와의 한국 후예들이 버려두었던 동네의 단군 사당 등에 있던 한국 자료를 자기 집으로 모았다. 심수관 집안에 소장된 『숙향전』 2종과 『최충전』은 그렇게 남은 것이다. 필사기가 말하는 것처럼 이 자료는 원래 동네의 다른 집안에서 만들어진 것이다.[140]

『최충전』, 『숙향전』 전시(심수관가 전시실)

심수관가에서 소장하고 있는 『숙향전』의 한 이본에는 "안정삼세진 4월 16일 다 읽다. 책주는 박수열(安政三歲辰四月十六日是讀終, 主朴壽悅)"이라는 필사기가 있는데, 안정 3년 병진년(丙辰年)은 곧 1856년으로 이해 4월에 책주인 박수열이 다 읽었다는 말이다.

이 지역에 나온 한국소설로 교토대학에 소장된 것도 있는데, 여기 소장된 『숙향전』 한 종에는 "숙향전 상권 끝. 나이 19세. 홍화 3년 병오년 12월에 쓰다. 박태원 쓰다(淑香傳上終, 生年十九歲, 于時弘化三年午, 十二月寫之, 朴泰元寫)."라는 필사기가 있다. 홍화 3년은 1846년으로, 위의 박수열이나 여기 박태원은 모두 조선 도공 마을에서 오랫동안 촌장 역할을 한 박씨 집안 사람으로 보인다. 태평양전쟁 당시 일본의 외무대신으로 나중에 전범이 된 박무덕(朴茂德), 일본 이름으로는 도고 시게노리(東鄕茂德)가 이 집안의 후예다. 교토대학 문학부 도서실에는 『숙향전』(2종) 외에 『최충전』도 있다.

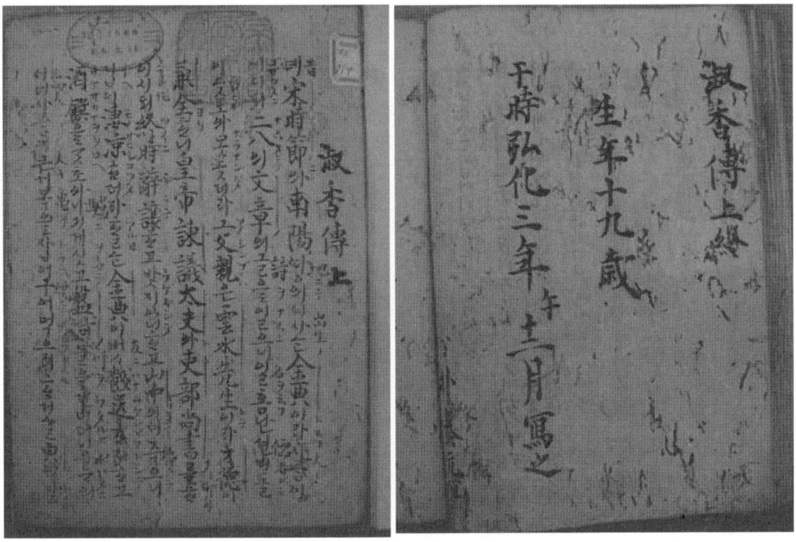

『숙향전』 1 첫 면과 마지막 면(교토대학 문학부 도서실 소장)

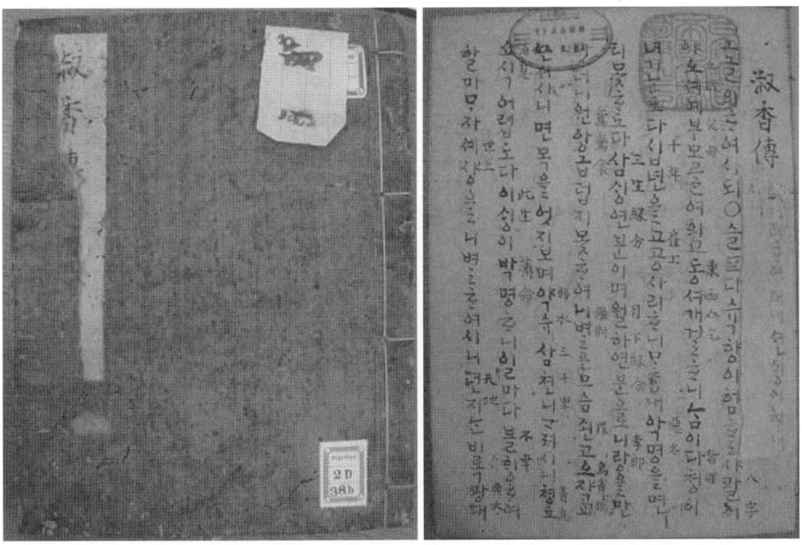

『숙향전』 2 표지와 첫 면(교토대학 문학부 도서실 소장)

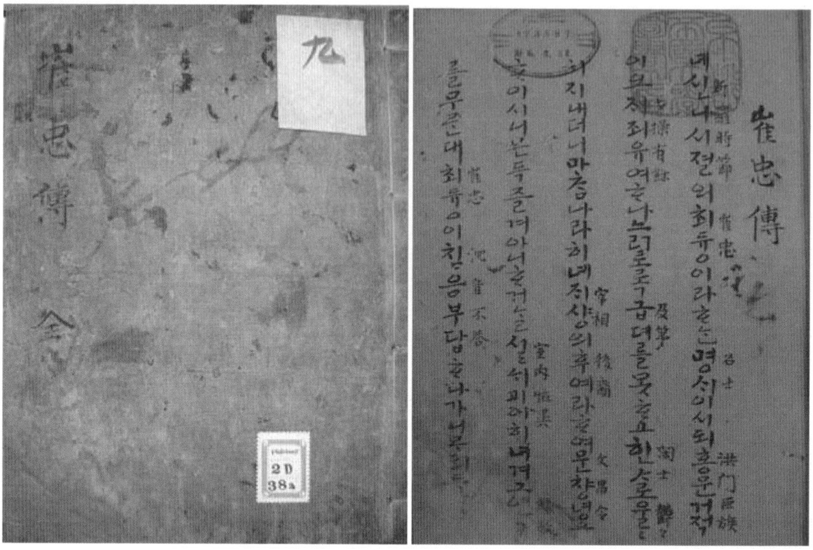

『최충전』 표지와 첫 면(교토대학 문학부 도서실 소장)

일본 쓰쿠바대학에도 1책 총 124장의 『숙향전』이 한 종 있는데, 책의 첫 면에는 총 다섯 개의 인장이 있다. 먼저 "岡倉文庫"(오카쿠라 문고)인데, 이는 이 책의 원주인이 오카쿠라 요시사부로(岡倉由三郎, 1868~1936)임을 말해주는 것이다. 오카쿠라는 일본 영문학계의 태두로 꼽히는 사람으로, 도쿄대학을 졸업하고 1891년 조선정부에 초대되어 일본어학교를 설립했으며, 1896년부터 1925년까지 쓰쿠바대학의 전신인 동경고등사범학교의 영어과 주임과 닛교(立教)대학 교수를 역임했다. 1893년에 「조선의 문학」이라는 논문을 발표했으며, 1939년 자신의 장서 2,417점을 동경고등사범학교에 기증했다. 기증 내역을 기록한 인장에는 "昭和14.9.25 洋洋塾ヨリ寄贈"이라고 되어 있어서 1939년 '양양숙'에서 기증했음을 알 수 있는데, 양양숙은 오카쿠라가 주도적으로 설립한 학술 기관이다. 이 밖에 "染谷"(소메야)라는 장서인은 오카쿠라 이전 소장자의 것으로 보이나 확인하지 못했다.

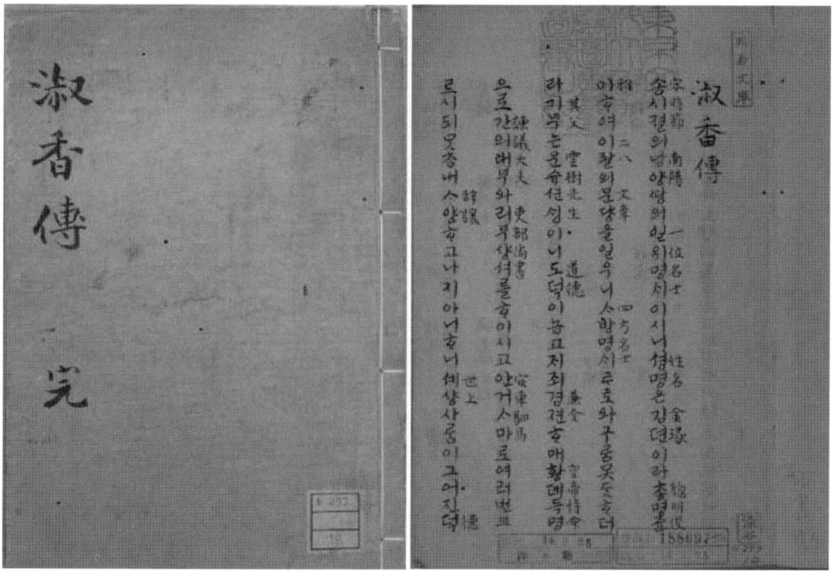

『숙향전』 표지와 첫 면(본서 26쪽 컬러 사진 참조, 쓰쿠바대학 부속도서관 소장)

한편 미국 하버드대학 옌칭도서관에는 일본인이 필사한 십여 종의 한국소설이 있는데,[141] 19세기 말 조선에 건너와서 한국소설을 베낀 하시모토 아키미(橋本彰美)가 남긴 자료다. 그의 소설로 『동선기(洞仙記)』, 『심청가겸오륜가(沈清歌兼五倫歌)』, 『중산망월전(中山望月傳)』, 『별주부전(鼈主簿傳)』, 『별춘향전(別春香傳)』, 『흥보전(興甫傳)』, 『유생전(劉生傳)』, 『진대방전(陳大方傳)』, 『추풍감별곡(秋風感別曲)』, 『박씨전(朴氏傳)』, 『민시령전(閔시령傳)』, 『이진사전(李進士傳)』, 『옥단춘전(玉丹春傳)』 등이 있다.

『흥보전』은 계축년 '김횡길' 책 본을 받아서 정유년에 베꼈다고 했다. 하시모토의 생몰년을 생각할 때 정유년은 1897년이며, 계축년은 1853년 이전이 될 수밖에 없는데, 이때는 신재효가 판소리 사설을 정리하기 이전이다. 판소리 사설 초기의 모습을 보여준다는 점에서 중요한 자료다.[142]

『흥보전』 표지와 표지 배접의 필사 정보(하버드대학 옌칭도서관 소장)

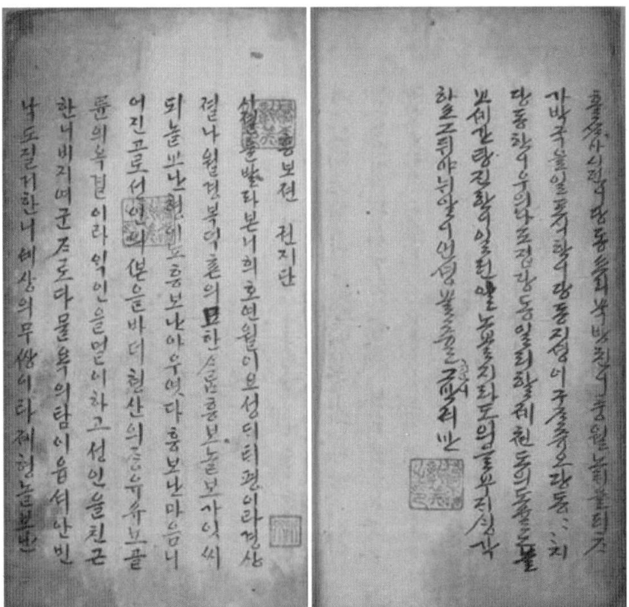

『흥보전』 첫 면과 마지막 면(하버드대학 옌칭도서관 소장)

일본인이 베낀 한글소설 중에는 중국소설도 있는데, 도쿄대학 총합도서관에 소장된 『옥교리(玉嬌梨)』가 그렇다. 물론 한글번역본이다. 도쿄대학 공대 출신의 토목건축업자인 아가와 시게로(阿川重郎, 1870~1943)가 조선에서 사업을 하면서 모은 책을 도쿄대학에서 사들인 것이다. 『옥교리』는 중국 재자가인소설(才子佳人小說)로 일찍이 17세기에 조선에 전래되어 번역되었고, 그것이 아메노모리 호슈(雨森芳洲) 등 일본인의 손으로 흘러들어가 한국어 학습에 활용되었다. 일본인 입장에서는 한문원문이 있고 한글번역본이 있으면 어휘와 문장을 이해하기가 한결 쉬웠을 것이다. 중국소설의 한글번역본을 한국어 공부에 이용한 것이라 할 수 있다.

이 밖에 히구치 이치요(樋口一葉, 1872~1896)라는 일본 여성작가가 1892년 베낀 한문본 『구운몽』이 야마나시(山梨) 현립문학관에 소장되어 있다.[143] 히구치는 근대 일본 최초의 여성소설가로 2004년부터 일본 오천 엔 지폐의 모델이 될 정도로 유명하다. 『구운몽』은 1892년 5월 24일부터 29일까지 베꼈다고 한다. 쓰시마 출신 작가인 나카라이 도스이(半井桃水, 1860~1926)에게 문학을 배우면서 『구운몽』에 대해 알았을 것으로 추정하는데, 나카라이는 『춘향전』을 처음 일본어로 번역한 사람이다. 또 쓰시마의 유명한 통역관인 오다 이쿠고로(小田幾五郎, 1754~1831)의 후손집에 1793년에 베낀 『숙향전』이 있고, 여기에도 『최충전』과 『임경업전』이 있다고 하지만, 실물은 확인하지 못했다. 오다가 베낀 『임경업전』은 경자년 간행본 『임경업전』의 간년을 1780년으로 확정하게 하는 근거가 되었다.

소설은 높은 가치를 가진 자료로 대접을 받지 못했기 때문에 역사에서 쉽게 사라질 수밖에 없는 운명이었다. 그런데 다행히 외국인이 소설을 이용하여 한국어와 한국문화를 배우고자 하면서 자료가 소중히 다루어지고 전승될 수 있었다. 『숙향전』은 한국에서도 많이 전하지만 필사 시기가 오래된 것은 찾아보기 어렵다. 더욱이 한국에서 전승되는 것은 모국어 사용자의 전사본이라서 내용이 적지 않게 변개되었을 가능성이 있지만, 외국인은 원본을 고치기 어려우므로 외국에 남은 한글소설이 오히려 고형을 간직할 수 있고 때문에 더 높은 가치를 가질 수 있다. 이런 이유에서도 해외 소장 한글소설에 대해 많은 관심을 가질 필요가 있다.

제2장
세책소설

세책집 성격 논쟁

세책집의 역사와 성격에 대해 그 대략을 앞서 제1부에서 정리했으니, 여기서는 기왕에 학계에 제기된 쟁점을 구체적으로 살피면서 세책소설의 특징을 자세히 알아보기로 한다.

세책소설에 대해 종합적 연구를 시도한 정명기는 그 결과를 바탕으로 세책집의 쇠퇴 시기, 세책소설의 성격, 세책집의 소재지, 세책소설의 독자층 등에 대해 정병설, 이창헌 등 선행 연구의 견해는 물론 세책에 대한 초기적 증거라 할 수 있는 오카쿠라 요시사부로, 모리스 쿠랑, 최남선 등의 기록에까지 의문을 제기했다. 그 주요한 내용을 들어보면 다음과 같다.

> 전자(인용자 주: 세책집이 점점 희귀해지며 또한 그것은 서울 외에는 존재하지 않는 듯하다는 쿠랑의 기록)의 언급에서 드러나듯이, '점점 희귀해'지고 있다는 상황임에도 도리어 약 20여 개소가 넘는 세책업소가 20세기 초

엽까지도 분명히 존재하고 있었다는 사실, 한편 후자의 언급(인용자 주: 세책집은 서울에만 있는 듯하다는 쿠랑의 언급)은, 간소 가운데 미상처로 드러난 '유호', '파곡', '놓셔', '운곡(슈)' 등이 현 서울 지역의 지명에서는 전혀 찾아지지 않고 있다는 사실 등에서 이 기록(인용자 주: 쿠랑의 기록)의 객관성을 엄정하게 따져볼 필요도 있지 않나 하는 생각이 든다.[144]

이 문맥(인용자 주: "수십 년 전까지도 서울 香木洞이란 데에 세책집 하나가 남아 있었는데"라고 말한 최남선의 기록)을 사실 어떻게 이해해야 정곡을 기하는 것인지에 대해 우리들 모두 약간의 고민을 할 필요가 있을 듯하다. 대부분의 연구자들과 같이 이 문맥을 세책업소가 오직 한 군데, 곧 '향목동'에 남아 있다는 의미로 파악해도 되는 것인지, 아니면 수다한 세책업소 가운데 대표적 존재로 육당이 오직 '향목동'만을 거론하고 있는 것인지 등이 그것이다. 어떻게 이해하든지 간에 육당의 언급(인용자 주: 세책집이 쇠퇴일로에 있다는)은 우리의 조사 결과와 너무나 거리가 존재하는 견해라는 점만을 우선 지적해둘까 한다.

'세책본'에 대해 많은 논자들—이창헌, 정병설 등—은 1910년대 즈음해서는 오직 '향목동'만 존재했던 것으로 위의 문면을 이해하고 있는 것으로 보여진다. 여기서는 편의상 정병설의 주장만을 소개하기로 한다. 그는 쿠랑과 육당의 기록을 아울러 검토하면서 이들 문면을 '예전에는 많았다가' 쿠랑이 조사하기 시작한 1890년경에 희귀해졌다던 세책가가 최남선이 조사했던 1910년대에는 거의 한 곳 남짓이나 남아 있을 정도였으며, '그나마도 얼마 지나지 않아 없어졌던 것이다'로 이해하고 있다.

그러나 우리의 조사 결과 드러난 바는, 그들이 추론하고 있는 것과는 달리 세책업소와 '세책본'은 20세기 초엽까지도 독자들 사이에서 활발히 유통되고 있다는 사실을 반증해주는 것으로 이해해야 할 필요성이 있음을 제기하고 있는 점, 나아가 여기에서 장편가문소설의 소멸 시기에 대한 또 다른 추론의 가능성은 마련될 수 없는 것인지

등등의 의문이 잇달아 제기된다고 하겠다.[145]

장편가문소설이 세책본의 상당 부분을 점유하고 있는 것은 분명한 사실로 생각된다. 그러나 이에 못지않게 비장편가문소설들 또한 그에 못지않은 비율을 점유하고 있는 것으로 확인된다는 점에서 장편가문소설의 소멸시기에 대한 기존 주장과는 다른 논의의 단서 또한 마련될 수 있을 것으로 여겨지는데, 이에 대한 상론은 논의의 성격상 별고로 미루기로 한다.[146]

제4장에서는 대출인의 신분 계층과 전문독자 계층의 등장 가능성을 실제 장부에서 드러나는 실례를 통하여 살펴본 결과, 기존 연구성과에서 세책본소설의 독자층으로 거의 주목하지 않았던 일반 민서(民庶) 계층과 상인 계층이 상당히 많은 비중을 차지하고 있다는 사실을 새롭게 밝혀낼 수 있었다.[147]

이제 정명기가 제기한 문제를 하나하나 자세히 살펴보자.

1. 세책집의 쇠퇴 시기 쿠랑은 1890년대 초에 세책집이 "예전에는 많았으나 점점 희귀해진다."고 말한 바 있으며, 최남선은 "수십년 전까지도 서울 향목동(香木洞)이란 데에 세책집 하나가 남아 있었는데 우리가 조만간 없어질 것을 생각하고"라고 말하여, 19세기 말에는 쇠퇴하기 시작하여 1910년대쯤에는 거의 찾아보기 힘든 상황임을 전한 바 있다. 이에 대해 정명기는 "점점 희귀해지고 있다는 상황임에도 도리어 약 20여 개소가 넘는 세책업소가 20세기 초엽까지도 분명히 존재하고 있었다."면서 쿠랑 기록에 대해서는 "객관성을 엄정하게 따져볼 필요도 있지 않나 하는 생각이 든다."고 했고, 최남선의 언급에 대해서는 "우리의 조사 결과와 너무나 거리가 존재하는 견해"라고 의문을 드러냈다. 현전하는 주로 20세기 초에 필사

된 세책소설에서 스무 곳이 넘는 세책집을 찾아낸 결과를 가지고 이런 의문을 제기한 것이다.

2. 세책소설의 성격 최남선은 세책소설은 "많은 것은 수백 권 한 질, 적은 것은 2, 3권 한 질"을 이룬다고 하면서, 향목동 세책집에서 실제 세주던 것이 "총 120종 3,221책"으로 1종당 30책에 가까운, 다시 말해 장편소설이 주종을 이룬 세책집 풍경을 그렸다. 이런 쿠랑과 최남선 등의 기록을 토대로 나는 「조선후기 장편소설사의 전개」(『한국고전소설과 서사문학』 상, 집문당, 1998)라는 논문에서 세책집의 쇠퇴와 장편소설의 쇠퇴를 연결시켰는데, 정명기는 현전하는 세책소설을 정리하여 "비장편가문소설들 또한 그(인용자 주: 장편가문소설)에 못지않은 비율을 점유하고 있는 것으로 확인된다."고 하고, 또 "장편소설들 못지않게 아주 많은 수의 단편소설들까지도 유통되었던 것으로 새삼 확인된다."고 하면서, "장편가문소설의 소멸 시기에 대한 기존 주장과는 다른 논의의 단서 또한 마련될 수 있을 것으로 여겨"진다고 했다. 그리고 "세책본 소설 가운데 과연 주도적 위치를 차지하고 있던 작품군이 무엇인가에 대한 또 다른 논의의 지평을 가능하게 하는 중요한 척도로 자리매김할 수 있을 것으로 생각한다."고도 했다. 요컨대 세책집을 특징짓는 소설로 종전에 장편소설을 지목했던 것과 달리 단편소설의 비중을 훨씬 높게 보고, 세책소설과 장편소설의 쇠퇴를 연결지어 보기 어렵다는 견해를 내세운 것이다.

3. 세책집의 소재지 세책집에 대한 19세기 이전의 기록들은 모두 서울과 연관되어 있다. 채제공과 이덕무의 것이 그렇고, 오카쿠라는 "서울에만 있을 뿐"이라는 단정적 표현을 썼으며, 쿠랑 역시 오카쿠라와 비슷한 말을 했다. 최남선 또한 "경성에만 있는 듯"하다고 했다. 이에 대해 정명기는 현전하는 세책소설의 필사기에 적힌

동명 가운데 “유호, 파곡, 농셔, 운곡(슈)” 등이 현 서울 지역의 지명에서는 찾아볼 수 없다며 “이 기록(인용자 주: 쿠랑)의 객관성을 엄정하게 따져볼 필요도 있지 않나 하는 생각이 든다.”고 했다. 세책집이 서울에만 존재했다는 기록에 의문을 제기한 것이다.

4. 세책소설의 독자층 채제공, 이덕무 등이 남긴 세책에 대한 초기 기록은 모두 여성층과 관련되어 있으며, 이들은 대개 경제적으로 여유가 있는 여성들이다. 오카쿠라와 쿠랑의 기록에는 세책의 독자층이 언급되어 있지 않지만, 최남선 역시 한글소설의 주 독자층으로 여성을 들었다. 이런 여러 기록을 근거로 오타니(大谷森繁)는 “세책은 유식 유한의 여성 독자들을 주 대상으로 하여 성행을 하였던 것”이라고 말했고, 장효현, 이창헌, 정병설 역시 이 견해를 받아들였다. 물론 정명기도 이 견해를 전적으로 부정하지는 않지만, “기존 연구 성과에서 세책본 소설의 독자층으로 거의 주목하지 않았던 일반 민서 계층과 상인 계층이 상당히 많은 비중을 차지하고 있다는 사실”에 주목하여, 세책에서 하층 독자가 차지하는 비중을 더 높게 보아야 한다는 의견을 제기했다.

정명기는 자신의 견해를 뒷받침할 수 있는 몇 가지 새로운 기록을 제시하기도 했는데 다음과 같은 것들이다.

> 日前 警務使 朴承祖씨가 自己門人으로 더부러 談話ᄒᆞ다가 개탄ᄒᆞᄂᆞᆫ 說이 …… 吾 平生에 可憎ᄒᆞ고 可憐ᄒᆞᆫ 者ᄂᆞᆫ 春閨花燭과 閭巷市井과 屛門長席에셔 所謂 諺文貰冊『洪吉童傳』,『春香傳』,『蘇大成傳』等 冊을 高聲大讀ᄒᆞ면셔 嬉嬉呵呵ᄒᆞ야 無情ᄒᆞᆫ 歲月을 空然히 지ᄂᆡ니 該 諺文貰冊 等이 人民生活ᄒᆞᄂᆞᆫ 程途에 무엇이 有益ᄒᆞ리오? 我가 決斷코 此等 習慣을 嚴禁ᄒᆞ깃다더라.[148]

> 그나 그 ᄲᅮᆫ이오. 혹 긔도ᄒᆞ면 아ᄒᆡ를 낫ᄂᆞᆫ다 혹 산신이 강림ᄒᆞ야

복을 쥰다 혹 면례를 잘ᄒᆞ여 부귀를 엇ᄂᆞᆫ다 혹 불공ᄒᆞ야 ᄌᆡᄋᆡᆨ을 막난다 혹 돌구멍에셔 룡마가 낫다 혹 신션이 학을 타고 논다 혹 최판관이 붓을 들고 안졋다 ᄒᆞᄂᆞᆫ 졔반악징의 괴괴망칙ᄒᆞᆫ 말을 다 국문으로 긔록ᄒᆞ야 츌판ᄒᆞᆫ 판ᄎᆡᆨ도 만코 등츌ᄒᆞᆫ 셰ᄎᆡᆨ도 만아 경향 각쳐에 불ᄯᅩᆼ 쒸여 ᄇᆡᆨ이듯 업ᄂᆞᆫ 집이 업스니 그것도 오거셔라 평ᄉᆡᆼ을 보아도 못 다 보오. 그 ᄎᆡᆨ을 나도 여간 보앗거니와 됴흔 죠희에 쥬옥갓ᄒᆞᆫ 글시로 셰셰셩문ᄒᆞ야 혹 이ᄉᆞᆷ 권, 혹 슈십여 권 되ᄂᆞᆫ 것이 만코 ᄇᆡᆨ권 ᄂᆡ외 도ᄂᆞᆫ 것도 잇스니 그 ᄌᆞ본은 적으며 그 셰월은 얼마나 허비ᄒᆞ얏겟소. ᄇᆡᆨ히무리ᄒᆞᆫ 그 ᄎᆡᆨ을 갑을 쥬고 사며 셰를 쥬고 엇더보니 그 돈은 헛 돈이 안이요.[149]

확실히 생각나는 건 『유충렬전』허구, 『숙영낭자전』하구, 『숙향전』허구, 『심청전』허구, 『여장군』이라구 있었어, 『삼국지』두 읽었거든, 그런데 그런 거 본 생각은 나는데, 내용은 몰라, 『춘향전』 봤지. 그러니까 그때는 돈 생기면 가지고 가서 빌려봤지, 열다섯, 열여섯 때지……아주 연세 많은 노인네가 사랑방에 앉아서 세를 주시더라구, 아는 사람이지, 이웃에 할아버지지, 담뱃값이라두 할라구 그러나봐 (어떤 책이에요) 옛날 책인데 겉장에 그림두 있어. 옛날 조선종이에다 쓴 거야. 굵게 쓴 거두 있구, 영감님이 베낀 건지. 세검정에 시집와서두 밤이면 봤어. 그때는 한 번 보는 데 5전였나봐.[150]

첫 번째 인용문은 정명기가 처음 소개한 자료로, 쿠랑이 세책집의 쇠퇴를 말한 이후인 1906년에 신문에서 한글 세책소설을 중요한 사회 문제로 제기할 정도로 세책이 성업 중임을 보여준다. 비슷한 상황은 두 번째 인용문인 신소설 『자유종』에서도 확인되는데, 이 작품은 1908년 음력 정월 16일 생일잔치에 모인 여성 지식인들이 개화계몽에 대한 여러 문제를 토론하다가 새벽녘에야 해산한다는 내용이다. 여기서도 세책은 심각한 사회 문제로 인식되고 있다. 마지막 인용은 1993년 이윤석이 채록한 증언으로, 제보자 김을순은 1916년 마포 서강에서 태어나서 1934년 세검정으로 시집온 사람이다. 이 증언은 종전의 기록에 따르면 세책집이 완전히 사라졌다고 할 수 있는 1930년대에도 성업 중이었음을 보여준다. 종전의 기록에 따르면 존재할 수 없는 세책집이 버젓이 영업을 하고 있는 것이다. 이윤석은 1911년 종로구 통의동에 태어나 종로구 안국동으로 시집간 안석희로부터도 유사한 증언을 들은 바 있다.

이 밖에 이미 잘 알려진 자료로 소설가 월탄 박종화(1901~1981)의 『월탄회고록』에도 최남선이 회고했던 시기와 같은 시기를 그리면서도 세책이 성업 중임을 말하고 있다.

> 나는 시집간 고모와 왕고모들이 우리집 친정에 나들이를 오게 되면 그들은 며칠씩 묵으면서 책세집에서 이야기책을 빌어다 읽고 재미나게 『콩쥐팥쥐』 이야기며 『별주부전』의 이야기를 해주었다. ……
>
> 이때 서울 장안에는 책세집이 여러 곳 있었다.
>
> 책세집이란 것은 가난한 선비들이 생계가 막연하니 궁리를 해서 호구지책으로 마련한 청빈한 생활 양상의 하나였다.
>
> 먼저 장지 한 축을 사다놓고 언문궁체로 『삼설음(三說音)』, 『사씨남정기』, 『장화홍련전』, 『유충렬전』, 『옥루몽』, 『구운몽』, 『흥부전』, 『춘향전』, 『삼국지』 등을 베낀 후에 책을 매고 한 장 한 장 책장마다 들기름을 칠했다. 여러 사람이 열독하는데 책장이 피어 상하기 쉬운 것을 예방하는 것이다. 이리하여 수십 권 내지 수백 권의 책이 된 후엔 곳간과 방안에 가득하게 선반을 달아놓고 손수 만든 책을 차례차례 쌓아놓는다.
>
> 책세집이 한 군데 생겼다는 소문이 동네 안에 퍼지면 언문을 깨친 처녀색시와 아낙네들은 다투어가며 돈을 주고 책을 빌려다 보았다. ……

책을 빌려오는데 먼저 선금을 내지 아니하고 통주발이나 놋대접 한 개를 먼저 할멈이나 계집종을 시켜서 보내고 읽고 싶은 책을 빌려온다. 대접과 사발로 전당품을 삼는 것이다.

빌려온 사람은 며칠 동안 책을 다 읽은 후에 비로소 엽전 몇 닢이나 동전 몇 푼을 주고 도로 주발과 대접을 찾아온다. 선비들은 이것으로 생계를 삼았다.

서울 책세집은 여름철이 흥왕했고, 시골서는 겨울밤에 이야기책을 많이 읽었다. ……

시골에는 영업적으로 하는 책세집은 없고 행세하는 이장이나 서방님 댁에서 얻어다 읽었다.

여름철 서울서 책세집이 흥왕한 것은 시집살이하는 새댁들이 여름이 되면 해방이 되어 친정집으로 여름 나들이를 오게 된다.

친정집 어멈은 고추 당초보다도 더 맵다는 시집살이에서 풀려온 귀한 딸을 편안하게 쉬게 하고 참외, 수박, 영계찜 등 맛있는 음식을 대접한다. 석 달 휴가를 받고 온 새색시는 날마다 맛있는 음식과 낮잠만으로 세월을 보내기도 도리어 괴로운 일이었다. 이야기책 생각이 났다. 이리해서 심심풀이로 책세집에 사람을 보내서 이야기책을 빌려온다. 이 까닭에 장안 안 책세집은 석 달 장마가 지기만 바랐다. 장마가 지면 비에 막혀서 새색시가 얼른 시집으로 돌아가지 못하게 되는 때문이다. ……

먹글씨로 베껴서 쓴 사본소설을 영업으로 하는 책세집이 오래 유지할 리 없었다.

대중의 수요가 점점 늘어가니 고판본 국문 고대소설이 나타나기 시작했다.

처음에는 궁체로 조각한 백지판목판(白紙版木板)이 나왔고, 양지인 백로지(白鷺紙)가 수입되니 백지판을 양지판(洋紙版)으로 바꾸었다. 원가가 싸게 먹히는 까닭이다. 이리해서 양지판 고대소설 목판본은 한 권에 3전, 4전씩 해서 경향 간에 날개 돋치듯 팔렸다.[151]

박종화의 회고록은 20세기 초 세책의 성업을 아주 구체적으로 말하고 있는데, 이 자료는 좀 조심스럽게 접근할 필요가 있다. 회고록이라고는 하지만 실제 견문과 독서 체험을 잘 구분하지 않고 쓴 글로 보이기 때문이다.[152] 인용문의 "처녀색시와 아낙네들은 다투어 가며 돈을 주고 책을 빌려다 보았다."는 부분은 채제공의 「여사서서」를 떠올리게 하는 표현이다. 또 양지판 방각소설의 값을 3~4전이라고 했는데, 현재 알려진 방각소설의 값은 '신화(新貨) 5전, 한화(韓貨) 10전'(1908년경),[153] 20전(1912년), 10전(1917년)으로 3~4전까지 내려가는 것은 볼 수 없다. 1890년대 초의 기록인 오카쿠라의 기록에서 방각소설의 가격을 3~4전이라고 했는데, 이 시기는 박종화가 태어나기 전의 일이다.

『월탄회고록』의 세세한 내용은 따져가며 봐야 하겠지만, 어쨌든 앞의 여러 인용문과 함께 볼 때 20세기 초 서울 안팎에 세책집이 성업 중이었다는 사실은 부정하기 어렵다. 『월탄회고록』처럼 자신의 경험을 중요한 근거로 삼으면서도 다른 서적들에서 읽은 것을 섞어서 가볍게 쓴 글인, 조풍연(1914~1991)의 『서울잡학사전』에서도 "동네에 뜸뜸이 세책집이 있었다. 소설책 한 권 빌려다 보는 데 하루 1전이다. 보증금 조로 놋그릇 하나를 두고 책 돌려줄 때에 1전 내고 찾아온다. 계속 빌려보면 놋그릇은 세책집에서 마냥 묵게 되는 이치이다."라고 했다.[154]

위의 기록들을 보면 정명기의 의심이 정당한 듯하다. 모리스 쿠랑이나 최남선의 말과 달리 20세기 초에도 여전히 성업 중인 세책집을 볼 수 있으며, 언급되는 세책소설은 거의 단편소설이다. 세책의 영업 지역에 대해 뚜렷한 말은 없지만, 대체로 소규모의 세책집이 서울을 중심으로 근교 여기저기에 흩어져 있었음을 짐작할 수 있다. 게다가 첫 번째 인용문은 주 독자층을 '춘규화촉(春閨花燭)'의 여성과 아울러 '여항시정(閭巷市井)과 병문장석(屛門長席)'을 병칭하고 있어서 주목되는데, '여항시정'이나 '병문장석'이 모두 평서민 거주지를 가리키는 것이니 그들을 주 독자층으로 꼽고 있는 셈이다.

정명기의 견해는 기록으로만이 아니라 현전하는 세책소설을 통해서도 확인된다. 남아 있는 세책소설 대부분은 1890년 이후 20세기 초에 필사된 것인데, 이것으로 볼 때 이때까지도 세책이 여전히 생산성을 잃지 않았음을 알 수 있다. 또 세책소설의 이면에 남아 있는 세책 장부의 일부를 보면 대출소설에 단편이 적지 않은 비중을 차지하고 있음을 알 수 있다. 그렇다면 오카쿠라, 쿠랑, 최남선 등 세책의 쇠퇴를 말하고 있는 일련의 기록은 어떻게 이해해야 할까?

오카쿠라나 쿠랑은 한국을 잘 알지 못하는 이방인들이다. 그러니 그들의 기록은 선불리 받아들이기 어려울 수도 있다. 그렇지만 최남선은 다르다. 최남선은 소설유통에 큰 관심을 가졌던 출판인이다. 전문성을 가지고 냉정하게 말하면 오카쿠라나 쿠랑 역시 외국인이라고 무시할 수 없는 사람들이다. 한국의 문학과 서적유통에 깊은 관심을 가졌던 사람들이기 때문이다. 쿠랑은 조선 서적을 조사·수집하여 방대한 전문 목록서까지 낸 인물이다. 그렇다면 이들의 기록과 정명기가 제시한 기록과 자료의 모순을 어떻게 이해해야 할까?

한쪽이 다른 쪽을 완전히 부정할 수 없다면, 둘 다 모순 없이 설명할 수 있는 길을 택하는 것이 적절할 것이다. 둘 모두 세책을 말하지만, 둘이 가리키는 실질적인 대상이 다를 수 있는 것이다. 그렇게 보면 한쪽에서는 쇠퇴를 말하고 다른 쪽은 성업을 말하는 정황이 이해될 수 있다. 특히 1930년대에 대한 김을순의 증언은 종전의 견해로 보면 마지막 세책집조차 문을 닫은 이후의 상황을 말한 것이어서 상황 인식의 간극이 더욱 크다. 이런 사정을 가지고 보면 종전의 견해는 전통적인 세책업에 대해 말한 것이고, 정명기가 인용한 기록과 자료들은 전통적인 세책업이 사라진 자리에 새롭게 등장한 세책업에 대한 것이라고 보는 것이 적절할 듯하다.

일찍이 오타니 모리시게(大谷森繁)는 18세기와 19세기의 세책을 '초기세책'과 '후기세책'으로 나누어 역사적 이해를 시도한 바 있다. 하지만 관련 기록이 거의 없어서 구체적인 변별점까지 지적할 수는 없었다. 그런데 20세기 초를 그 이전과 구분하여 '근대세책'이라 부른다면, 근대세책과 그 이전의 '전통세책' 사이에는 몇 가지 변별적 징후가 포착된다. 이에 대해서는 이윤석의 다음 진술이 시사적이다.

> 18세기 중반부터 기록에 나타나는 세책은 대부분 필사본인데, 이 필사본 세책은 1920년대 중반쯤부터는 사라지고 이제 세책집에는 새로운 활판본 책들이 자리를 잡게 된다(원주: 현재까지 우리가 조사한 자료에 의하면 가장 늦은 세책 고소설의 필사 시기는 1915년이다). 그리고 세책집에서 취급하는 소설의 목록도 필사본 고소설에서 구활자본 고소설이나 현대소설로 바뀌었다. 이렇게 되어 필사본 고소설 세책은 세책집에서 자취를 감추고, 그 많은 필사본 고소설 세책들 가운데 극소수가 도서관에 들어가 세책의 면모를 알려주고 있다.[155]

위의 인용은 20세기 초 세책집에 큰 변화가 있었음을 말해준다. 500여 책의 조사된 세책소설 가운데 필사 시기가 1915년 아래로 내려오는 것이 없다는 점, 그리고 그 무렵 세책집의 주 종목이 필사본 고소설에서 구활자본 고소설 또는 현대소설로 바뀌었다는 점을 말하고 있다. 그리고 일본 국회도서관 동양문고 1927년, 서울대학교 규장각 1929년, 연세대학교 도서관 1937년, 이화여자대학교 도서관 1939년 등 1920년대 후반 무렵부터 세책 필사본들이 문을 닫는 세책집에서 도서관으로 흘러갔다는 사실 등에서 볼 때, 1915년 이후 필사본 세책소설은 완전히 생산력을 잃었다고 볼 수 있다.

정명기 역시 "1915년 이후에 필사된 세책본의 존재가 확인되지 않고 있다."고 했고, 이를 "세책본이 1915년을 기점으로 쇠퇴하는 운명에 처해 있었음을 극명하게 보여주는 한 좋은 예"로 보았다.[156] 이주영 또한 구활자본 고소설에 대한 연구에서 "1915년에서 1918년까지가 고전소설 출판과 판매가 가장 활발했던 시기"로 보았는데, 이는 필사본 세책소설의 빈자리를 구활자본 소설이 채웠음을 짐작하게 한다.[157] 전해오는 오백여 책의 필사본 세책소설 중에 1915년 이후 필사된 세책본이 하나도 보이지 않는다는 것은 그 이전에 이미 필사본 세책소설은 생명력을 잃었고, 겨우 명맥만 유지한 것이 1915년에 나왔다고 보는 것이 적절한 해석이라고 할 수 있다. 최남선이 말한 필사본 세책소설이 중심이 된 전통적인 세책업이 1910년대에 겨우 하나 남았다는 것을 입증하는 것이라 볼 수 있다.

필사본과 장편 중심의 전통적인 세책집이 문을 닫는 상황에서 활자본과 단편을 주 종목으로 삼은 새로운 형태의 세책집이 늘어났다고 보면 앞에서 정명기가 인용한 자료들이 설명이 되며 이전 쿠랑과 최남선 등의 증언과도 모순이 생기지 않는다. 세책소설이 활자본 소설과 경쟁관계에 놓이기 시작한 시점은 1906년『만세보』에 연재된『혈의누』가 1907년 출판된 이후, 1912년『옥루몽』등 장편소설까지 활자본으로 간행된 시기와 맞물린다고 볼 수 있다.

19세기 말 세책업의 성격 변모는 1897년 간행된 안춘근 소장의 활자본『태서신사(泰西新史)』상권에 적힌 '책세 규칙'에서도 엿볼 수 있다.

> **책세 규칙** 대저 이 책은 세상 사람이 속히 돌려보기 위하여 세 주는 법을 창개하였으니, 한 군데 오래 두지 못할지라. 이제 한 규칙을 정하노니, 이 책을 가져간 지 삼십 일이 지나되 환송치 아니하거나

혹 더럽히거나 상하면 전당하였던 물건을 방매할 터이오. 만일 이 책 상하 권 본값 오십 전을 가져오면 전당 물건은 도로 주려니와, 또 책 가져가던 날을 병계하여 사십 일이 지나면 돈을 가져와도 허락지 아니하겠소. 매 권 십오 일 이내는 매일 엽전 오 리(厘)씩 십오 일 이외는 매일 엽전 일 푼씩 이 책 한문도 세규칙이 같소.[158]

『태서신사』는 소설이 아니라 역사책이다. 태서 곧 서양의 역사다. 그런데 인용한 책세 규칙을 보면 종전에 소설을 빌려주어 이익을 취하는 세책집과는 적잖이 다르다. 먼저 세책 요금이 당시의 일반 가격에 비해 매우 싸다. 『태서신사』 상하 권의 정가가 50전이라고 했다. 그런데 책세를 매 권 하루 오 리밖에 받지 않는다. 즉 매 권의 평균값이 25전인데 하루 5리밖에 받지를 않으니, 하루 대출료가 책 정가의 0.2%에 불과하다.

1890년대 초에 오카쿠라와 쿠랑은 각각 "한 책(인용자 주: 조선 판본책, 대개 방각본 소설을 가리키는 듯)에 대개 3~4전 정도인데 …… (세책집에서) 책 빌리는 요금은 한 권당 이삼 일의 기한으로 2, 3리 정도이다.", "통속적인 책들은 한글로 되어 있으며 가격은 저렴하여 10문(文)에 이르는 것이 거의 없다. …… (세책집에서는) 이들 책을 10분의 1, 2문의 저렴한 가격으로 빌려주며"라고 했다. 대개 책값의 1%가 못 되는 책세를 받았던 것이다.

1897년 필사된 교토대학 도서관 가와이문고에 소장된 『제갈무후』 권2의 낙서에는 "책세 일 푼이라" 쓰고 또 누가 "일 푼" 옆에다 "반"이라고 적었다. 책세가 한 푼 또는 한 푼 반인 셈이다. 그런데 같은 책 본문 상단에는 연필로 "이 책값이 헐하니 매 권 금(金) 오 리씩 하라."고 아예 손님이 가격의 절반 이상을 깎아서 제시하기도 했다. 그리고 같은 문고에 있는 1899년에 필사된 『장한절효기』 권2의 낙서에는 "매권 세 푼(三分)씩 받아먹"는다고 썼다.

이 밖에 1919년판 활자본 『장한절효기(張漢節孝記)』에 "일야(一夜)에 일전(一錢)"이라는 말이 적혀 있고, 1910~1920년을 전후한 시기를 대상으로 한 최남선과 조풍연의 기록에 "한두 푼" 또는 "1전"이라고 했다. 이 시기 구활자본 소설의 가격이 대략 20~30전임을 감안하면 책세는 그 전과 비슷한 수준을 유지하고 있음을 알 수 있다.

1890년대 초의 세책 요금은 물론 1890년대 말 소설 세책 요금과 비교해도 『태서신사』의 책세는 싸다. 『태서신사』를 빌려준 세책집은 돈을 받고 책을 빌려주고는 있지만, 돈을 벌기 위해서라기보다 책을 빨리 환수하여 "속히 돌려보기" 위한 취지로 규칙을 정하고 있는 것이 특이하다. 빌려간 지 15일 이후에는 요금을 오리에서 일 푼으로 두 배 올려 받음으로써 15일 이내에 책을 돌려주도록 유도하고 있는데, 영리를 위해서라면 이렇게 운영하지 않았을 듯하다. 장기 대여를 유도하여 수익을 높이는 영업 전략을 취했을 것이라는 말이다. 이런 점들과 함께 『태서신사』가 서양사에 대한 계몽적 책이라는 사실 등을 감안하면, 이 세책집은 영리보다는 교육이나 계몽 등의 다른 목적을 위해 운영되는 공공적 성격이 강한 곳일 가능성이 높다. 『태서신사』는 돌려보기에 책이 오래 보존되기 어려운 세책이었으므로 앞의 기록은 출간 연대로부터 그리 오래지 않은 시기의 기록으로 볼 수 있는데, 활자본 소설이 나오기 이전에 이미 세책이 다양한 형태로 변모하고 있었음을 보여준다.

정명기는 자신이 조사한 세책본이 58종(이본을 포함하면 77종) 514책이라고 했다. 여기에다 목록이나 기록을 통하여 33종 750여 책의 세책본을 추가하여, 확인된 세책본이 91종 1,270책 정도라고 했다. 이렇게 보면 정명기가 실제 확인한 세책본은 1종당 6.67 (514/77)책에 불과하다. 이는 최남선이 조사한 향목동 세책집의 1종당 26.84책의 4분의 1에도 못 미치는 수치이다. 정명기가 분석한 세책소설 가운데 출처가 분명하고 표준이 되는 것은 일본 동양문고 소장본인데 총 31종 324책이다. 동양문고본 세책소설은 대부분 향목동이나 향수동에서 필사했다는 필사기를 가지고 있으며, 1927년 한남서림으로부터 인수한 것이라고 한다. 이 향목동 세책소설은 세책집의 규모와 영업 범위를 생각할 때 최남선이 조사한 향목동 세책집과 동일한 곳으로 추정되는데, 전통세책의 잔존 형태로 보이는 이들 자료는 1종당 약 10.45책이다. 동양문고본은 장편소설은 이미 상당수 다른 곳으로 흩어지고 남은 것을 수집한 것이기에 최남선이 조사한 것에 비해 1종당 책수가 절반에도 미치지 못한 것으로 여겨지는데, 그럼에도 불구하고 정명기가 조사한 세책자료 가운데 동양문고본을 빼면 1종당 평균 4.13(46종 190책)책에 불과하다. 이런 차이들이 무엇을 의미하는 것일까? 전통세책에는 1종 26책 이상으로 장편소설이 주를 이룬 반면, 근대세책은 1종당 4책 남짓으로 중·단편이 주를 이룸을 알 수 있다. 정명기가 제시한 서목을 보면, 『홍길동전』, 『춘향전』, 『소대성전』, 『유충렬전』, 『숙영낭자전』, 『숙향전』, 『심청전』, 『여장군』 등 거의 중·단편 소설들이 제시되어 있다. 전통세책에서 근대세책으로의 변화에는 이런 대출소설의 성격 변화가 동반되었던 것이다.

이렇게 주력 대출 품목이 바뀌니 대상 독자들도 달라질 수밖에 없다. 종전에 장편소설이 주 대출 품목일 때는 서울의 유한 여성들이 주 독자였지만, 대출 품목에 단편이 차지하는 비중이 커지면서 독자층이 바뀌었다. 실제로는 독자층이 바뀌면서 주 대출 품목이 달라졌다고 보는 편이 더 정확할 것인데, 여성 독자들이 장편소설로부터 이탈하면서 전통적인 세책업이 위축되었고, 활자본 소설 등 새로운 품목에 대한 관심이 일반 서민 계층에서 커지면서 그에 맞추어 주로 단편을 취급하는 새로운 형태의 세책집이 나타났다고 볼 수 있다.

필사본 장편소설이 위축되면서 무게 중심을 중·단편 소설과 활자본으로 옮겨간 근대세책은 어떤 특징을 가지고 있었을까? 결론부터 말하면 소규모 세책집의 확산이다. 세책집이 일회성 또는 부업성 영업이 아니라면 영업을 지속할 수 있을 만큼 많은 소설 작품이 필요할 것인데, 그러자면 주인 혼자서 소설을 모두 베낄 수는 없고, 당연히 세책집이 필사본의 제작에까지 간여하지 않을 수 없다. 전통 세책집은 세책의 기획, 필사, 대출까지 다 한 작지 않은 규모였다. 장편소설이 주력 품목이니 더 많은 자본이 들었을 것이다. 그런데 활자본 소설이 등장하면서 값싼 활자본 소설에 표지만 씌우는 것으로 대출 품목을 상당 부분 갖출 수 있게 되어, 세책집은 더 이상 큰 자본을 요하지 않게 되었다. 이것이 소규모 세책집이 출현할 수 있는 배경이다.

쿤스가 조사한 서울의 영세한 세책집은 앞서 언급한 김을순 할머니의 증언에서도 확인된다. 김 할머니는 "아주 연세 많은 노인네가 사랑방에 앉아서 담뱃값이라도 하려고" 소설책을 세놓은 그런 부업 형태의 세책집을 말하면서, "겉장에 그림도 있"었다고 했다. 활자본 소설을 세놓은 세책집일 것이다.

소규모 영세 세책집의 등장은 세책집의 창업을 용이하게 할 뿐만 아니라, 자본이 적은 만큼 소규모 시장에서도 생겨날 수 있다. 오카쿠라와 쿠랑 등이 서울 외에 다른 지역에 세책집이 있다는 말을 듣지 못했다고 하는 것은 당시는 아직 소규모 세책집이 생겨나지 않았음을 보여주는 것으로, 서울 변두리나 지방은 아직 전통적인 세책집이 자리 잡기에 시장 규모가 작았던 것이다.

정명기가 20세기 초까지도 서울에 세책업소가 20여 개소가 넘었을 뿐만 아니라, '유호', '파곡', '농셔', '운곡(슈)' 등 현 서울 지역의 지명에서 찾아볼 수 없는 세책집이 있다고 한 것도 세책의 변모라는 관점에서 보면 무리 없이 해명될 수 있다. 김동욱은 본인 소장의 필사본 1책 『유충렬전』을 "세책본"으로 소개하면서 "청양 비봉면 신원리 이봉호(靑陽飛鳳面新院里李鳳浩)"라고 적혀 있다고 했는데,[159] 이는 소규모 근대세책이 충청도 지방까지 확산된 것을 보여주는 사례라 할 수 있다. 이러한 변화는 1930년대에 이르러서는 더욱 차별적인 모습을 띠게 되는데, 그 예로 1930년대 중반에 '소자본으로 인테리 청년'이 할 만한 사업으로 추천된 '신 · 구간 잡지 대여업'을 들 수 있다.[160] 주로 필사본의 장편소설을 취급하던 세책집이 활자본과 중 · 단편 소설을 취급하는 소규모 점포로 바뀌고 다시 잡지 대여업으로 세책의 성격을 바꾸어갔던 것이다.

요컨대 오카쿠라와 쿠랑이 세책집에 대해 말하던 1890년대에 이미 전통적 의미의 세책집은 쇠퇴일로에 있었고, 1910년대에는 최남선의 말처럼 거의 사라진 상황이었다. 그러나 새로운 형태의 근대적 세책집이 서울과 그 근교로부터 지방에까지 속속 들어서기 시작했으니, 출판소설을 적극 끌어들여 쉽게 대출 목록을 갖춘 소자본 세책집이다. 이들 새로운 세책집은 영업 방식이 근본적으로 종전과 다르지 않았기에, 종전의 세책집과 구별하지 않고 그냥 세책집이라고 말하기도 했지만, 전통적인 세책집에 비해 규모 등의 면에서부터 크게 달라졌기에 구별해서 보기도 했던 것이다. 전통세책은 이렇게 하여 근대세책으로 바뀌어갔다.

세책집과 세책목록

필사처 또는 세책집

필사소설 가운데 세책소설을 찾아내는 중요한 표지 하나가 필사기다. 일본 동양문고에 소장된 『월왕전』 맨 끝에는 "셰 임자 칠월일 향목동 셔"라는 기록이 있는데, 이는 임자년 칠월에 향목동에서 썼다는 것으로, 이런 필사기가 세책소설의 중요한 표지가 된다. 필사기는 대개 '언제 어디서 썼다'는 정도로 간단히 적는데, 방각소설은 더 간단해서 간행년과 동명 정도만 적기도 한다. 개인 필사본 소설이 대개 어디서 누가 베꼈는지 다소 구체적으로 적는 것과는 차이가 있다. 그래서인지 정명기는 세책소설의 필사기를 '간기'라고 하고, 여기서 나온 지명을 '간소'라고 했다. 세책소설의 필사를 출판소설의 간행과 동격으로 취급한 것이다. 세책집을 일종의 서점이라고 볼 수 있고, 세책 필사를 서점의 서적 생산 활동으로 볼 수 있으니, 필사를 간행으로 보는 것도 이해할 수 있는 일이다. 세책소설 중에는 드물지만 동양문고에 소장된 『류화기연』의 "셰 을사 즁동일 향목동 신판"과 같이 아예 방각본 간기와 비슷한 필사기를 가진 것도 있다.

대체로 세책소설의 필사기에 나오는 동명은 세책집을 가리킨다고 볼 수 있지만, 그 모두가 세책집인지는 확실하지 않다. 세책집이 아니라 필사처를 가리킨다고 볼 수도 있기 때문이다. 출판소설이 간행소와 인쇄소가 다를 수 있듯이, 세책소설도 세책집과 필사처가 다를 수 있다. 실제로 동일 작품에도 '간소'가 달리 나타나는 것이 있다. 정명기는 "한편 동일 작품임에도 특이하게 간소가 달리 나타나고 있는 세책본의 존재를 주목할 필요가 있다. 그것은 곧 사직동(향목동 포함) 1종, 남소동(향목동 포함) 1종, 향슈동(향목동 포함) 6종에서 확인된다. 이들 8종의 작품은 하나같이 다른 간소, 예컨대 '사직동',

‘남소동’, ‘향슈동’이란 간기가 아울러 출현한다는 공통점을 지니고 있는바, 이것은 무엇을 의미하는 것일까? 필자는 이런 현상을 ‘향목동’ 인근에 있던 세책 업소들이 시대를 내려오면서 향목동을 중심으로 재편 · 결집되는 양상을 보여주는 좋은 보기로 이해하고자 한다. 그 시기는 몇 가지 정황을 보아서 대략 1905～1906년 무렵에서 그렇게 멀리 벗어나지 않은 시점까지로 좁혀볼 수 있을 것으로 생각된다.”고 하였다.[161] 정명기는 한 작품에 ‘간소’가 달리 나타나는 것을 ‘세책 업소의 재편’ 과정에서 생긴 것으로 이해했으나, 과연 그렇게 해석하는 것이 합리적인지 다른 가능성은 없는지 의문이 든다.

하나 이상의 ‘간소’를 지닌 작품은 정명기의 논문에만 3종 더 있는데, ‘한동+약현’ 1종(서울대학교 규장각한국학연구원 소장 『황충선생전』), ‘갑동+대사동’ 1종(성균관대학교 도서관 소장 『민중전중홍일기』), ‘금호+유호’ 1종(이화여자대학교 도서관 소장 『구운몽』)이 그렇다. 이렇게 보면 한 작품에 둘 이상의 ‘간소’가 나타나는 자료는 조사된 77종 소설 가운데 11종이나 된다. 이들 자료들이 모두 세책집의 재편으로 이렇게 된 것일까? ‘간소’는 과연 모두 세책집일까? ‘간소’들 중에 세책집이 아니라 ‘필사처’는 없을까? 한 세책집에서 어떤 작품을 누구에게 필사케 했는데, 그것이 돌고 도는 과정에서 망실되자 망실된 것을 보완하기 위해 망실 부분을 다른 누구에게 필사케 하여 이런 문제가 생겼다고 볼 수는 없을까? 정명기의 논문에도 서울대학교 규장각한국학연구원 소장 세책소설 『졍을션전』에 “金完成 筆젹이라”는 세책본의 필사자를 알리는 부기가 있다고 했다. 또 서울대학교 규장각한국학연구원 소장 『구래공정충직절기』 권22에는 “병신 납월 이십일일 야의 안동 군부협판딕 셔직쇼 등셔ᄒᆞ노라”라는 필사기가 있는데, 권48에는 다시 “丁酉二月二十八日 安洞 書題所 畢”이라는 필사기가 있다. 이 책은 형태적으로는 세책소설과 흡사한데 서울 안동의 군부협판(軍部協辦) 집 서제소에서 필사한 것이다. 필사본 소설의 필사기에 나오는 장소는 기본적으로 필사처이다. 세책소설의 경우도 '간소'는 일차적으로 필사처로 보아야 할 것이다. 필사처와 세책집의 관계에 대해 좀 더 신중한 접근이 필요하다.

세책목록

세책집에는 어떤 책들이 있었을까? 우선 최남선이 조사한 향목동 세책집에 소장된 책에서 그 대략을 볼 수 있고, 또 일이십 년 후 향목동 세책집에 남은 것을 일괄 인수한 것으로 보이는 일본 동양문고 소장 세책소설을 통해 어느 정도 짐작할 수 있다. 오타니 모리시게(大谷森繁)의 조사에 따르면,[162] 동양문고에는 『하진양문록』 29책, 『창선감의록』 10책, 『남정팔난기』 14책, 『옥루몽』 30책, 『수저옥란빙』 8책, 『유화기연』 7책, 『숙녀지기』 5책, 『구운몽』 7책, 『춘향전』 10책, 『홍길동전』 3책, 『임장군전』 2책, 『소대성전』 2책, 『장경전』 2책, 『곽해룡전』 3책, 『이대봉전』 4책, 『유충렬전』 7책, 『현수문전』 8책, 『김진옥전』 4책, 『정을선전』 3책, 『금령전』 3책, 『정비전』 4책, 『월왕전』 5책, 『적성의전』 2책, 『장자방전』 2책, 『금향정기』 7책, 『삼국지』 69책, 『열국지』 33책, 『당진연의』 16책, 『북송연의』 13책, 『만언사』 2책, 『고려보감』 10책이 있다. 정리하자면, 한국 장편소설은 6~7종에 100책 내외이고, 단편소설은 15종 내외에 60~70책 정도이다. 그리고 중국 장편소설은 5종 내외에 130여 책에 이른다.

최남선의 목록은 쇠퇴기의 것이라고 했고, 동양문고의 것도 그 무렵이므로 전성기 세책집 목록이 아니다. 전성기 세책집 목록으로 추정되는 자료는 서울대학교 규장각한국학연구원에 있는 「언문책목록」이다. '언문책'은 현실적으로 한글소설의 다른 이름이라고 말할 수 있을 정도로 대부분 소설인데, 여기에는 무려 222종의 책 제목이 기재되어 있다. 이 목록의 출처를 알 수 있는 다른 단서는 없지만, 세책집과의 관계를 생각하지 않는다면 설명하기 어려운 목록이다.

「언문책목록」이 수록된 책의 표제는 『언문고시(諺文古詩)』이다. 『언문고시』에는 한시 「고시십구수(古詩十九首)」와 탁문군(卓文君)의 「백두음(白頭吟)」이 한글로 번역되어 있고, 이하 「화충가」, 「탄우가」, 「탄로가」, 「삼국가」, 「천자풀이」, 「산중풍경」(강촌별곡의 이본), 「규중감응편」(복선화음록의 이본), 「베틀가」가 실려 있으며, 또한 「희바라니 드리는 법」, 「의복의 무든 것 빠는 법」 등이 나와 있고, 마지막에 「언문책목록」이 있다. 「언문책목록」은 『언문고시』의 마지막에 수록된 책 목록이다.

목록이 보여주는 장서 규모 외에도 이 목록을 세책집과 연관된 것으로 추정하지 않을 수 없는 이유가 있다. 이 목록은 어떤 이유에서인지 여덟 작품에는 권수까지 밝히고 있는데, 이것이 목록의 성격을 추정하는 데 도움을 준다.

① 금향졍긔 칠권
② 취미ᄉᆞᆷ션녹 이권종
③ 뉴효공션힝녹 십일권죵[163]
④ 김시효힝록 칠권
⑤ 효의졍츙예힝녹 ᄉᆞ십팔죵
⑥ 구양공충효션힝녹 일빅ᄉᆞᆷ의죵
⑦ 교각노영일긔 십권
⑧ 보응뉴유회긔 니죵

이 가운데 ⑥, ⑦, ⑧은 현재 전하지 않거나 무엇을 가리키는지 분명하지 않은 작품이다. 그런데 나머지 작품들은 권수로 보아 세책본일 가능성이 높다. ① 『금향정기』는 조희웅의 『고전소설이본목록』에 스무 종이 넘는 자료가 소개되어 있는데, 대개 1책 또는 2책이며, 7책 한 질의 이본은 3종뿐이다. 서울대학교 규장각한국학연구원, 일본 동양문고, 그리고 영남대학교 도서관에 소장된 7책 한 질의 『금향정기』는 모두 약현과 향목동 등에서 필사된 세책본이다. ② 『취미삼선록』도 마찬가지로, 역시 『고전소설이본목록』에 있는 총

3종의 이본 가운데 2종은 1책본이며 1종만 2책본인데, 덴리대학(天理大學) 도서관에 소장된 2책본은 역시 세책본이다. ③의 『유효공선행록』도 50종이 넘는 많은 이본 가운데 6책 이상은 6책 2종(서울대학교 규장각한국학연구원, 연세대학교 도서관), 12책 1종(서울대학교 규장각한국학연구원)이 있을 뿐이다. 그런데 ③의 11책에 가장 가까운 12책본은 "계유 밍츈 회일 마동 필셔"(권1), "셰직 무인 계하 슌일 셔필"(권5)이라는 필사기를 비롯하여 세책소설의 특징이 나타나는 자료다. ④의 『김씨효행록』 현전본은 3종으로 모두 1책본인데, 조희웅의 『고전소설이본목록』(1999)에도 없는 일본 개인 소장의 한 이본에 권4, 7, 8, 9가 남아 있다고 한다.[164] 일본 개인 소장본이 세책본이라고 하니, 이로써 보면 7책본 역시 세책본으로 짐작된다. 마지막으로 ⑤의 『효의정충예행록』은 현재 낙선재본에 56책본과 29책본이 남아 있다. 이런 예들로 볼 때 「언문책목록」에 실린 작품들은 세책소설일 가능성이 매우 높다고 할 수 있으며, 따라서 이 목록은 세책집과 연관된 것으로 추정된다. 이 책은 필사 연대를 "셰직 임신 삼월 염사일 입동 필셔"라고 밝히고 있는데, 이것이 가람 이병기의 장서였음을 감안할 때 강전섭의 추정처럼 필사 시기는 1872년일 것이다. 다시 말해서 1872년 서울 종로 입동 부근의 세책집과 연관된 목록으로 볼 수 있는 것이다.

「언문책목록」에 실린 자료의 종수가 최남선이 조사한 향목동 세책집 120종의 두 배에 육박한다는 사실도 놀랍지만, 더 놀라운 것은 장편소설의 비중이다. 현전하지 않은 작품이 많아서 수치를 제시하기는 어렵지만, 앞서 인용에서 보인 103책의 『구양공정충선행록』 외에도 『신씨삼대록』, 『하씨삼대록』, 『화씨삼대록』처럼 대장편소설로 추정되는 작품이 상당수이며 장편소설의 비중이 압도적이다. 「언문책목록」이 세책집 연관 목록이라면, 이 세책집은 향목동 세책집보다 두 배 이상의 장서를 보유한 대형 세책집일 것이다.

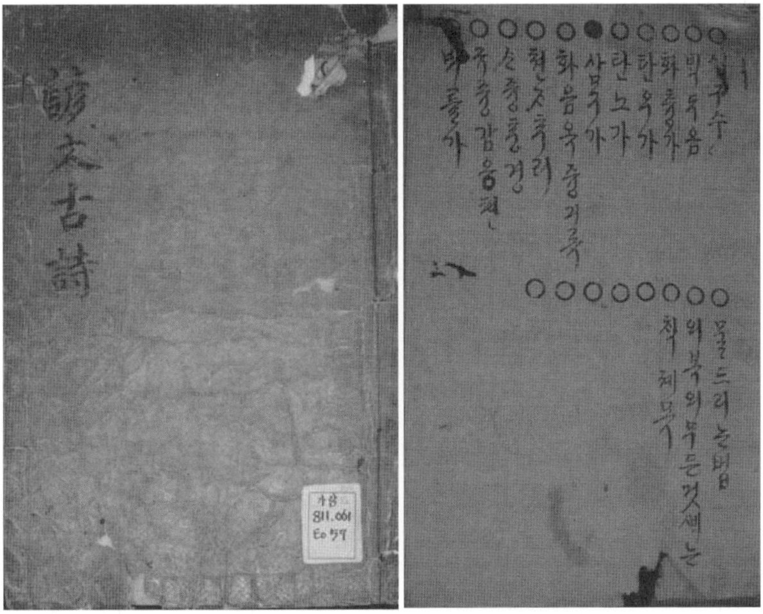

『언문고시』 표지와 목차(서울대학교 규장각한국학연구원 소장)

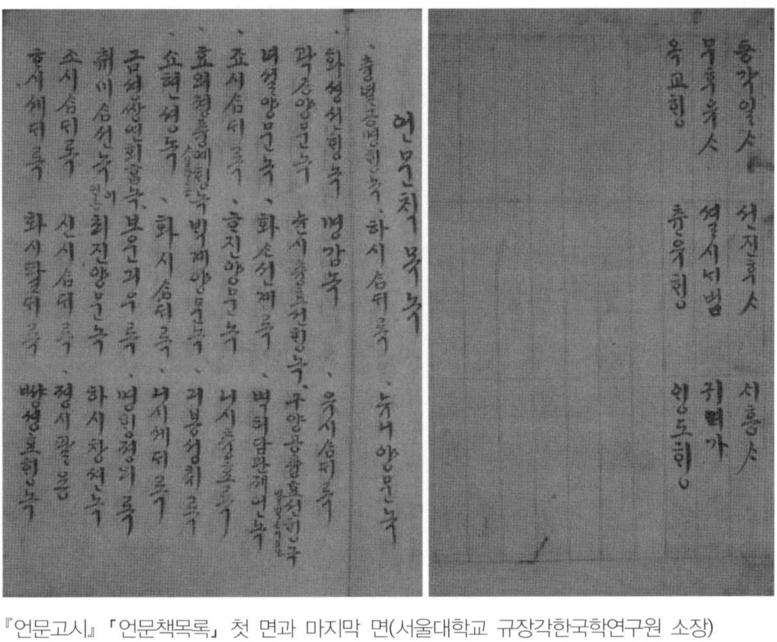

『언문고시』「언문책목록」 첫 면과 마지막 면(서울대학교 규장각한국학연구원 소장)

「언문책목록」과 함께 주목해야 할 자료로 연세대학교 중앙도서관에 소장된 『국조고사』(총 4권) 권3 말미에 부록된 「책열명록」과 구 안춘근 소장본으로 현재 한국학중앙연구원 장서각에 소장된 『언문후생록(諺文厚生錄)』이 있다.[165] 「책열명록」은 거의 대부분이 소설인 총 197종의 서목이 적혀 있는데, 이 가운데는 제목조차 생소한 작품이 적지 않다. 이 자료를 처음 소개한 유춘동은 다음 작품들을 기존 연구에서 소개되지 않은 것으로 들었다.

> 『유자선전』, 『소우백전』, 『조상서전』, 『호월하전』, 『장공예전』, 『여협전』, 『예원몽』, 『철단선』, 『삼천기』, 『변성기우록』, 『춘원정기』, 『주씨별감록』, 『충양회생기』, 『황명육연기』, 『남경재원기』, 『인옥쌍연기』, 『진청문효행록』, 『한문성효행록』, 『장연광성취록』, 『금명산쌍연기』, 『방씨충효록』, 『고씨충효록』, 『반씨절행록』, 『이문충효록』, 『선악보응윤회기』, 『봉옥쌍봉연』, 『소현성증변록』, 『월승기연』, 『삼학일사』, 『고선주』, 『임강화』, 『고금절염폄생록』, 『화조연』, 『풍류삼초배기봉』, 『금산제봉』, 『요대설』, 『비화염상』, 『낭선랑병지기』, 『기평위전』, 『합조주』, 『과천홍』, 『소기양문록』, 『최린양문록』, 『홍사보연록』, 『형산가외삼옥기봉』, 『금봉난옥기』, 『채호연록』

이 작품들 가운데 『소우백전』은 소우백이 중국소설 『옥교리』의 주인공 이름임을 고려할 필요가 있겠고, 『봉옥쌍봉연』은 『몽옥쌍봉연록』을 가리키는 것은 아닌지, 그리고 『소현성증변록』은 『소현성록』과 어떤 관계인지 앞으로의 연구를 위해 제목을 잘 기억해둘 필요가 있다. 이 목록에는 작품의 권수까지 기록해둔 것이 적지 않은데, 이를 통해 해당 작품의 규모를 파악할 수 있을 뿐만 아니라, 이 목록의 성격을 짐작하게 한다.

『탁록연의』 5, 『서주연의』 30, 『손방연의』 5, 『서한연의』 15, 『동한연의』 5, 『잔당오대연의』 2, 『정수정전』 1, 『유자선전』 1, 『소대성전』 3, 『조상서전』 3, 『호월하전』 1, 『장공예전』 1, 『옥소기봉』 2, 『명주기봉』 30, 『옥인기』 15, 『남정기』 2, 『대화기』 1, 『투색기』 1, 『옥린몽』 15, 『예원몽』 1, 『옥기린』 15, 『석중옥』 1, 『취승루』 22, 『남계연담』 3, 『설씨내범』 5, 『선진일사』 13, 『상홍기사』 2, 『서호가화』 1, 『당시전』 1, 『장경전』 2, 『여협전』 3, 『빙빙전』 1, 『당조구민기봉』 5, 『옥환기봉』 11, 『이현경전』 2, 『철단선』 1, 『삼천기』 2, 『이문록』 1, 『규합록』 4, 『도앵행』 2, 『열국지』 20, 『삼국지』 36, 『육조한담』 5, 『구래공정충직절기』 30, 『양현문충효직절기』 30, 『난초재세기연록』 2, 『임씨삼대정충록』 20, 『금산사열제창업연록』 1, 『효의정충예행록』 38, 『하씨선행후대록』 28, 『현씨양웅쌍린기』 5, 『금향정기』 3, 『춘원정기』 3, 『미소명행록』 80, 『충효명감록』 105, 『여설양문록』 30, 『현봉쌍의록』 30, 『충양회생기』 1, 『황명육연기』 2, 『남경재원기』 3, 『옥봉쌍린기』 20, 『명주보월빙』 72, 『유효공선행록』 5, 『임화정연기봉』 40, 『손천사영이록』 1, 『성현공숙렬기』 30, 『윤하정문취록』 64, 『옥원재합기연』 20, 『옥원전해서』 4, 『곽장양문록』 15, 『취미삼선록』 2, 『한씨삼대록』 4, 『유씨삼대록』 18, 『고씨충효록』 3, 『반씨절행록』 1, 『적선녀경록』 1, 『하각노별록』 1, 『수매청심록』 1, 『충효창선록』 36, 『화정선행록』 12, 『충렬쌍의록』 5, 『선악보응윤회기』 1, 『완월회맹연』 180, 『봉옥쌍봉연』 5, 『소현성증변록』 1, 『십봉기연』 8, 『창난호연』 25, 『낙성비룡』 1, 『삼학일사』 2, 『교견주』 2, 『임강화』 15, 『구운몽』 2, 『고금절염폄생록』 1, 『풍류삼초배기봉』 2, 『수호지』 35, 『홍백화』 2, 『옥호빙심』 4, 『금산제봉』 1, 『평산냉연』 5, 『요대설』 3, 『낭선랑병지기』 1, 『무릉기합록』 1, 『기평위전』 1, 『유이양문록』 24, 『옥교리』 5 (인용자 주: 숫자는 권수)

이 목록에 기재된 작품당 권수를 보면, 대체로 최남선이 조사한 향목동 세책집이나 동양문고 소장의 세책소설에 비해 권수가 적고, 오히려 궁궐에 소장된 소설의 권수와 근사하다. 단편소설의 경우 세책집에서는 거의 단권을 찾아보기 어려우나, 이 목록에는 적지 않은 작품이 단권으로 존재한다. 유춘동은 『국조고사』와 「책열명록」을 동일 필체라고 하면서 『국조고사』의 필사기를 통해 목록의 성격을 추정했는데, 필사는 1893~1910년 사이에 이루어졌고, 필사자는 딸에게 『국조고사』를 전하고자 한 '상층 사대부 가문의 여성'으로 보았다. 유춘동은 필사자가 세책집 목록을 베낀 것은 아닌지 따져볼 필요가 있다고 했으나, 작품당 권수로 볼 때는 세책본으로 보기 어렵다. 물론 세책본이라고 모두 비슷한 권수를 가진다고 볼 수는 없겠지만, 동일한 영업 방식을 취하는 곳에서는 유사한 형태가 나타날 가능성이 높다. 그렇게 보면 이 목록은 궁궐이나 다른 곳의 목록 또는 자료를 보고 작성했을 가능성에 더 무게중심을 둘 수 있지 않나 한다.

한편 『언문후생록』은 주로 여성들에게 필요한 식생활이나 각종 의례에 대한 정보를 소개한 책이다. 필사본으로 표지도 온전하지 않으며, 뒷부분에는 낙장이 있다. 표제는 붓글씨로 된 본문과 달리 펜글씨로 썼다. 이 책의 맨 앞에 소설 목록이 붙어 있는데, 『옥원재합기연』의 목록처럼 본문 앞에 3장(5면)에 걸쳐 적혀 있다.

이 목록의 특이한 점은 총 49종의 소설을 '길책'과 '소설책'으로 나누어 적은 것인데, 이 자료를 처음 소개한 정명기는 길책을 장편소설로, 일반 중단편소설을 소설책으로 적었다고 보았다. 목록에 오른 길책은 13종인데, 여기에는 『삼국지』와 같은 중국 장편소설과 『명주보월빙』과 같은 한국 장편소설이 있고, 이 밖에 『현수문전』은 특별히 장편소설로 보기 어려운데 길책으로 분류되어 있으며, 『초현전』은 어떤 작품인지 분명하지 않다. 김광순 소장 『마두영전』에 '장책

(長冊)'이라는 말이 나오는데, 길책과 통하는 말로 보인다. 정명기는 소설을 범주를 나누어 목록화했다는 점과 일부 소설에 짧은 해제를 붙였다는 점에서 세책집의 목록으로 보았다. 그러나 이 정도 근거로 세책집 목록으로 추단하기에는 「책열명록」과 마찬가지로 증거력이 약한 것으로 여겨진다.

세책소설 자료

세책업은 일찍이 18세기 초에 생겨났지만, 자료 회전이 잦은 세책의 특성상 초기 자료는 전혀 찾아볼 수 없다. 현재 확인된 가장 오래된 세책 자료는 1860년대의 것이며, 대부분은 20세기 이후의 것이다. 초기 수집자들의 수집 시기에서 멀지 않은 자료들만 남아 있는 것이다. 그나마 세책소설로 짐작되지만 세책 대본이 되었다는 증거가 명확하지 않는 것도 적지 않다.

영남대학교 도서관에 소장된 『수매청심록』에는 "정기택가 세책"이라고 하여 세책임을 전하는 기록이 있다. 누가 쓴 것인지, 왜 쓴 것인지 알 수 없지만, 정기택이라는 사람의 집에 빌려준 세책소설임을 알 수 있다. 이 책은 세책소설의 전형적인 모습을 보여주는데, 먼저 표지를 두꺼운 종이로 씌웠고, 굵은 끈으로 튼튼히 묶었다. 책장을 넘겨보면 제목 아래에 본문이 열한 줄이고, 한 줄은 13~14자 내외이다. 한 면에 150자 정도를 담은 셈이다. 그리고 본문의 상단에는 장수 표시가 있으며, 하단 모서리에는 한두 자 필사할 공간을 비워두었다. 많은 사람이 책장을 넘기면서 닳을 것이니 미리부터 그 부분에 글씨를 넣지 않았다. 이창헌은 이를 '침자리'라 불렀다.[166] 다만 보통의 세책소설은 마지막 장에 필사기가 있는데 이 책은 그것이 없다.

대신 낙서들이 이 책에 대한 정보를 알려주고 있는데, 권2 표지 안쪽에는 연필로 "경성부 동부 연화방 이현(京城府 東部 蓮花坊 梨峴)"이라고 적혀 있어서, 이 책이 서울 종로4가 북쪽 속칭 배고개 부근에서 유통되었던 것임을 알 수 있게 한다. 또 권5 제11장은 건양 2년 곧 1897년에 군대에서 사용한 문서인데, 이 이면에 소설을 필사한 것을 보아 이로부터 얼마 지나지 않은 시기에 필사되었을 것으로 짐작된다.

이 자료는 옆으로 눕혀 제본 상태를 보나, 위로 세워 책 하단을 보나, 제작에 정성이 느껴지지 않는다. 이미 사용한 문서의 이면을 사용하거나 저급의 종이를 사용했을 뿐만 아니라, 종이 크기도 일정하지 않고 제본도 들쑥날쑥하다. 근대세책의 영세성을 보여주는 것이라 할 수 있다.

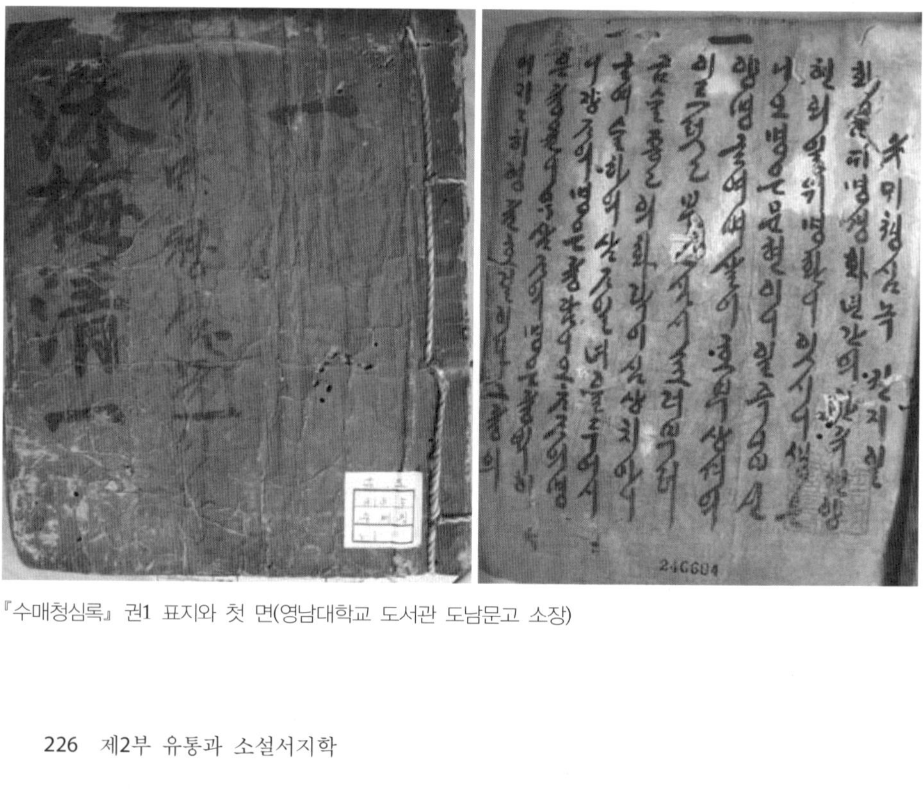

『수매청심록』 권1 표지와 첫 면(영남대학교 도서관 도남문고 소장)

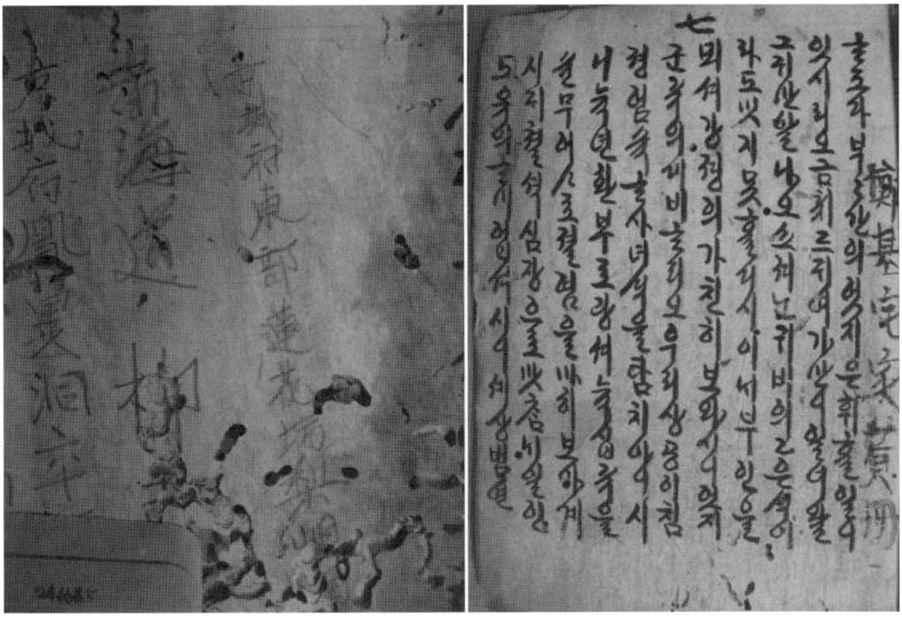

『수매청심록』 권2 표지 안쪽과 권4 제7장 "정기택가 세책"(영남대학교 도서관 도남문고 소장)

『수매청심록』 옆 부분과 책 하단 부분(영남대학교 도서관 도남문고 소장)

이런 조악한 근대세책 자료를 가장 많이 소장한 곳이 교토대학 부속도서관의 가와이문고(河合文庫)다. 가와이문고는 역사학자 가와이 히로타미(河合弘民, 1873~1918)가 수집한 것으로, 그는 1907년 동양협

회전문학교(東洋協會專門學校) 경성분교 교두(教頭)로 취임하면서 한국 문헌을 수집하기 시작했다. 1915년에 일본으로 돌아갔으며, 1916년 「이조세제(李朝稅制)에 관한 연구」로 박사학위를 받았다. 그의 장서는 1919년 이마니시 류(今西龍)의 주선으로 교토대학 도서관에서 구입했다. 이 문고는 약 2,000여 점에 달하는 한국 고문서로 유명한데, 이들 외에 책도 793종 2,160책이 있다. 여기에 40종 가까운 한국 고전소설이 있는데, 서울의 세책집에서 수집한 것이 많다. 『조선학보(朝鮮學報)』(54~63호, 1970~1972)에 실린 「가와이문고목록(河合文庫目錄)」에도 이들 한글소설이 세책집에 소장되었던 것으로 밝히고 있다.

가와이문고의 세책소설들은 경복궁과 사직단 사이에 위치한 행동의 세책인 『장백전』을 제외하고는 대부분 아현동 세책으로 최악의 제작 수준을 보여준다. 조악한 책으로 세를 놓으니 독자들이 화를 낼 것은 당연한 일이다.

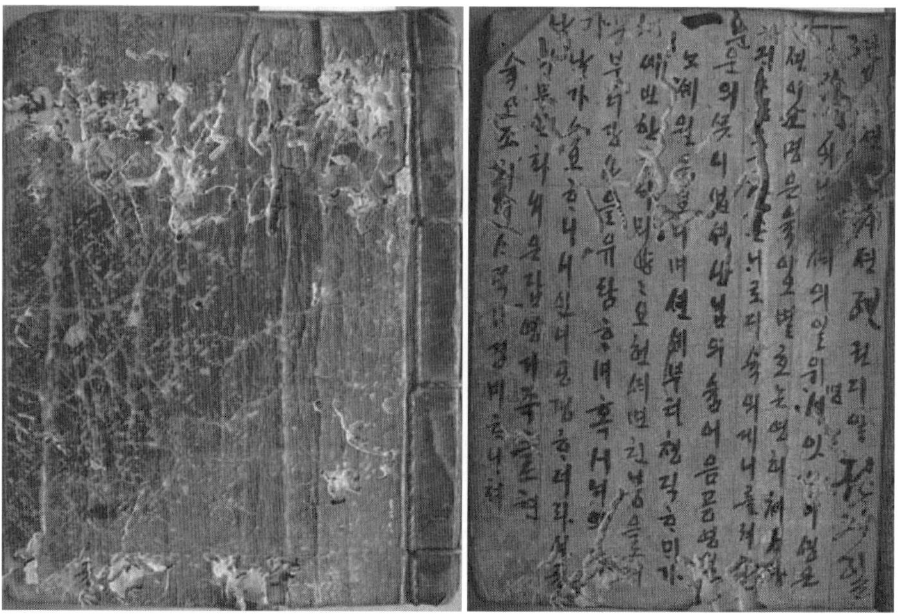

『전운치전』 권1 표지와 첫 면(교토대학 부속도서관 가와이문고 소장)

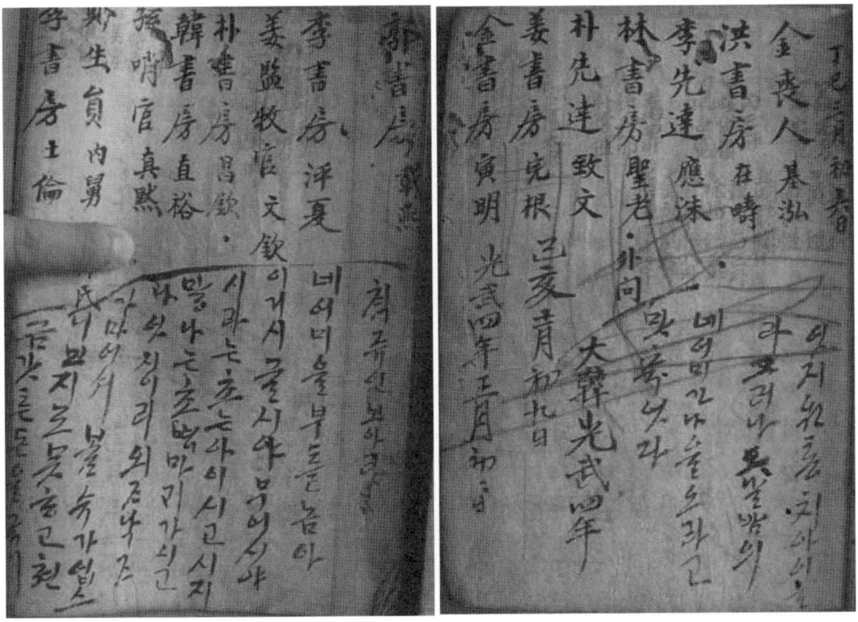

『전운치전』 권1 본문 이면(교토대학 부속도서관 가와이문고 소장)

본문 이면의 책주인에 대한 경고의 내용은 다음과 같다.

> 책주인 보아라. 네 어미와 붙을 놈아. 이것이 글씨냐 무엇이냐. 시라는 식초는 아니 시고 시지 말라는 식초 병마개가 시구나. 어찌 이리 오자낙자가 많아서 볼 수가 없으니 보지도 못하고 천금 같은 돈을 주니, 어찌 원통치 아니랴. 그러나 오늘밤에 네 어미가 나를 오라고 맞추었다.

글씨가 나쁜 데다가 오자도 있고 더욱이 빠진 글자까지 있으니 읽기 어렵다. 공짜로 빌린 것이라도 화가 날 텐데, 더구나 천금같이 귀한 돈을 주고 빌렸으니 화가 치밀지 않을 수 없다. 이에 독자들은 책 도처에 성기나 성행위 장면을 그려놓고 이것을 책주인과 결부시

켜 욕하고 있다. 그 가운데 일부는 책주인 이름을 그대로 노출시켰는데, 가와이문고 『징세비태록』 권4에는 거의 모든 장 이면에 책주인에 대한 욕이 있다. 자신을 책주인의 의부라고 하면서 책주인 어머니와 관계했다고 하고, 심지어 남자 성기를 그려놓고는 노골적이고 직설적인 욕을 적기도 했다. 또한 『김씨효행록』 상단에는 "이 책주인은 김가요 또 방귀쟁이"라고 하고, 『금향정기』 마지막 권 뒷장 배접에는 "金放氣者 黃犬子"(김방귀는 똥강아지)라고 적기도 했다. 대개 아현동에서 필사된 가와이문고 세책소설의 책주인으로 거명되는 사람은 김씨다. 세책에 그려진 낙서와 욕설을 보면 근대세책의 독자들이 어떤 사람들이었는지 짐작할 수 있다.

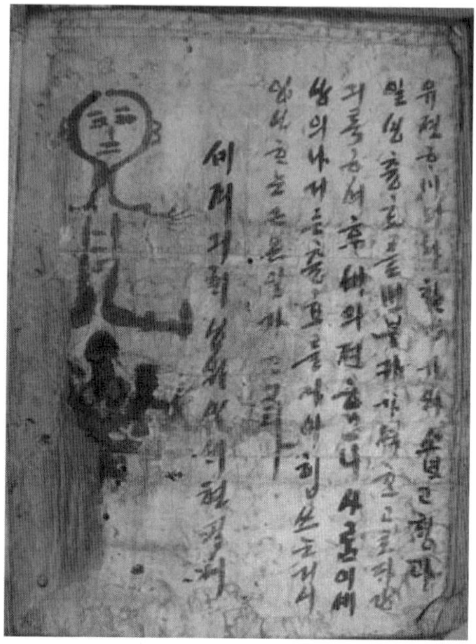

『남정팔란기』 권종의 마지막 면 낙서(교토대학 부속 도서관 가와이문고 소장)

가와이문고의 세책소설은 책주인이 욕을 들어도 싸다는 생각이 들 정도로 조악하다. 그러나 다른 세책소설을 보면 욕설이 반드시 책 상태와 연관되어 있다고 보기 어렵다. 서울대학교 규장각한국학연구원에 있는 『김홍전』이나 일본 텐리대학 도서관의 『육선기』처럼 비교적 필사 상태가 좋은 소설에도 낙서와 욕설이 있다. 낙서는 주인 감정을 불쾌하게 할 뿐만 아니라 책을 훼손하는 것이니, 주인들도 매번 참고 넘기기 어려웠을 것이다. 주인들이 취한 소극적인 대응은 책장을 풀로 붙이는 것이다. 종이를 뜯고 책장 뒷면에 한 낙서를 못 보도록, 또 더 이상 낙서를 하지 못하도록 반으로 접었던 책장을 아예 붙여버리는 것이다. 하지만 이런 방법은 자기 책을 더욱 볼품없게 만들었다.

책주인들은 책의 훼손을 막기 위해 당부나 경고를 적기도 했다. 서울대학교 규장각한국학연구원 소장 『화충선생전』 끝장에는 "말이 비록 허무맹랑하나 또한 장난꾼이 보시기는 우스운 말이 많사오니 착실히 보시고 낙장은 마옵소서."라는 책주인의 당부가 있다. 책주인들이 낙서 이상으로 꺼리는 것이 낙장이다. 낙장은 아예 자기 물건을 쓸 수 없는 것으로 만들어버린다. 다른 소설 자료에서는 볼 수 없는 상단의 장수 표시가 세책본에만 있는 이유도 낙장을 쉽게 확인하려는 뜻으로 이해할 수 있다. 이런 소극적인 부탁 외에 책주인이 경고문을 남기기도 했는데, 하버드대학 옌칭도서관 소장 『김윤전』 권1의 끝부분에는 다음과 같은 말이 있다.

> 어떤 사람이든지 간에 이 책을 갖다가 보신 후 속속히 보내주기를 두상에 손을 얹고 고대하옵내다. 이 책에다가 욕설을 쓰거나 잡설을 쓰는 폐단이 유하면 벌금을 내게 할 것이오니, 이 다음에는 깨끗이 보시고 보내소서.

『김윤전』은 "동문외 광신호 지전댁 책(東門外 廣信號 紙廛宅 冊)"이라 하였으니, 동대문 밖에 있는 종이가게에서 베껴 돌린 세책소설임을 알 수 있다. 필사 시기를 "대한 광무 육년"이라고 했으니 1902년의 것이다. 이 집의 책은 글씨가 나쁘지 않은데도 누가 욕설을 쓰고 낙서를 했던 모양이다. 권1의 앞 3분의 1 정도는 뒷부분과 종이가 다른데, 이 부분은 원래 낙서 등의 심한 훼손이 있어서 빼고 새로 필사하여 끼워넣은 듯하다. 그러고는 맨 뒤에다 경고를 붙인 것으로 보인다. 새로 끼워넣은 장들은 이면에 낙서를 못하게 아예 풀로 붙여 놓았다. 이 시기에는 이미 책 상태에 상관없이 세책소설에

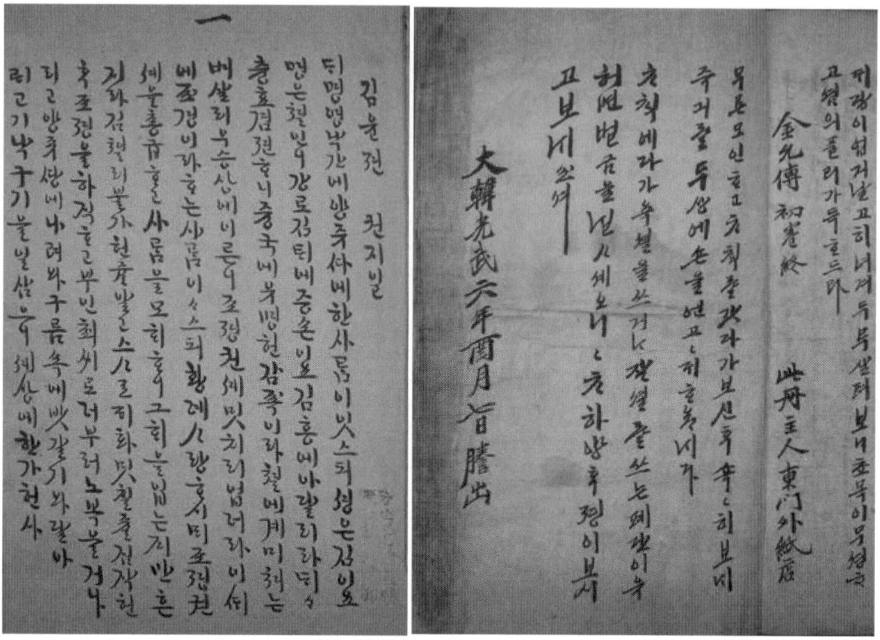

『김윤전』 권1 첫 면과 마지막 면(하버드대학 옌칭도서관 소장)

낙서하는 것이 하나의 관행으로 자리 잡았음을 짐작할 수 있다.

세책은 돈을 받고 책을 빌려주는 장사다. 그러니 대여품이 이처럼 훼손되는 상황에서 정상적인 영업이 이루어졌다고 보기 어렵다. 세책소설에 그려진 낙서는 주인과 손님 간의 소통을 보여주는 흥미로운 풍경이지만, 또한 세책이 정상적으로 운영되지 못하는 상황에 접어들었음을 보여주는 현상이기도 하다. 추측컨대 모리스 쿠랑이 세책업이 쇠퇴의 길을 걷고 있다고 한 무렵, 늦어도 1890년 이후에 낙서가 더욱 기승을 부린 것으로 보이며, 이는 앞선 시기 채제공이 깨끗이 필사해서 빌려준다고 한 세책집과는 다른 상황이다.

근대 이전 전통세책집의 자료는 거의 찾아보기 어렵지만, 1890년대 이전 세책소설로 먼저 프랑스 파리의 동양어학교 도서관에 소

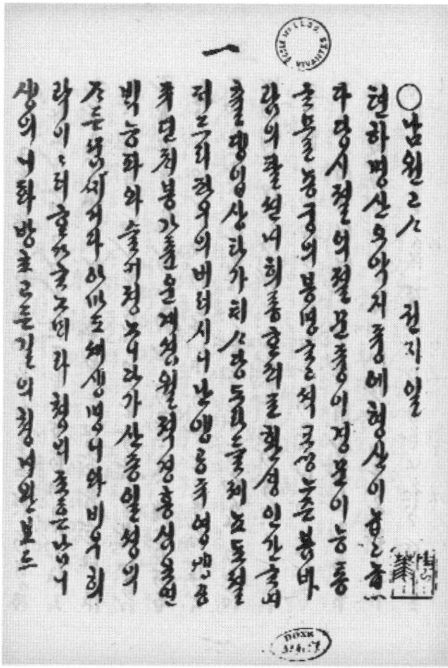

『남원고사』 첫 면(프랑스 동양어학교 도서관 소장)

장된 『남원고사』를 들 수 있다. 이 자료는 필사기를 통해 1864년과 1869년에 필사되었음을 알 수 있는데, 세책이라는 분명한 증거는 없지만 반듯하고 단단한 제본, 단정하고 숙련된 필체, 상단의 장수 표시와 하단 모서리의 침자리 등 세책소설의 일반적 특징을 두루 갖추고 있다. 보존 상태가 새 책처럼 깨끗한 것으로 알려져 있는데, 필사 후 외국인 소장자에게 넘어가기까지 20년 이상 지난 세책소설이 어떻게 그렇게 잘 보존될 수 있었는지 의문이다. 세책용으로 만들었지만 실제로는 거의 유통되지 않았을 것으로 추정된다. 현전하는 『춘향전』 이본 가운데 가장 오래된 것일 뿐만 아니라 풍부한 사설을 갖춘 선본이다.

『남원고사』와 함께 주목할 자료가 영남대학교 도서관 도남문고에 소장된 『춘향전』이다. 이 『춘향전』은 『남원고사』와 마찬가지로 전 5책인데, 현재 권1이 전하지 않아 총 4책만 남아 있다. 여러 가지 형태적 특징으로 볼 때 이 책 또한 『남원고사』와 마찬가지로 세책본이며 필사 시기도 『남원고사』와 비슷한 때로 보인다. 권5의 배접지 안쪽에는 내력이 분명치 않은 기록이 있는데, "갑자 구월 삼십일"이라고 하고는 "이도령 거동 보소"가 이어진다. 기록의 성격은 분명치 않으나 필사 시기를 적으려고 했던 것으로 보인다. 이 기록의 갑자년은 『남원고사』와 같은 1864년이라고 볼 수 있는데, 이는 이 자료가 『남원고사』만큼이나 오래된 세책본임을 말해준다. 한국에 남아 있는 것으로는 가장 오래된 세책본이라 할 수 있다. 보존 상태로 볼 때 수십 년 유통되었던 것이 아니라, 얼마간 유통된 다음 개인이 소장했던 것 아닌가 한다.

이 책에서 눈에 띄는 외형상 특징은 두꺼운 표지와 단단한 제본이다. 외형 외에도 본문 한 면에 열 줄이 필사되어 있는 점, 그리고 본문 상단의 장수 표시 등으로 세책임을 짐작할 수 있다. 다만 침자리가 없는 것과 한 줄의 글자 수가 22자 정도에 이른다는 사실은 후대의 세책소설과 다른 점이다. 후대의 세책소설은 대개 한 줄에 15자 내외가 적혀 있다.

비슷한 시기에 필사된 『남원고사』를 보면, 줄당 글자수는 16~17자 정도이지만 줄 수가 12줄이어서 한 면당 글자수는 도남문고의 『춘향전』과 비슷하다. 장수는 『남원고사』나 『춘향전』이나 모두 한 책당 사십 장이 좀 넘는다.

세책소설 역시 뒤에 소개할 경판소설과 마찬가지로 후대로 갈수록 한 책의 분량이 주는 흐름을 보여주는데, 1860년대 당시는 한 면당 이백 자 남짓으로, 한 책당 만오천에서 이만 자 사이의 분량임을 알 수 있다.

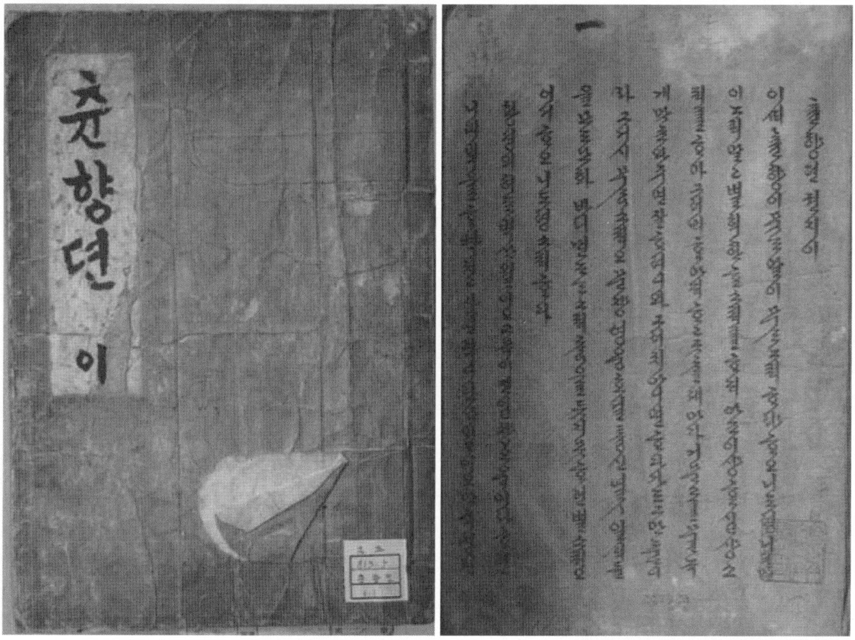

『춘향전』 권2 표지와 첫 면(영남대학교 도서관 도남문고 소장)

『춘향전』 옆면과 권5 표지 안쪽 기록(영남대학교 도서관 도남문고 소장)

앞의 두 종 『춘향전』 다음으로 오래된 세책본이 프랑스 파리 기메박물관 소장의 『옥인기연』(전 8권)과 런던 국립영국도서관 소장의 『춘추열국지』(전 34권), 그리고 연세대학교 도서관 소장의 『하진양문록』이다.[167] 모두 1879년에 필사되었다.

『옥인기연』에는 "긔묘 사월 십구일 옥농동"(권1), "셰직 긔묘 사월 십오일 옥농 필셔"(권2), "긔묘 사월 십사일 필"(권3)의 필사기가 있고, 『춘추열국지』에는 "셰긔묘 계하 상간 필셔"(권1), "셰직 임오 밍츄일 필셔"(권5), 그리고 『하진양문록』에는 "셰 긔묘 즁츄 묘동 즁슈"의 필사기가 있다. 『옥인기연』은 1879년 4월, 『춘추열국지』는 같은 해 6월 이후, 『하진양문록』은 8월에 필사되었다. 『하진양문록』은 '중수'라고 했으니 원본은 1879년 이전의 것일 수도 있다. 『옥인기연』과 『하진양문록』은 '옥룡동'과 '묘동'이라는 필사처까지 적힌 첫 세책소설이다.

『옥인기연』은 한 면에 11줄, 한 줄에 16자 내외이며, 1책 평균 40장 전후의 분량이다. 크기가 권별로 약간씩 다르나 대략 23×19 cm 정도이다.[168] 『춘추열국지』 권6 역시 한 면에 11줄, 한 줄에 16자 내외이며, 41장으로 되어 있다. 『하진양문록』은 1책 37장으로 한 면에 11줄, 한 줄에 17자 내외이다. 이들 자료는 대체로 전대보다는 약간 분량이 적고 후대보다는 많다.

마지막 시기 세책소설의 모습을 잘 보여주는 동양문고 소장본의 경우, 평균 한 면에 11줄, 한 줄에 12~15자, 한 책당 30장 정도여서, 한 책에 9천 자 정도로 1860년대 세책소설 분량의 절반이 조금 넘는다. 몇 건을 가지고 흐름을 일반화하는 것은 무리일 수 있지만, 경판방각소설의 분량 추이와 견주어볼 때 일단 후대로 갈수록 세책소설의 분량이 줄어든다는 것을 가설로 제기할 수 있다.

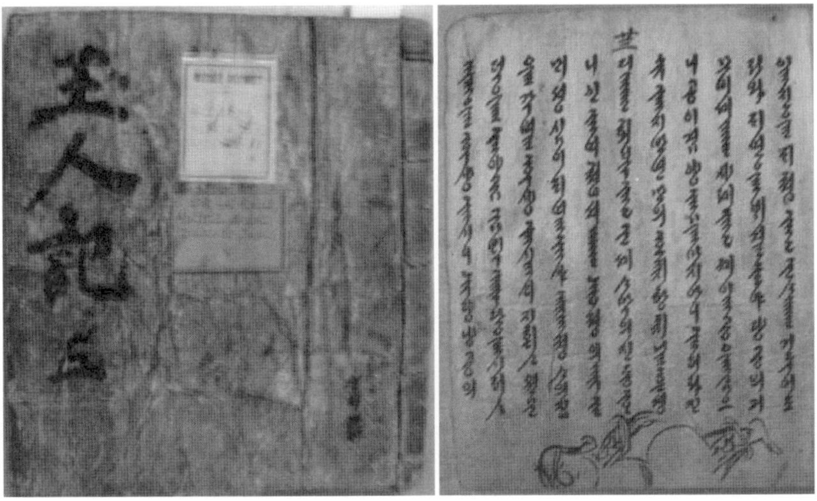

『옥인기연』 권5 표지 및 본문(본서 25쪽 컬러 사진 참조, 프랑스 기메박물관 소장)

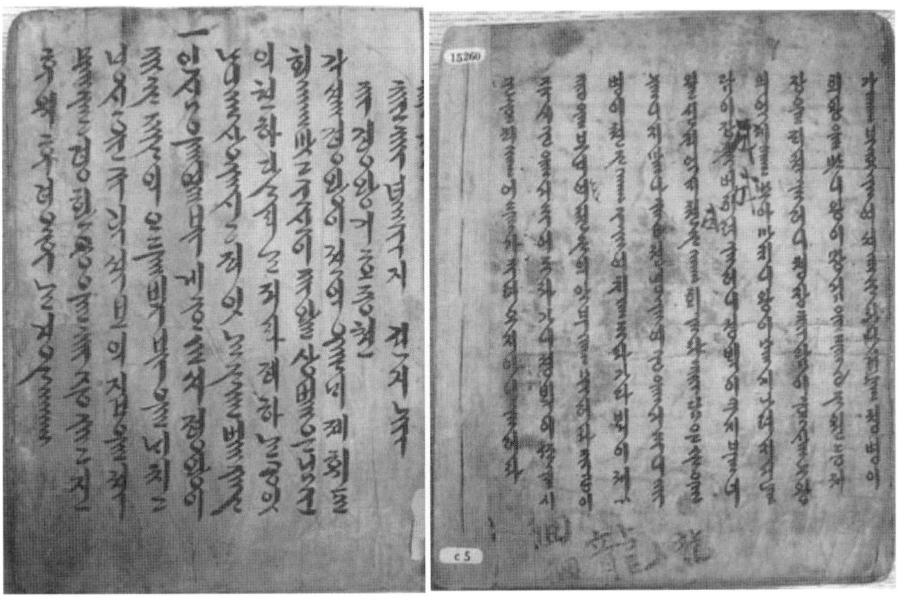

『춘추열국지』 권6 첫 면과 마지막 면(국립영국도서관 소장)

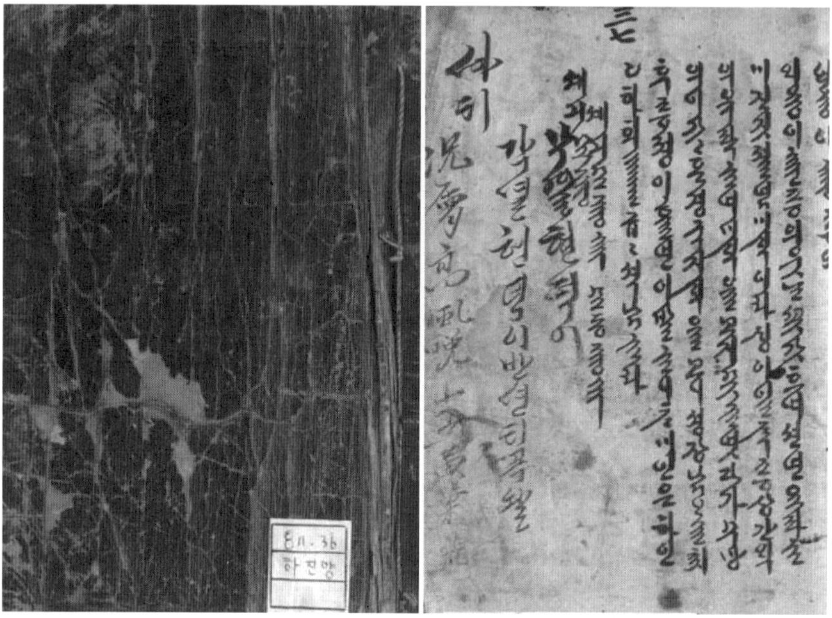

『하진양문록』 표지와 마지막 면(연세대학교 도서관 소장)

『하진양문록』의 필사처인 묘동은 서울 종로 종묘 서쪽의 동네로, 묘동의 세책소설은 러시아 상트페테르부르크 동방학연구소에 소장된 애스턴(W. G. Aston) 구장본 중에도 보인다.[169] 동방학연구소 소장 『보은기우록』 권14 말에 “을유 정월 쵸오일 묘동서”라는 필사기가 있다. 이 자료에는 책 곳곳에 책주인에 대한 욕설과 낙서가 있어서, 을유년 곧 1885년에 세책으로 유통된 것임을 알 수 있다. 그런데 이 자료는 일반적인 세책소설과는 약간 다른 특징이 있다. 기름먹인 종이와 단정한 궁체 글씨에다 침자리도 없다. 책주인에 대한 욕설과 낙서가 없다면 궁중본으로 판단할 수 있는 자료다. 필사기도 총 18권 가운데 권14에만 있고, 그마저도 본문과는 필체와 먹빛이 다르다. 더욱이 원래 세책소설이라면 한 책당 장수가 일정할 텐데, 대체로 권당 32～33장 정도이지만, 권12와 권15는 36장이고, 권17과 권18은 27장과 21장으로 장수의 차이가 크다. 이렇게 보면 원래 세

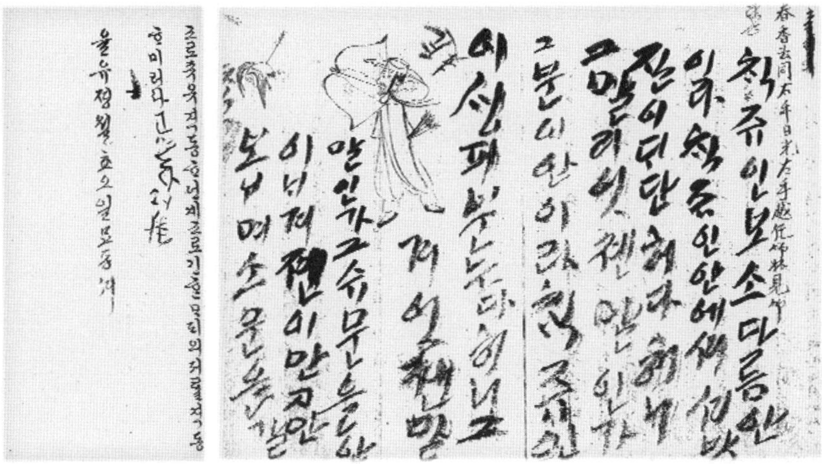

『보은기우록』 권14 필사기와 권1 낙서(러시아 상트페테르부르크 동방학연구소 소장)

책소설로 제작된 것이 아니며, 궁중본이 흘러나와 세책으로 유통된 것일 가능성이 있다.

동방학연구소의 자료를 조사한 허경진과 유춘동은 『보은기우록』 외에 『현씨양웅쌍린기』, 『동유기』, 『쌍천기봉』 등을 모두 묘동의 세책소설이라고 했으나,[170] 묘동의 것인지는 물론이고 세책으로 단정하기에도 의심스러운 부분이 없지 않다. 『현씨쌍린기』, 곧 『현씨양웅쌍린기』의 경우에는 권5에 책주인에 대한 불평이 한두 줄 있어서 세책유통의 가능성을 엿볼 수 있을 뿐, 다른 자료들은 그런 근거조차도 확인되지 않는다. 『현씨양웅쌍린기』 권6에 "경오 팔월 념일 막필셔"라는 필사기가 있으며, 소설의 낙서 한군데에 '갑신'년이 적힌 것이 있다. 1870년 경오년에 필사되었고, 그 후 어떤 경로로 세책집으로 흘러갔다가 갑신년인 1884년에 낙서가 남았을 수도 있다. 애스턴 구장본 『보은기우록』과 『현씨양웅쌍린기』를 통해 원래는 세책용으로 제작되지 않았으나 후에 세책으로 유통된 소설의 존재 가능성에 대해 생각해볼 수 있다.

세책집에는 필사본 외에 방각소설도 있었고, 나중에는 활자본 소설도 들어왔다. 모리스 쿠랑은 "책을 볼 수 있는 곳은 이 같은 책방에서뿐만이 아니고 많은 세책가들이 있어서 특히 소설이나 노래 같은 일반책들을 소지하고 있는데, 거의 한글판 인본이나 사본이다. 이곳에 있는 책들은 보다 잘 간수되었고 책방에서 파는 것들보다 양질의 종이에 인쇄되었다."고 했다.[171] 세책집에서 유통된 방각소설의 예로 연세대학교 도서관 소장 『임경업전』을 들 수 있을 듯하다(256쪽 사진 참고). 상단에 장수 표시가 있고, 마지막 면에 책주인이 명기되어 있는데, 책표지나 인쇄된 종이가 여타 방각소설보다 양질이다. 마지막 면에 "정해 십일월 초삼일 책주 정순 등서(丁亥 拾壹月 初參日 冊主 正順 登書)" 등의 낙서가 있는 것으로 보아, 책판은 1780년에 만들어졌으나 인출은 백 년도 더 지난 1887년 정해년경에 이루어져 세책집에 유통된 것으로 추정된다.

활자본 소설이 등장한 다음에는 활자본이 세책집의 대출품으로 대거 유입되었다. 활자본 세책의 증거는 안춘근의 선행 연구에서 확인되며,[172] 한국학중앙연구원 장서각에 구 안춘근 소장 활자본 세책 소설 11종이 있다.[173] 안춘근의 연구에서 소개된 2종의 활자본 세책 소설을 보면, 1919년 간행 3판 『재봉춘(再蓬春)』과 1919년 간행 3판 『장한절효기(張漢節孝記)』가 있는데, 『재봉춘』은 한지로 덧씌운 표지에 "화신세책소(華信貰冊所)"라고 묵서(墨書)했으며, 『장한절효기』도 한지로 표지를 덧씌우고, 전면 오른쪽 끝에 곽문근(郭文根), 그 바로 옆에 "고양군 용강면 동막상리 238(高陽郡龍江面東幕上里238)", 그리고 뒤표지에 "일야(一夜)에 일전씩(一錢式)" 등을 적었다. 활자본이 유입되고 인쇄 출판이 크게 성장하면서 필사본은 서서히 자취를 감추었고, 필사본 중심의 전통적인 세책집은 활자본으로 가득찬 근대의 도서대여점으로 바뀌어갔다.

제3장

출판소설

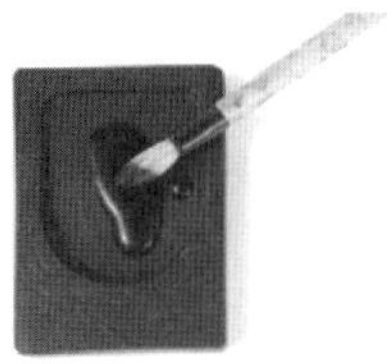

출판과 소설

소설을 간행한다는 것은 어떤 의미를 지닐까? 간행은 적지 않은 비용이 드는 작업이며, 또한 동일한 책을 한 번에 여러 부 널리 퍼뜨릴 수 있는 일이다. 따라서 비용에 상응하는 가치가 있어야 이루어질 수 있고, 그 높은 파급력으로 인해 강한 정치성을 띠게 된다. 책은 국가적 이념이나 종교적 신앙을 전파하기 위해 간행될 수도 있고, 지역이나 집안의 위상을 높이기 위해 찍히기도 한다. 이런 간접적 목적이나 이익 외에, 비용보다 더 높은 이익을 내기 위해 책을 간행할 수 있다. 상업출판이 등장하는 것이다.

한편 간행의 결과로 여러 부를 생산함으로써 많은 사람들이 같은 책을 읽게 되어 동일한 집단 관념을 형성할 수 있다. 간행된 책은 집단 관념을 형성하여 정치적 영향력을 발휘할 수 있으므로 지배 권력의 이념을 전파하는 수단이 될 수 있지만, 역으로 지배 권력을 비판하는 강력한 무기가 될 수도 있다. 따라서 간행이 권력 집단의 견제를 받는 것은 충분히 예상할 수 있는 일이다. 검열은 그 구체적인 모습이다.

조선에서 책은 엄격한 억압과 통제하에 생산되었고, 간행은 기본적으로 국가 소관 사항이었다. 책을 잘못 쓰거나 유통시켰다가 작은 꼬투리 하나로도 엄혹한 필화를 불러올 수 있음은 이미 제1부에서 여러 사례를 통해 설명했다. 사사로이 저술한 것을 시중에 돌렸다가 요서(妖書)나 사서(邪書)로 찍힐 수 있는 상황에서 왕의 허락을 받지 않은 출간은 목숨을 건 모험일 수 있다. 조선에서 간행된 책들은 거의 한 번은 임금이나 조정의 허가를 받은 것이다. 그렇지 않으면 유학의 기본서, 과거시험을 대비한 수험서 또는 실용서나 족보 등 따로 허가를 받지 않아도 될 만한 것이다. 이 밖에 불경이나 소설 등은 기본적으로 체제의 감시망 밖에 있었다. 체제가 도외시한 영역이었던 것이다.

선조 때 요즘으로 말하면 일종의 관보라고 할 수 있는 조정의 논의 사항 또는 결정 사항을 적은 조보(朝報)를 인출한 사건이 있었다. 이에 대한 논의를 보면 조선 사회에서 서적 간행이 가진 의미를 짐작할 수 있다.

> 임금이 비망기(備忘記)로 대신들에게 전교했다. "내가 우연히 조보를 보니, 마치 고사(古史)처럼 인출(印出)하여 매우 놀랐다. 당초에 누가 주장하여 인출했는가? 어째서 아뢰지 않고 마음대로 만들었는가?"(『선조실록』 1577년 11월 28일)

선조가 어쩌다 조보를 보았는데 인출된 것이었다. 조보는 중국 역사에 보면 인출된 사례가 있긴 하지만, 누가 자신의 허락도 받지 않고 인출했냐며 분개했다. 조보를 베껴서 전국에 돌리는 것은 용인하지만, 인출까지 한다면 얼마나 많은 사람이 볼 것이며, 그러다가 중국에까지 흘러가기라도 하면 어찌할까, 그런 걱정을 했을 것이다. 분개한 임금은 관련자를 찾아 문책하려고 했다. 신하들은 조보 인출에 대한 요구가 있기에 별 문제가 아니라고 보아 금지하지 않았다고 대답했다. 선조는 호락호락 넘어가려고 하지 않았고, 국청을 열어 혐의자를 심문했다. 연루된 자가 삼십여 명에 이르렀는데, 약 오십 일 후에는 이들이 거의 죽을 지경에 이르렀다는 보고까지 있었다. 신하들은 이들이 생계를 위해 한 일이라며 용서를 청했지만, 선조는 강경한 태도를 바꾸지 않았다.

조보의 인출 문제는 정조 대에도 논의가 있었지만, 선조 대의 일을 거론하며 중지시켰다. 신하나 백성들은 조보의 인출을 큰 문제로 여기지 않았지만, 임금은 사태를 다르게 파악했다. 정조는 특히 조보의 인출이 민감한 외교적 사안으로 연결될 가능성을 염려했다. 조보를 통해서 알 수 있듯이, 약간이라도 문제가 생길 수 있는 것은 허락을 받지 않고는 간행되기 어려운 것이 조선의 출판 상황이었다.

이런 정황을 참작해야 숭문 의식이 강한 유교국가 조선에서 서적 간행이 활발하지 않았던 까닭을 알 수 있다. 책을 경사자집(經史子集)의 사부로 나누어볼 때, 전통시대 한국 전적 가운데 가장 높은 비중을 점하는 것이 문집인데, 1910년 이전에 작고한 사람들을 기준으로 보면 3,100여 종, 11,000책 정도가 남아 있으며, 이 가운데 2,700여 종, 구천여 책이 간행본이다.[174] 이 문집은 대부분 조선시대의 것들이며 대략 한 해에 대여섯 종이 생산되었다. 그나마 삼백여 종 남짓이던 16세기의 문집 출간이 17세기, 18세기, 19세기의 조선 후기에 이르러 칠백 종, 팔백 종, 구백 종으로 크게 늘어나서 이만한 수치에 이르렀다. 이 수치를 보고 조선의 출판이 활발했다고 오해할 수도 있지만, 조선 출판의 총량에서 문집이 차지하는 비중이 거의 절반에 육박하는 현실을 감안할 때 결코 그렇게 볼 수 없다. 자기 학파, 자기 당파, 자기 집안의 인물을 높이기 위해서 생산한 것이 대부분이며, 기타 개인의 저작은 극히 희소하다.

대부분 저자 사후에 간행되는 문집 외에 어떤 책들이 간행되었을까? 쿠랑과 마찬가지로 근대 전환기 한국에 와서 책을 수집하고 『고선책보(古鮮冊譜)』라는 목록집을 간행하기도 한 마에마 교사쿠(前間恭作, 1868~1942)는 전근대 한국에서 간행된 책의 비중을 다음과 같이 추정한 바 있다.

> 여기에 소개된 11종의 유목(類目)이 한국본 전체의 경우에 각기 어느 정도 비율을 차지하는가를 생각할 때 이를 쉽게 예측하기가 어렵지만, 저자가 각종 서목에 따라 억설(臆說)을 세워본 바로는 현재 한국 판본이 약 1만 종 있다고 가정하고서, 그중 4천이 가집(家集), 2천이 불서도교서(佛書道教書), 1천 5백이 전기(傳記) 및 계보(系譜), 1천이 유교서(儒教書)요, 나머지 1천 5백 종 가운데 역사(歷史) 및 고실(故實)이 가장 많아서 4백 종, 제도전례(制度典例), 언어문학(言語文學), 예술(藝術) 및 잡가(雜家), 수필잡기잡찬(隨筆雜記雜纂), 시문소설(詩文小說) 등 5종 각 2백, 지리기행(地理紀行)이 1백 종 정도가 되지 않을까 싶다. 이것은 사안에 지나지 않는 것으로 다만 참고로 소개한다.[175]

문집 외에는 수입된 외래 종교 사상류, 전기 족보류 등이 대부분이고, 기타 얼마간의 의학서나 수험서 등 실용서를 빼면 특정 주제의 개인의 사상이나 의견이 담긴 책은 거의 간행되지 못했다. 무엇이 간행되었느냐는 질문 대신 어떤 것들이 간행되지 않았는가 묻는다면 사태를 더욱 선명히 알 수 있는데, 18세기 후반 장안의 지가를 올렸다는 박지원의 『열하일기』 같은 책도 간행되지 못했고, 조선시대 인물 중 누구보다 유명한 다산 정약용의 저술들도 조선이 멸망하기 전에는 간행되지 못했다. 『열하일기』는 당대에 노호지고(虜號之稾)니 하면서 유학자들 사이에서 논란이 되었을 뿐만 아니라 복

고적 문예정책을 추진하던 정조에 의해 문체로 인해 견책을 받기도 했으니 간행이 어려웠을 것이고, 정약용은 사학으로 몰린 천주교도라는 혐의로 유배를 간 사람이니 저서가 간행되기 어려웠을 것이다. 그렇지만 박제가의 『북학의』처럼 남아 전하는 필사본만 해도 20여 종에 이르는 18세기 후반의 세론을 잘 보여주는 저작조차도 간행되지 않았다. 『북학의』는 정조 임금에게 바치기도 한 책인데도 간행이 되지 못했다. 사상과 주장을 담은 책들은 기본적으로 임금의 명령을 얻지 못하면 간행되지 못했던 것이다. 이렇게 보면 유성룡의 『징비록』이 간행된 것이 오히려 이채롭다고 할 수 있는데, 이 역시 속사정을 보면 유성룡의 생시에 이루어진 것이 아니며 문집처럼 사후적으로 이루어졌다. 당대의 저술이 아니라 사후적 문집의 일부로 간행되었을 가능성이 큰 것이다. 후대에 이 책이 조정에서 여러 차례 인용되는 것을 보면 임금에게 간행을 허락받았는지 모를 일이고, 설사 허락을 받지 못했다고 해도 사사로이 문중에서 간행한다고 해도 큰 문제가 생기지는 않을 듯한 책으로 여겨졌기에 간행된 듯하다.

이런 조선시대의 출판 환경을 생각할 때, 조선의 소설 출간이 이웃 중국이나 일본에 비해 늦을 뿐만 아니라 활발하지 못했던 것이 이해가 된다. 『설공찬전』처럼 소설사 초기에 소설이 채 자라나기도 전에 필사로 유전된 소설조차 필화에 걸릴 정도였으니, 그 간행이 위축되지 않을 수 없었을 것이다. 오히려 이로부터 얼마 지나지 않아 국가 공식 출판기구인 교서관에서 『전등신화』, 『금오신화』 등의 소설을 간행한 것이 특별한 일이다. 이들 소설의 간행에는 간행 책임자인 윤춘년의 개인적 취향이 크게 작용하지 않았나 한다.

윤춘년의 『금오신화』 출판을 보통의 소설 간행과 동일하게 보기는 어렵다. 윤춘년은 김시습을 '동방의 공자'로 숭모했던 사람으로 알려져 있으니, 그가 주도한 『금오신화』 간행은 단순한 소설책 간행이라기보다 문집을 간행했다고 보는 것이 실상에 근접한 것인 듯하

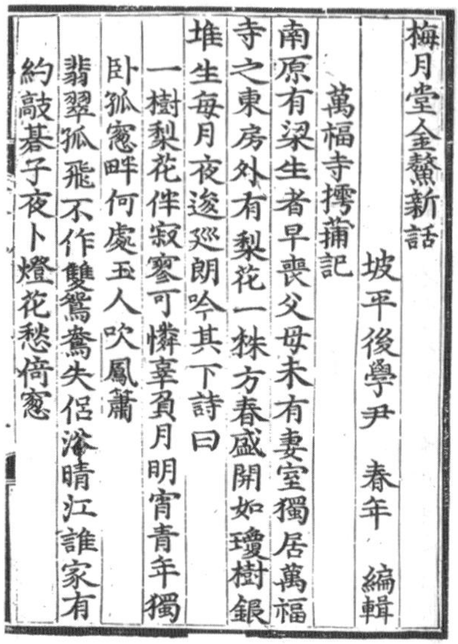
梅月堂金鰲新話
坡平後學尹 春年 編輯
萬福寺摴蒱記
南原有梁生者早喪父母未有妻室獨居萬福
寺之東房外有梨花一株方春盛開如瓊樹銀
堆生每月夜逡巡朗吟其下詩曰
一樹梨花伴寂寥可憐辜負月明宵青年獨
卧孤窓畔何處玉人吹鳳簫
翡翠孤飛不作雙鴛鴦失侶浴晴江誰家有
約敲碁子夜卜燈花愁倚窓

『금오신화』 본문 첫 면(중국 대련도서관 소장)

다. 작품을 널리 퍼뜨리기 위해 간행했다기보다, 오래 보존하고 정전으로 자리 잡기를 바라는 뜻에서 간행했다는 말이다. 이런 사정이 있으니 『금오신화』는 간행은 되었지만 많이 보급되지는 않은 듯하다. 그 때문인지 『금오신화』는 임진왜란 이후 어느 시기에 한반도에서 거의 자취를 감추었고, 이후 일본으로 흘러가서 간행되었다. 그리고 이것이 일제강점기 때 역수입되어 세상에 모습을 드러낼 수 있었다.

한편 이 시기에 누가 주도했는지 모르나 금속활자로 『삼국지연의』를 찍기도 했다. 책의 간행 시기에 대한 구체적인 정보는 없지만, 병자자(丙子字)로 불린 활자로 찍은 것으로 보아 1550년대에 간행된 것으로 추정된다. 이는 『삼국지연의』가 간행되었다는 『선조실록』의 기록과도 부합하는데, 금속활자로 찍었다는 데서 『금오신화』가 교서관에서 간행된 것처럼 관청이나 유력자의 주도로 출판된 것으로 짐작하고 있다.

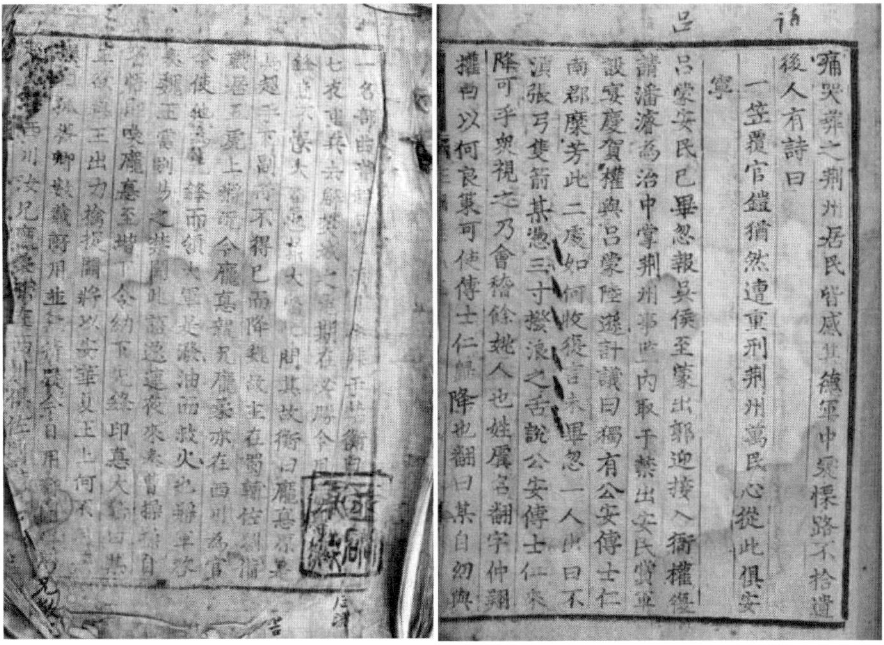

『삼국지연의』 활자본 낙장 첫 면과 본문(개인 소장)

관청이나 유력가에 의해 주도되었다고 해도 소설출판은 『삼강행실도』와 같은 교훈서의 보급과는 차원이 다르다. 개인 문집처럼 어떤 사람이나 사상을 높이기 위해 간행했다고 보기도 어렵고, 종교 경전처럼 신앙을 퍼뜨리기 위해서 그렇게 했다고 볼 수도 없다. 『금오신화』야 김시습을 존숭하는 뜻에서 찍었다고 볼 수 있지만, 『삼국지연의』는 그런 것도 아니다. 오락적 성격이 강한 소설을 관청에서 그것도 금속활자로 간행했다는 사실 자체가 어떤 면에서는 모순적이다. 출판될 수 없는 책이 출판된 것이다.

김영진은 조선조 출판문화의 특성을 "관각본과 사각본의 애매함" 또는 "관찬과 사찬의 모호성"이라는 말로 요약한 바 있는데,[176] 출판을 정부가 독점하다시피 한 상황에서 공적 기관을 이용하여 사적인 출판을 진행시키는 경우가 적지 않았던 것이다. 다시 말해서 자신의 선호나 취향 또는 다른 목적을 위하여 공적 기관을 이용하여 출판을 진행하는 일이 왕왕 있었는데, 『삼국지연의』도 그런 예 가운데 하나로 볼 수 있는 것이다.

관각과 사각의 중간에서 이루어진 소설출판은 소설 수요가 비약적으로 늘어나자 더욱 활발히 일어났다. 16세기 윤춘년에 의해 교서관에서 간행된 『전등신화』는 후에 여기저기서 적어도 15회 이상 출간되었고, 16세기에 활자본으로 출간된 『삼국지연의』는 총 12권에 이르는 방대한 분량으로 조선 남단의 작은 섬 제주도에서 간행되기도 했다. 필사로 감당할 수 없는 높은 수요로 인해 소설출판의 새 세계가 열린 것이다.

소설 수요가 크게 늘어나자 관각으로는 감당하지 못하게 되었고, 정부가 오락적 성격이 강한 소설까지 통제할 뜻이 없음이 어느 정도 명확해지자 민간에서 서서히 소설을 간행하기 시작했다. 소설을 간행한다는 것은 하나의 정본(定本)이 탄생한다는 것이다. 한 작품의 중심작 또는 기준작이 되는 이본이 탄생하는 것이다. 물론 출판본이 필사본보다 조악하고 오류가 많을 수도 있지만, 많은 사람들이 공유하는 이본이 만들어진다는 데 큰 의미가 있다. 정본의 탄생은 정전으로 이어지는 출발점이 된다.

또한 많은 사람들이 동일한 것을 읽는다는 것은 소설 독서공동체의 출현을 의미한다. 독서공동체는 이념, 사상 및 세계관을 일정 부분 공유하는 집단이므로, 세계관을 공유하는 집단의 탄생을 의미하기도 한다. 조선 후기의 소설 독서공동체가 어떤 성격인지, 어떤 사상을 어느 수준으로 공유하고 있었는지는 여기서 따져볼 내용이 아니다. 다만 한문 경전 독서공동체를 넘어서는 새로운 소설 독서공동체의 출현에 주목할 필요가 있음을 언급하고자 한다.

생산자의 측면에서도 소설 간행은 중요한 의미를 지닌다. 임금이나 조정의 허락을 얻지 못한 출판이 극도로 조심스러운 조선에서 개인적 사상을 담은 일군의 책이 간행된 것이다. 그것도 한문보다 넓은 독자층을 가진 한글소설까지 포함한다. 물론 오락적 성격이 강할 뿐만 아니라 지배이념과 배치되지 않고 오히려 그것을 고취하는 것들이기에 가능한 일이긴 하지만, 개인의 의견을 담은 책, 그것도 파급력이 높은 한글로 된 책을 간행했다는 것만으로도 큰 의미가 있다. 소설출판이 열어놓은 정보소통의 길로 새로운 이념과 사상 등이 달릴 수 있는 것이다.

상업출판의 탄생

소설의 막대한 수요는 상업성과 연결된다. 소설이 상품이 될 수 있음을 안 다음 상업출판이 생겨나는 것이다. 시장에 내다팔 목적으로 책판을 만들어 책을 찍기 시작했는데, 그것을 방각본이라고 한다. 방각은 석판, 토판, 동판도 가능하겠지만, 대개 새기기 쉽고 보관이 용이한 목판을 이용했다. 상업출판이 본류에 오르면서 소설출판의 주체가 영리 목적의 개인업자에게 넘어갔고, 방각본이 조선 후기 소설출판의 중심에 서게 되었다.

그런데 방각본 소설이 나오기 전에 이미 다른 방각본이 있었다. 방각본을 민간의 영리적 주체가 상업적 목적으로 제작한 책을 가리킨다고 할 때, 그 출발점을 보여주는 자료는 일본 덴리대학 도서관에 소장된 『고사촬요(攷事撮要)』이다.

『고사촬요』는 일종의 백과사전으로 국가 외교관계에 대한 것은 물론 일반 상식까지 두루 기술되어 있다. 이 책은 만력(萬曆) 4년 즉 1576년에 간행되었는데, 이 책의 권말에는 “수표교하북변이제리문입

하한수가각판매자심래(水標橋下北邊二第里門入河漢水家刻板買者尋來)"라는 기록이 있다.[177] '수표교 아래 북쪽 하한수 집의 각판이니 살 사람은 찾아오라'는 정도의 뜻이다. 일종의 책 광고라고 볼 수 있는 내용으로, 민간의 어떤 사람이 자기 책을 판매하기 위해 광고했다는 점에서 최초의 방각본으로 간주하고 있다. 이 기록은 동일 판본의 『고사촬요』 가운데 덴리대학 소장본에만 남아 있다.

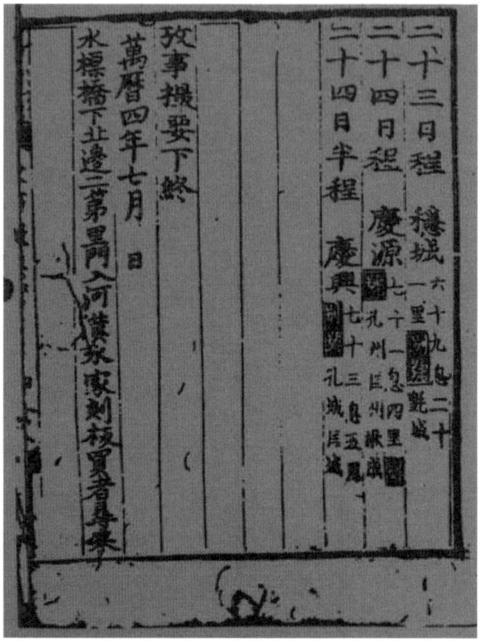

『고사촬요』 마지막 면(덴리대학 도서관 소장)

『고사촬요』가 아니라도 16세기 민간출판의 흔적을 보여주는 자료는 여럿 있다. 박철상의 연구에 따르면, 먼저 전라도 보성으로 추정되는 산양(山陽)의 이수륜이라는 사람 집에서 1599년 간행한 『항상일련(項上一臠)』이 있는데, 이는 『항적전(項籍傳)』으로 이름을 바꾸어 1602년에 재간되기도 했다. 여기에서는 또 1605년에는 『신증유합(新增類合)』을 간행하기도 했다. 또 죽천서당(竹川書堂) 간행의 『소학집설(小學集說)』(1600), 『황석공삼략직해(黃石公三略直解)』(1600), 『고금역대표제주석십구사략통고(古今歷代標題註釋十九史略通考)』(1600) 등도 있다.[178] 이런 민간 출판물은 후대의 『대학장구 병부언해(大學章句幷付諺解)』(1655년 정학일 간행), 『운부시휘(韻府詩彙)』(18세기 중반) 등으로 연결되는데, 특히 국립중앙도서관 등에 소장된 『역대장감박의(歷代將鑑博議)』 권10 마지막 면에는 "강희 삼십년 신미 오월일 고성 남면 사판(康熙三十年辛未五月日固城南

面肆板)"이라는 간기가 있어서 '사판' 곧 가게의 책판, 민간의 책판임을 분명히 했다. 강희 30년은 1691년이다.

『고사촬요』 다음으로 방각본의 존재를 흥미롭게 드러낸 자료로 이른바 궁유한사본(窮儒寒士本) '사서언해'를 꼽을 수 있다.[179] 사서언해에는 『논어언해』, 『중용 · 대학언해』, 『맹자언해』가 있는데, 『맹자언해』 하권 끝에 다음과 같은 간기가 있어서 이 자료의 성격을 알게 한다.

> 요즘 이용되는 『맹자언해』는 청탁이 갖추어져 아주 아름답다. 그러나 가난한 선비들은 그 가격이 비싼 것을 병통으로 여긴다. 그래서 줄여 썼다. 숭정 10년 정축년 간행(時用孟子諺解, 淸濁具備, 盡美矣. 窮儒寒士, 病其價重, 故略書如左. 崇禎十年丁丑月日刊).

가난한 선비들에게 팔기 위해 본문 내용을 대폭 생략하여 분량을 줄여 찍은 싼값의 사서언해가 궁유한사본인 셈이다. 숭정 10년은 1637년이다. 옥영정은 이 사서언해의 판심에 새겨진 각수 이름이 당시 태인 지역에서 활동한 각수의 이름과 일치한다고 하면서 이 책들이 태인에서 간행되었을 것으로 보았다.[180] 태인은 18세기 말 『사요취선(史要聚選)』, 『고문진보(古文眞寶)』 등 방각본을 다수 간행한 지역이다.[181]

궁유한사본 사서언해는 원문 구절의 마지막 글자와 뒤이은 토만 적고 한글 번역을 붙였다. 어차피 본문은 한문 원문을 보면 되니 굳이 전문을 넣어서 책값을 높일 이유가 없다는 것이다. 이처럼 16, 17세기에는 실용서, 수험서 등이 주로 방각으로 간행되었다. 출판된 방각본의 양을 가늠할 수는 없지만, 경향 각지에서 일어나고 있는 방각본 제작에 소설이 포함되는 것은 시간 문제였다.

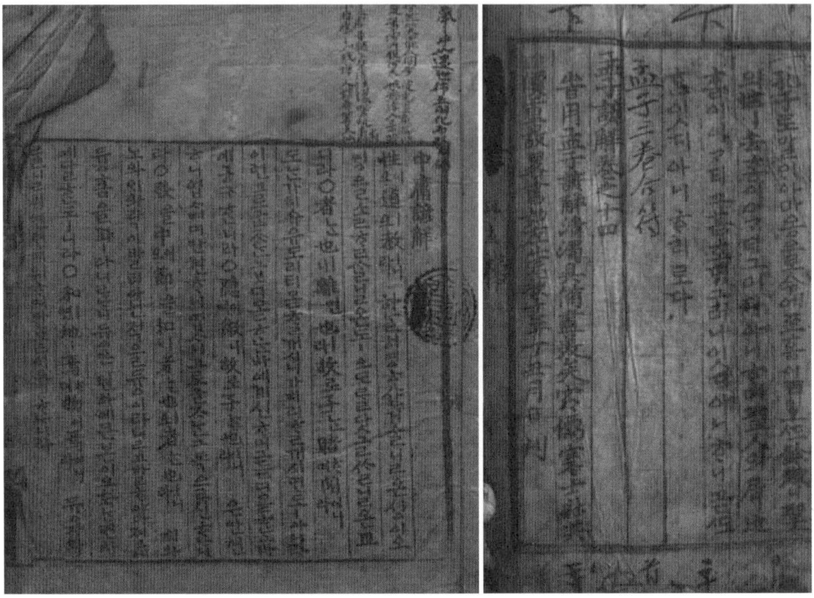

『맹자언해』 첫 면과 마지막 면(박철상 소장)

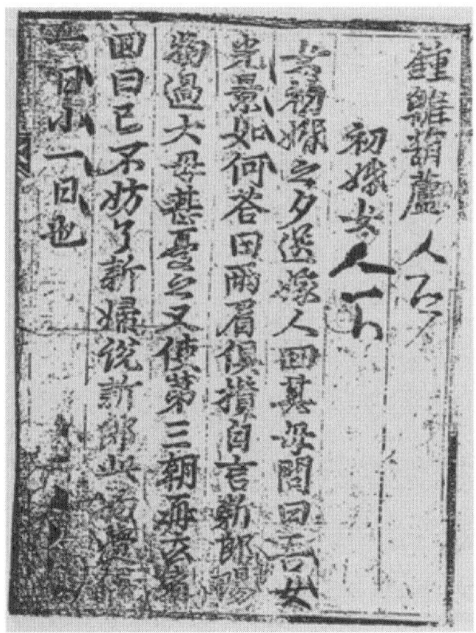

『종리호로』 첫 면(아단문고 소장). 현전하는 『종리호로』에는 간기가 남아 있지 않으며, 김휴가 편찬한 『해동문헌총록』에 원간기를 볼 수 있다.

방각본 소설의 출발로 주목되는 자료는 1622년 평양에서 간행된 『종리호로(鍾離葫蘆)』다. 소산자(笑山子)가 평양의 가촌(可村)에서 간행했다고 하는 것을 보면(天啓壬戌春, 笑山子, 壽于箕城之可村) 관판이 아니라 사판임을 알 수 있으며, 명나라의 소화집(笑話集) 『절영삼소』를 추려 만든 책이라는 점에서 소설에 근접한 것이라고 말할 수 있다. 다만 한문으로 된 널리 알려지지 않은 책이라는 점에서 과연 상업적 목적으로 간행했을까 하는 의문이 남는다. 그런 점에서 방각본이 아니라고 볼 수도 있겠지만 방각본 소설로 가는 도정에 놓인 중요한 자료임은 분명하다.

『종리호로』와 함께 방각본 소설로 가는 도정에 있는 자료로 1687년 제주도에서 간행된 12책에 이르는 거질(巨帙)의 『삼국지연의』를 들 수 있다. “세재 정묘 탐라 개간(歲在丁卯耽羅開刊)”이라는 간기로 보아 간행 주체는 제주 관아일 가능성이 높다. 민간본이라면 『종리호로』처럼 자기가 사는 동네를 밝혔을 것인데, 그냥 탐라 곧 제주라고만 했으니 제주 목사의 명령에 의해 이루어진 출판이라고 볼 수 있다는 말이다. 제주 목사는 무관이 임명되는 자리이니 목사가 『삼국지연의』처럼 전쟁이 중심이 되는 소설에 관심을 가졌을 수 있다. 그러나 『삼국지연의』는 경전도 교훈서도 아니니 제주 목사가 공익 사업으로 기획했다고 보기는 어렵고, 단순한 개인적 선호만으로 12책에 이르는 한문소설을 찍었을 가능성도 낮다. 영리 목적이 어느 정도 작용했을 가능성이 있는데, 당시 제주의 인구와 독서층을 생각할 때 제주보다는 육지의 독자층을 겨냥한 출판으로 이해하는 편이 적절할 것이다.

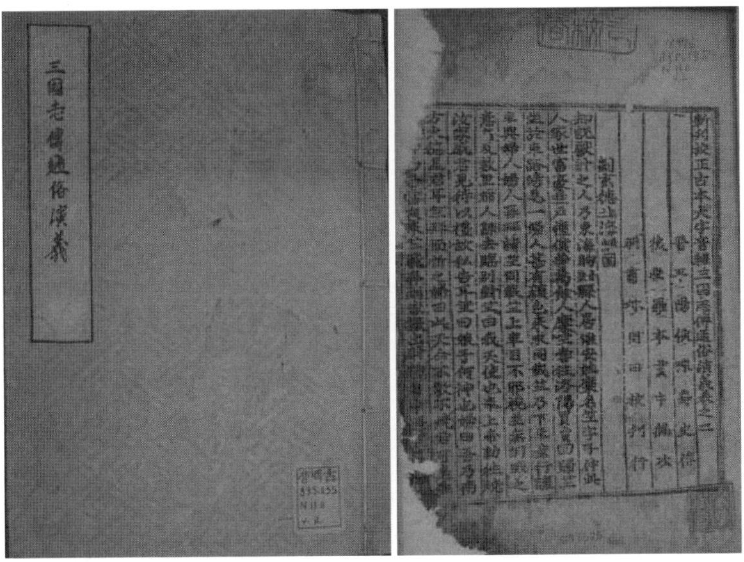

『삼국지연의』 제주판 권2 표지와 첫 면(서울대학교 규장각한국학연구원 소장). 표지는 새로 개장한 것이다.

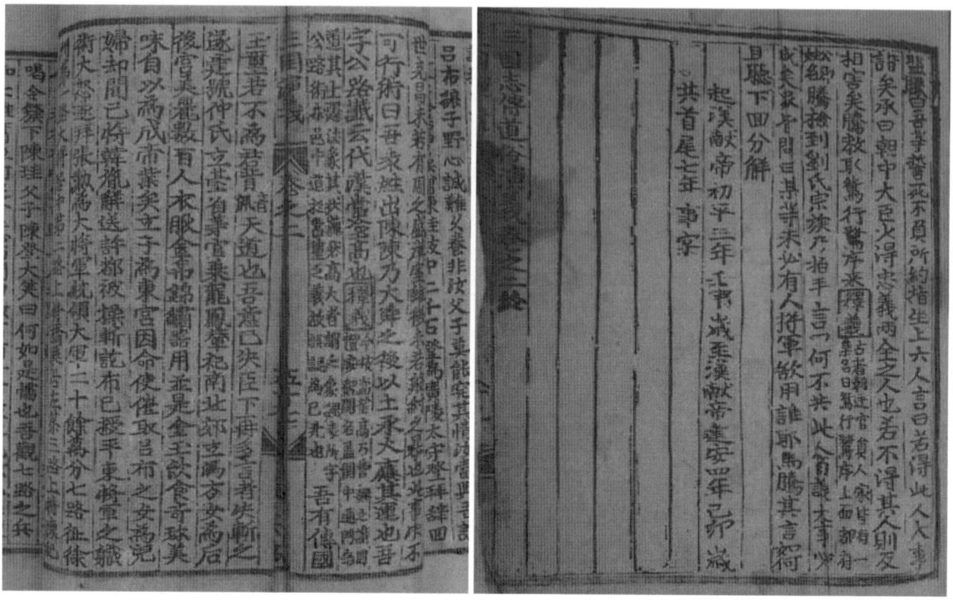

『삼국지연의』 제주판 권2 판심과 마지막 면(서울대학교 규장각한국학연구원 소장)

송명흠(1705~1768)이 아버지 행장에 쓴 것을 보면, 자신이 책읽기를 좋아하지 않으니 아버지가 시중에서 『삼국지연의』를 사다주셔서 책읽는 재미를 알게 했다는 말이 있는데, 송명흠의 아버지가 사다준 『삼국지연의』가 제주에서 간행한 것인지는 알 수 없지만 시중에서 매매된 것으로 보아 판본일 가능성이 높다. 제주에서 간행된 책판이 육지로 옮겨와 인출되었든지,[182] 아니면 제주에서 인출된 책이 서울 등지로 보내졌을 가능성이 있는 것이다.

18세기에 들어오면 소설은 방각에 한 걸음 더 가까이 다가갔다. 1725년 나주에서 간행된 한문본 『구운몽』을 현존하는 최초의 방각본 소설로 보는 견해가 있지만, 민간에서 영리를 목적으로 찍은 것으로 보기에는 당시 나주 지역에서 간행된 다른 책과 비교할 때 잘 맞지 않는 부분이 있다.

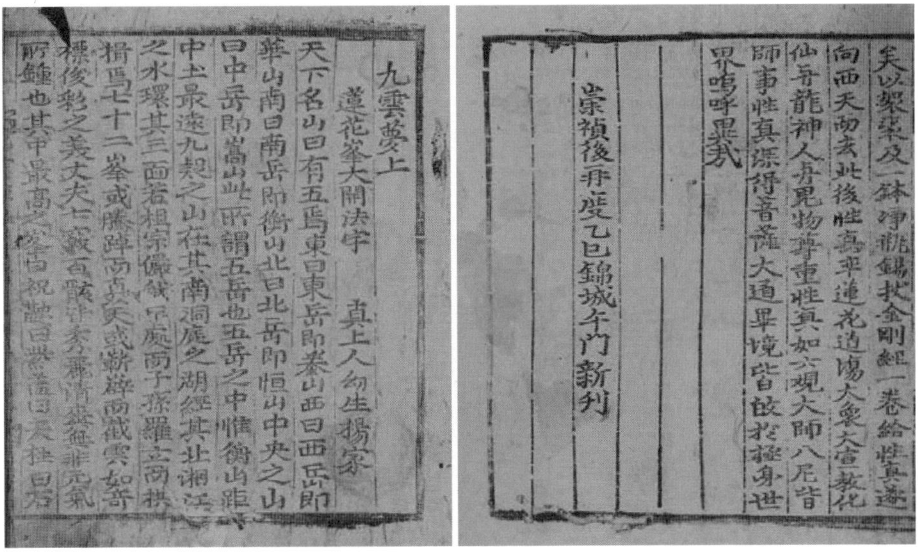

九雲夢上
蓮花峯大開法宇 眞上人幻生楊家
天下名山曰有五焉東曰東岳卽泰山西曰西岳卽
華山南曰南岳卽衡山北曰北岳卽恒山中央之山
曰中岳卽嵩山此所謂五岳也五岳之中惟衡山距
中土最遠九疑之山在其南洞庭之湖經其北湘江
之水環其三面若祖宗儼然居處而子孫羅立而拱
揖焉七十二峯

矣以袈裟及一鉢淨甁錫杖金剛經一卷給性眞遂
向西天而去此後性眞率蓮花道場大衆大宣教化
仙身龍神人鬼物尊重性眞如六觀大師八尺皆
師事性眞深得菩薩大道畢竟皆飯於極樂世
界嗚呼異哉
崇禎後再度乙巳錦城午門新刊

『구운몽』 나주본 권상 첫 면과 마지막 면(정병설 소장)

현전하는 나주본 『구운몽』을 보면 백 년 이상 된 낡고 닳은 판목을 수리하면서 인쇄를 거듭한 것으로 보이는데, 이본에 따라서 어떤 장은 아주 닳은 책판으로 인쇄하여 흐리게 된 것도 있고, 같은 장이 다른 이본에서는 아예 새 판으로 깨끗하게 인쇄된 것도 있다. 남아 있는 십여 종의 이본을 보면 하나도 온전히 같은 것은 없다고 할 수 있을 정도로 수리 또는 보판(補板)이 많다. 책판의 수리가 많았다는 것은 그만큼 활발히 유통되었음을 뜻한다.

한문소설은 제한된 독자, 제한된 시장에서 팔릴 수밖에 없었지만, 한글소설은 독자의 저변이 훨씬 넓다. 한글방각소설의 가능성을 연 첫 자료는 연세대학교 도서관 소장의 『임경업전』이다. 책 마지막 면에 있는 간기(歲庚子孟冬京畿開板)의 '경자년'이 고증을 통해 1780년으로 확정됨으로써 최초의 한글 판본 소설이 되었다. 지금까지 설마 한글소설을 관청에서 찍었을까 하는 생각에서 다른 가능성을 생각

『임경업전』 표지
(연세대학교 도서관 소장)

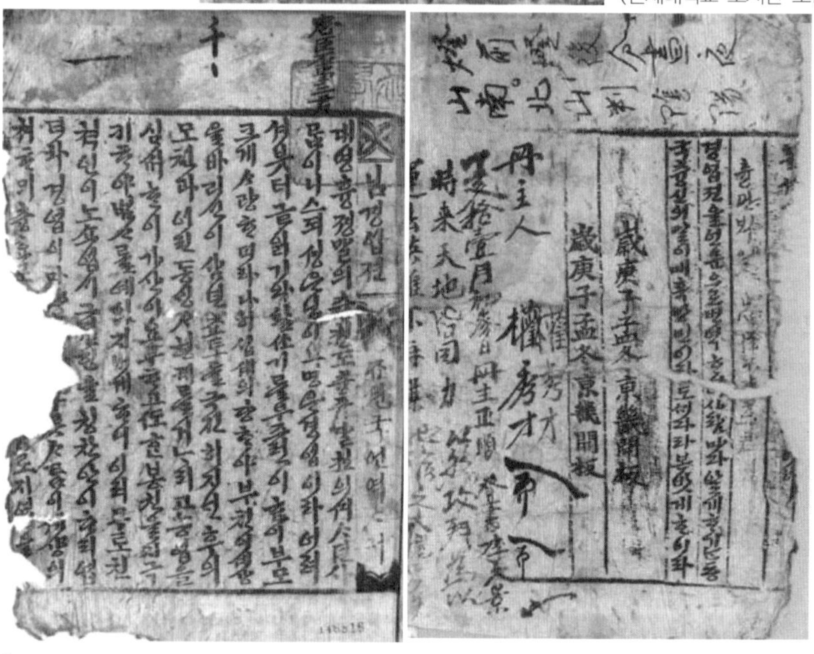

『임경업전』 첫 면과 마지막 면(연세대학교 도서관 소장). 첫 면 상단에 장수 표시가 있고 마지막 면에 '책주인 권수재'와 '정해 십일월 초삼일 책주 정순 등서'의 기록이 있으며 크고 좋은 종이에 인쇄된 것으로 보아 세책본으로 보인다.

하지 않고 쉽게 방각본으로 간주했지만, 이 자료에는 방각본으로 보기 어렵게 하는 요소들이 있다. 첫 면 제목 위에 문양을 둔 것과 글씨체 등은 오히려 완판소설에 가까우며, 책의 크기가 크고 상하단의 여백이 여유로우며 종이가 상대적으로 좋은 것도 일반적인 경판소설과 다르다. 또 임경업이 당시에 국가에 의해 추앙된 인물이니 관청에서 출판할 가능성이 없다고 할 수도 없다. 이런 점 등에서 선불리 방각본으로 보기 어려운 것이다. 요컨대 나주본『구운몽』과 경기판『임경업전』은 한글방각소설의 시대로 넘어가는 흐름을 보여주는 자료라 할 수 있다.

18세기 어느 시기에 시작되었을 한글방각소설은 전국 각지에서 간행되지 않았고 서울과 전주라는 한정된 지역에서만 나왔다. 물론 딱 서울과 전주에 한정되지 않았고 그 부근에서도 간행이 이루어졌다. 서울 부근의 안성과 전주 부근의 나주 등을 아우르는 것이다. 서울에서 간행된 것을 경판(京板)이라고 부르고, 전주에서 간행된 것을 전주의 옛 이름인 완산에서 따서 완판(完板)이라고 부르는데, 각각은 외형적으로나 내용적으로 상당한 차이가 있다.

김현주는 경판소설과 완판소설이 보여주는 외적인 또는 내적인 차이를 서울과 전주 지역의 사회문화적 차이로 해석한 바 있는데, 이는 종전 우리 학계가 가지고 있었던 일반적 의견을 대표한다고 할 수 있다. 김현주는 "한글방각소설 경판본과 완판본의 차이가 사회문화적 배경을 지니고 있을 것이라는 가정하에 판소리계 소설을 중심으로 양자의 차이를 검증"했는데, "서울과 전주의 서민문화를 실질적으로 주도한 층은 중간 신분 계층"이라고 하면서 경판본은 "양반문화 지향성이 강하고" 완판본은 "서민성을 유연하게 드러내면서도 다른 한편으로는 양반문화를 지향하는 양면적인 속성을 지"닌다고 보았다.[183] 서울과 전주의 이런 문화적 배경이 경판소설과 완판소설의 차이를 만들어 냈으니, 이 둘은 곧 지역성의 산물이라는 것이다.

일찍이 김동욱은 「방각본 소설 완판·경판·안성판의 내용 비교 연구」라는 논문에서 경판과 완판은 분량에서부터 대략 1 대 3의 비율을 지니며, 그 밖에 판각 형태 등을 고려할 때 "대응적 성격"을 지닌다고 말한 바 있다.[184] 이미 분량에서 성격을 짐작할 수 있듯이, 같은 작품이라도 경판은 대체로 묘사가 적고 줄거리 중심으로 되어 있는 반면, 완판은 묘사와 표현이 풍부하다. 연대기적으로 보면 그 차이가 더욱 커지는 경향을 보이는데, 경판은 후기로 갈수록 분량이 주는 데 비해, 완판은 거꾸로 분량이 느는 양상을 보이는 것으로 알려져 있다. 예컨대 『춘향전』의 경우 경판은 35장→30장→20장→17장→16장으로 장수가 주는데, 완판은 30장→33장→84장으로 분량이 늘어난다고 보았다. 김현주는 이런 경판과 완판의 차이를 지역의 문화적 배경을 가지고 해석했던 것이다. 다시 말해서 서울과 전주의 문화적 차이가 향유층의 성격 차이를 만들어 냈고, 그 결과 그런 작품이 생산되었다는 것이다.

김현주 가설의 기본 전제는 경판소설은 서울 독자, 완판소설은 전주 독자의 성격을 반영하여 만들어졌다는 것이다. 그리고 분명하게 말하지는 않았지만 서울의 소설 시장과 전주의 소설 시장이 나뉘어져 있어서 각각은 거의 지역 시장에서만 유통된다는 전제에 기반을 두고 있다. 물론 이는 대부분의 선행 연구들이 암묵적으로 공유한 전제이기도 하다. 그렇다면 정말 경판소설과 완판소설의 시장은 나뉘어 있었을까?

경판소설과 완판소설의 유통 범위를 보여주는 자료는 찾아볼 수 없다. 그런데 한글방각소설에 대한 최초의 기록부터 서울도 전주도 아닌 제3의 지역인 경상도 합천에서 나타난다. 합천에서 인본 『소대성전』을 보았다는 이옥(李鈺)의 기록이다. 이옥이 본 것이 경판인지 완판인지 알 수 없지만, 어떤 것이라고 하더라도 유통 범위가 해당 지역을 넘어선다는 사실은 분명하다.

경판 『소대성전』(하버드대학 옌칭도서관 소장). 경판은 종이가 얇고 책이 작은 경우가 많다. 책이라기보다 팸플릿에 가까운 것이 적지 않다. 본서 19쪽에 경판 『장경전』 표지 컬러 사진이 있다.

완판 『화용도』(하버드대학 옌칭도서관 소장). 완판은 대체로 장수가 많고 종이도 두꺼워 일반적인 책의 형태를 유지하고 있다. 본서 23쪽에 컬러 사진이 있다.

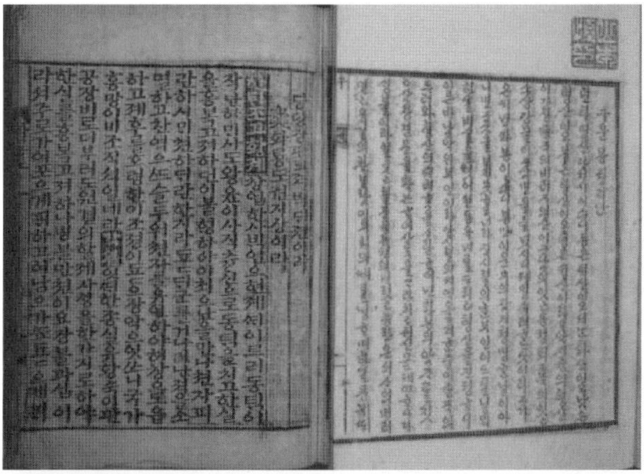

경판 『구운몽』과 완판 『화용도』의 대비(하버드대학 옌칭도서관 소장). 이 『구운몽』은 32장본이라서 비교적 초기본이라고 할 수 있다.

경판 『구운몽』, 『홍길동전』 및 완판 『화용도』, 안성판 『양풍운전』(하버드대학 옌칭도서관 소장). 여기 『홍길동전』과 『양풍운전』은 20장본으로 후기적 형태를 보여준다.

초기 한글방각소설 수집자들이 경판과 완판을 어느 지역에서 수집했는지를 보면 유통 범위를 짐작할 수 있을 듯하나, 초기 수집자들은 외국인으로서 거의 서울에 머물렀고 또 표준적인 한국어를 배우기 위해서 의도적으로 경판을 수집했다. 완판은 오랫동안 수집자나 연구자의 관심 권역 밖에 있었고 1940년에 윤규섭에 의해 처음 조사가 이루어졌으나, 윤규섭의 말처럼 이미 이때 완판은 전주 친지의 손을 빌려서도 구하기 힘든 것이었다. 경판이든 완판이든 이처럼 수집과 연구가 늦었으니 자료의 유통 상황을 읽을 수 있는 길이 별로 없다. 19세기 말 이전에 유통된 방각본 소설에 원소장자의 거주지라도 표시된 것이 얼마간 있으면 좋겠지만, 그런 자료도 찾아보기가 쉽지 않다.

그런데 소설 내적인 표지를 보면 방각본 소설의 유통이 특정 지역에 한정되지 않았음을 짐작하게 한다. 방각본 소설은 상업성을 띠고 있으므로 손해가 날 것으로 예상되면 간행할 이유가 없다. 그 손익분기점과 시장 규모를 추정하면 소설 간행이 지역에 한정된 것인지 지역을 넘어선 것인지 가늠할 수 있을 것이다. 결론부터 말하면 경판이든 완판이든, 특히 완판의 경우에는 자기 지역만을 대상으로 삼기에는 시장의 규모가 작다. 1789년에 만들어진 『호구총수(戶口總數)』(9책, 사본, 서울대학교 규장각한국학연구원 소장)를 보면, 당시 서울 인구가 189,153명이고, 두 번째 대도시인 개성이 27,769명, 그다음으로 평양, 상주, 전주, 대구 순으로 이어지는데, 전주는 16,694명에 불과하다. 물론 실제 인구는 이 수치의 두 배 정도로 볼 수 있고, 또 전주 인근 지역까지 모두 포괄해서 생각해야 하겠지만, 설사 전주 권역의 인구를 수십만에서 백만 이상으로 보더라도 농민이 절대 다수를 차지하는 곳에서 한글을 알고 또 소설을 구입해서 읽을 수 있는 돈과 시간을 가진 사람은 얼마 되지 않았을 것이다. 그리고 그런 사람들 가운데 극소수만이 실제로 책을 구입했을 것이라는 점을 생각하면, 또 방각소설 한 종을 간행하여 적어도 삼백 권 이상은 팔아야 손해를 보지 않을 수익 구조 등을 염두에 둘 때, 시장 범위를 전주 권역에 한정했으리라고는 생각할 수 없다.

이미 16세기 말에 간행된 『고사촬요』의 「팔도책판」에 기록된 책판 소재처를 보면 『전등신화』(원주, 영천), 『훈세평화』(강릉), 『효빈집』·『전등여화』(순창), 『소해총주(笑海叢珠)』(광주), 『부휴자담론』·『태평한화』·『촌담해이』(나주), 『태평통재』(상주), 『필원잡기』(의성), 『태평광기(상절)』(초계 및 진주), 『용재총화』·『필담』(경주), 『기재기이』(영덕), 『화영집』(곤양), 『옥호빙』(고성) 등 전국 각처에 산재해 있음을 알 수 있는데, 이런 시골 소읍의 책판은 전국의 독자를 겨냥한 것으로 볼 수 있으니, 도서유통에 한해서는 조선 전기부터 이미 전국적 유통망이 형성되어 있었다고 볼 수 있다. 이런 배경이 있었기에 평양의 『종리호로』, 제주의 『삼국지연의』, 나주의 『구운몽』처럼 방각소설의 역사와 연관된 작품들이 서울이 아닌 지방에서 간행될 수 있었을 것이다. 이런 역사와 상황을 감안할 때 한글방각소설에 와서 유통이 지방에 한정되었다고 보기는 어렵다. 서울과 전주 두 지역의 소설은 일차적으로는 해당 지역을 중심으로 유통되었겠지만, 해당 지역을 넘어서서 보다 넓은 시장, 나아가 전국 시장까지 염두에 두고 만들어졌고 유통되었다는 것이다.

한글방각소설이 처음부터 전국 시장을 겨냥해 만들어졌을 것으로 보면, 김동욱이 지적한 경판소설과 완판소설의 '대응적 성격'도 김현주와는 다르게 이해하게 된다. 지역적·문화적 차이로 읽을 것이 아니라, 경판소설과 완판소설의 상호 보완성 곧 일종의 역할 분담으로 읽을 수 있다는 말이다. 후발 주자는 앞서 출판한 책들과는 형태상으로나 내용상으로 차별이 되는 작품을 만들고자 했고, 그 결과 대응적 양상의 책이 나온 것으로 볼 수 있다. 경판소설은 대체로 줄거리 위주라서 분량이 적은데, 이는 서울의 독자들이 그런 것을 선호하기 때문이기도 하겠지만, 전국의 소설 독자 가운데 그런 성향을 지닌 독자를 상대하기 위해 그렇게 만들었을 수도 있다. 반면 완판소설은 상대적으로 표현과 서술이 풍부하며 분량도 많은데, 이는 전주 지역 소설 독자들의 성향이 그런 작품에 관심을 많이 기울였기 때문이기도 하겠지만, 기본적으로 그런 성향을 지닌 전국의 독자들을 겨냥하여 그렇게 만들었다고 보는 것이다.

이렇게 보면 소설출판이 서울과 전주 두 권역에서만 이루어졌던 것도 종전과 다른 차원에서 해석될 여지가 있다. 도시적 성장이 가장 앞선 서울과 종이나 물산이 풍부한 전주에서 소설이 출간되었다고 볼 수도 있지만, 시장 규모나 산업적 배경 외에 유통의 측면에서도 설명될 수 있다. 도시의 규모로 보면 전주보다는 개성, 평양, 상주 등이 더 컸는데, 이 가운데 평양은 종이가 귀하고 개성은 서울에 가까우며 상주는 엄격한 유교문화로 인해 방각본 소설을 찍기 어려웠다고 하더라도, 전국적 유통의 측면에서 전주처럼 입지가 좋은 곳은 없다. 서울과 어느 정도 거리가 떨어져 있어서 시장의 독립성이 있으면서, 사람들이 많이 사는 서해안과 남해안 주요 마을로 해로를 통해 쉽게 접근할 수 있다. 서울 외의 소설 생산지로 최적의 장소라고 말할 수 있다.

완판본의 대부분은 경판본으로도 출간된 것이다. 전국적 유통의 관점에서 보면, 이는 시장이 분리되어 그렇다기보다도 같은 작품이라도 성향이 다른 두 독자층을 겨냥해서 출판이 진행되었기 때문으로 생각할 수 있다. 또 달리 생각하면 줄거리 중심의 짧은 분량의 경판본은 서울의 세책소설과 일정하게 역할 분담을 했다고도 볼 수 있다. 서울권에는 이미 풍부한 묘사와 대화가 있는 장편의 세책소설이 있으니 방각소설은 줄거리 중심으로 나갈 수 있었지만, 세책집이 없는 전주나 그 외의 시골에서는 어느 정도 묘사와 대화가 있는 작품이 선호되었을 수 있다. 세책소설과 방각소설, 경판소설과 완판소설을 상보적인 관계 속에서 이해할 필요가 있는 것이다.

경판방각소설

경판소설의 출발은 1780년 '경기' 간행의 『임경업전』에서 찾을 수 있으나, 이것은 방각본이 아닐 가능성이 높으므로 경판방각소설은 그다음 자료에서 찾는 것이 적절할 듯하다. 그다음 자료로는 러시아 상트페테르부르크 동방학연구소 소장의 40장본 『설인귀전』을 꼽을 수 있다. 19세기 말 외교고문으로 조선에 머물렀던 독일인 묄렌도르프(Möllendorf, Paul Georg von)의 소장본인 이 이본은 독특하게 첫 면에 "경성개간"이라는 간기가 있고, 마지막 면에 다시 전서(篆書)로 적힌 간기가 있다. 이 자료를 처음 소개한 이윤석은 "간기는 없다"고 했고,[185] 트로체비치와 구리예바가 만든 동방학연구소 한국본 목록에는 '소전(小篆)'으로 된 간기가 있다고 했지만 읽지 않았다. 마지막 면의 전서 간기는 "소양작악 사월중완(昭陽作噩 巳月中浣)"으로 읽히는데, '소양작악'은 계유년으로 1813년이나 1873년이 될 수 있고, 사월(巳月)은 4월, 중완(中浣)은 중순이다. 간기 아래에는 "호연재인(浩然齋印)"이라는 방형 인문이 있다. 첫 면에 "경성개간"이라고 표시한 것, 마지막 면에 전서와 인장 모양으로 간기를 표시한 것, 그리고 40장이라는 당대의 다른 경판소설보다 열

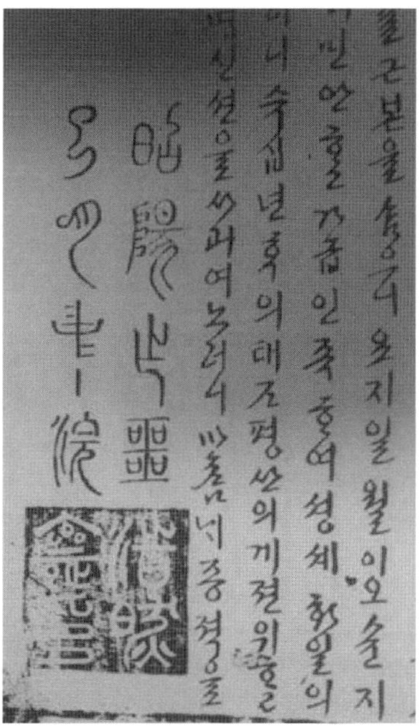

『설인귀전』 마지막 면(러시아 상트페테르부르크 동방학연구소 소장)

장 정도 많은 분량 등으로 볼 때 출간 연대를 1873년 이전으로 보는 것이 적당할 듯하다. 첫 면에 '경성개간' 식으로 간소를 표기한 것은 '효교신간'의 『구운몽』, 『소대성전』, 『춘향전』 정도에서나 볼 수 있는 것이고,[186] 간소를 동명이 아닌 큰 지명으로 표시한 것은 '경기'로 표기한 1780년 간행의 『임경업전』에서나 볼 수 있는 것이다. 경판소설의 분량이 후대로 갈수록 계속 줄었다는 추이를 감안해 볼 때 40장본 『설인귀전』의 간년은 1873년보다는 1813년으로 볼 수 있다.

『설인귀전』 다음으로 소개할 수 있는 경판소설은 1847년 유곡에서 찍은(丁未仲春由谷新刊) 37장본 『전우치전(뎐운치젼)』(한국학중앙연구원 장서각 소장)이다.[187] 소장 기관에서는 서지 사항에 간행년을 1907년이라고 했지만, 1907년 즈음에 간행된 경판소설이 거의 한 책당 20장 내외의 분량이었음을 감안할 때 간행년을 1847년으로 보는 것이 적절하다.

현전하는 경판소설의 제작 시기는 크게 셋으로 나누어 볼 수 있다. 첫 시기는 1880년대 이전이다. 조선은 1876년 일본과 강제 협약을 맺은 이후 1880년대에 미국, 영국, 프랑스, 독일, 러시아 등과 조약을 맺었는데, 본격적으로 서양 세력이 들어오기 전에 만들어진 책과 1890년 이후의 책은 일정한 차이를 보인다. 첫 시기의 자료들은 극소수의 외국인에 의해 수집되었으며, 이들은 일본 도쿄외국어대학, 프랑스 기메박물관 및 동양어학교, 국립영국도서관(British Library), 러시아 상트페테르부르크 동방학연구소 등에 남아 있다.

둘째 시기는 1890년에서 1900년대 초에 만들어진 것이다. 이 시기에 경판소설은 한 권당 장수가 크게 준 급격한 외형적 변화를 보였다. 앞에서 언급한 소장처에 이 시기의 것들이 섞여 있으며, 규슈대학(九州大學) 도서관과 고마자와대학(駒澤大學) 다쿠소쿠문고(濯足文庫)에 있는 것들도 이 시기의 것이 적지 않다.

마지막 시기는 1910년대 이후인데, 이 시기에는 구활자본이 나타나면서 활자본처럼 양지에 경판소설을 찍기도 했다. 이 시기의 자료들은 한국인 학자들에 의해서도 수집되었는데, 국내에서는 서울대학교 규장각한국학연구원의 가람문고나 영남대학교 도서관의 도남문고 등에 이 시기 경판소설들이 남아 있으며, 국외에서는 일본 도호쿠대학(東北大學) 도서관, 도야마대학(富山大學) 도서관, 미국 하버드대학 옌칭도서관 등에 있다.

간행이 아니라 인쇄 시기가 명확히 밝혀진 자료는 찾을 수 없는데, 인쇄 하한선이 가장 이른 경판소설은 국립영국도서관에 있다. 상하 2책본 가운데 하권만 남은 32장본의 『금향정기』다. 이 도서관의 경판소설에는 해당 도서가 도서관에 들어온 시기를 보여주는 스탬프가 찍혀 있는데, 여기에는 놀랍게도 1876년 1월 7일이 찍혀 있다. 조선이 문호를 열기도 전에 해외로 흘러나간 소설인 것이다. 스탬프에는 상단에 "BRITISH", 하단에 "MUSEUM"이 찍혀 있고, 그 중간에 "7 JA 76"이라고 수입 연월일을 표시했다. 국립영국도서관은 영국박물관 도서부로 있다가 1970년대에 독립했다. 간행 연대로 보면 이보다 올라가는 판본이 없지 않고 인쇄 시기도 이 무렵이나 그 이전으로 보이는 것도 없지 않지만, 초기본 중에서 이처럼 명확히 인쇄 시기의 하한선을 보여주는 자료는 찾아볼 수 없다.

『금향정기』 스탬프(국립영국도서관 소장)

이 『금향정기』는 큰 돈과 정성을 들여 제작된 책으로 보이지 않는다. 이면을 재사용한 것은 아니지만 표지나 내지나 종이의 질이 고급이 아니며, 본문 상·하단에도 여백을 거의 두지 않았다. 후대의 경판소설들은 대부분 이보다 훨씬 저급의 종이에 인출되었지만, 외국인에게 판매된 것들 중에는 이보다 나은 것도 적지 않다.

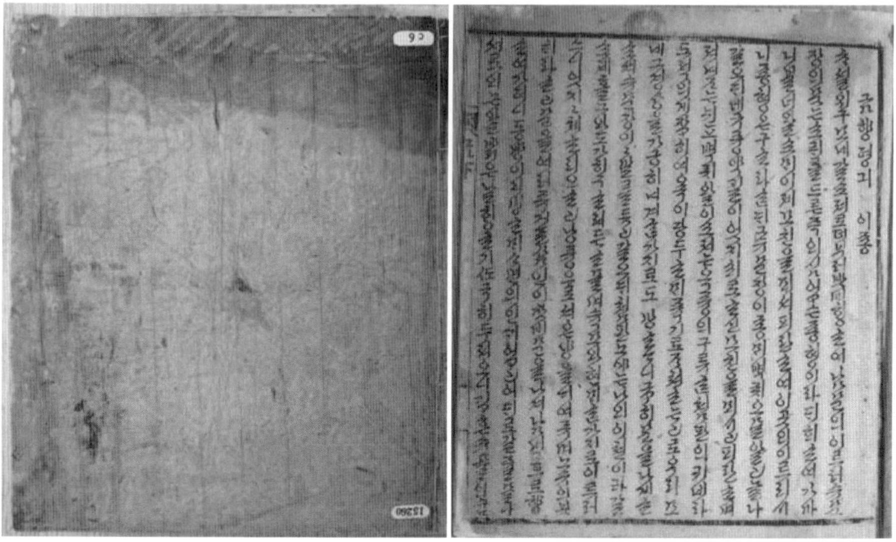

『금향정기』 앞표지와 첫 면(본서 20쪽 컬러 사진 참조, 국립영국도서관 소장)

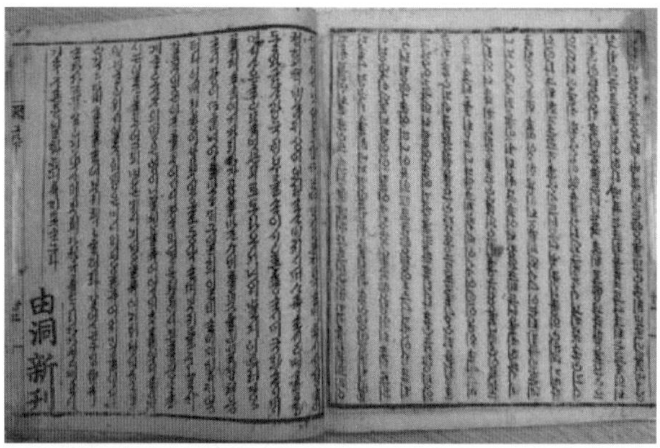

『금향정기』 마지막 면(국립영국도서관 소장). 오른쪽 면을 보면 거꾸로 새겨서 찍었음을 볼 수 있다.

『금향정기』 가운데 종이(국립영국도서관 소장). 거꾸로 찍은 면을 뒤에서 보면 쉽게 읽을 수 있다.

이 자료는 얇은 표지, 책 한 변 다섯 곳에 구멍을 뚫어 얇은 실로 묶은 이른바 오침안정법(五針眼訂法)의 제본, 본문 밖 여백이 거의 없는 종이 재단 등 근대 이전 시중에 팔리던 보통의 경판소설과 같다. 다만 뒷부분 한 장의 판각이 거꾸로 되어 있는데, 프랑스 파리의 동양어학교에 소장된 동일본에는 이 부분의 오류가 바로잡혀 있다. 유동에서 처음 간행될 때는 이런 중대한 오류조차 얼마 동안은 바로잡히지 않았던 모양인데, 이는 방각업자들이 소설 간행을 얼마나 등한히 여겼는지 단적으로 보여주는 예라 할 수 있다.

이 밖에도 국립영국도서관에는 1889년에 들어온 경판소설이 많은데, 주일 영국공사였으며 일본에 전래된 한국 도자기에 대한 논문을 발표하기도 한 새토(Satow, E. M.)와 구한말 한국의 국권회복을 적극 도왔던 헐버트(Hulbert, H. B.) 등이 기증 또는 판매한 것들이다.

국립영국도서관에 소장된 총 35종 43책의 경판소설 배접지를 보면 13책 15개소에서 배접지의 내용을 확인할 수 있는데, 15장의 배접지 중 8장은 한글소설을 사용했고, 6장은 기초한문교양서를, 그 외 『주공해몽서』 1장이 있다. 한문교양서로는 『천자문』, 『동몽선습』, 『통감』이 사용되었는데, 『천자문』이 세 번, 『동몽선습』이 두 번이다. 이들 배접지를 통해 기초 한문교양서를 찍은 곳에서 한글소설을 찍었음을 알 수 있을 뿐만 아니라, 소설과 한문교양서가 어느 정도 비중으로 간행·인출되었는지 대략 가늠할 수 있다.

거꾸로 방각본 한문교양서에도 종종 한글소설을 찍은 종이가 배접지 등에 사용되는 것을 볼 수 있는데, 서울대학교 규장각한국학연구원에 소장된 1804년 서울 광통방에서 간행한 『주해천자문』이 그렇다. 배접지 등을 통해 지금은 전하지 않는 소설의 간행 사실을 확인하기도 한다.

『주해천자문』 표지(위) 및 첫 면과 이면(아래)(서울대학교 규장각한국학연구원 소장)

도쿄외국어대학 도서관에는 초기 경판소설이 다수 있는데, 1880년 설립된 도쿄외국어학교 조선어학과의 자료를 물려받았기 때문이다. 도쿄외국어학교는 전근대 일본 한국어교육 기관의 전통을 이은 곳인데, 1727년 아메노모리 호슈가 쓰시마에 최초로 한국어를 가르치는 기관인 한어사(韓語司)를 설치했고, 이것이 19세기 중반 메이지 유신 이후 외교권을 중앙정부로 넘기면서 도쿄외국어학교로 이어졌다. 도쿄외국어학교에서는 소설을 한국어교육의 주요한 교재로 사용했는데, 설립 당시의 교과과정을 보면 [표 4]와 같다.

[표 4] 1880년 도쿄외국어학교 조선어학과 교과과정

區分			習字	授音	授語	讀法	暗誦	對話	話稿	飜譯	作文
下等語學	第一年	第一期 第六級	諺文 3	諺文 9	單語 8						
		第二期 第五級	諺文 2	諺文 4	交隣須知 8	交隣須知 3	交隣須知 3				
	第二年	第一期 第四級	楷書 3	孟子諺解 4	隣語大方 4	隣語大方 2	隣語大方 1	口授 3	3		
		第二期 第三級	楷書 2	論語諺解 3	淑香傳 4	隣語大方 2	隣語大方 1	口授 5	5		
	第三年	第一期 第二級		大學中庸 諺解 6	五倫行實 彰善感義録 4			口授 3	3	2	2
		第二期 第一級		詩經書經 諺解 5	九雲夢 謝氏南征記 4			口授 3	3	2	3
上等語學	第四年	第一期 第四級		五經 3	張敬傳 3			口授 2	2	2	2
		第二期 第三級		五經 2	玉嬌梨 3			口授 2	2	2	2
	第五年	第一期 第二級		五經 2	崔忠傳 林慶業傳 3			口授 2	2	2	3
		第二期 第一級						口授 4	4	2	4

* 표의 숫자는 주당 수업 시간을 가리킨다.

표를 보면 초급반 3년, 고급반 2년의 총 5년의 교육 기간 동안 글씨, 발음, 단어, 문법, 대화, 번역, 작문 등을 배우는데, 이 가운데 단어 교육에서 『숙향전』, 『창선감의록』, 『구운몽』, 『사씨남정기』, 『장경전』, 『최충전』, 『임경업전』 등의 소설을 배웠음을 알 수 있다. 현재 도쿄외국어대학에는 도쿄외국어학교로부터 물려받은 자료 가운데, 한국어 학습의 주교재인 『교린수지』과 『인어대방』이 각각 23질과 26질 있고, 고전소설은 총 8종이 있는데, 『임경업전』 17책, 『최충전』 6책, 『소대성전』 5책, 『조웅전』 5책, 『춘향전』 3책, 『장풍운전』, 『백학선전』 각 1책 외에 『옥루몽』 한 질이 있다. 어떤 이유인지 한어사 이후 기본 교재로 가장 널리 사용된 『숙향전』이 한 권도 보이지 않는다.

다음 자료는 무오년 곧 1858년 서울 홍수동에서 간행된 『장풍운전』인데, 이 자료에는 한글 본문 오른쪽에 한자를 달아둔 것이 많다. 공부를 하려고 그렇게 한 것인지, 아니면 교재를 만들기 위한 것인지 정확히 알 수 없으나, 한국어 교육에 이용한 것은 분명하다. 도쿄외국어대학의 경판방각소설은 종이 질이 상당히 좋으며, 책 상단과 하단에 넓은 여백을 두었다. 이 자료들은 실제로 시장에서 팔린 것이라기보다, 일본인이 특별히 주문하여 인쇄한 것으로 짐작된다. 이 책들에는 상단 여백에 주석도 있고 어떤 경우에는 내용에 대한 비평도 있는데, 『백학선전』에는 "한국방간소설(韓國坊間小說)"은 "비열(鄙劣)"하여 볼 것이 못 된다는 등의 부정적인 평가도 보인다. 『백학선전』의 주석자는 부정적 평어를 적어내려 가다가 결국에는 붓을 던지고 말았다.[188]

『장풍운전』 표지(도쿄외국어대학 도서관 소장)

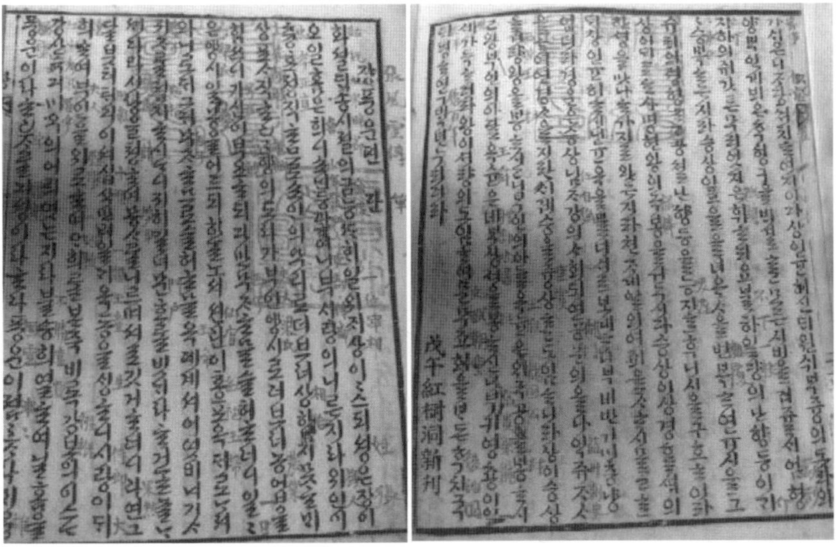

戊午紅樹洞新刊

『장풍운전』 첫 면과 마지막 면(도쿄외국어대학 도서관 소장)

러시아 상트페테르부르크 동방학연구소의 경판소설은 19세기 말 한국에 온 영국공사 애스턴(Aston, S. G.)과 고종의 외교고문이었던 묄렌도르프의 소장본이 들어온 것이다. 1813년 간행으로 추정한 40장본 『설인귀전』은 묄렌도르프가 가지고 있던 것이며, 1848년 간행의 『삼설기』와 1863년 간행의 『남훈태평가』는 애스턴 소장본이다. 애스턴은 의도적으로 고본을 수집한 것으로 보이는데, 구입한 한국 책 상당 부분을 새로 양장으로 제본을 해서 아쉽게도 원표지를 볼 수 없다. 반면 묄렌도르프 소장본은 『설인귀전』 외에는 거의 깨끗한 종이에 잘 찍혀 있으며, 노란색 표지에 붉은 실로 깔끔하게 제본되어 있다. 표지의 능화판 문양도 동일하다. 외형적으로는 애스턴 소장본보다 좋아 보이지만, 대체로 애스턴본보다 후대본이다. 묄렌도르프 소장본은 대개 한 책에 25장 내외인데, 애스턴 소장본은 30장 내외이다. 경판소설은 후대로 가면 25장 내외로 줄었다가 다시 20장 내외로 준다는 것이 학계의 통설인데, 이것으로 보아도 애스턴이 묄렌도르프보다 더 오래된 자료를 수집했음을 알 수 있다. 애스턴은 고본을 구입하고자 했고, 묄렌도르프는 외형이 좋은 것을 구입했던 것으로 보인다.

앞서 소개한 국립영국도서관의 경판소설들은 대개 애스턴과 묄렌도르프 소장본의 중간에 있는 것들이라고 볼 수 있는데, 국립영국도서관의 경판소설은 좋은 종이는 아니지만 그렇다고 조악하지도 않으며, 제본은 잘 만든 개인 문집처럼 두꺼운 종이로 표지를 단단히 한 것은 아니지만 또한 엉성한 아마추어 솜씨도 아니다.

19세기 말 서양 사람들이 실제 시장의 좌판에서 본 조악한 형태의 경판소설은 하버드대학 옌칭도서관에 소장된 『이해룡전』이 잘 보여준다. 이 20장본 『이해룡전』은 책판의 크기도 전의 것보다 작은 데다 본문 상·하단의 여백도 적게 두어 책 크기가 더 작다. 표지는 본문 종이보다 그리 좋을 것이 없는 것을 사용했는데, 본문은 지푸라기와 흙덩이가 섞인 불량 종이를 사용해서 찍었다. 상대적으로 좋고 큰 종이에 찍은 경판소설이 외국인에게 팔기 위해 찍은 것이라면, 이런 것들은 일반인들이 구입한 보통의 경판소설이다.

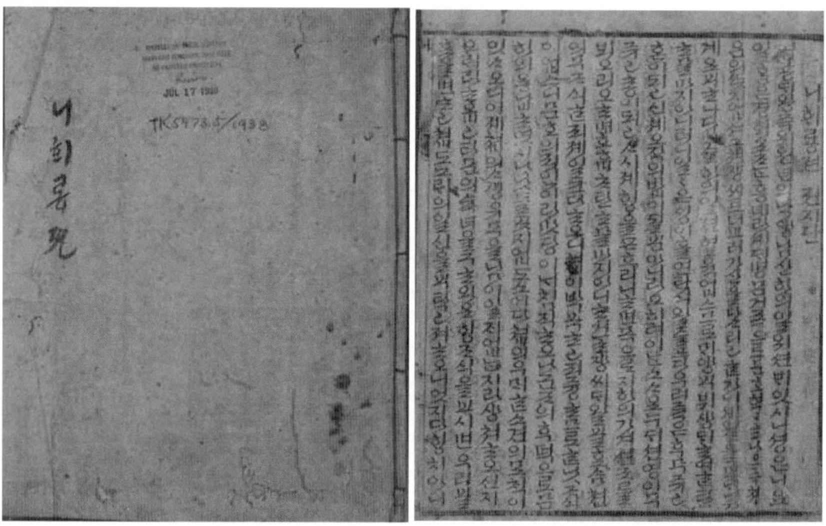

『이해룡전』 표지와 첫 면(하버드대학 옌칭도서관 소장)

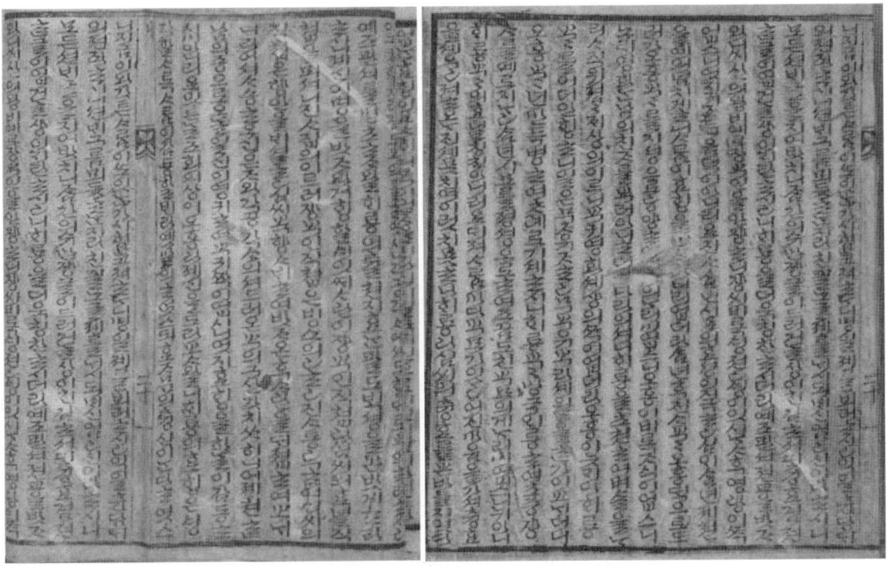

『이해룡전』 판심과 마지막 면(하버드대학 옌칭도서관 소장)

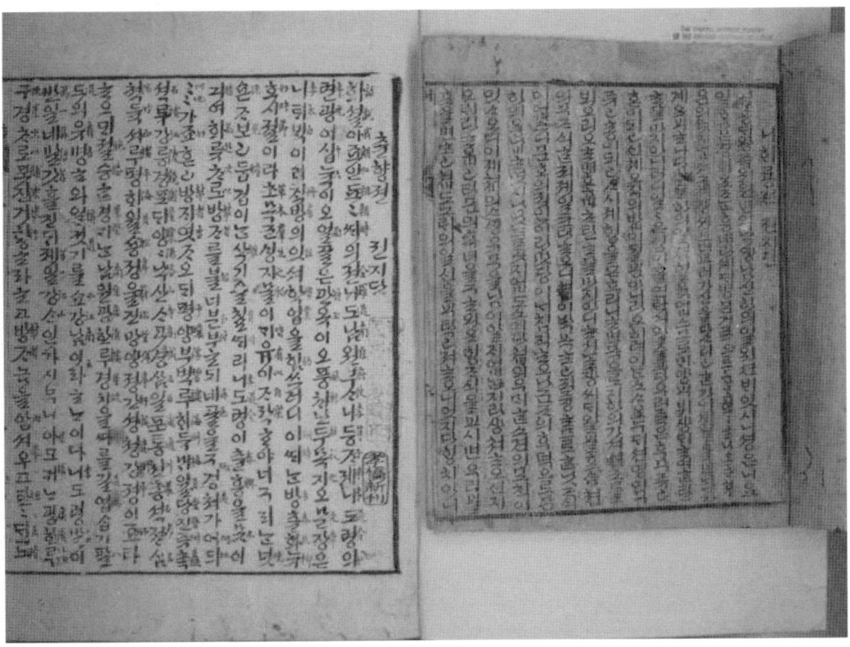

경판 『춘향전』과 『이해룡전』의 비교(본서 21쪽 컬러 사진 참조, 하버드대학 옌칭도서관 소장). 여기 『춘향전』은 19세기 중엽의 경판본으로 외국인에게 판매된 것이고, 『이해룡전』은 19세기 말의 간행본으로 시중에 유통된 것이라 할 수 있다.

마지막 시기 경판소설 컬렉션으로 주목되는 곳이 도야마대학 도서관이다. 도야마대학은 1998년 한국이 경제위기에 빠졌을 때 매각을 결심한 원소장자로부터 대중소설 컬렉션을 구입했다. 여기에는 서울 인사동의 유명한 고서점인 통문관의 표지를 가진 책들이 있는데, 이로 보아 원소장자는 통문관과 일정한 관계가 있는 것으로 보인다.

도야마대학 도서관의 컬렉션은 '조선개화기대중소설원본컬렉션'이라는 이름으로 묶여 있는데, 여기에는 경판소설은 물론 완판소설과 구활자본 소설, 나아가 신소설과 근대 대중소설까지 있다. 다음에 나오는 『남훈태평가』는 방각본으로 출간된 유일한 시조집으로 형태적으로는 경판소설과 동일하다. 1863년 간행된 책이지만, 판권지를 보면 인쇄 시기는 대정 9년, 즉 1920년이다. 이런 판권지는 1909년 일제에 의해 출판법이 시행됨에 따라 모든 책에 붙었다. 이 시기에 인출된 경판소설은 종이부터 다른데, 한지를 쓰지 않고 얇은 양지를 사용해서 책이 더욱 얇다.

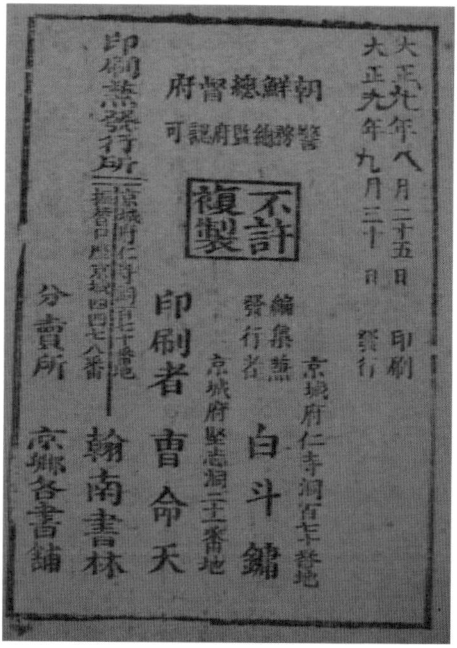
大正九年八月二十五日 印刷
大正九年九月三十日 發行
朝鮮總督府
警務總監部認可
不許複製
編集兼發行者 京城府仁寺洞百七十番地 白斗鏞
印刷者 京城府堅志洞三十二番地 曺命天
印刷兼發行所 京城府仁寺洞百七十番地 振替口座京城四四七八番 翰南書林
分賣所 京鄕各書舖

『남훈태평가』 판권지(도야마대학 도서관 소장)

동일 자료인데도 서울대학교 규장각한국학연구원에 있는 것은 한지에 인쇄했고 표지에는 제첨까지 붙였다. 판권지도 뒤표지 안쪽이 아니라 앞표지 안쪽에 붙였다. 인쇄 시기는 도야마대학본과 같고 발행 시기만 한 달 빠를 뿐인데, 판권지도 전혀 다른 것을 썼다. 더욱이 맨 마지막 면을 보면, 원 발행지를 알아보지 못하게 석동(石洞)의 '石' 자를 지워놓았다.

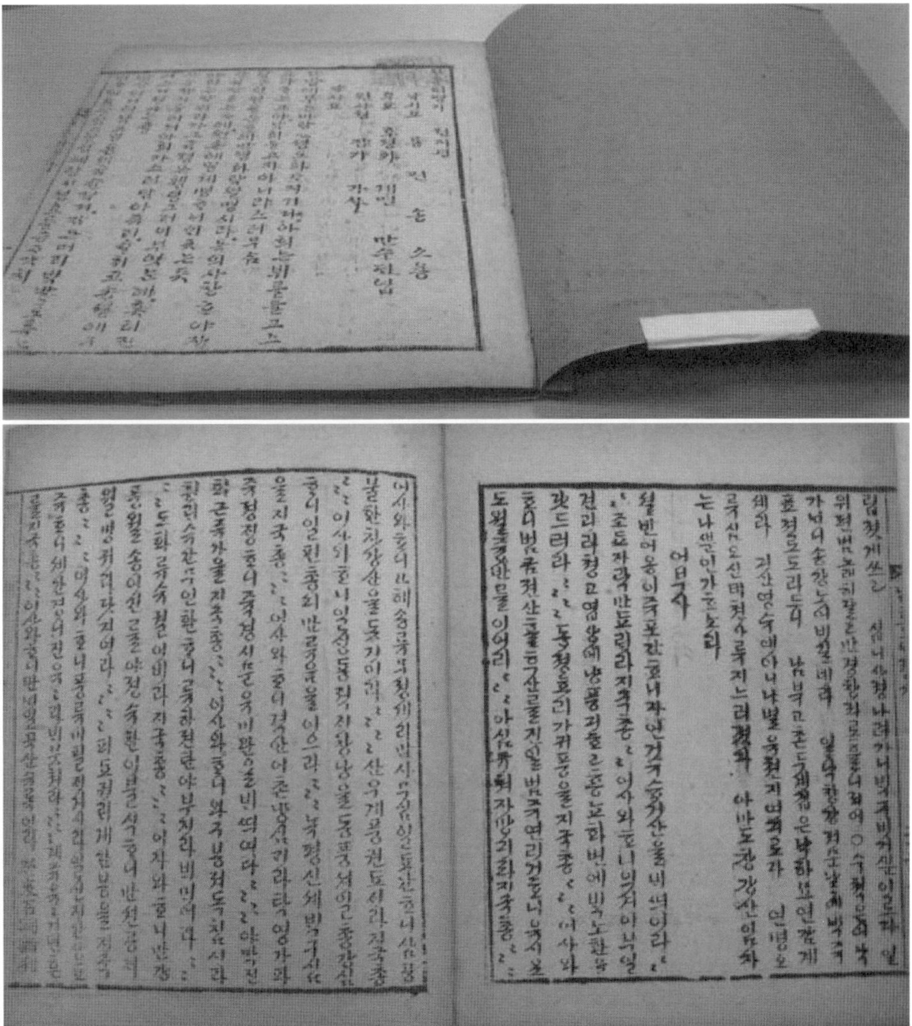

『남훈태평가』 첫 면과 마지막 면(도야마대학 도서관 소장)

『남훈태평가』 표지와 판권지(서울대학교 규장각한국학연구원 소장)

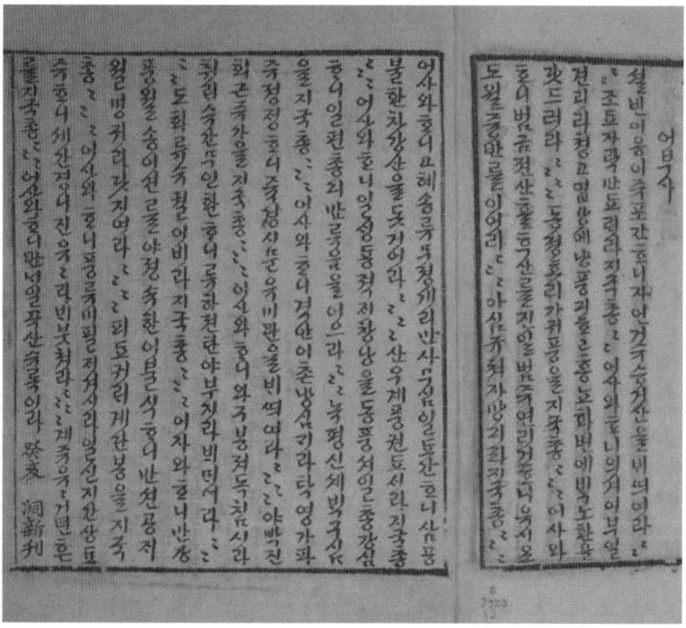

『남훈태평가』 마지막 면(서울대학교 규장각한국학연구원 소장)

19세기 말에 들어오면서 경판의 출판지는 서울을 넘어 안성으로까지 확대되었다. 안성의 '동문리', '북촌서포', '박성칠서점', '신안서림', '광안서관' 등의 발행소에서 소설 16종, 비소설 19종의 방각본이 간행되었다.[189] 안성에서 출간된 소설, 이른바 안성판 소설은 거의 한 책이 19~20장 정도이고, 적은 것은 16장, 많아야 23장에 불과하다. 1890년 이후 경판소설 마지막 시기의 작품 분량과 일치한다. 남아 있는 것들은 거의 1910년대 초반에 인쇄한 것이다. 일찍이 선행 연구에서 안성판을 경판의 아류라고 부른 것처럼 안성판은 경판의 영향권 내에 있다. 경판소설을 번각하여 출간하는 방식을 취할 정도로 형태적으로도 경판과 흡사하다.

안성판 『양풍운전』 표지(하버드대학 옌칭도서관 소장)

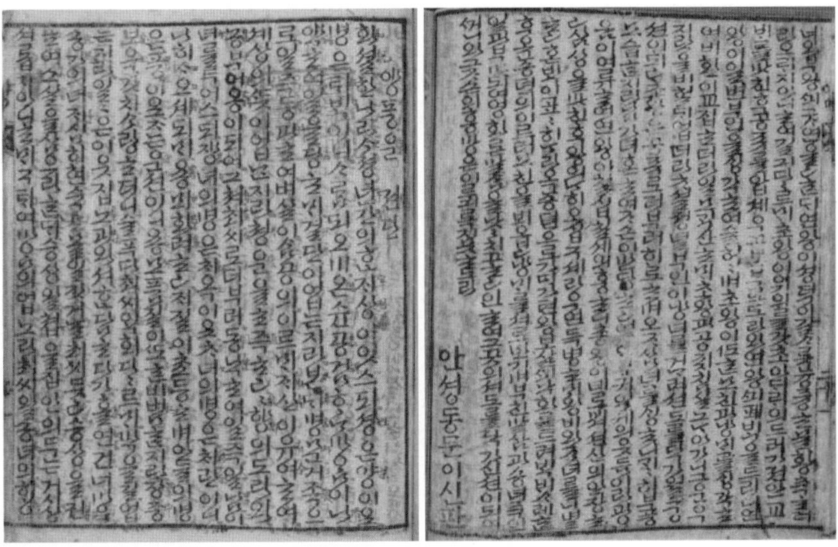

안성판 『양풍운전』 첫 면과 마지막 면(하버드대학 옌칭도서관 소장)

안성판 『양풍운전』과 경판 『홍길동전』의 비교(하버드대학 옌칭도서관 소장)

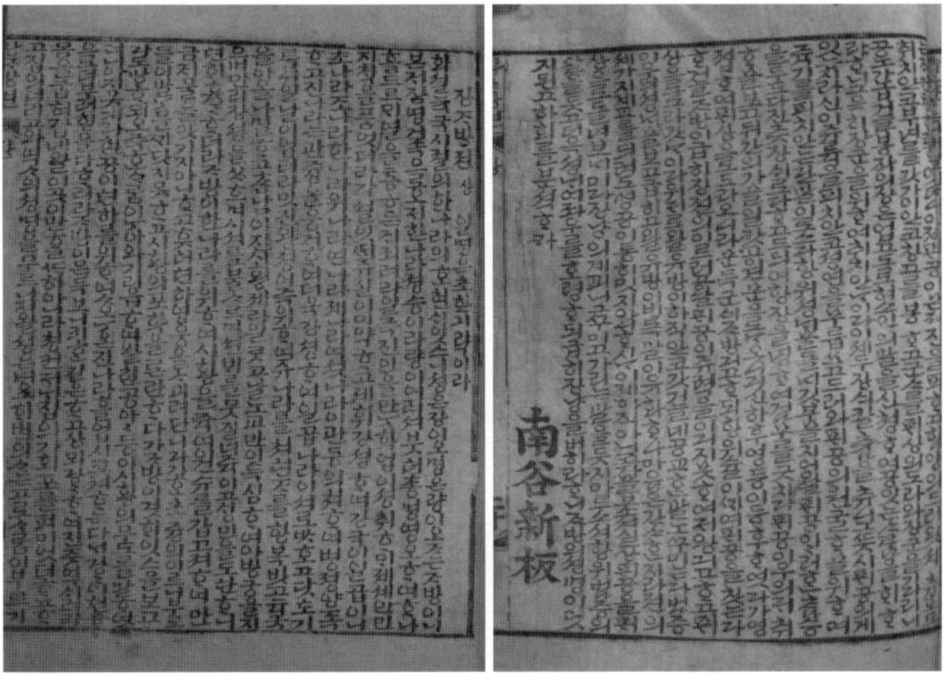

『장자방전』 남곡신판 첫 면과 마지막 면(도야마대학 도서관 소장)

경판소설은 대개 각자체가 유사한데, 남곡에서 찍은 『장자방전』은 보통의 것과는 사뭇 다르다. 19세기 중엽 서울에서 간행한 천주교 교리서의 서체를 연상케 하는 글씨다.

방각소설의 책판은 경판 『월왕전』 하나만이 순천 뿌리깊은나무박물관에 남아 있다. 이 박물관은 한국브리태니커 사장으로 잡지 『뿌리깊은나무』와 『샘이깊은물』 간행인을 맡은 한창기의 유품으로 세운 곳이다. 『월왕전』 상중하 총 63장의 3책본 가운데 남아 있는 책판은 하권에 해당한다. 하권 총 19장 가운데 6판이 남아 있는데, 책판은 목판의 양면을 이용하여 새기므로 12장이 새겨질 수 있다. 남아 있는 장수는 2장과 3장, 6장과 7장, 8장과 9장, 10장과 11장, 14장과 15장, 18장과 19장이다.

『월왕전』 책판 전시(뿌리깊은나무 박물관 소장)

『월왕전』 하 제10장 책판(본서 22쪽 컬러 사진 참조)과 마지막 장 책판(뿌리깊은나무 박물관 소장)

경판소설의 한 책당 장수가 20장 내외로 줄게 되는 것은 20세기를 전후한 시기의 특징이다. 따라서 이 책판도 이 시기에 제작된 것임을 알 수 있다. 63장본 『월왕전』 이본의 일부에는 한남서림의 판권지가 붙어 있는데, 유동에서 간행된 책판이 한남서림으로 넘어갔음을 알 수 있다. 김동욱은 "한남서림의 경판본 한글소설 판목들은 전형필 씨 소장으로 들어가 현재 보관 중이라 하나 그 확실한 장수는 알 길이 없다."[190]고 말한 바 있는데, 간송 전형필의 소장품을 보관하고 있는 간송미술관에 한글소설 책판이 얼마간 남아 있을 수도 있다.

『월왕전』 책판을 통해 우리가 살펴볼 부분은 이것이 정말 하권 맨 마지막에 있는 간기에 적은 것처럼 유동의 신간인가 하는 점이다. 방각본은 물론 일반적인 판본에서 기본적으로 고려해야 할 사항이 간행, 수리, 인쇄의 세 항목이다. 1725년 나주에서 간행된 『구운몽』은 현전하는 이본을 볼 때 수없이 많은 수리를 거쳐 찍은 것들이다. 잘못된 내용은 고치고, 낡은 판은 새 것으로 갈아서 끼워 현전하는 이본을 찍었다. 나주본 『구운몽』의 경우 겨우 간행년만 살필 수 있고, 책판이 언제 수리되고 보수되었는지는 전혀 알 수 없다. 인쇄 시기를 확정할 수 있는 근거 역시 찾을 수 없지만, 지질이나 장황 등을 볼 때 지금 남은 것들은 이른 것이라야 18세기 말 또는 19세기 초반에 인쇄한 것이다. 더욱이 경판소설은 후대로 갈수록 장수를 줄여서 실질적으로 책값을 올려 이익을 확대하고자 했는데, 이로 인해 책을 쪼개는 일이 벌어졌다. 상하 2권으로 된 책을 상중하 3권으로 바꾸는 식이다. 이럴 경우 책판의 수리가 필요한데, 매 권의 시작이나 끝을 바꾸고 판심의 권수 표시와 장수 표시를 고쳐야 했다. 이 과정에서 책판의 소유주가 바뀌면 전 주인의 흔적을 없애기 위해 간기를 도려내거나 자기 소유를 밝히기 위해 보각해서 넣기도 했을 것이다.

경판 『월왕전』의 경우에도 현전하는 상중하 3책 63장본(상권 20장, 중권 24장, 하권 19장)은 원래 상하 64장본(상권 34장, 하권 30장)을 분권한 것으로 추정했다.[191] 그런데 현전하는 『월왕전』 책판에서는 수리의 흔적을 찾을 수 없다. 마지막 제19장에 판심의 장차 표시가 '十九'로 되어 있는데, 이 자료를 처음 소개한 연구에서는 원래는 '廿九'로 되어 있는 것을 '十九'로 고쳤다고 하면서 원래 상하 2책본일 때 하권이 29장일 것으로 보았으나,[192] 다시 조사한 결과 '十九'임이 확인되었다. 종전의 책판을 그대로 사용해서 분권을 했다면 마지막 19장뿐만 아니라 그 앞의 것들도 모두 장수 표시가 달라져야 할 것인데, 거기에도 장수 표시를 고친 흔적이 보이지 않는다. 상하 2책본이 전한다면 정밀한 대조가 가능하겠지만, 아쉽게도 현재 2책본은 남아 있지 않다. 이로 인해 2책본의 존재를 의심하게 되는 것이다. 『월왕전』 3책본은 '유동'의 '신간'일 수 있다.

마지막으로 경판소설의 판각 수준을 당대의 다른 판각 또는 방각과 비교하여 그 성격과 위상을 살펴보기로 한다. 기본적으로 방각소설, 특히 경판소설의 경우에는 판각에 크게 정성이 느껴지지 않는다. 각자체가 수준이 낮거나 나쁘지는 않지만, 단조롭고 단순하게 만들어서 정성이 보이지 않는다. 국립영국도서관 소장 『금향정기』의 경우에서 볼 수 있었던 것처럼, 어느 부분에서는 무성의와 날림으로 판각이 이루어지기도 했다. 이는 동시대에 간행된 다른 판본과 비교하면 더욱 분명히 알 수 있다. 한문 방각본, 1860년대 서울에서 간행한 한글 천주교 교리서, 그리고 1895년 캐나다인 선교사 제임스 게일(James S. Gale)이 서울에서 간행한 한글 번역본 『천로역정』과 비교하여 경판소설의 판각 수준과 위상을 알아보기로 한다. 먼저 한문 방각본 『명심보감』부터 보자.

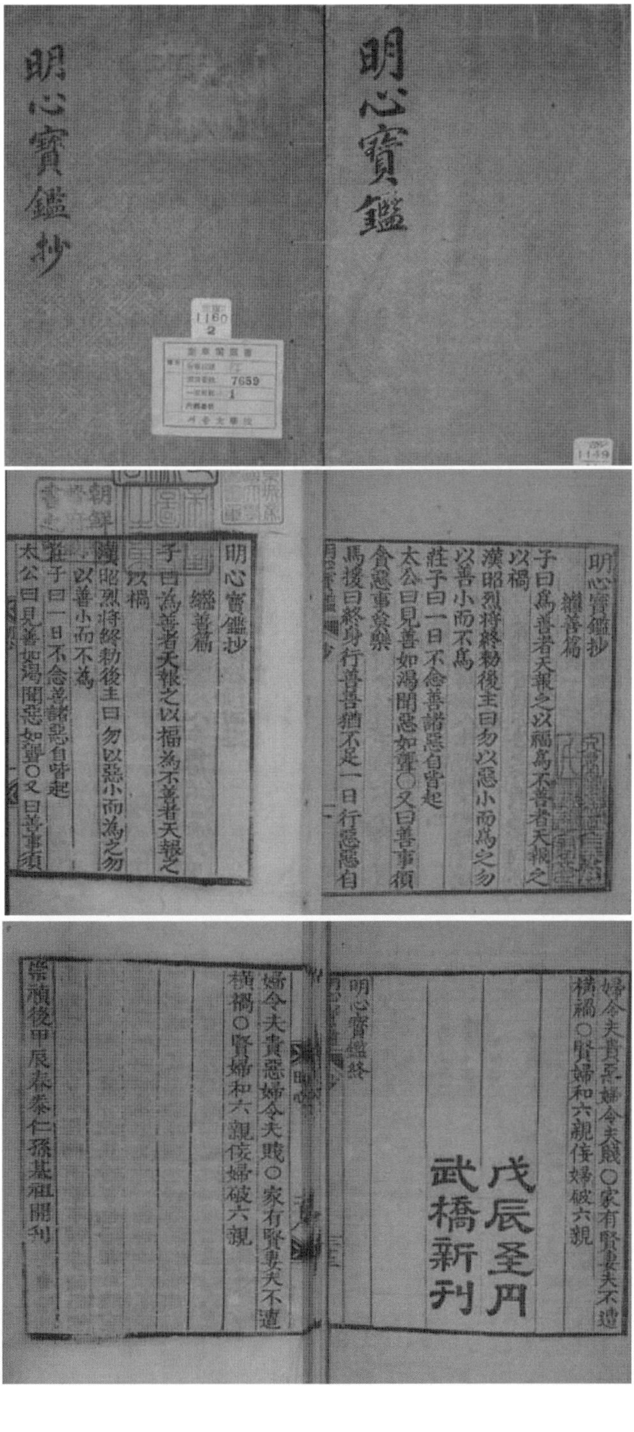

『명심보감』 태인판과 무교번각판의 표지, 첫 면, 마지막 면 비교(서울대학교 규장각한국학연구원 소장)

앞의 책은 1844년 간행된 것으로 밝혀진 전라도 태인에서 손기조가 주도하여 찍은 『명심보감』과 그것을 1868년 서울 무교동에서 번각한 것이다. 이미 1799년 태인의 전이채(田以采), 박치유(朴致維) 등에 의해 간행된 방각본 『사요취선(史要聚選)』이 1856년과 1865년에 서울 유동과 무교에서 간행되었는데, 이처럼 지방에서 간행한 것이 서울에서 번각되는 경우가 있었다. 이들 한문 방각본은 경판소설과 달리 각자나 제책의 수준이 보통 솜씨가 아니다.

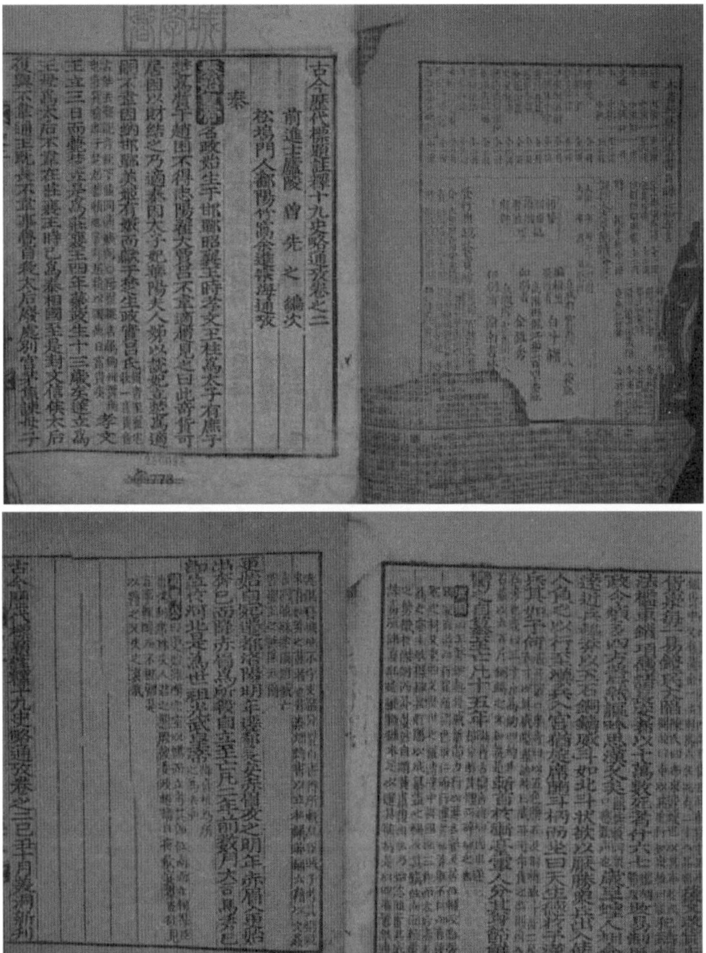
古今歷代標題註釋十九史略通攷卷之二

『십구사략』 권2 첫 면과 마지막 면(서울대학교 규장각한국학연구원 소장)

또 19세기 서울 미동에서 간행한 『십구사략』은 간행년이 1829년인지 1889년인지 분명하지 않지만 전체적으로 앞의 『명심보감』만큼 정성스럽지는 않다고 해도 경판소설과는 판각에 있어서 확연한 차이가 있다. 한문본이 간행된 이들 유동, 무교, 미동 등의 방각소는 경판소설의 간행처이기도 한데, 한 곳에서 나온 결과물이 자료에 따라 전혀 다른 정성과 수준을 보여주고 있다. 이들이 한문본에 정성을 쏟은 이유는 경제적인 요인 때문일 것이다. 한글소설은 가격을 높이 받을 수 없으니 그만큼 공을 덜 들이고, 한문본은 값을 더 받거나 더 많이 더 오래 팔 수 있었기에 공을 더 들였을 것이다.

이 밖에 소설과 바로 견주기는 어렵겠지만, 종교 교리서는 한글인데도 정성이 느껴진다. 다음의 『성찰기략』은 1864년 서울에서 간행된 것이다. 한창 경판소설이 간행되던 서울의 민간에서 한글로 간행되었다. 천주교가 극심한 박해를 받던 시절이라 이 교리서도 출간 사정이 그리 좋을 것이 없었을 텐데, 경판소설보다는 훨씬 정성스럽게 만들어졌다.

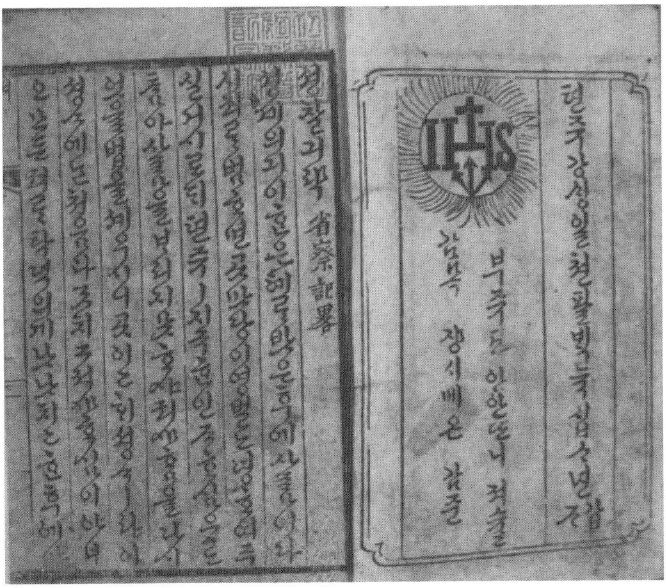

『성찰기략』 첫 면
(한국교회사박물관 소장)

기독교가 전교의 자유를 얻은 다음에 나온 종교서는 더 품질이 좋아졌는데, 1895년 캐나다인 선교사 제임스 게일이 주도하여 목판으로 간행한 존 버니언(John Bunyan)의 『천로역정』은 판각이나 제본이 마치 궁중본처럼 단정한 모습을 보여주고 있다.

『천로역정』 표지와 내지(위) 및 서문과 그림(아래)(화봉문고 소장)

이런 것들을 보면 경판소설이 판각에 큰 정성이 느껴지지 않고 종이나 제본이 다른 책에 비해 상대적으로 조악한 것은 제작자의 솜씨 때문이 아니라, 가격 등의 경제적 요인 또는 소설에 대한 낮은 가치 인식 때문임을 알 수 있다.

완판방각소설

전주 지역은 일찍부터 방각과 소설 출판이 두드러진 곳이다. 17세기 초반에 이른바 궁유한사본 『사서언해』가 전주 인근 태인에서 찍은 것으로 추정되고 있고, 17세기 후반에는 전라도 소속의 제주목에서 『삼국지연의』를 찍었다. 그리고 1725년에는 나주에서 한문본 『구운몽』을 찍었는데, 이것은 "숭정후삼도계해(崇禎後三度癸亥)"의 간기를 가진 1803년 간행된 이른바 계해본 『구운몽』의 번각 저본이 되었다. 이 계해본은 전주 칠서방(七書房) 등을 통해 널리 보급되었으니, 나주에서 전주에 이르는 출판 벨트가 일찍이 형성되었음을 알 수 있다. 완판 한글방각소설의 간행이 언제부터 시작되었는지 알 수 없으나, 남아 있는 최초의 완판소설은 박순호 소장의 『별월봉기(別月峯記)』다.

이 책에는 "(도광삼년계미 사월일 귀곡 개판(道光三年癸未四月日龜谷開板", 밑줄친 부분은 추정 판독한 부분이다.)의 간기가 있는데, 도광 3년은 1823년이다. 현재 47장본인 하권만 남아 있다. 1780년 간행의 『임경업전』이 방각이 아닐 가능성이 높고, 1813년 간행으로 추정하는 『설인귀전』 또한 1873년 간행의 가능성을 부정할 수 없는 상황에서, 이 『별월봉기』는 간년이 분명한 가장 오래된 한글방각소설이다.

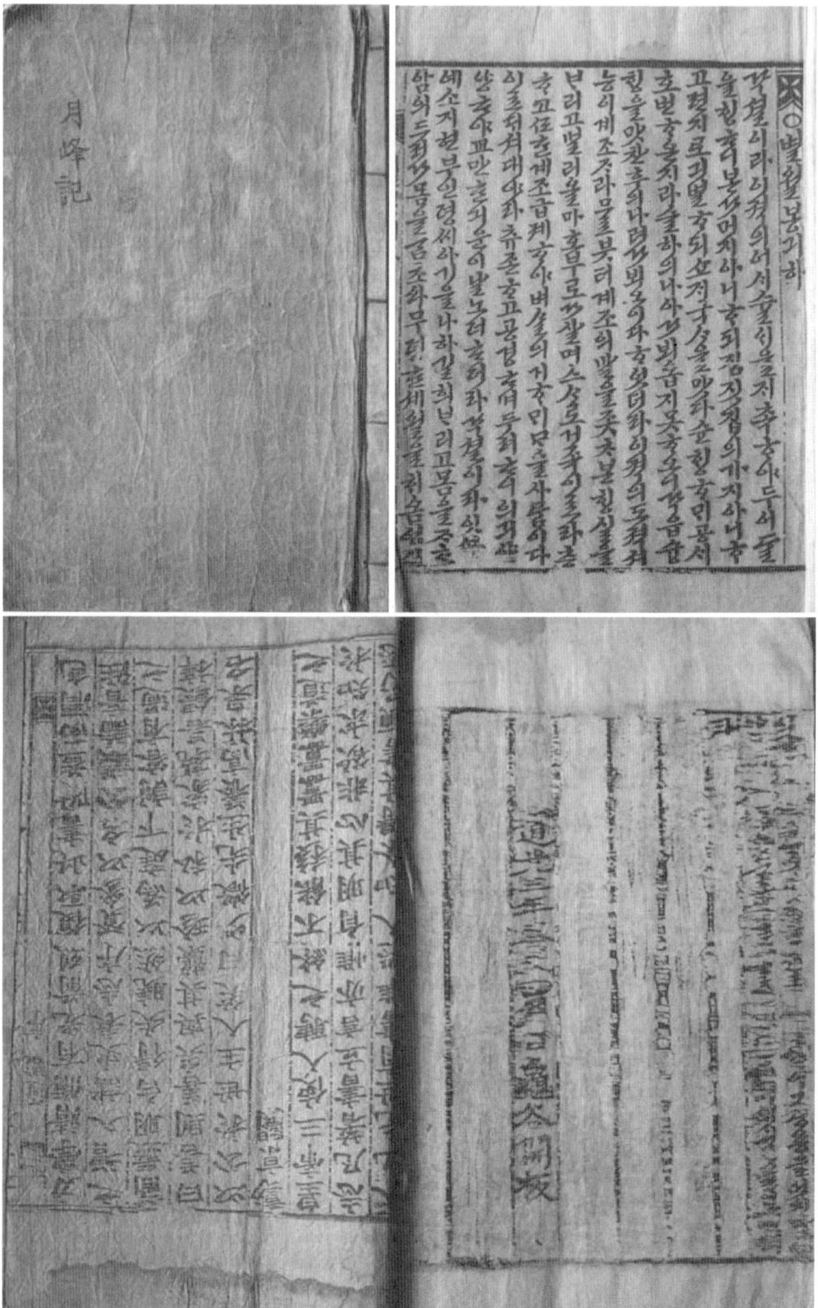

『별월봉기』 표지와 첫 면(위, 본서 24쪽 컬러 사진 참조) 및 마지막 면(아래)(박순호 소장)

완판소설은 『별월봉기』 외에도 19세기 초에 이미 다수 출간되었다. 1940년에 완판을 조사했던 윤규섭은 당시 생존해 있던 완판소설 출판업자인 전주 '양책방' 주인 양승곤에게 다음과 같은 증언을 들었다.[193] 백부 양원중이 '서계서포'를 운영했고, 아버지 양진태가 '다가서포'를 경영했는데, 백부가 죽은 다음에 아버지가 둘을 합병했고 그것을 자기가 물려받았다는 것이다. 그런데 자기가 가진 책판 가운데는 그 전에 최 노인이 소장하고 있다가 부호 김영철에게 저당 잡힌 것을 인수한 것이 있다고 했다. 양씨 집안이 책방을 시작한 것이 80년 정도 되었고, 또 '양책방' 노장(老匠)의 말에 의하면 최 노인[194]이 책판을 가지고 있었던 것은 양씨 집안이 책방을 시작한 때로부터도 40~50년은 소급된다고 했으니, 양승곤이 소장한 책판 가운데는 1810~1820년대 이전의 것도 있었다는 말이다. 윤규섭이 확인한 책판은 15~16종인데, 그 가운데 12종 500여 판의 소설 책판을 양승곤에게서 양수했고, 3종은 중간에 다른 사람에게 낙찰이 되어 얻지 못했다고 했다. 12종의 목록은 다음과 같다.

> 春香傳, 趙雄傳, 楚漢傳, 忠烈傳, 大鳳傳, 華容道, 大成傳, 沈淸傳, 諺三國誌, 張風雲傳, 翟成儀傳, 小春香傳

그런데 근래 이태영이 정리한 현전하는 24종의 완판소설 제목을 보면 다음과 같다.

> 별츈향젼이라, 열여춘향슈졀가라, 심쳥젼권지상이라, 심쳥가라, 홍길동젼, 삼국지라, 언삼국지목녹이라, 공명션싱실긔권지하라, 소딕셩젼권지상이라, 용문젼이라, 니딕봉젼상이라, 쟝경젼이라, 장풍운젼, 뎍셩의젼상(젹셩의젼하), 됴웅젼상이라, 초한젼권지상이라(셔한연의권지하라), 퇴별가라, 화룡도권지상이라, 임진녹권지삼이라, 별월봉긔하, 정슈경젼, 현슈문젼권지단, 구운몽상(구운몽하), 유충열젼권지상

제목만으로 볼 때 윤규섭이 인수한 책판 가운데 『소춘향전』 외에는 모두 책으로 남아 있음을 알 수 있다. 아쉽게도 완판소설의 책판은 6.25남북전쟁 중에 소실되었다고 하는데, 근래 완판소설의 책판을 이용해 만든 필통 등이 경매장에 나온 바 있다.

자료, 증언, 정황 등을 종합해 보면 완판소설은 늦어도 18세기 후반에는 간행이 시작되었던 것으로 짐작된다. 하지만 전하는 자료만 보면 1823년의 『별월봉기』 다음에는 1857년에 간행된 『조웅전』(3책), 1862년 간행된 『구운몽』(2책) 등이 있을 뿐,[195] 대부분의 완판소설은 연대를 제대로 밝힐 수 없거나 20세기 전후의 것이다. 이태영은 홍윤표 소장의 35장본 『소대성(蘇大成)』을 1836년 간본으로 비정하고 있으나,[196] "병신하 완부신판(丙申夏完府新板)"의 간기로는 1896년 출간의 가능성을 배제하기 어렵다.

『조웅전』 표지와 첫 면(박순호 소장)

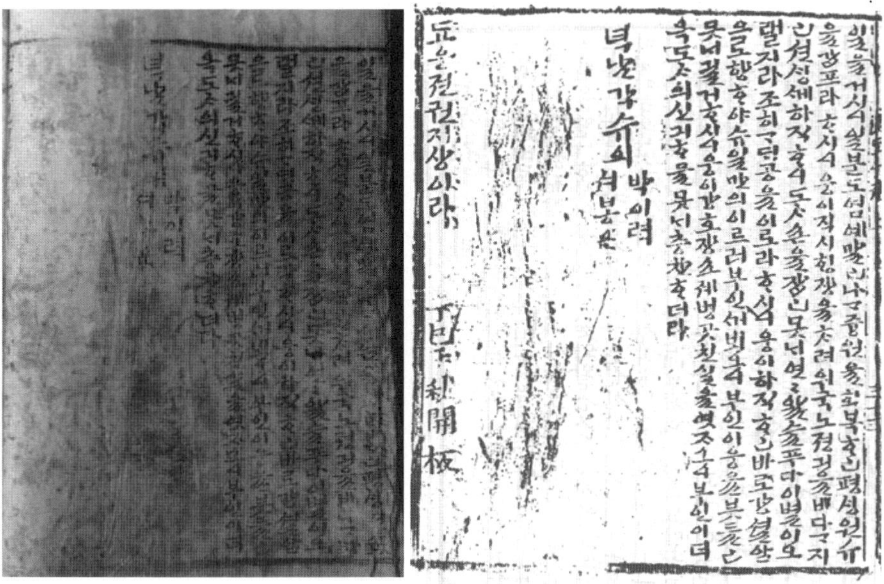

『조웅전』 마지막 면 비교(박순호 소장본과 단국대학교 율곡기념도서관 소장본). 왼쪽 박순호 소장본은 간기가 제본 부분 안쪽에 들어가 있다.

1857년 간행된 『조웅전』에는 특이하게도 각수명이 새겨져 있는데 각수명이 밝혀진 것은 소설로는 유일한 것이다.

『조웅전』 상권 맨 마지막에 "녁남 각슈의 박이력 셔봉운"이라고 적혀 있는데, '서봉운'은 김상호가 정리한 「조선유간기사찰판(朝鮮有刊記寺刹板)의 각수명목록(刻手名目錄)」에 1863년 간행된 『불설고왕관세음경(佛說高王觀世音經)』과 1883년과 1885년 경상남도 합천 해인사에서 간행한 『육조대사법보단경(六祖大師法寶壇經)』의 각수로 나온다. '徐鳳雲'으로 되어 있다.[197]

모든 책판이 각수를 기록하지는 않는다. 그러나 어떤 책들은 각수가 출판의 공식 참여자로서 본문에 기록되기도 하고, 아니면 1637년 태인 간행의 궁유한사본 『사서언해』처럼 판심 중간에 흔적을 남기기도 한다.

궁유한사본 『논어언해』 판심에는 “현정(玄淨)”이라는 이름이 보이는데 불승의 법명인 듯하다. 조선시대 출판에 사찰의 비중이 높았는데 『논어언해』의 간행에도 승려가 참여한 모양이다. 김상호는 「조선조 사찰판 각수 연구」에서 각수를 “특정 사찰에서만 활동한 각수, 주변 지역의 사찰 간을 왕래하면서 활동한 각수, 전국 각지를 활발히 이동해가며 판각 활동한 각수”로 3분한 바 있는데, 합천의 서봉운이 전주에 와서 소설 책판을 제작했을 가능성이 있다.[198] 앞의 『조웅전』과 『육조대사법보단경』의 서봉운을 동일인으로 볼 때, 간기에 새겨진 정미년은 거의 1857년으로 확정될 수 있다. 그다음 정미년인

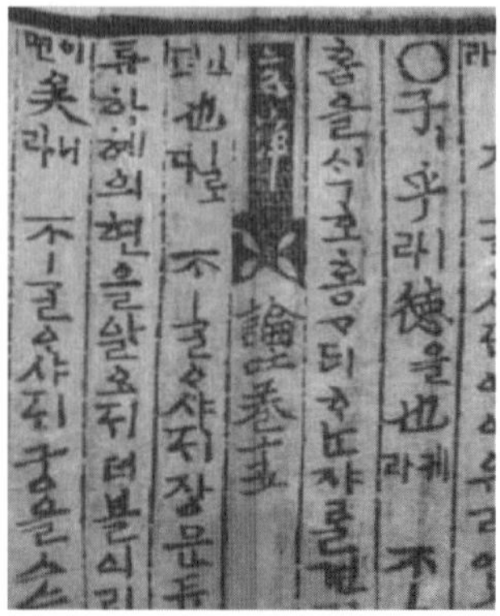

『논어언해』 권15 판심(서울대학교 규장각한국학연구원 소장)

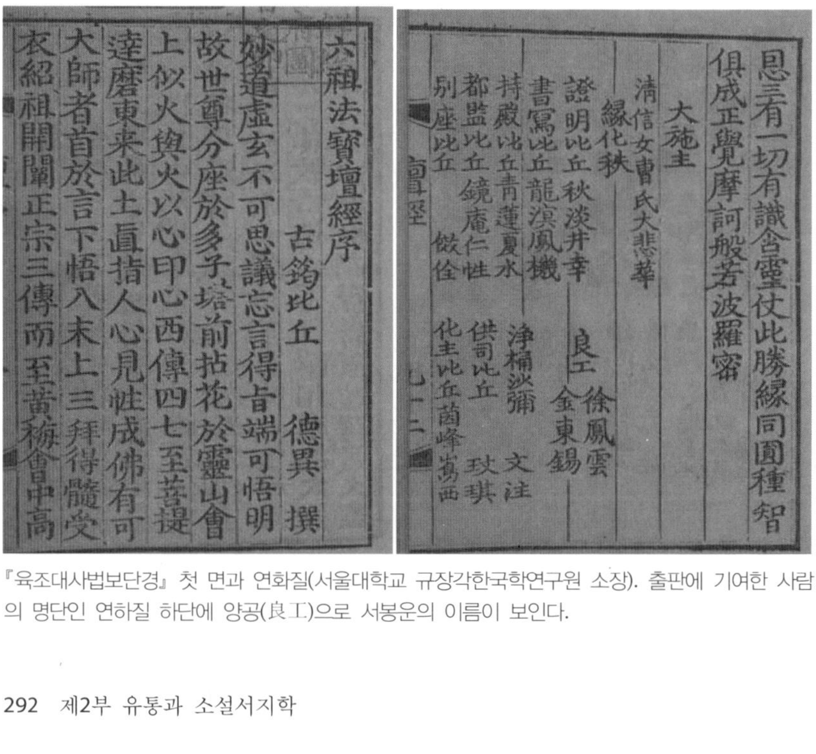
六祖法寶壇經序
古筠比丘 德異 撰
妙道虛玄不可思議忘言得旨端可悟明
故世尊分座於多子塔前拈花於靈山會
上似火與火以心印心西傳四七至菩提
達磨東來此土直指人心見性成佛有可
大師者首於言下悟入末上三拜得髓受
衣紹祖開闢正宗三傳而至黃梅會中高

恩霑一切有識含靈仗此勝緣同圓種智
俱成正覺摩訶般若波羅密
大施主
淸信女曺氏大悲華
緣化秩
證明比丘 秋淡井幸　良工 徐鳳雲
書寫比丘 龍溟鳳機　金東錫
持殿比丘 靑蓮夏水　淨桶沙彌 文注
都監比丘 鏡庵仁性　供司比丘 玟琪
別座比丘 斂佺　化主比丘 菌峰嵩西

『육조대사법보단경』 첫 면과 연화질(서울대학교 규장각한국학연구원 소장). 출판에 기여한 사람의 명단인 연하질 하단에 양공(良工)으로 서봉운의 이름이 보인다.

1917년은 완판소설의 간행년으로 보기에 늦은 시기라고 할 수 있고, 그 앞 1797년은 서봉운의 생존 시기와 맞지 않기 때문이다. 이 책의 마지막 권인 권3에는 "同治五年□□□□完西杏洞開板"이라는 간기가 있는데, 동치 5년은 1866년이다. 이렇게 보면 『조웅전』이라는 작은 소설 하나를 간행하는 데 무려 9년이나 걸린 셈이 된다.

이와 비슷한 현상이 1862년 간행된 완판소설 『구운몽』에서도 보인다. 상권의 간년인 임술년을 1922년으로 볼 수는 없으니 1862년이나 그 이전으로 올려야 할 것인데, 상권을 1862년으로 보면 하권의 정미년은 1847년으로 볼지 1907년으로 볼지 판단하기 어렵다. 다만 『구운몽』 하권의 정미년은 책판 상태로 볼 때 1907년 이전으로 소급되기 어려울 듯하다. 보각한 연도를 적은 것으로 볼 수 있는 것이다. 앞의 『구운몽』이나 『조웅전』은 보각, 복각, 책판 소유의 변경 등으로 간기가 뒤섞인 사례로 볼 수 있을 듯하다.

완판소설이 보여주는 복잡한 이본 형성의 과정과 이본 관계는 아직 분명히 해명되지 않았다. 하버드대학 옌칭도서관에는 두 책의 완판소설이 있는데, 모두 『화용도』다. 이 둘은 모두 상하 권이 한 책으로 묶인 것으로, 하나는 상하 합계 82장본이고, 다른 하나는 상하 합계 84장본이다. 82장본은 1907년으로 추정되는 정미년 가을에 간행했다는 간기와 1916년 다가서포에서 발행했다는 판권지가 있고, 84장본은 간기는 없고 명치 44년 즉 1911년에 서계서포에서 발행했다는 판권지가 붙어 있다. 앞의 윤규섭의 전언에 의하면 다가서포와 서계서포는 각각 양책방의 주인인 양승곤의 아버지와 백부가 운영한 곳이다. 시기적으로 볼 때 동 시기에 한 형제가 같은 책을 출판했던 것이다. 또 서계서포에서 간행한 『조웅전』만 해도 3종이 있다고 하는데,[199] 한 형제가 운영하는 출판사, 심지어 한 출판사에서 같은 작품을 판을 달리하여 찍어낸 현상을 어떻게 설명할지, 일단은 경쟁적 출판 상황과 연결지어 볼 수밖에 없을 듯하다.

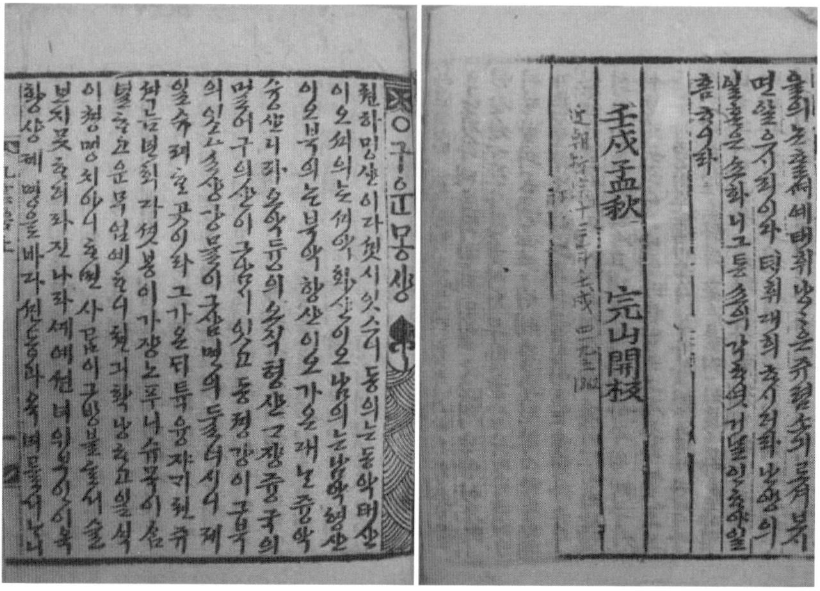

『구운몽』 완판본 상권 첫 면과 마지막 면(서울대학교 규장각한국학연구원 소장)

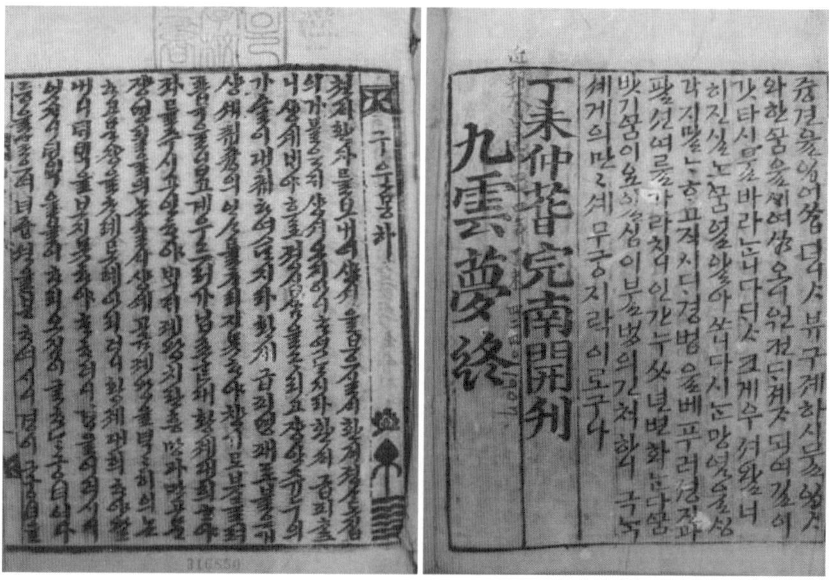

『구운몽』 완판본 하권 첫 면과 마지막 면(서울대학교 규장각한국학연구원 소장)

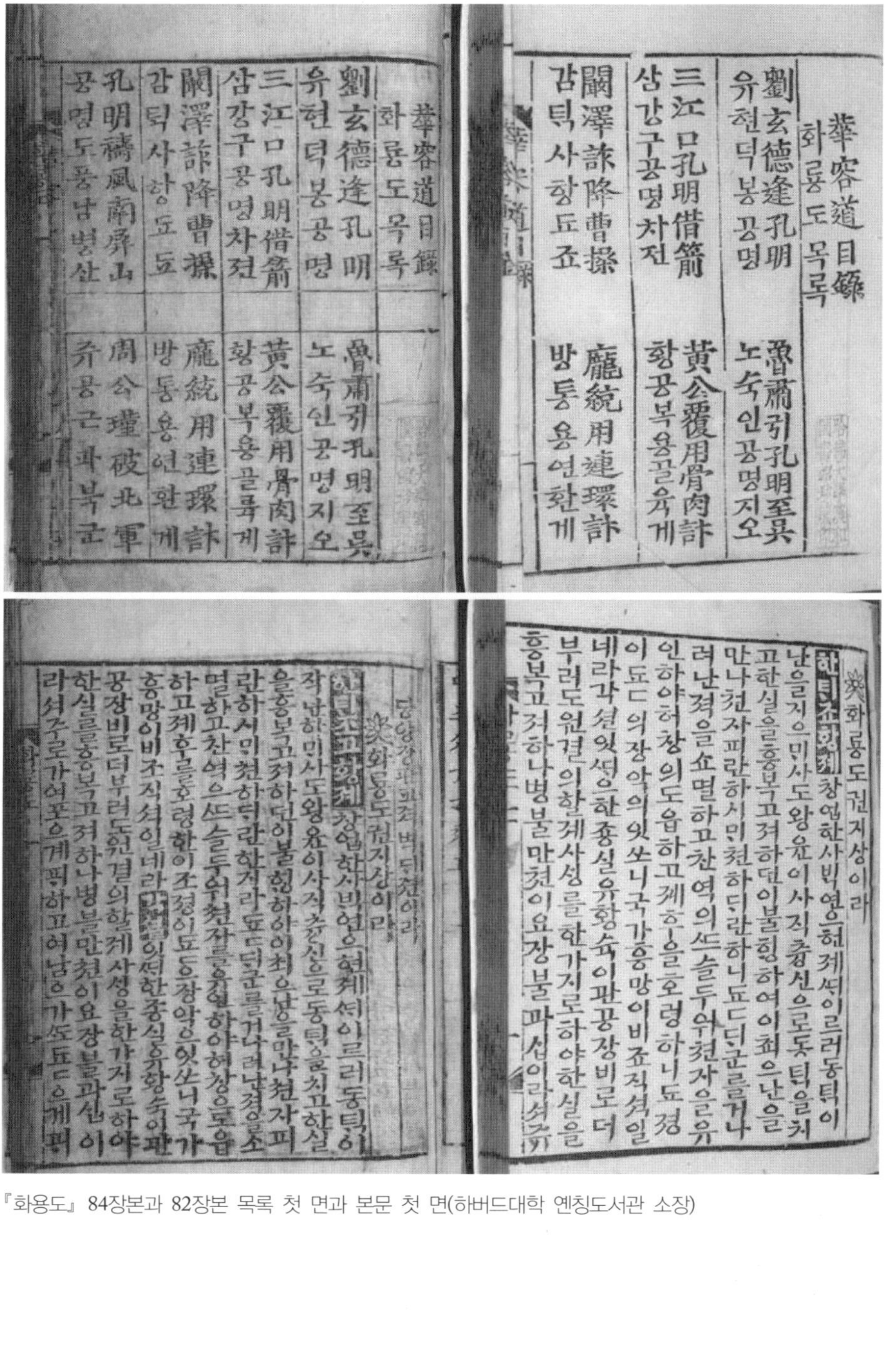

『화용도』 84장본과 82장본 목록 첫 면과 본문 첫 면(하버드대학 옌칭도서관 소장)

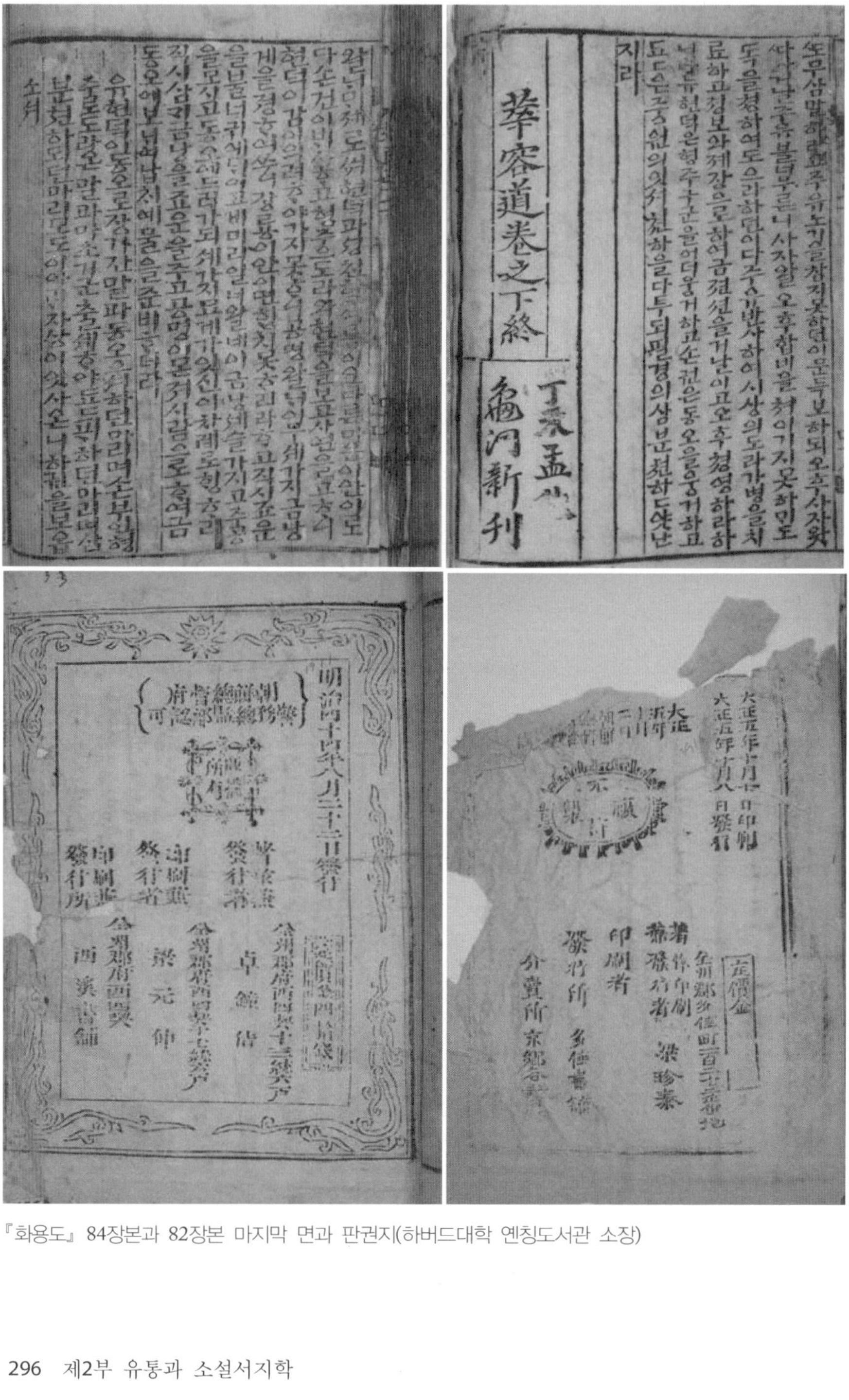

『화용도』 84장본과 82장본 마지막 면과 판권지(하버드대학 옌칭도서관 소장)

이처럼 완판소설은 아직 간행 편년부터 윤곽을 잡지 못하고 있기에 시기별 특징을 파악하는 것은 아직 꿈도 못 꾸고 있다. 경판소설이 보여주는 소설 분량의 시기적 계열화와 같은 일반론을 끌어내지 못하고 있는 것이다. 완판소설 『춘향전』의 경우는 후대로 갈수록 장수가 늘어나는 모습을 보이고, 『조웅전』은 경판소설처럼 크게 차이가 나지는 않지만 약간씩 줄어드는 모습을 보여준다고 알려져 있다. 더욱이 경판소설은 거의 한 권이 한 책으로 묶여 있지만, 완판소설은 상하 두 권이 한 책으로 묶인 것이 적지 않다. 상하 두 권으로 된 65장본 『장경전』(국립중앙도서관 및 박순호 소장)이 그렇고, 총 3권의 『조웅전』도 1·2권이 한 책으로 묶인 것이 있다(박순호 소장본). 이들은 모두 한 책이 60~70장 분량인데, 완판 『별춘향전』은 29장이 한 책으로 되어 있기도 하다. 경판소설은 시기에 따라 한 책 당 장수가 거의 일정한데 완판소설은 이처럼 분량이 두 배 이상 차이나는 경우가 있다는 것은 무엇을 의미할까? 판매 방식의 차이로 볼 수 있지 않을까 한다.

『장경전』 표지(박순호 소장). 상하 합권 총 60장이다. "丁酉二月初三日買得價一兩一十錢", 곧 "정유년 1897년 2월 3일 구입, 값은 1냥 10전"이라는 구입기가 있다. 1냥 10전은 소설치고는 비싼 값이다. '正' 위에 점이 찍힌 글자는 고문서에서 흔히 사용하는 한 일(一)자의 갖은자이다.

기록에 의하면 경판소설은 시장의 잡화점 좌판에서 아무렇게나 쌓아놓고 판매한 것으로 전한다. 이런 판매 방식에서는 한 권당 가격을 동일하게 유지하는 것이 편하다. 그런데 완판소설은 그렇게 팔리지 않았던 듯하다. 한 책의 분량이 두 배 이상 차이가 나는 것이 적지 않다는 것은 책에 따라 다른 가격을 매겼음을 의미한다고 볼 수 있다. 다시 말해서 경판소설은 개당 얼마로 팔리는 일반 상품처럼 취급되었지만, 완판소설은 분량, 인쇄 및 제본 상태 그리고 심지어 내용까지 감안하여 가격을 달리하는 책으로 팔렸던 듯하다. 그러니 경판소설은 시기에 따라 또 가격에 따라 분량이 일정하게 변동했지만, 완판소설은 그렇지 않았을 것이라는 말이다. 경판소설은 만물상에서 팔렸지만, 완판소설은 전문적인 책장사가 아니면 그에 가까운 사람에 의해 팔렸을 가능성이 높다.

경판소설도 그렇지만 완판소설은 앞으로 해결해야 할 남은 문제가 더 많다. 출판지에 대해서도 정밀한 연구가 필요한데, 박노춘, 박순호 등이 소장한 "광셔 십구연 계ᄉ 오월일 봉셩 신간이라"는 간기를 가진 『조웅전』의 경우 간기에 나오는 '봉성'을 전라북도 완주군 구이면 동적골 부근이라고 비정한 견해가 있지만,[200] 통상 간기에 '~성(~城)'이 나오면 현명(縣名)을 가리키는 경우가 많은 것을 생각할 때, 전주와 태인 사이에 위치한 김제군 금구면이나 전라남도 구례, 심지어 경상남도 합천(삼가면)을 가리키는 '봉성(鳳城)'일 가능성을 배제할 수 없다. 금구야 두말이 필요 없는 전주 출판 벨트에 위치한 곳이고, 구례가 속한 남원 일대는 판각 활동이 활발한 지역이었으며, 합천은 이옥이 『소대성전』을 본 곳이다. 완판소설의 출판 권역을 훨씬 넓게 잡을 수도 있다는 말이다.

활자본 소설

이미 16세기 중반에 금속활자를 이용하여 『삼국지연의』를 찍은 사실이 있으니, 활자본 소설출판의 시작은 매우 일렀다고 말할 수 있지만 이는 특별한 일이었다. 소설을 본격적으로 활자로 인쇄하게 된 것은 근대 이후의 일이다. 근대 활자 인쇄 기술을 이용하여 찍은 최초의 고전소설은 한국이 아닌 일본에서 이루어졌다. 일본 외무성은 1879년 부산에서 한글 활자를 만들어 일본 거류민을 위한 신문인 「조선신보(朝鮮新報)」를 발간했고, 또 『교린수지(交隣須知)』(1881), 『인어대방(隣語大方)』(1882) 등의 한국어 학습서를 찍어내는 한편, 1881년과 1883년에는 각각 『임경업전』(1883년 재간)과 『최충전』을 간행했다. 물론 이 소설들은 일본인의 한국어 학습을 위해 마련된 것이었다.

이들 소설은 모두 오자가 적지 않은데, 『최충전』보다 『임경업전』이 더 많은 편이고, 『임경업전』은 역사적 사실에 있어서도 얼마간 오류가 있다. 전승되며 사소한 오류들이 생길 수 있는 일본 내 전승 필사본을 저본으로 삼아 출판했음을 짐작하게 하는 대목이다. 하지만 이런 이본의 문제점을 뒤집어 보면, 한국에서 전하는 『임경업전』에 비해 고형에 가까울 가능성이 높다는 것을 말해주는 것이기도 하다. 『임경업전』이 18세기 중반에 창작되었다고 할 때, 이 이본이야말로 창작 당시의 이본에 가장 가까운 것으로 보인다. '맛쳐(맡겨), ᄒᆞᆯ내지(화내지), ᄌᆡ음알라(재배하라)' 등 고형의 어휘가 방증이 된다.

일본은 이렇게 한국어 학습을 위해 원문을 간행했으며, 또 일본어로 번역하기도 했다. 『임경업전』은 1882년 일본어 번역이 「조선신보」에 연재되었는데, 이는 부산의 일본인 거류자를 위한 신문에 연

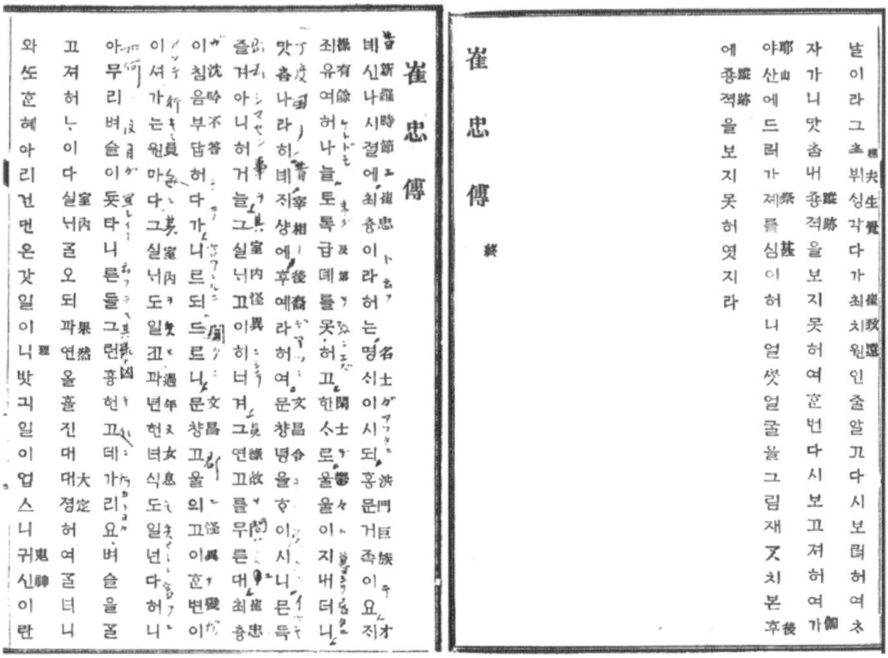
崔忠傳

녜신나시절에최충이라허는명사이시되홍문거족이요지
조유여허나늘토록급뎨를못허고한소로울울이지내더니
맛츰나라히뎨상에후예라허여문챵녕을혀이시니믄득
즐거아니허거늘그실니괴이히너겨그연고를무른대최충
이침음부답허다가니르되드르니문챵고올의괴이훈변이
이셔가는원마다그실니도일코파년허녀식도일년다허니
아무리벼슬이돗타니른들그런흉헌고데가리요벼슬을골
고져허나이다실니골오되과연올흘진대대정허여골터니
와또훈혜아리건면온갓일이니밧긔일이업스니귀신이란

崔忠傳

날이라그초부싱각다가최치원인줄알고다시보려허여ᄎ
자가니맛참버종적을보지못허여훈번다시보고져허여가야
산에드러가제를심이허니얼픗얼굴을그림재ᄀ치본후
에종적을보지못허엿지라

終

『최충전』 첫 면과 마지막 면(국립중앙도서관 소장)

재된 것이어서 본격적으로 일본에 번역·소개되었다고 말하기는 어렵다. 『임경업전』 연재가 시작되고 두 달 뒤에 나카라이 도스이(半井桃水, 1860~1926)가 『춘향전』을 번역해서 『계림정화 춘향전(鷄林情話春香傳)』이라고 이름을 붙여 『오사카아사히신문(大坂朝日新聞)』에 연재했다. 1882년 6월 25일부터 7월 23일까지의 일이다. 이것을 최초의 본격적인 번역으로 보아야 할 것이다.

나카라이는 『조선에 부는 모래바람(胡砂吹く風)』이라는 조선을 배경으로 한 작품을 창작하기도 했는데, 이 작품에 『최충전』이 언급되어 있다. 『최충전』에는 최치원의 아버지 최충이 아들 최치원을 버린 것으로 되어 있는데, 나카라이는 소설과 달리 실제로 조선에서는 아무리 가난한 사람이라도 자기 자식을 버리지 않는다고 했다. 나카

프랑스어 번역본 『춘향전』(화봉문고 소장)

라이는 『구운몽』에도 관심을 가졌는데, 나카라이에게 문학을 배운 일본 최초의 여성소설가 히구치 이치요(樋口一葉, 1872~1896)가 『구운몽』을 필사했고 그것은 지금도 남아 있다. 또 나카라이의 동료 작가인 고미야마 덴코(小宮山天香)는 『구운몽』의 일본어 번안이라고 할 수 있는 『몽환(夢幻)』을 쓰기도 했다.[201]

『춘향전』은 일찍이 프랑스어로도 번역되었는데, 김옥균을 암살한 홍종우가 파리에 체류하며 프랑스 소설가 로니를 도와 1892년 '춘향'을 '향기로운 봄'으로 번역하여 출간했다.

고전소설의 일본어 번역은 일제강점기에 들어와서는 총서의 형태로 이루어졌는데, 호소이 하지메(細井肇)가 편집을 맡아 1922년 완간한 전 12책의 '통속조선문고(通俗朝鮮文庫)'가 그것이다. 여기에는 『사씨남정기』, 『구운몽』, 『광한루기』, 『홍길동전』, 『추풍감별곡』, 『심청전』, 『장화홍련전』 등이 포함되어 있다. 식민지 지배로 늘어난 조선에 대한 관심이 한국소설의 대량 번역 출간으로 나타났던 것이다.

한편 캐나다 출신의 선교사인 제임스 게일이 번역하고 스콧(Elspet Robertson Keith Scott)이 장문의 비평을 붙인 영역본 『구운몽』이 1922년 영국에서 출간되었는데, 이는 영어로 번역·소개된 최초의 고전소설이다. 여기 실린 스콧의 비평을 한국문학에 대한 최초의 근대적 논문으로 보기도 한다.

조선의 근대 활자 인쇄는 1883년에야 시작되었다. 지금의 외교부에 해당하는 통리외아문(統理外衙門) 아래에 박문국(博文局)을 설치하여 『한성순보(漢城旬報)』를 발간한 것이다. 이듬해 민간이 참여한 출판사인 광인사(廣印社)가 설립되었지만 완전한 민영 체제는 아니었고, 1905년 이후부터 비로소 민간 출판이 일어났다.[202] 민간 출판이 시작되자 바로 소설출판이 이루어는데, 가장 먼저 활자로 간행된 문학 작품은 『서상기』로 1906년 서울 미동의 박문사에서 간행했다. 1906년에 신소설 『혈의 누』가 『만세보』에 연재되었고 1907년 광학서포에서 간행되었으니, 그보다 앞선 일이다.

1909년부터 일제에 의해 출판법이 시행되자 모든 출판물은 정부의 허가를 받아야 했고 판권지를 붙여야 했다. 출판이 처음으로 체계적·제도적 통제하에 놓인 것이다. 이 통제에는 기존에 간행된 것도 예외가 아니었고, 인쇄하는 모든 책이 해당되었다.

흔히 통제가 침체를 부른다고 여기지만, 종전의 보이지 않으면서 이루어진 엄혹한 통제보다는 정비된 통제가 오히려 소설출판에 활기를 불러왔다. 최남선은 육전소설을 만들어 가격 경쟁에 나섰고, 종전에 글씨나 약간의 문양 정도밖에 없었던 소설에 표지 그림이 생기고 등장인물의 삽화가 들어갔다. 단색의 문양 수준이던 표지 그림이 채색의 사건 장면 그림 등으로 바뀌면서 표지 그림은 책의 판매에 중요한 변수가 되었다고 한다.

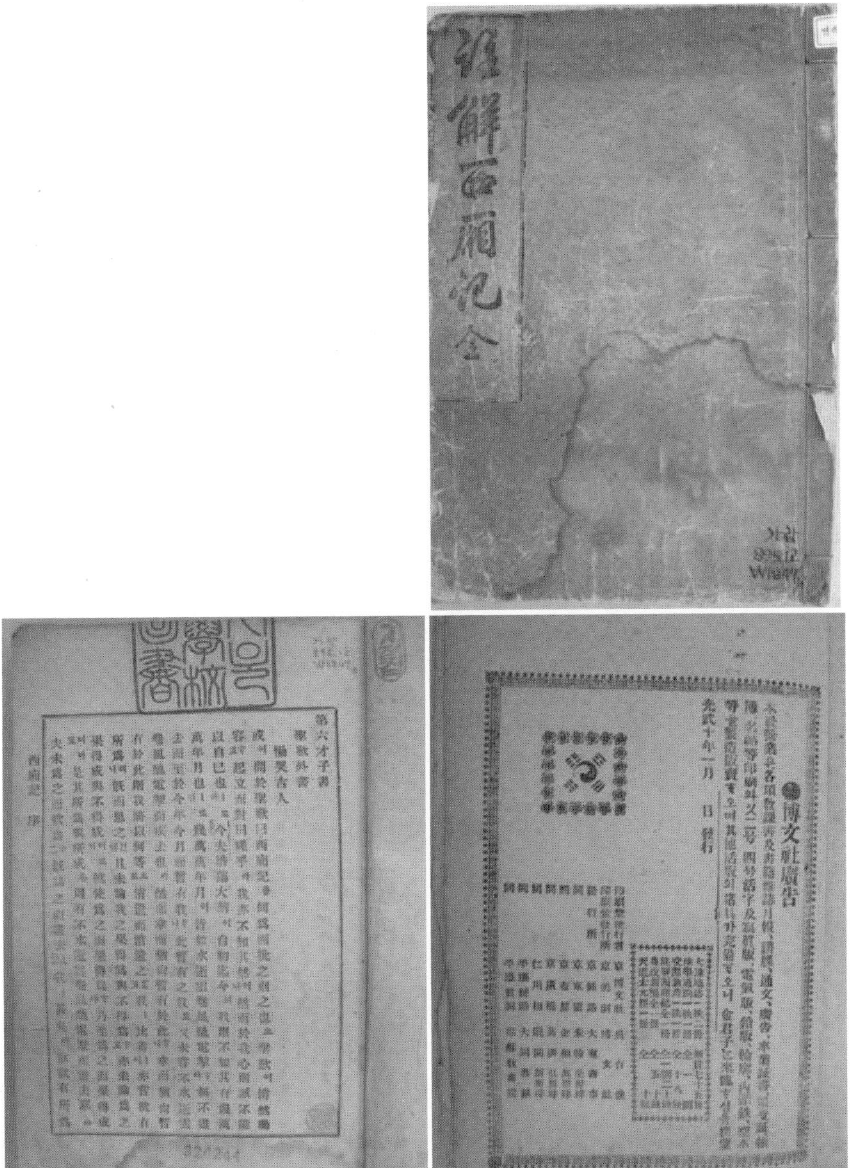

『주해 서상기』 표지(위) 및 첫 면과 판권지(아래)(서울대학교 중앙도서관 소장)

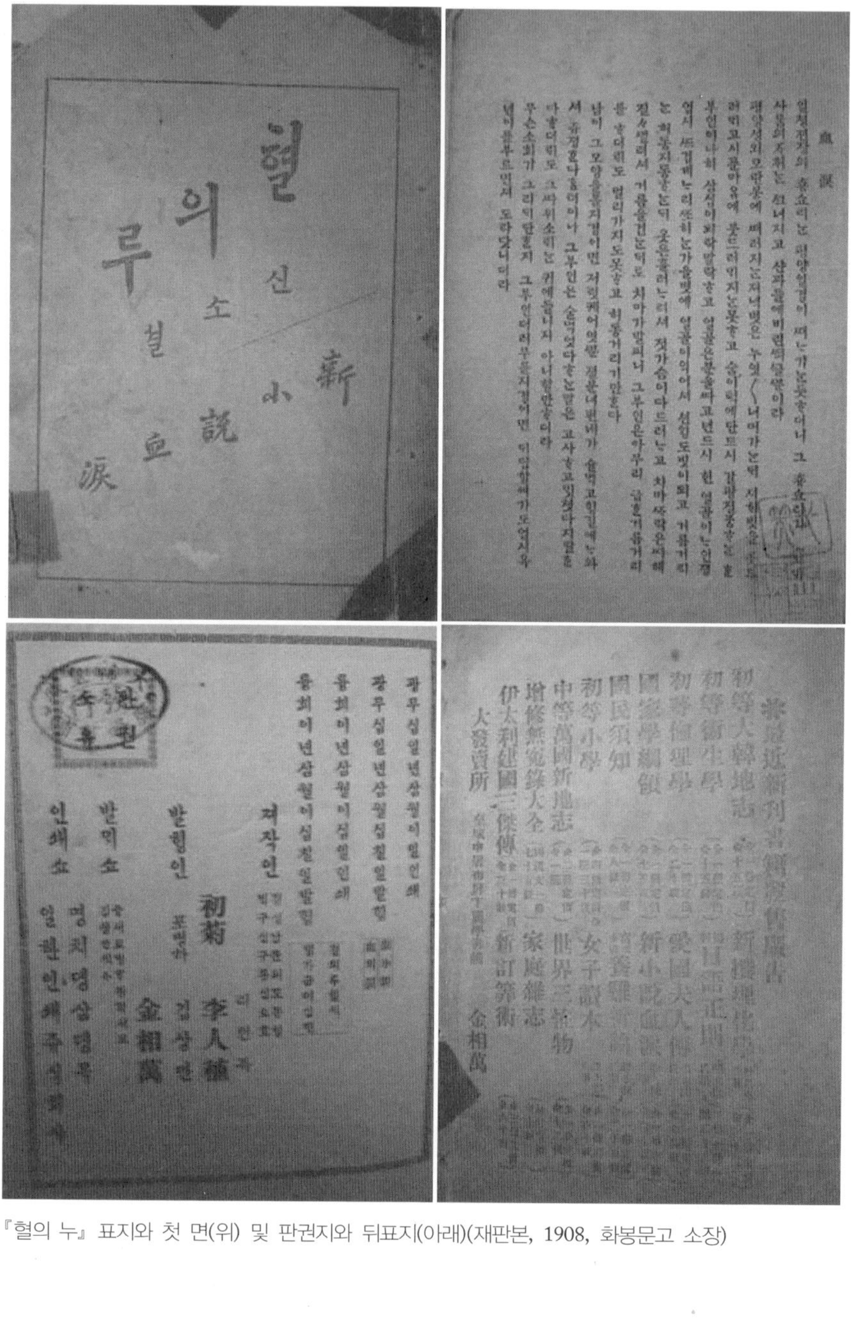

『혈의 누』 표지와 첫 면(위) 및 판권지와 뒤표지(아래)(재판본, 1908, 화봉문고 소장)

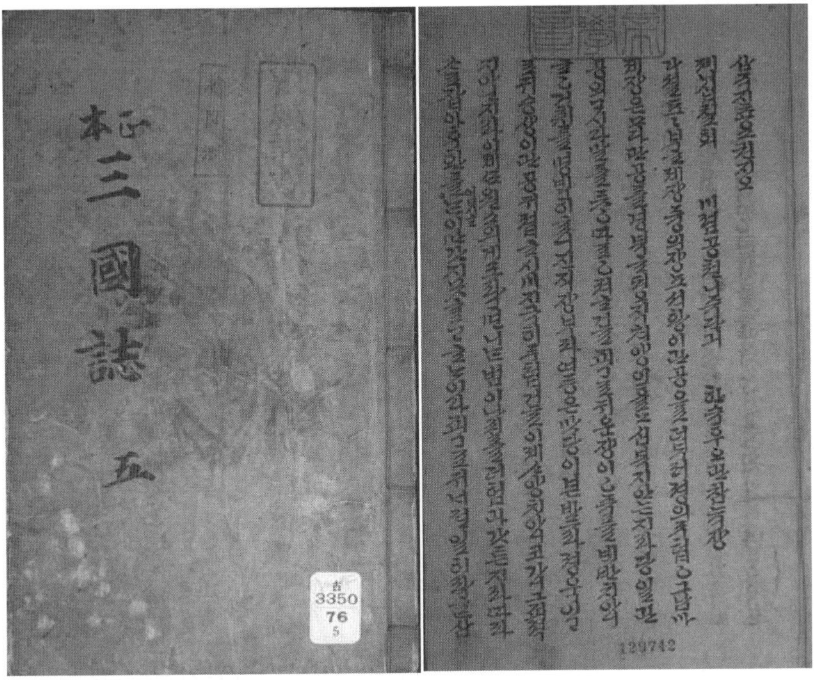

『삼국지』 권5 표지와 첫 면(서울대학교 규장각한국학연구원 소장). 표지에 "검열제(檢閱濟)"와 "출판허가(出版許可)"라는 스탬프가 찍혀 있다. 출판 검열을 위한 초본으로 보인다.

『조웅전』은 1925년 박문서관에서 간행한 책이다. 판권지에 '불허복제'라는 저작권 의식을 보여주는 문구를 넣었다. 『조웅전』의 경우야 이들이 저작권을 가질 수 있는 형편이 아니니, 적절한 문구는 아니지만 그래도 저작권 의식이 싹트기 시작했음을 보여준다. 발행은 박문서관이지만 발매는 신구서림에서 맡아 발행자와 판매자가 분업을 하는 모습을 보여주고 있다.

활자본 고전소설의 범주를 어디까지로 할 것인지에 따라 약간씩 달라지겠지만, 『서상기』도 포함시킨다면 1906년부터 시작되어 1910~1920년대에 절정에 이르렀고, 1978년 향민사에 발행한 『권익중전』과 『미인도』에 이르러 막을 내렸다. 실제 발행을 확인할 수

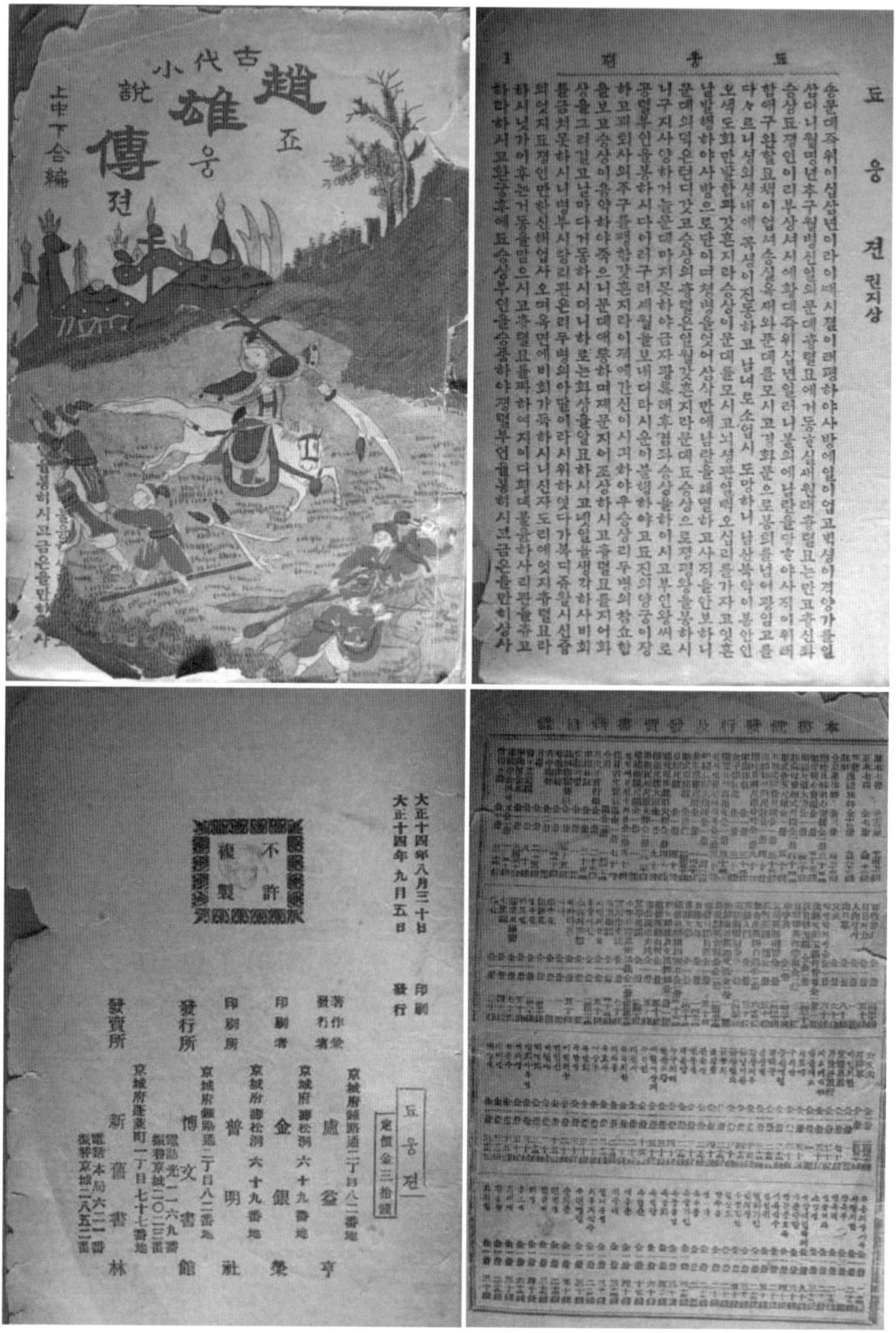

『조웅전』 표지(본서 17쪽 컬러 사진 참조)와 첫 면(위) 및 판권지(본서 18쪽 컬러 사진 참조)와 뒤표지(아래)(정병설 소장)

있는 작품은 328종이고, 발행횟수는 이천여 회 정도이다. 여기에다 자료는 남아 있지 않지만 광고 등을 통해 확인할 수 있는 작품까지 포함하면 381종 3,000여 회에 이른다. 『춘향전』은 최고의 발행횟수를 자랑하는데, 남아 있는 자료로만 보면 109회, 목록과 광고에 나온 것까지 포함하면 167회이다. 그다음이 『심청전』과 『조웅전』인데, 현전하는 것이 각각 49회, 46회이고, 목록 등으로 확인되는 것이 61회와 62회이다.[203] 활자본 고전소설이 일 년에 몇만 권씩 팔린다는 회고가 결코 과장이 아님을 알 수 있다.

활자본 소설은 보존성이 약한 양지(洋紙)에 찍어서 시간적으로는 그리 오래되지 않았는데도 훼손이나 망실된 것이 적지 않다. 활자본 소설은 개인 소장이 많은데 아직 잘 정리되어 있지 않다. 기관에 남아 있는 활자본 소설 컬렉션 가운데 대표적인 것으로 우선 서울대학교 중앙도서관과 컬럼비아대학 도서관의 소장본을 들 수 있는데, 후자는 고서적상인 이성의가 소장한 화산문고의 것이었다. 또 일본 도야마대학 도서관의 대중소설 컬렉션에도 활자본 소설이 얼마간 있으며, 국내의 사설 기관인 아단문고에도 훌륭한 활자본 소설 컬렉션이 있다.

주

1 김동욱, 「방각본에 대하여」, 『동방학지』 11, 연세대학교 국학연구원, 1970 (김동욱, 『(증보)춘향전연구』, 연세대학교 출판부, 1976에 재수록).

2 유탁일, 『완판방각소설의 문헌학적 연구』, 아세아문화사, 1981.

3 이창헌, 『경판방각소설 판본 연구』, 태학사, 2000.

4 세책고소설연구회 편, 『세책고소설연구』, 혜안, 2003.

5 최근 사회과학 연구자들이 소설을 통해 한국의 역사와 사회를 읽으려는 시도를 보여주었는데, 송호근의 저서와 함께 주목되는 것이 정치학자 최정운의 『한국인의 탄생 — 시대와 대결한 근대 한국인의 진화』(미지북스, 2013)이다. 송호근이 작품 외적인 유통에 관심을 가졌다면, 최정운은 작품 내적인 분석을 통해 한국 사회를 읽고자 했다.

6 송호근, 『인민의 탄생 — 공론장의 구조 변동』, 민음사, 2011, 136쪽.

7 정병설, 「조선후기 한글소설의 성장과 유통: 세책과 방각을 중심으로」, 『진단학보』 100, 진단학회, 2005.
정병설, 「조선후기 한글·출판 성행의 매체사적 의미」, 『진단학보』 106, 진단학회, 2008.
정병설, 「조선 후기 한글방각소설의 전국적 유통 가능성에 대한 시론」, 『다산과현대』 3, 연세대학교 강진다산실학연구원, 2010.

8 마르크 블로크, 고봉만 역, 『역사를 위한 변명』, 한길사, 2007. 이 책은 블로크의 유저로 1941~1943년에 집필되었고 1949년에 출간되었다.

9 송호근, 앞의 책, 198쪽. 한영우, 『다시 찾는 우리 역사』, 경세원, 2006, 388쪽에서 인용했다.

10 1866년 순교한 파리외방전교회 소속의 프랑스 신부 볼리외는 프랑스를 떠나기 전에 보낸 편지에서 조선 인구를 팔백만이라고 썼는데, 이는 당시 전해들은 정보에 기초한 것이라고 볼 수 있다. 아드리앵 로네, 폴 데통베 공저, 안응렬 옮김, 『한국순교자103위전』, 가톨릭출판사, 1995, 351쪽.

11 인구사에 대한 연구사 정리는 이기순, 「조선후기 인구사의 비평과 전망」,

『사총』 63, 역사학연구회, 2006을 참고했다.

12 이영구, 이호철, 「조선시대의 인구규모추계 Ⅱ－17, 8세기 인구증가율 추계를 중심으로」, 『경영사학』 3, 한국경영사학회, 1987, 181쪽.

13 고동환, 「조선후기 서울의 인구추세와 도시문제 발생」, 『역사와 현실』 28, 한국역사연구회, 1998, 190쪽.

14 김종서, 「한국 문맹률의 검토」, 『교육학연구』 2, 한국교육학회, 1964, 15쪽.

15 『국세조사』 47쪽에는 연령별 총수가 21,058,305명으로 나와 있는데, 이는 필자가 합산한 것과는 22,671명의 차이가 있다.

16 노영택, 「일제시기의 문맹률 추이」, 『국사관논총』 51, 국사편찬위원회, 1994.

17 하영휘 번역, 『(국립중앙박물관 소장) 정조(正祖)임금편지』, 국립중앙박물관, 2009.

18 박현순, 『조선 후기의 과거』, 소명출판, 2014, 243쪽. 『일성록』 1879년 2월 27일조.

19 위의 책, 39-46쪽 및 250-256쪽 참조.

20 화폐 단위에 대해서는 박혜숙, 「18~19세기 문헌에 보이는 화폐단위 번역의 문제」, 『민족문학사연구』 38, 민족문학사연구소, 2008 참조.

21 박재희, 「조선후기 물가변동 연구 － 미(米) · 은가(銀價)를 중심으로」, 『역사와실학』 17 · 18, 역사실학회, 2000, 324쪽.

22 김동욱, 「조선후기 건축 공장(工匠)의 노임고(勞賃考)」, 『대한건축학회논문집』 1, 대한건축학회, 1985, 55쪽.

23 『심원권일기』 1870년 6월 17일 "去市, 白紙一束買, 價二戔四卜." 1872년 4월 26일 "白紙二束買, 價五戔二卜給." 1870년 8월 26일 "市白米一升價, 二戔六卜."

24 William Elliot Griffis, *A Modern Pioneer in Korea: The Life Story of Henry G. Appenzeller*, New York, Chicago [etc.]: Fleming H. Revell Company, 1912, pp. 187-188. 모리스 쿠랑의 『한국서지』에도 유사한 내용이 보인다.

25 한편 전주에서 인쇄한 방각본 소설의 경우에는 박순호 소장의 『장경전』 상하 합권 60장본 표지에 1897년에 1냥 10전에 구입했다는 말이 적혀 있는데, 이 시기의 급격한 인플레이션을 감안해도 비싼 값이다. 완판소설 가격에 대한 연구의 보완이 필요하다.

26 샤를르 달레, 안응렬 · 최석우 역주, 『한국천주교회사』 상, 한국교회사연구소, 1980(원저는 1874), 315쪽.

27 김대길, 「조선 후기 장시 발달과 사회 · 문화 생활 변화」, 『정신문화연구』 35-4, 한국학중앙연구원, 2012, 89-90쪽.

28 무라야마 지쥰, 최순애 · 요시무라 미카 옮김, 『조선의 장시 연구』, 민속원, 2014, 41-42쪽, 139쪽.

29 이하곤, 『남유록(南遊錄)』 및 윤기, 「관시설(觀市說)」. 「관시설」의 원문은

"余有事適廣州, 由仁川取路, 憇於虛所, 是日赴虛者, 盖以千數."으로 되어 있는데, 여기서 '허소(虛所)' 곧 공터는 장마당을 가리킨다.

30 무라야마 지쥰, 앞의 책, 143쪽에서 시장에 나오는 사람의 6분의 5가 청장년 남성이라고 보고하였다.

31 고동환, 『조선시대 시전 상업 연구』, 지식산업사, 2013, 187-188쪽.

32 황윤석의 『이재난고』를 보면 1769년 황윤석이 벼슬 살러 서울로 올라와 하숙을 하고 또 집을 사려고 한 일이 적혀 있는데, 한 달 하숙비가 3냥 정도이고 집값은 보통 초가는 한 칸당 10냥, 기와집은 한 칸당 20냥으로 황윤석이 알아본 집은 50냥 내외였다.

33 고동환, 앞의 책, 291쪽.

34 고동환, 「조선후기 연안항해와 외양항로의 개척」, 『동방학지』 161, 연세대학교 국학연구원, 2013 및 이헌창, 「조선후기 충청도지방의 장시망(場市網)과 그 변동」, 『경제사학』 18-1, 경제사학회, 1994.

35 송호근, 앞의 책, 329쪽.

36 이영훈 편, 『수량경제사로 다시 본 조선 후기』, 서울대학교출판부, 2004, 272쪽.

37 무라야마 지쥰, 앞의 책, 165-166쪽.

38 송호근, 앞의 책, 327쪽.

39 이민희, 『16~19세기 서적 중개상과 소설, 서적 유통 관계 연구』, 역락, 2007.

40 마이클 김, 「선교사 출판운동으로 본 조선후기와 일제초기의 상업출판과 언문의 위상」, 『열상고전연구』 31, 열상고전연구회, 2010.

41 송명흠, 「황고묵옹부군유사(皇考默翁府君遺事)」, 『역천집(櫟泉集)』, 한국고전번역원 한국고전종합DB.

42 모리스 꾸랑, 이희재 옮김, 『한국서지』, 일조각, 1997, 1쪽(Maurice Courant, *Bibliographie Coréenne*, 1894).

43 이민희, 『조선을 훔친 위험한 책들』, 글항아리, 2007, 24쪽.

44 정환국, 「설공찬전 파동과 16세기 소설인식의 추이」, 『민족문학사연구』 25, 민족문학사연구소, 2004, 50쪽.

45 이복규, 「설공찬전이 실화에서 유래한 소설일 가능성」, 『국제어문』 28, 국제어문학회, 2003, 70쪽.

46 정병설, 「조선시대 대중국 역사변무의 의미」, 『역사비평』 116, 역사비평사, 2016 참조.

47 장민영, 「조선 영조대 '명기집략사건'의 정치적 성격」, 서강대학교 석사논문, 2011, 2쪽 및 39쪽.

48 『영조실록』 등에 주린의 호를 '淸菴', '靑菴' 등으로 적고 있으나, 『명기집략』에 실린 장연의 서문을 보면 '靑巖'으로 되어 있다.

49 『승정원일기』 1771년 5월 23일, 27일, 28일.

50 이성규, 「명청사서의 곡필과 조선의 변무」, 『오송이공범교수정년기념동양사논총』, 지식산업사, 1993, 517쪽.

51 장민영, 앞의 논문, 24쪽.

52 국역 영인판 『황사영백서』, 성황석두루가서원, 1998, 218쪽.

53 영인본 『사학징의』, 한국교회사연구소, 1977, 379-386쪽.

54 압수목록 서책의 서지를 정리하면 다음과 같다. 한글로 되어 있다고 표시된 서적 6종 8책, 한문으로 되어 있다고 표시된 서적 6종 8책, 한글과 한문이 섞여 있다고 표시된 서적 1종 1책(본문 한문, 주석 한글), 한글로 제목이 달려 있는 서적 95종 128책, 한문으로 제목이 달려 있는 서적 35종 64책, 한글로 되어 있다고 표시된 종이 낱장 3종(여섯 꾸러미 한글서, 300여 조각의 종이, 2조각의 종이), 한문과 한글이 혼용되어 있다고 표시된 두루마리 1축, 한문과 한글이 혼용되어 있다는 보자기(3폭짜리), 한문으로 목록에 표기된 종이 뭉치 10종(300여 장, 31조각의 종이, 220여 장 종이, 소지(小紙) 3건, 30여 장 종이, 인출한 소지 12장, 발기 41건, 456장 종이, 15장 종이, 11장 종이, 도배지 한 뭉치), 한글로 된 책 꾸러미 하나(안에 한글책이 부지기수라고 되어 있음)가 그것이다.

55 샤를르 달레, 앞의 책, 하, 176, 206, 213, 273, 297, 327쪽.

56 위의 책, 363-364쪽.

57 강명관, 『조선시대 책과 지식의 역사』, 천년의상상, 2014, 146-153쪽.

58 위의 책, 395쪽.

59 로버트 단턴, 주명철 옮김, 『책과 혁명』, 알마, 2014, 347-348쪽. 초월적인 의미를 빼앗았다고 한 것은 로제 샤르티에의 『프랑스 혁명의 문화적 기원』에 나온 것을 단턴이 인용한 것이다.

60 마에다 아이, 유은경·이원희 옮김, 『일본 근대독자의 성립』, 이룸, 2003, 제1장 '덴포 개혁기의 작가와 출판사'에 에도 말기 출판통제의 실상이 잘 설명되어 있다. 今田洋三, 『江戸の禁書』, 吉川弘文館, 1981에 실린 에도시대 일본 필화사(筆禍史)도 참고할 수 있다.

61 문집 간행에 편집이라는 이름으로 삭제·수정이 이루어지는 것은 『연암집』 등 여러 문집에서 확인된다.

62 샤를르 달레, 앞의 책, 상, 59쪽.

63 이원주, 「고전소설 독자의 성향—경북 북부 지역을 중심으로」, 『한국학논집』 3, 계명대학교 한국학연구소, 1975.

64 최남선, 「조선의 가정문학」, 『매일신보(每日申報)』 1938년(『육당최남선전집』 9, 현암사, 1974에 재수록).

65 이민희, 「1920-1930년대 고소설 향유 양상과 비평 연구」, 『인문과학논총』 28, 순천향대학교 인문과학연구소, 2011, 123쪽.

66 E. W. Koons, "The house where books are given out for rent", *The Korea Mission Field*, Vol. XIV, No. 7, Seoul, The Federal Council of Evan-

gelical Missions in Korea, 1918. 7. 마이클 김, 「서양인들이 본 조선후기와 일제초기 출판문화의 모습」, 『열상고전연구』 19, 열상고전연구회, 2004에는 20세기 초 서울의 도서유통에 대한 기록들이 다수 소개되어 있다.

67 모리스 꾸랑, 앞의 책, 4쪽.

68 세책고소설연구회 편, 앞의 책, 72-83쪽.

69 강전섭, 「언문칙목녹 소고」, 『한국서사문학사의 연구』 V, 중앙문화사, 1995, 2124쪽.

70 조선 후기 궁중 곳곳에 소장된 소설을 한곳에 모아놓은 이른바 낙선재본 한글소설(현 한국학중앙연구원 장서각 소장)의 총량이 99종 2,215책에 불과하다는 점을 감안하면(한국정신문화연구원 장서각 편, 『우리 한글의 멋과 아름다움; 2004 장서각특별전』, 한국정신문화연구원, 2004, 141쪽) 222종이 어느 정도 규모인지 대략 가늠할 수 있다.

71 김동욱, 「서울대본 옥원재합기연 소재 소설목록에 대한 고찰」, 『고전문학연구』 47, 한국고전문학회, 2015, 299쪽.

72 모리스 꾸랑, 앞의 책, 3쪽.

73 이진명, 「프랑스 국립도서관 및 동양어대학 도서관 소장 한국학 자료의 현황과 연구 동향」, 『국학연구』 2, 안동대학교 한국국학진흥원, 2003에 이들의 자료 수집이 잘 소개되어 있다. 또 현전하는 방각소설의 종수는 정확히 계산하기 어려운데, 기존 판목을 가지고 이본을 만든 경우 등을 어떻게 처리할지에 따라 종수가 약간씩 달라지기 때문이다. 이창헌(『경판방각소설 판본 연구』, 태학사, 2000, 581-592쪽)은 경판방각소설을 52종으로 계산하였다.

74 윤규섭, 「완판」, 『문장』 2권 2호, 문장사, 1940, 202쪽.

75 유탁일, 앞의 책, 69-70쪽.

76 이태영, 「완판(전주판) 방각본 한글 고소설의 서지와 언어」, 제21회 공동연구회 발표논문집, 구결학회, 1999.
이태영, 「지역 전통문화의 기반 구축과 그 활용 방안 — 완판본 한글 고전소설의 데이터베이스 구축과 그 활용을 중심으로」, 『민족문화논총』 30, 영남대학교 민족문화연구소, 2004.

77 최호석, 「안성판과 경판의 거리」, 『열상고전연구』 31, 열상고전연구회, 2010, 82쪽. 그런데 이태영, 「완판 방각본 출판의 문화사」, 『열상고전연구』 31, 열상고전연구회, 2010, 110쪽을 보면 완판방각소설이 23종이라고 했다. 또 양승민은 최근 한 학술발표회에서 『전운옥편』과 『사례편람』의 배접지에서 경판 『석화룡전』과 완판 『최현전』을 찾았다고 보고한 바 있다. 방각소설의 종수는 앞으로 더 늘어날 수 있다.

78 유준경, 「서민들의 상업출판, 방각본」, 『한국사시민강좌』 37, 일조각, 2005, 162쪽 및 166쪽.

79 최철, 「이조소설 독자에 관한 연구」, 『연세어문학』 6집, 연세대학교 국어국문학과, 1975, 22쪽.

80 유탁일, 『성호학맥의 문집간행연구』, 부산대학교출판부, 2000, 85쪽.

81 위의 책, 103쪽.

82 위의 책, 179쪽에 있는 『소눌선생문집(小訥先生文集)』 간행(1933) 기록을 통해서 짐작할 수 있다. 이 문집은 총 964판이며, 102질을 인출하는 데 60괴(塊)의 종이가 사용되었다. 『성재선생문집』은 632판인데 근 50괴의 종이가 사용되었다고 하니 단순 계산으로 130질 정도를 인출했음을 알 수 있다. 조선 후기 개인문집 간행에 대해 마에마 교사쿠(前間恭作, 안춘근 편역, 『한국의 판본』, 범우사, 1985, 44쪽)는 "家板本이라 하더라도 『藥泉集』의 300부와 같은 것은 元老相臣의 家集으로서 다수를 인출한 特例로 보아야 할 것이며, 보통은 200부에서 100부 정도가 고작이고, 더 작은 것은 50부 이내의 것이었던 듯하다."고 했다.

83 김경수, 「조보의 발행과 그 성격」, 『사학연구』 58·59, 1999, 741쪽. 『선조실록』 1577년 11월 28일조.

84 유탁일, 앞의 책, 37쪽 및 71쪽.

85 조희웅, 『고전소설이본목록』, 집문당, 1999.

86 김안로(1481~1537)의 『용천담적기(龍泉淡寂記)』에 김시습이 경주 금오산에 들어가 『금오신화』를 쓴 다음 석실에 감추고 "후세에 반드시 나를 알아주는 이가 있으리라." 했다는 말이 있다.

87 『고문서집성』 7(義城金氏川上各派篇 3), 한국정신문화연구원, 1990, 804쪽.

88 윤주필, 「16세기 사림의 분화와 낙서거사 이항의 오륜전전 번안의 의미」, 『국어국문학』 131, 국어국문학회, 2002.

89 김영진, 「조선 간(朝鮮 刊) 『전등신화구해(剪燈新話句解』) 제본(諸本) 연구(硏究)(1) - 이본(異本) 대비(對比) 및 계열화(系列化)를 중심으로」, 『어문논집』 65, 민족어문학회, 2012에 『전등신화』의 향유 상황과 조선에서 간행된 제 이본에 대해 자세히 설명되어 있다.

90 박재연, 『중국고소설과 문헌학』, 역락, 2013, 제8장 「새로 발굴된 조선 활자본 삼국지통속연의에 대하여」.

91 "歲在丁卯耽羅開刊." 박철상, 「제주판 삼국지연의 간년 고증」, 『포럼·그림과책 2011 논문집(1)』, 포럼·그림과책, 2011.

92 1800년 과거시험에 제주에서 응시하여 시권을 바친 사람은 3명에 불과하다. 제주에서 서울까지 와서 시험을 칠 수 있는 사람이 거의 없으리라는 점을 감안해도 한문 해독자가 수백 명을 넘어서기는 어렵지 않을까 한다.

93 김영진, 「조선조 문집 간행의 제양상-조선후기 사례를 중심으로」, 『민족문화』 43, 한국고전번역원, 2014, 44쪽. 간기는 "辛巳歲濟州牧開刊"로 되어 있고, 필사기는 "歲黑馬(임오, 1702)李亞使周卿印送, 板自耽羅移置海南縣"으로 되어 있다.

94 “終日在家, 無聊莫甚, 因女息之請, 諺解漢楚演義, 使仲女書之.” 오희문, 이민수 역, 『쇄미록(瑣尾錄)』 상, 해주오씨추탄공파종중(海州吳氏湫灘公派宗中), 1990, 706쪽.

95 이영훈(앞의 책)은 17세기 말부터의 비약적 경제성장과 18세기 초반 이후의 경제적 안정기를 거쳐 19세기 초반, 특히 1850년 내외부터 경제적 위기가 가속화한 것으로 보고 있다.

96 贊成公兄弟居貞敬夫人憂也. 府尹公夫人李氏, 偶看諺文小說, 聲聞於外. 贊成公不悅, 請弟嫂立階下, 責之曰, 婦女無識, 不必深責, 然豈可居喪, 成聲讀非禮之書, 自同平人也. 府尹公惶恐請罪, 送還夫人于本家.

97 『겸재집(謙齋集)』 권42(『한국문집총간』 190, 민족문화추진회). 번역은 임형택, 「17세기 규방소설의 성립과 창선감의록」, 『동방학지』 57, 1988, 119-120쪽을 참조했다. 그런데 후반부에 ‘아내’로 번역한 것을 임형택은 ‘며느리’라고 했다. 하지만 이는 오타니 모리시게(『조선후기소설독자연구』, 고려대학교 민족문화연구소, 1985)의 해석처럼 ‘아내’로 보는 것이 옳다고 생각한다. ‘며느리’로 보게 되면, 조태억의 나이가 많아야 26세에 겨우 열 살 먹은 장남의 며느리와 함께 산 것이 되기 때문이다.

98 김영진, 「교서관인서체자본 한문소설 4종에 대하여」, 『포럼 · 그림과책 2011 논문집(1)』, 포럼 · 그림과책, 2011.

99 『번암집(樊巖集)』 권33(『한국문집총간』 236, 민족문화추진회, 1999 영인).

100 한글번역본으로 「정경부인이씨힝녹」(서울대학교 규장각한국학연구원 소장)이 있다. 한문본은 한국학중앙연구원에 소장된 『여흥민씨가승기략(驪興閔氏家乘紀略)』(권4)에 실려 있다.

101 민익수의 동생인 민우수의 문집(『정암집』)에 실린 「백씨장령부군묘지(伯氏掌令府君墓誌)」를 보면, 민익수는 3남 3녀를 두었다. 사위로는 한후유(韓後裕)와 윤일복(尹一復)이 있었는데, 이들을 『문과방목』과 『사마방목』으로 검색해보니 각각 1713년, 1715년생이다. 손녀들의 나이도 대략 추정해볼 수 있을 것인데, 남편들과 거의 비슷하다고 할 수 있다.

102 『간재집(艮齋集)』 권12(『한국문집총간』 161, 민족문화추진회, 1996 영인).

103 이덕무, 「부의일(婦儀一)」, 『사소절(士小節)』. “諺飜傳奇, 不可耽看, 廢置家務, 怠棄女紅, 至於與錢而貰之, 沈惑不已, 傾家産者有之.”

104 정양완 역주, 『영세보장』, 태학사, 1998, 228쪽.

105 “十行俱下, 其義固未詳, 然聞之婦女輩言, 善讀內文者, 十餘行, 雖無以一時竝讀, 亦足眼下領會, 聯啣讀過云. 想古人所云, 十行俱下, 亦不過如是.” 『흠영』 1787년 1월 6일조.

106 베네딕트 앤더슨, 윤형숙 옮김, 『민족주의의 기원과 전파』, 사회비평사, 1991, 제3장.

107 박철상, 「조선후기 상업출판의 전개과정」, 『동서양 인쇄술 발전의 사회문화적 배경』, 연세대학교 인문학연구원 · 청주고인쇄박물관 공동학술대

회 발표문, 2013. 2. 15.

108 조선시대 나주의 인쇄문화에 관해서는 안현주, 「조선시대 나주의 인쇄문화에 관한 연구」, 『한국도서관·정보학회지』 43-1, 한국도서관·정보학회, 2012, 11쪽.

109 여기에는 "九雲夢二卷, 紙五束十丈" 외에 "剪燈新話二卷, 紙四束八丈"도 있다. 국사편찬위원회 한국사료총서 데이터베이스.

110 마츠바라 다카토시(松原孝俊), 「경판본 임경업전 간행년에 관하여—한국에서의 상업출판의 개시시기」, 『세계적 전망에서의 한국학』, 제6회 환태평양 한국학 국제학술대회 발표문 요약집, 2002년 6월 및 九州の中の朝鮮文化を考える會 編, 『九州のなかの朝鮮』, 明石書店, 2002 참고.

111 정병설, 「조선후기 한글·출판 성행의 매체사적 의미」, 『진단학보』 106, 진단학회, 2008 및 이윤석, 「임경업전 목판본 49장본에 대하여」, 『열상고전연구』 28, 열상고전연구회, 2008 참조.

112 이옥, 실시학사고전문학연구회 역주, 『(역주)이옥전집』 2, 소명출판, 2001, 85쪽(『봉성문여(鳳城文餘)』).

113 「세계설(世界說)」, 『일몽고(一夢稿)』(『한산세고(韓山世稿)』 권23 수록). "在文章亦然, 各國諺書, 可屬於陰, 古來蒼頡製字, 可屬於陽也. 各國科式文, 可屬於陰, 古人義理文, 可屬於陽也. 故諺文科文, 到處倍蓰, 古字古文, 到處漸縮. 如持東方一域, 而日觀於其消長之勢, 則不久似以諺文爲其域內公行文字. 卽今或有諺文疏本者云, 若公移文字難書倉卒者, 不無副急間間用諺文者, 此其兆矣." 임형택, 「한민족의 문자생활과 20세기 국한문체」, 『한국문학사의 논리와 체계』, 창비, 2002, 440쪽에서 처음 소개했다.

114 『흠영』 1786년 1월 8일조 및 1787년 1월 6일조. 서울대학교 규장각한국학연구원 영인본 『흠영』 6, 119쪽 및 459쪽.

115 홍희복, 「제일기언서」(유탁일 편, 『한국고소설비평자료집성』, 아세아문화사, 1994, 184-185쪽).

116 간기가 "辛酉二月紅樹洞新板"으로 되어 있다.

117 김동욱, 「한글소설 방각본의 성립에 대하여」, 『(증보)춘향전연구』, 연세대학교 출판부, 1976, 390쪽.

118 황패강, 「한문소설 홍경래전 연구」, 『동양학』 18, 단국대학교 동양학연구소, 1988, 135쪽.

119 鶴園裕, 「坊刻本ハングル小說辛未錄について」, 『朝鮮學報』 115, 朝鮮學會, 1985, 150쪽.

120 사사로운 출판[私印]을 금기시하는 발언은 『조선왕조실록』 등에서 어렵지 않게 찾아볼 수 있다. 조보와 역서와 같은 정치색이 약한 것들조차도 사사로운 출판을 금하는 명령이 간간이 나오기도 했다.

121 홍한주의 『지수염필』 등에 19세기 영남 지역에서 조상을 선양하는 차원에서 문집이 함부로 간행되는 경향이 있다고 지적되고 있는데, 이는 말

기적 징후이기도 하지만 역으로 얼마나 출판이 억압되었는지 알 수 있게 한다.

122 손계영, 「지방관과 선조문집간행」, 『영남학』 15, 경북대학교 영남문화연구원, 2009 참조.

123 이노우에 스스무(井上進)의 『중국출판문화사』(이동철 외 옮김, 민음사, 2012)에서는 원나라와 명나라 전기를 출판의 쇠퇴기로 보는데, 이 역시 정치적 통제의 강화와 연결된 것으로 본다. 출판의 쇠퇴기와 번성기를 대표적인 컬렉션으로 비교해볼 때, 명 전기에는 출판물이 3할을 차지했는데 출판이 되살아난 명 말기에는 8할을 차지한 것으로 소개하고 있다.

124 정병설, 「사도세자가 명해서 만든 화첩, 중국소설회모본」, 『문헌과해석』 47, 문헌과해석사, 2009, 132쪽.

125 해방 후 1960년대에 순종의 이복동생으로 순종의 자리를 이은 영친왕(1897~1970)의 부인 일본인 이방자(李方子, 1901~1989)가 창덕궁으로 들어와 윤비와 함께 낙선재에서 살았고, 또 그 옆의 수강재에는 정신병에 걸린 덕혜옹주(1912~1989)가 들어와 살았다.

126 이 자료를 처음 소개한 윤병태(「한글로 된 칙목녹에 대하여」, 『도서관학』 5, 한국도서관학회, 1978)는 "대체로 궁중 혹은 궁중에 관계있는 여자의 힘으로 순조 초년에 이루어진 것"이라고 했다.

127 지연숙, 「몽옥쌍봉연록·곽장양문록 연작의 창작 기반과 문제 의식, 『한국가문소설연구논총Ⅱ』, 경인문화사, 1999.

128 『승정원일기』(1751년 10월 8일)의 용례를 보면 일궁, 이궁 등의 명칭을 부여받은 사람은 효종의 부마들이다. 그런데 효종의 다섯 공주에게만 일궁부터 오궁까지의 명칭을 부여했고, 후궁 소생인 옹주는 여기에 넣지 않았다. 사도세자의 두 딸인 두 군주에게 일궁과 이궁의 이름을 줄 수 있었는지 정확하지 않지만, 적실 소생인 데다가 사도세자의 아들 정조가 왕위에 오르는 등 실질적으로 왕실의 정통 계보 내에 있었으니 그렇게 불렀을 가능성을 배제할 수 없다.

129 나머지 직접 확인한 책의 분량을 보면, 권2 47장, 권7 46장, 권8 46장, 권9 50장, 권10 48장이다.

130 홍현성, 「사후당이 남긴 낙선재본 소설 해제의 자료적 성격」, 『장서각』 32, 한국학중앙연구원 장서각, 2014 참조.

131 『옥소고(玉所稿)』, 잡저4, 「제선조비수사삼국지후(題先祖妣手寫三國志後)」. 권섭은 이 밖에도 한글본 『설경전』을 한문으로 번역한 「번설경전(飜薛卿傳)」을 남겼다.

132 심경호, 「낙선재본 소설의 선행본에 관한 일고찰－온양정씨 필사본 옥원재합기연과 낙선재본 옥원중회연의 관계를 중심으로」, 『정신문화연구』 13권 1호(통권 38호), 한국정신문화연구원, 1990.

133 김동욱, 「서울대본 옥원재합기연 소재 소설목록에 대한 고찰」, 『고전문

학연구』 47, 한국고전문학회, 2015.

134 박재연, 「윤덕희의 소설경람자」, 『문헌과해석』 19, 문헌과해석사, 2002.

135 노기춘, 「해남 녹우당 소장 고문헌의 특징」, 『해남 녹우당의 고문헌』(제1책), 태학사, 2003 참조.

136 김영, 「신자료 해남 녹우당 소장 한글 필사본 『슈양외ᄉᆞ』에 대하여」, 『중어중문학』 44, 한국중어중문학회, 2009, 289-290쪽.

137 양승민, 「구운루와 구운기의 거리」, 『한국고전연구』 42, 한국고전연구학회, 2011.

138 아메노모리 호슈와 한어사에 대해서는 정병설, 「조선후기 동아시아 어문교류의 한 단면: 동경대 소장 한글번역본 옥교리를 중심으로」, 『한국문화』 27, 서울대학교 한국문화연구소, 2001 참조.

139 雨森芳洲, 「橘牕茶話」, 『芳洲文集: 雨森芳洲全集』 2, 關西大學東西學術研究所, 1980, 157쪽.

140 심수관가에 대해서는 정병설, 「조선 도공 후예 심수관의 허상과 실상」, 『문헌과해석』 66, 문헌과해석사, 2014 참조.

141 허경진, 「고소설 필사자 하시모토 쇼요시(橋本彰美)의 행적」, 『동방학지』 112, 연세대학교 국학연구소, 2001. 허경진은 하시모토의 이름을 쇼요시라고 읽었으나, 아키미로 읽는 것이 맞다는 의견이 있다.

142 정충권, 「연경도서관본 흥보젼 연구」, 『국어국문학』 130, 국어국문학회, 2002 참조.

143 李政殷, 「一葉文學における朝鮮文學九雲夢の受容」, 『人間社會環境研究』 21, 金澤大學, 2011 참조.

144 정명기, 「'세책 필사본 고소설'에 대한 서설적 이해－총량·간소(간기)·유통양상을 중심으로」, 『고소설연구』 12, 한국고소설학회, 2001, 469쪽.

145 위의 글, 469쪽.

146 위의 글, 454쪽.

147 정명기, 「세책본소설의 유통양상－동양문고 소장 세책본소설에 나타난 세책장부를 중심으로」, 『고소설연구』 16, 한국고소설학회, 2003, 72쪽.

148 「諺文貰冊禁讀」, 『만세보(萬歲報)』 1906년 7월 28일 기사.

149 이해조, 『자유종』, 대한황성광학서포, 1910.

150 세책고소설연구회 편, 앞의 책, 57쪽.

151 박종화, '책세(冊貰)집', 월탄회고록 111회, 『한국일보』 1972년 3월 25일 제7201호 제5면.

152 월탄회고록 제112회 '소설책 낭독자'의 경우를 보면, 자신이 책에서 본 18세기 사례와 직접 경험한 것을 엄격히 분별하지 않고 기술하고 있음을 볼 수 있다.

153 이창헌, 앞의 책, 116쪽. 16장본 『토생전』의 말미에 붓으로 적은 것이다. 1905년 7월 1일부터 1908년 5월까지 신화와 구화를 1 대 2로 교환했는

데 이 무렵의 기록이다.

154 조풍연, 『서울잡학사전』, 정동출판사, 1989, 244-245쪽, '세책'.

155 이윤석, 『구활자본 야담의 변이양상 연구』, 보고사, 2001, 114쪽.

156 정명기, 앞의 글, 2001, 475쪽 및 476쪽.

157 이주영, 『구활자본 고전소설 연구』, 월인, 1998, 36쪽.

158 안춘근, 「한국세책업 변천고」, 『한국서지학논고』, 광문서관, 1979, 51-52쪽 재인용.

159 김동욱, 「이조소설의 작가와 독자에 대하여」, 『장암지헌영선생화갑기념논총』, 호서문화사, 1971, 67쪽.

160 「경제본위의 잡지구독회—소자본으로 인테리 청년이 할 새 장사 소개」, 『삼천리』, 1935년 7월(천정환, 『근대의 책읽기』, 푸른역사, 2003, 113쪽 참조).

161 정명기, 앞의 글, 2001, 470-471쪽.

162 '동양문고 소장 세책 목록', 「조선후기 세책 재론」(『한국고소설사의 시각』, 국학자료원, 1996)에 부록되어 있다.

163 '십칠권종'에서 '칠'을 지우고 '일'로 고쳤다.

164 정명기, 앞의 글, 2001.

165 유춘동, 「책열명록에 대하여」, 『문헌과해석』 35, 문헌과해석사, 2006 및 정명기, 「세책본소설에 대한 새 자료의 성격 연구—『언문후생록』 소재 목록을 중심으로」, 『고소설연구』 19, 한국고소설학회, 2005에서 처음 소개했다.

166 이창헌, 앞의 책, 116쪽.

167 정명기, 앞의 글, 2005에서 『옥인기연』과 『춘추열국지』를 세책소설로 처음 소개했다. 국립영국도서관의 『춘추열국지』는 동 도서관의 서목에는 한 종만 나와 있고, 후지모토 유키오(藤本幸夫)가 작성한 목록(「大英圖書館所藏朝鮮本に就いて」, 『朝鮮學報』 216, 朝鮮學會, 2010)에는 세 종이 보인다. 후지모토는 세 종의 서가분류번호(shelfmark)를 Or.7362, 15260.c.5, 15260.c.6로 적고 있는데, 맨 앞의 것은 양장 6책 34권으로 권1, 권3, 권6이 빠진 낙서가 많은 낙질의 세책본이라고 했고, 뒤의 둘은 권6 1책만 남은 것으로, 끝의 자료는 이면에 낙서가 많은 세책본이라고 했다. 그런데 서가분류번호 15260.c.6은 실제 확인하니 경판본 『금향정기』였다. 후지모토 목록의 오류로 보인다. 결국 국립영국도서관에는 두 종의 『춘추열국지』가 있는 셈이다. 그런데 정명기는 몇 종의 『춘추열국지』가 있는지 말하지 않고, 권3이 빠진 34권본이 있다고만 했다. 권6만 있는 15260.c.5의 『춘추열국지』를 34권본에 포함하여 조사한 것으로 보인다.

168 藤本幸夫, 「國立ギメ東洋美術館所藏朝鮮本に就いて」, 『朝鮮學報』 218, 朝鮮學會, 2010 및 해외전적문화재조사목록 「프랑스 기메박물관 한국본 목록」 참조.

169 정병설, 「러시아 상트베테르부르크 동방학연구소 소장 한국 고서의 몇몇 특징」, 『규장각』 43, 서울대학교 규장각한국학연구원, 2013 참조.

170 허경진, 유춘동, 「러시아 상트페테르부르크 국립대학과 동방학연구소에 소장된 조선전적에 대한 연구」, 『열상고전연구』 36, 열상고전연구회, 2012. 『동유기』는 필사 시기를 무인년으로 밝히고 있는데 1878년 또는 그 이전일 것이다. 상단에 장수 표시가 없으며, 필사기에 동명 표시도 없다. 세책소설로 볼 만한 증거가 확인되지 않는다. 또 『쌍천기봉』은 필사 시기를 갑신년으로 밝히고 있는데 1884년으로 추정되며, 상단의 장수 표시를 제외하고는 『동유기』와 마찬가지로 세책소설로 볼 수 있는 증거를 찾을 수 없다. 이 밖에 동방학연구소에 소장된 『하진양문록』은 권8에 "셰직 무신 칠월 초ᄉᆞ일 농호 필셔"라는 필사기가 있는데, 이 무신년은 1848년으로 추정된다. 형태적으로는 궁중본에 가깝지만, 하나 남은 필사기는 전형적인 세책소설의 그것이다. 세책유통의 가능성을 배제할 수 없다. 이 책이 세책소설이라면 최초의 세책소설 자료가 된다.

171 모리스 꾸랑, 앞의 책, 3쪽.

172 안춘근, 「한국세책업 변천고」, 『한국서지학논고』, 광문서관, 1979.

173 유춘동, 「20세기 초 구활자본 고소설의 세책유통에 대한 연구－장서각 소장본을 중심으로」, 『장서각』 15, 한국학중앙연구원 장서각, 2006.

174 신승운, 「유교사회의 출판문화－특히 조선시대의 문집 편찬과 간행을 중심으로」, 『대동문화연구』 39, 성균관대학교 대동문화연구원, 2001, 370쪽.

175 마에마 교사쿠, 앞의 책, 20쪽.

176 김영진, 앞의 글, 2014, 29-30쪽.

177 을해자복각본(乙亥字復刻本). 三木榮, 『朝鮮醫書誌』(增修版), 學術圖書刊行會, 1978(초판 1956), 292쪽. 동일한 간기를 가진 자료가 春山仁榮(이인영), 「攷事撮要の冊板目錄について」, 『東洋學報』 30卷 2號, 1943에서 송석하 소장본(현재 일실)으로 소개된 바 있다.

178 박철상, 앞의 글, 2013.

179 정승혜, 「가난한 선비들의 사서언해」, 『문헌과해석』 25, 문헌과해석사, 2003.

180 옥영정, 「17세기 개인출판의 사서언해에 관한 고찰－1637년 간행의 사서언해를 중심으로」, 『서지학연구』 27, 서지학회, 2004.

181 김윤수, 「태인방각본 상설고문진보대전과 사요취선」, 『서지학연구』 5·6 합철, 서지학회, 1990.

182 1793년에 만들어진 『제주대정정의읍지(濟州大靜旌義邑誌)』 등에 보면 제주도에 『삼국지』 책판이 있음이 기록되어 있으나, 서유구의 『누판고』에 제주목에 『삼국지』 65권의 책판이 있다고 기록한 것을 보면 제주목에서 있었던 『삼국지』는 진수의 정사 『삼국지』로 추정된다. 박철상, 앞의 글, 2011 참조.

183 김현주, 「경판과 완판의 거리－판소리계 소설을 대상으로 한 사회문화적 해석」, 『국어국문학』 116, 국어국문학회, 1996, 183쪽.

184 김동욱, 「방각본 소설 완판·경판·안성판의 내용 비교 연구」, 『국어국문학』 61, 국어국문학회, 1973.

185 이윤석, 『설인귀전 연구』, 경인문화사, 2013, 80쪽.

186 효교에서 간행된 『구운몽』은 도쿄외국어대학에, 『소대성전』은 고마자와 대학에, 『춘향전』은 하버드대학에 소장되어 있다.

187 이창헌, 『이야기 책 이야기』, 보고사, 2003에 영인하여 수록했다.

188 하버드대학 옌칭도서관에 소장된 30장본 『춘향전』도 도쿄외국어대학 도서관의 『장풍운전』과 같이 주서로 한자어와 주석을 병기하고 있다. 일본인의 한국어 공부에 사용된 책임을 알 수 있는데, 이런 형태의 자료는 일본 등 해외 곳곳의 도서관에서 접할 수 있다.

189 최호석, 「안성판 방각본 출판의 전개와 특성」, 『어문논집』 54, 민족어문학회, 2006, 117-178쪽.

190 김동욱, 앞의 글, 1970, 116쪽.

191 이창헌, 앞의 책, 429-432쪽.

192 유춘동, 「경판본 소설 월왕전의 책판」, 『문헌과해석』 54, 문헌과해석사, 2011.

193 윤규섭, 앞의 글. 강혜영, 「20세기 전반의 전주 지방 서적 발행 활동에 관한 연구」, 『서지학연구』 41, 한국서지학회, 2008에서는 완판 출판사의 활동에 대해 상세히 밝히고 있다. 다만 이 논문은 책의 판권지에 밝힌 발행연도를 그대로 간행연도로 간주하여 82장본 『화용도』처럼 실제 간행연도를 잘못 파악한 부분도 있고, 특히 양책방이나 양승곤에 대한 설명은 근거를 대지 않고 사실관계만 혼란스럽게 한 면이 있다. 예컨대 양책방이 19세기 중엽에도 있었는데 1930년대 양승곤이 다시 그 이름을 이었다거나, 양승곤이라는 사람이 1900년대 초에도 있었다고 하면서 이 사람이 뒤의 양승곤과 동일인이 아닐 것으로 추정한 것 등이 그렇다.

194 1831년 신묘년에 전주 서문 밖에 간행한 『통감절요』에 최씨의 이름이 보이는데, 완판소설 초기 간행자일 가능성이 높아 주목을 요한다. 『(소미가숙점교부음)통감절요』 권13, 간기는 "道光十一年, 辛卯年八月日, 西門外開板, 崔永□"로 되어 있다. 이태영, 「완판본에 나타난 간기의 특징」, 『열상고전연구』 42, 열상고전연구회, 2014, 327쪽.

195 유탁일, 앞의 책, 1981 참조.

196 이태영, 「완판본 '심청가'(41장본) 해제」, 『국어사연구』 4, 국어사학회, 2004, 351쪽.

197 김상호, 「조선조 사찰판 각수에 관한 연구」, 성균관대학교 박사논문, 1990, 151쪽.

198 김상호, 「조선조 사찰판 각수 연구」, 『도서관학』 20, 한국도서관학회,

1991, 372-375쪽. 최근 백승호는 화봉문고에 소장된 『검간선생문집개간시일록(黔澗先生文集開刊時日錄)』을 소개한 바 있다. 이는 1770년 경상북도 상주에서 간행한 『검간집』의 출판 과정을 기록한 책이다. 여기에도 군위, 선산, 삼가 등지의 각수가 상주에 모여서 판각했음을 볼 수 있다.

199 유춘동, 「완판 조웅전의 판본」, 『열상고전연구』 38, 열상고전연구회, 2013.

200 이태영, 「지역 전통 문화의 기반 구축과 그 활용 방안－완판본 한글 고전소설의 데이터베이스 구축과 그 활용을 중심으로」, 『민족문화논총』 30, 영남대학교 민족문화연구소, 2004, 289쪽.

201 西岡健治, 「계림정화 춘향전 해제 및 원문」, 『고소설연구』 17, 한국고소설학회, 2004 및 上垣外憲一, 『ある明治人の朝鮮観 － 半井桃水と日朝関係』, 筑摩書房, 1996 참조.

202 김봉희, 「근대인쇄문화의 도입과 발전과정에 관한 연구」, 『서지학연구』 10, 한국서지학회, 1994.

203 최호석, 「활자본 고전소설의 총량에 대한 연구」, 『고전문학연구』 43, 한국고전문학회, 2013, 286-287쪽.

주요 참고문헌

단행본

강명관, 『조선시대 책과 지식의 역사』, 천년의상상, 2014.

김동욱, 『(증보)춘향전연구』, 연세대학교 출판부, 1976.

박재연, 『중국고소설과 문헌학』, 역락, 2013.

세책고소설연구회 편, 『세책고소설연구』, 혜안, 2003.

송일기 · 노기춘, 『해남녹우당의 고문헌』(제1책), 태학사, 2003.

송호근, 『인민의 탄생—공론장의 구조 변동』, 민음사, 2011.

유탁일, 『완판방각소설의 문헌학적 연구』, 아세아문화사, 1981.

______, 『성호학맥의 문집간행연구』, 부산대학교출판부, 2000.

이민희, 『16~19세기 서적 중개상과 소설, 서적 유통 관계 연구』, 연세국학총서 85, 도서출판 역락, 2007.

이영훈, 『수량경제사로 다시 본 조선후기』, 서울대학교출판부, 2004.

이윤석, 『조선시대 상업출판—서민의 독서, 지식과 오락의 대중화』, 민속원, 2016.

이주영, 『구활자본 고전소설 연구』, 월인, 1998.

이창헌, 『경판방각소설 판본 연구』, 태학사, 2000.

정양완, 『일본동양문고본고전소설해제』, 국학자료원, 1994.

조희웅, 『고전소설이본목록』, 집문당, 1999.

大谷森繁, 『조선후기 소설독자 연구』, 고려대민족문화연구소, 1985.

井上進, 『中國出版文化史』, 名古屋大學出版會, 2006.

마르크 블로크, 고봉만 역, 『역사를 위한 변명』, 한길사, 2007.

모리스 꾸랑, 이희재 역, 『한국서지』, 일조각, 1994(원저는 1894).

샤를르 달레, 안응렬 · 최석우 역주, 『한국천주교회사』 상, 한국교회사연구소, 1980(원저는 1874).

논문

김동욱, 「이조소설의 작가와 독자에 대하여」, 『장암지헌영선생화갑기념논총』, 호서문화사, 1971.

______, 「방각본소설 완판 · 경판 · 안성판의 내용 비교 연구」, 『국어국문학』 61, 국어국문학회, 1973.

김상호, 「조선조 사찰판 각수에 관한 연구」, 성균관대학교 박사논문, 1990.

김영진, 「조선후기 서적 출판과 유통에 관한 일고찰」, 『동양어문학연구』 30, 동양어문학회, 2010.

김윤수, 「태인방각본 상설고문진보대전과 사요취선(史要聚選)」, 『서지학연구』 5 · 6 합철, 한국서지학회, 1990.

김현주, 「경판과 완판의 거리 — 판소리계 소설을 대상으로 한 사회문화적 해석」, 『국어국문학』 116, 국어국문학회, 1996.

마이클 김, 「서양인들이 본 조선후기와 일제초기 출판문화의 모습」, 『열상고전연구』 19, 열상고전연구회, 2004.

______, 「선교사 출판운동으로 본 조선후기와 일제초기의 상업출판과 언문의 위상」, 『열상고전연구』 31, 열상고전연구회, 2010.

박철상, 「제주판 삼국지연의 간년 고증」, 『포럼 · 그림과책 2011 논문집(1)』, 포럼 · 그림과책, 2011.

신승운, 「유교사회의 출판문화 — 특히 조선시대의 문집 편찬과 간행을 중심으로」, 『대동문화연구』 39, 성균관대학교 대동문화연구원, 2001.

심경호, 「낙선재본 소설의 선행본에 관한 일고찰 — 온양정씨 필사본 옥원재합기연과 낙선재본 옥원중회연의 관계를 중심으로」, 『정신문화연구』 13권 1호(통권 38호), 한국정신문화연구원, 1990.

안춘근, 「한국세책업 변천고」, 『한국서지학논고』, 광문서관, 1979.

양승민, 「구운루와 구운기의 거리」, 『한국고전연구』 42, 한국고전연구학회, 2011.

옥영정, 「17세기 개인출판의 사서언해에 관한 고찰 — 1637년 간행의 사서언해를 중심으로」, 『서지학연구』 27, 서지학회, 2004.

유준경, 「서민들의 상업출판, 방각본」, 『한국사시민강좌』 37, 일조각, 2005.

유춘동, 「경판본소설 월왕전의 책판」, 『문헌과해석』 54, 문헌과해석사, 2011.

윤규섭, 「완판」, 『문장』 2권 2호, 문장사, 1940.

이윤석, 「임경업전 목판본 49장본에 대하여」, 『열상고전연구』 28, 열상고전연구회, 2008.
이태영, 「완판 방각본 출판의 문화사」, 『열상고전연구』 31, 열상고전연구회, 2010.
정명기, 「'세책 필사본 고소설'에 대한 서설적 이해—총량·간소(간기)·유통양상을 중심으로」, 『고소설연구』 12, 한국고소설학회, 2001.
______, 「세책소설의 유통양상-동양문고 소장 세책소설에 나타난 세책장부를 중심으로」, 『고소설연구』 16, 한국고소설학회, 2003.
______, 「세책소설에 대한 새 자료의 성격 연구—『언문후생록(諺文厚生錄)』 소재 목록을 중심으로」, 『고소설연구』 19, 한국고소설학회, 2005.
정병설, 「조선후기 장편소설사의 전개」, 『한국고전소설과 서사문학』 상, 집문당, 1998.
______, 「조선후기 동아시아 어문교류의 한 단면: 동경대 소장 한글번역본 옥교리(玉嬌梨)를 중심으로」, 『한국문화』 27, 서울대학교 한국문화연구소, 2001.
______, 「세책소설 연구의 쟁점과 방향」, 『국문학회』 10, 국문학회, 2003.
______, 「18, 19세기 일본인의 조선소설 공부와 조선관」, 『한국문화』 35, 서울대학교 한국문화연구소, 2005.
______, 「조선후기 한글소설의 성장과 유통: 세책과 방각을 중심으로」, 『진단학보』 100, 진단학회, 2005.
______, 「조선후기 한글·출판 성행의 매체사적 의미」, 『진단학보』 106, 진단학회, 2008.
______, 「조선후기 한글방각소설의 전국적 유통 가능성에 대한 시론」, 『다산과 현대』 3, 연세대학교 강진다산실학연구원, 2010.
______, 「영국도서관(British Library) 소장 경판한글소설 재론」, 『고전문학연구』 42, 한국고전문학회, 2012.
______, 「러시아 상트베테르부르크 동방학연구소 소장 한국 고서의 몇몇 특징」, 『규장각』 43, 서울대학교 규장각한국학연구원, 2013.
______, 「조선시대 대중국 역사변무의 의미」, 『역사비평』 116, 역사비평사, 2016.
정승혜, 「가난한 선비들의 사서언해」, 『문헌과해석』 25, 문헌과해석사, 2003.
최 철, 「이조소설 독자에 관한 연구」, 『연세어문학』 6, 연세대학교 국문학과, 1975.
최호석, 「안성판과 경판의 거리」, 『열상고전연구』 31, 열상고전연구회, 2010.
______, 「활자본 고전소설의 총량에 대한 연구」, 『고전문학연구』 43, 한국고전문학회, 2013.

大谷森繁, 「조선후기 세책 재론」, 『韓國 古小說史의 視角』, 국학자료원, 1996.
E. W. Koons, "The house where books are given out for rent", *The Korea Mission Field*, Vol. XIV, No. 7, Seoul: Korea, The Federal Council of Evangelical Missions in Korea, 1918. 7.

찾아보기

저자소개

정병설(鄭炳說)

서울대학교 인문대학 국어국문학과 교수.

한글고전소설로부터 출발하여 다양한 문학작품을 통해 조선시대의 인간과 문화를 탐구해 왔다. 기생의 삶과 문학을 다룬 『나는 기생이다』(문학동네, 2007), 그림과 소설의 관계를 연구한 『구운몽도』(문학동네, 2010), 음담에 나타난 저층문화의 성격을 밝힌 『조선의 음담패설』(예옥, 2010), 사도세자의 죽음을 통해 조선 정치사의 이면을 살핀 『권력과 인간』(문학동네, 2012), 조선 후기 천주교 수용을 다룬 『죽음을 넘어서』(민음사, 2014) 등의 책을 펴냈으며, 『한중록』과 『구운몽』을 새롭게 해석하고 번역한 책을 출간하기도 했다. 현재 한국문화의 위상과 성격에 대한 연구에 박차를 가하고 있다.